国家重点学科西北大学专门史（中国思想史）资助出版项目

孔孟学述

张茂泽 郑 熊◎著

人民出版社

前　言

　　大约在 2000 年，三秦出版社的李郁同志，约请笔者撰写《中华二圣》一书，介绍孔子、孟子的学术思想，讲清楚他们二人之所以能够被尊为圣人的原因，同时介绍他们学术思想中所包含的基本精神，以便读者朋友们对传统儒学思想的优秀内容有更多的了解和体会。笔者感觉到，这个倡议非常好，非常有现实意义。

一

　　在现实生活中，随着中国社会现代化建设的进行，古老的文明逐渐向着一种新的现代文明形态转型。在这个转型过程中，中国逐渐成长为工商业品的消费大国，而且也进展成为思想文化的"消费"大国。历史上的各种思想，无论是中国的思想，还是外国的思想，也无论是学术（哲学、艺术、科学）的思想，还是宗教的思想，甚至是迷信观念，各种信仰或信念，在广袤的中国大地上，都找得到受众和"市场"。笔者认为，这不是什么坏事；即使有些人认为它是坏事，作为大写的"人"，通过我们自己不懈的努力，完全可以改变现实状况，变坏事为好事。我们努力的方向，可以说就是"发扬民族文化的优秀传统""弘扬和培育民族精神"。

　　我们可以从文化哲学角度看这个问题。近代以来，中国逐步走向世界，古今中西各种思想文化引介、进入中国，在中国大地交流、交融。我们推动中国现代化，建设中国特色社会主义，正好可以充分展示创造才华，创造中华民族新文化。哲学家可以创造新的民族哲学，艺术家可以创造新的民族艺术，科学家可以发现新的科学真理……在现代社会，新的民族文化，与世界文化不是矛盾或对立的。应该说，中华民族新文化的基本特质，只是用中华民族文化形式，体现当代中国人追求的真、善、美、用等真理。真理是普遍的，但它总要以一定的形式表现出来，民族文化是其表现形式之一。当然，除了中华民族文化这一表现形式外，真理完全可以有其他的民族文化表现形式，它还可以有非民族文化的表现形式。中国人追求到的社会主义现代化真理，用中华民族新的文化形式表现出来，这应是社会主义新文化的"中国特色"之所在。这时，面对大自然，面临艰难困苦条件，我们的言行活动，可以更加合情、合理、合时代，自觉实现人的价值，彰显人的尊严。我们传播中华文化，学习外来文化，可以并行不悖，让中外文化在建设社会主义实践中平等地交流互鉴；我们对外交往，处理国际政治关系、国际经济关系、国际文化关系，也能更加自信、自尊，而又有虚怀、宽容心态。

我们也可从建设中华民族精神家园角度考虑这个问题。历史上，现代社会，广大人民群众对于自己人生的意义和价值，都非常关心，对于自己作为人的精神家园，都有内在的需求。而在社会文化转型时期，在不同文明频繁交流互鉴的环境中，这种需求更为迫切。我们依然迷信，或者信仰宗教，还是信仰有理性的学术思想呢？这是令人不能回避的重大问题。现实中，不少人通常自发选择，来不及进行理性思考；但人文学者就不能"日用而不知"[1]，冥行而妄作。一些学者沉溺于故纸堆，自足于专业知识和技能，对劳动人民的精神家园需要置若罔闻。一些群众沉溺于迷信，或者信仰宗教，我们却闭目塞听，依然故我，对劳动人民的精神需要冷漠以待，放任自流。扪心自问，我们作为人文学者，就毫无愧疚，心不会痛吗？我们只有运用自己的理性能力，总结中外古今历史上的思想成果，结合人民的生产生活实践体验，对人民群众关心的现实迫切问题，及时给予解答，才不会辜负人民群众的期

---

[1] 《周易·系辞上》。

望，尽到自己的天职。研究人文学术，也要做到符合人情，符合真理，符合时代潮流。努力依靠理性的社会实践和学术研究解决人的信念问题，建构新的历史时期人民群众的精神家园。这既是人文学者的天职，也和孔孟之道的基本精神一脉相承。

二

在中华文明历史长河中，诞生了许多学派。这些学派提供了不同的价值标准，树立了各自有异的理想人格。不仅儒家有圣人，道家道教有其圣人，佛教、伊斯兰教、西方的基督宗教也有他们的圣人。① 因为一种比较成熟的学术思想体系或价值观，都有它们的理想人格，当然也都有它们的圣人。直接称孔孟为中华民族的圣人，是否合适呢？

孔子（公元前 551—公元前 479 年），儒家学派的创始人，中国历史上伟大的思想家、教育家，他被时人和后儒尊为"圣人"。

从历史上看，先秦时，人格品德高的人被尊为圣人。② 如《周易·乾·文言》："圣人作而万物睹。"《老子》："是以圣人抱一为天下式。"司马迁《史记》载，商王武丁以贤能之士傅说为圣人③，秦穆公以由余为圣人④，战国时梁惠王以淳于髡为圣人⑤，其他如商朝的王子比干、周朝的太公望等都曾经被某些人尊为圣人。可见，不只品德高的人可以称为圣人，有渊博知识，或者有非凡才能的人也可称为圣人。

---

① 如南宋理学家朱熹说："诸子之学同出于圣人，诸史则该古今兴亡、治乱得失之变，皆不可阙者。"（《宋史》卷一五六《志第一五六》）意味着诸子学或渊源于圣人，或诸子学领袖即是圣人。又如，元朝有人说："佛本西方圣人，以慈悲方便为教"（《元史》卷一七六《李元礼传》）。

② 参见《辞源》合订本"圣人"条，商务印书馆 1988 年版，第 1374 页。

③ 《史记》卷一《五帝本纪》。

④ 《史记》卷五《秦本纪》。

⑤ 《史记》卷七四《孟子荀卿列传》。

当时的人以为，"圣人者，道之极也"①。圣人就是掌握了"道"的人，甚至就是"道"的化身或人格形象。任何一个人，只要有品德，有才能，可以为"百世之师"②，都有可能被尊为圣人。而且所谓圣人，也可能各有不同的特点。如《孟子·万章下》说："伯夷，圣之清者也；伊尹，圣之任者也；柳下惠，圣之和者也；孔子，圣之时者也。"清、任、和、时，可以视为圣人不同方面的突出特长。

据《史记》载，孔子生前，已经有人尊之为圣人了。吴国攻占越国都城会稽，派遣使者见孔子，提了几个问题，孔子都做了回答。"于是吴客曰：'善哉圣人。'"尊孔子为圣人，这可能是最早的事例。孔子去世后，他的学生子贡评价孔子之贤说："他人之贤者，丘陵也，犹可逾也。仲尼，日月也，无得而逾焉。"③将孔子比为日月，这个评价至少不低于当时所谓圣人称号。战国时，孟子直称孔子为"圣之时者"，意思是说，孔子是圣人而又符合时代的变化。对于重视文明史传统的儒家来说，理想的人总是能既坚持道的原则，又能因应时代变化的；时圣的称谓，在理想人格层次上，应高于清圣、任圣、和圣。西汉武帝"独尊儒术"以后，儒家学者称孔子为圣人更多。如西汉学者董仲舒、刘向解释《春秋》时，批评鲁国定公、哀公"不用圣人而纵骄臣"④，所指的圣人就是孔子。司马迁著《史记》，将孔子入"世家"，为入"世家"的唯一学者。他描述孔子学说的社会历史影响说：

> 天下君王至于贤人众矣，当时则荣，没则已焉。孔子布衣传十余世，学者宗之。自天子、王侯，中国言六艺者，折中于夫子。可谓至圣矣。⑤

① 《史记》卷二三《礼书第一》。

② 《孟子·尽心下》。

③ 《论语·子张》。

④ 《汉书》卷二七中之上《五行志第七中之上》。

⑤ 《史记》卷四七《孔子世家》。

　　司马迁本人在思想上是道德家，不是儒家学者，但他作为一位历史学家，却比较公允客观。他将老子和庄子、申、韩合并列传，而让孔子独入"世家"，推尊孔子之意明显。他非常仰慕孔子，发自内心，尊之为"至圣"，相当于圣人中的圣人，这个评价相当高。此后，东汉学者班彪批评司马迁治学，说他应当更进一步，"依五经之法言，同圣人之是非"①。这里的圣人，孔子当在其中。到明朝时，有人甚至说："人以圣人为至，圣人以孔子为至。"②这时，圣人的称谓似乎更多的是专指孔子了。

　　孟子（约公元前372—约公元前289年），继承和发展了孔子的儒学思想，被后人尊为"亚圣"，将其看作是地位仅次于孔子的伟大思想家。

　　从历史上看，孟子被称为"亚圣"，最初可能是在元朝。元仁宗皇庆二年（1313年），下诏以朱熹《四书章句集注》为科举考试内容和标准。元文宗至顺元年（1330年），封孟子为"邹国亚圣公"③。明朝世宗嘉靖九年（1530年），取消孟子的爵位，只称"亚圣孟子"④。清朝因袭明制不变。由此，"亚圣"遂成为孟子的专称。

　　在元朝之前，被称为"亚圣"的人有不少。三国时，孔子弟子中的"七十子之徒"，被认为具有"亚圣之德"⑤。南北朝、隋、唐、宋间，像周成王、周太公、左丘明、颜回等人，也都曾被称为"亚圣"⑥，独孟子不被尊为"亚圣"。虽然在汉时，《孟子》一度立博士，但旋废。《汉书·艺文志》将《孟子》看成诸子之一，东汉学者王充特著《刺孟》篇，批评孟子。《孟子》一书在秦、汉、魏晋南北朝时期，地位不高。《隋书·经籍志》才开始将《孟子》列入经部。唐朝时，韩愈著《原道》篇，认为"孔子传之孟轲"，肯定了孟子在

---

　　①　《后汉书》卷四〇上《班彪传》上。

　　②　《明史》卷五〇《志第二十六》引。

　　③　《元史》卷三十四《文宗本纪》。

　　④　《明史》卷五〇《志第二十六》。

　　⑤　参见《三国志》卷六四《吴书》一九《诸葛滕二孙濮阳传》诸葛恪语。

　　⑥　参见《南齐书》卷四五《遥昌传》、《旧唐书》卷一三〇《关播传》、《北史》卷五六《魏季景传》、《隋书》卷五八《魏澹传》、《旧唐书》卷二四《礼仪志第四》、《宋史》卷一〇五《志第五十八·文宣王庙》等。

儒家道统中的地位。后蜀主孟昶刻十一经，其中便有《孟子》。但真正说来，《孟子》一书进入儒家十三经，孟子被尊为"亚圣"，与宋代理学家重视研究《论语》《孟子》等四书，提高四书地位有密切关系。

《明史》有一段记载，或可为佐证。它说：

> 帝（指洪武帝朱元璋——引者注）尝览《孟子》，至"草芥""寇仇"语，谓："非臣子所宜言。"议罢其配享。诏："有谏者，以大不敬论。"唐抗疏入谏曰："臣为孟轲死，死有余荣。"时群臣无不为唐危。帝鉴其诚恳，不之罪。孟子配享亦旋复。然卒命儒臣修《孟子节文》云。①

今本《孟子》原话说，如果国君视大臣、百姓为草芥，那么，大臣、百姓当然就可以视国君为寇仇。孟子还说，国君要是无德，不行仁政，反而敲骨吸髓，竭泽而渔，盘剥百姓，百姓奋起诛杀之，不算弑君，而只是"诛一夫"②。孟子的这些激烈尖锐的"民本"思想言论，触及专制皇权的痛处，为历朝专制君主所嫉恨，是很自然的。在这种情况下，没有理学家的研究、宣传、鼓吹和争取，孟子哪能获得"亚圣"的尊号呢。

三

"圣人"的意思，在古代指德才兼备的人，也指封建帝王。辛亥革命以后，封建专制制度被推翻，像封建帝王那样的"圣人"，从此成为历史。到

---

① 《明史》卷一三九《钱唐传》。

② 参见《孟子·梁惠王下》。关于"草芥""寇仇"语，《孟子·离娄下》载，孟子告齐宣王曰："君之视臣如手足，则臣视君如腹心。君之视臣如犬马，则臣视君如国人。君之视臣如土芥，则臣视君如寇仇。"

21世纪的今天，我们也可以将圣人理解为理想的、标准的人。① 用马克思的话说，就是自由全面发展而又取得明显人格成效的人。

我们或可从近代法哲学角度批评孔子，认为他讲"仁"讲"义"等根于人共性或善性的正义，也讲"礼"讲"刑"等近似于制度的东西，但没有站在社会成员自身的角度，讲每个人的权利问题。在西方法学中，正义、法律、权利相互联系，不可分割。只有借助法律权利作为中介，社会正义才能落实到每一个社会成员的生产生活中。如果说正义是法的根本主体的话，那么，近代以来，在事实上，权利逐渐成为法观念的核心，近似于成为法的现实主体。在孔子那里，由于缺乏法权等法的现实主体，导致他的"仁""义"等法的逻辑主体在现实政治、经济、文化活动中不免抽象无力，难以成为人们希贤成圣的现实法制保障。孔子人学思想的社会实践，就难以建立相应的社会制度氛围，只能依靠个人独立用功，流于"单打独斗"，而社会群体的人学实践难以组织进行，人们进行人性修养也就越来越向内用力。

近现代国人可以根据近现代历史进步而否认2000多年前孔子的圣人地位吗？不能如此武断。打倒孔家店，打倒的也只是"店"，不是圣人。历史有连续性，中国历史尤其如此，我们不能将近现代和古代历史对立起来。历史在变化，孔子的思想也因应时代而与时俱进，在孔学诠释中代代相传，一脉相承。后来历史变化后的新发展，并不足以否认孔子在中华文化史、中华民族史上的圣人地位。这是因为圣人是全人，是最高理想人格，但并不意味着圣人全知全能，包办了后来一切历史阶段的发展，更不意味着后人只是坐在往圣前贤栽种的文明大树下乘凉喝茶即可。

有人问王阳明："圣人应变不穷，莫亦是预先讲求否？""预先讲求"，就是预知、先知，预先安排、应对。这样的圣人前知上古，后知未来，上知

---

① 圣人指理想的、标准的人，是孔子和孟子的基本看法。孔子祖述尧舜，宪章文武，是借助学术途径效法圣人。孟子说："圣人，人伦之至也。"（《孟子·离娄上》）"至"就是极限、标准的意思。孔孟儒学要求人们通过后天的学习和修养，希贤成圣，最高理想就是成为圣人。圣人就是"人"概念的内涵完全现实化的人，亦即人性完全自觉和实现的人，通俗说就是最为理想的、标准的人。圣人理应是全人类学习的榜样。

天，下知人，成为无所不知的神灵了。王阳明否定此说，体现了人文、理性的态度。他回答说，圣人也是人，不是神，"如何（预先）讲求得许多？"又说："圣人之心如明镜，只是一个明，则随感而应，无物不照；未有已往之形尚在，未照之形先具者。……是知圣人遇此时，方有此事。只怕镜不明，不怕物来不能照。讲求事变，亦是照时事；然学者却须先有个明的工夫。学者惟患此心之未能明，不患事变之不能尽。"① 圣人不是预先讲求许多物事，而只是明心见性，认识把握了宏观的人性真理。圣人之心即天理，体现天理的具体事物众多，圣人也不能预先一一讲求得尽。圣人之心是主体，天理是普遍必然的真理；即使圣人，也必须"遇此时，方有此事"。近现代人学习效法圣人，只是传承弘扬其人性真理，并用以应对近现代历史形势，解决近现代历史问题，推动近现代历史前进而已。我们学习圣人之学，推动了社会近代化、现代化，实现了我们的人生价值和社会历史价值，圣人也以其流传下来的学问彰显了真理的魅力。历史在发展，圣人不断经受着历史的考验而依然是圣人，这才是真圣人。

从根本上说，创立儒学是孔子被尊为圣人的重要原因。夏、商、周宗教思想发展到春秋战国时期，面临着礼崩乐坏、天下无道的时代挑战。孔子运用自己的理性能力，反思人的共性或本性，发现人的一般意义与价值，论证人在自然界，在上帝、天命等面前不可忽略的地位，挺立起人的尊严。他是中国古代发现"人"的意义的第一人。时人或后人尊之为圣人，委婉肯定了孔子人学思想推动中华文明发展的历史贡献。

孟子"私淑"孔子，继承发展了孔子的人学思想。孟子提出"道一"或"良知"论，深入挖掘了孔子人学思想中的形而上学因素；孟子强调"良知"或"良心"或"本心"的主体地位，凸显了孔子人学思想的理想主义性能；孟子运用大量的现实生活事例，论证孔子以仁义道德为核心的人学思想的正确性，彰显了孔子人学思想重视心性修养的主体辩证法思路。孟子的思想成果，有

---

① 《传习录上》，载吴光、钱明、董平、姚延福编校：《王阳明全集》（上），上海古籍出版社1992年版，第12页。

力确保了孔子对于"人"的意义的理论发现，成为中国古代思想的光辉成就。后人尊孟子为"亚圣"，如实肯定了孟子继承发展孔子人学思想、推动中华思想文明进步的巨大历史贡献。

魏、晋时期，孔孟开始并称。经过宋明学者发挥，孔孟之道演变成为中国儒学思想的主导内容。由此，尊孔孟为"中华二圣"，也有其道理。

对待其他学派的学术思想，儒家学者是有理性宽容精神的。在《论语》里，隐者多次劝说甚至批评、讥讽孔子，但孔子并不因此激动愤懑、自我辩解，也不针锋相对、反戈一击，只是虚怀以听、宽容承受。从今本《老子》《庄子》《墨子》可见，老子、庄子都多次猛烈抨击儒家思想，墨子批评儒家的地方也很多。但我们在《论语》中，几乎见不到孔子批评隐者的话。在《孟子》书中，有"辟杨墨"的激烈言论，但依孟子说，实在是因为杨朱、墨翟的言论，影响太大，孟子迫"不得已"①，才站出来回应他们，进行反批评。而且，儒家迫不得已批评其他学派，主要是批判它们否弃仁义道德和礼法制度的思想内容。真正的儒家学者总是持有"万物并育而不相害，道并行而不相悖"②的理性态度，有"天下同归而殊途，一致而百虑"③的理性信念。在学术争辩中，完全出于个人功利得失计算，非理性或反理性地否定其他学说，完全不符合儒学"志于道"、追求让"天下有道"④的基本精神。

以孔子、孟子为代表的孔孟之道深远影响了中国古代思想历史。《论语》在东汉时被尊为儒家的七部经典之一，《孟子》在宋朝时也被尊为儒家四书之一。北宋时，以张载、二程为代表的学者，注重研究和发掘《论语》《孟子》《大学》《中庸》的思想意义，建立了理学思想体系。南宋朱熹积四十年之力著《四书章句集注》，成为程朱理学集大成的代表作。从此，孔孟儒学思想的发展，进入了崭新的历史阶段。孔子和孟子思想的歧异处，被理学家们从

---

①　《孟子·滕文公下》："我亦欲正人心，息邪说，距诐行，放淫辞，以承三圣（指大禹、周公、孔子——引者注）者。岂好辩哉？予不得已也。"

②　《礼记·中庸》第三十章。

③　《周易·系辞下》。

④　《论语·微子》记载，孔子说："天下有道，丘不与易也。"

思想整体上弥补和消除了；其共同思想内容及其蕴含的儒家基本精神，被理学家们突显出来了。孔孟儒学被理学家进一步发展，明确统一到了天理、良知理论的旗帜下，推动儒学达到中国古代思想的高峰。孔孟儒学思想，或称"孔孟之道"①，由此成为一个思想整体，充当儒家思想的主体内容，在中国古代思想史上发挥了重要作用。这恰如周行己《送友人东归》所谓"于道各不同，千里自同风"。

需要注意，孔子从未自称"圣人"②，孟子也没有自称"亚圣"。孔子、孟子两位学者，被后人尊为圣人，这是历史事实。本书希望以孔孟之道为主，结合其为人为学精神，提供一合理的解释。解释是一个历史过程，解释史就是真理进入人内心世界流淌绵延的历史。在人文学术思想领域里，大家都爱智、求道、追求真理，但真理是活的灵魂，不是死的材料。任由我们装修、打扮，揉来揉去的，绝不是真理。真理也不是放在超市里的商品，可以任由我们像顾客一样，挑挑拣拣，选来选去。真理是无限的，我们认识或追求真理的活动，也是无限的。不追求，肯定得不到真理；追求了，未必能得到真理。当我们自以为已经抓住了真理时，它也许正好从我们的指缝间溜走了。这时，真理也许就存在于我们追求的过程中。要紧的是，我们只有不断去认真生活，学习，反思，超越，才可能逼近真理；从学术角度看，我们也只能不断进行合理的解释，即如实、合理、有效的理解，才可能逼近孔孟之道的真义。

本书共三编。第一编介绍孔子及其思想，第二编介绍孟子及其思想，第三编则介绍以孔子和孟子思想为代表的孔孟之道的历史、内容和精神。我们在写作时，做了适当分工：张茂泽拟出全书的提纲，撰写第三编全部，第一编、第二编则由张茂泽和郑熊合作完成。其中，张茂泽撰写了第一编第一章

---

① 在历史上，曾经以"孔孟之道"一词表示孔孟思想的共同处。"孔孟之道"一词，最早或出于元朝。至元八年（1271年），董文忠对元世祖说："士不治经讲孔孟之道，而为诗赋，何关修身，何益治国！"（《元史》卷一四八《董文忠传》）董氏所言，全是宋朝理学的思想。应该说，"孔孟之道"一词是理学思潮的产物；它表示孔子和孟子共同的思想内容、思想方法和基本精神。

② 《论语·述而》载："子曰：'若圣与仁，则吾岂敢？抑为之不厌，诲人不倦，则可谓云尔已矣。'公西华曰：'正唯弟子不能学也。'"孔子没有自称"圣"人，非常明确。

的第四节整理诠释六经部分，第二章全部，第三章的第一节，第四章的第一节、第三节，以及第二编第一章的第四节，第二章的第一、二、三、四、五节，以及第三章，并负责全书的修改、统稿和定稿。郑熊负责撰写第一编第一章的第一、二、三、四节，第三章的第二、三、四节，第四章的第二节，第二编第一章的第一、二、三、五节，第二章的第六节之初稿，再由张茂泽进行修改和补充。全书学术上、思想上如有什么问题，敬请读者朋友们批评指正。

张茂泽谨识

2021 年 12 月 1 日于西安

目　录

第一编　孔子思想

第二编　孟子思想

第三编　孔孟之道总论

第一编　孔子思想

　　孔子是中国历史上伟大的思想家、教育家，儒学的创立者、儒家学派的创始人。在他活着的时候，就被人称为"圣人"，以后的封建帝王又给他加封了许多称号，如"大成至圣文宣王"等。孔子创立的儒学被后来儒家学者不断发展，成为中国古代长期占据主导地位的学术思想；汉武帝以后，儒学被朝廷利用，成为中国2000多年的主流意识形态。

　　春秋末期，诸侯争霸，礼崩乐坏，天下无道，共主周天子权威不再，礼乐秩序常被打破。孔子诞生于礼乐文明保存完善的鲁国。他从小对周礼就有浓厚兴趣，好礼、学礼、行礼。他十五而志于学，树立了"志于道""学道""闻道""行道""弘道"，而让"天下有道"的宏伟理想；他一生好学，传承尧舜禹及三代以来的华夏文明成就，反思礼的人文意义，在此基础上建立起儒学思想体系。为了适应时代变化，孔子具体发展了"礼"的思想，提出"仁"学，以"仁"作为最高的人格标准。"仁"与"礼"结合，构成了孔子儒学的主要内容；而其"天命"观、人性论、天人合一思想，则是其理论基石。和其他诸子比较，孔子儒学强调个人修养，而最为重视学习。他希望人们都能好学，在学习中逐步提高自己的人性素养，进而推动社会走向更为文明、繁盛、理想的时代。孔子的儒学思想，在根本上，都围绕人之所以为人的问题，进行人的反思工作，为人人都能做人成人、成为理想的人进行理论证明。所以，孔子儒学在根本上是人学。它研究人的问题，而非神或物的问题；研究人成为人的问题，指明人生光明大道，划定人之所以为人的界限在人性，在与人"同群"，避免人们物化或神化；研究现实的人成为理想的人的问题，促动人们乐观生活，积极向上，反对苟且混世，安于现状，甚或堕落、沉沦。

孔子曾为中都宰、大司寇等，但不能得其志，行其道，于是挂冠而去。他历经 14 年，周游宋、卫、陈、蔡、齐、楚等国，传播、实践儒学。孔子非常重视教育事业，他广招学生，有教无类，开启了我国私人讲学新风，打破了"学在官府"局面，促进了教育的社会化、平民化发展。孔子整理六经，以华夏文明经典教学育人，成为中华文明几千年持续发展的重要因素。他因材施教，循循善诱，诲人不倦，教学相长，培养了大批社会精英人才，开创了中国优秀教育传统。

第一章　孔子思想的产生

孔子思想并不是从天上掉下来的，也不是他头脑中固有的；而是他适应时代需要，不断学习思考，努力进取的学术成绩。他有强烈的使命感和责任感，传承弘扬历史文化。认真生活，勤奋学习，努力思考，勇于实践，是他思想产生的内在条件。特殊的历史条件，当然也给他的思想打上了历史烙印。

第一节　孔子的生平

孔子（公元前551—前479年），名丘，字仲尼，鲁国人。据司马迁《史记》载：

> 孔子生鲁昌平乡陬邑，其先为宋人也，曰孔防叔，防叔生伯夏，伯夏生叔梁纥。纥与颜氏女野合而生孔子，祷于尼丘得孔子。鲁襄公二十二年而孔子生。生而首上圩顶，故因名曰丘云。字仲尼，姓孔氏。①

这表明：其一，孔子的祖先是宋国人，孔子则出生在鲁国，时间为鲁襄公二十二年。鲁国是周公长子伯禽的封地，是实行周礼的著名诸侯国，保存

---

① 《史记》卷四七《孔子世家》。

了丰富的历史文化，如宗周的典籍、文物、制度等，是当时东方各国的文化中心。晋国的韩宣子于公元前540年到鲁国，曾感叹说："周礼尽在鲁矣。"①这说明鲁国作为周礼荟萃之地，获得了时人认同。其二，孔子的先世是宋国的贵族，乃宋微子之后。从宋襄公到孔父嘉，五世亲尽，别为公族。他的曾祖父孔防叔因避难而到达鲁国。孔子的父亲叔梁纥，曾经做过鲁国陬邑宰。宋是殷商的后代，也是保存商周历史文化的旧国。孔子思想的产生，和鲁、宋两国丰富的历史文化传统有直接联系。

孔子虽然是贵族后裔，但他3岁丧父，家贫好学，自幼受到传统礼制的熏陶，"少好礼""为儿嬉戏，常陈俎豆，设礼容"②。他自己也说："吾少也贱，故多能鄙事。"③他年轻的时候做过鲁国大夫季氏的家臣，当过管仓库的会计（"委吏"）和管牛羊的小吏（"乘田"）。也曾经依靠"儒"的职业为生，即为富贵人家办理丧事赞礼，接近下层民众，"出则事公卿，入则事父兄，丧事不敢不勉"④。但这些生平事迹只是表象，他其实另有高远精神追求。

概括地说，孔子一生，是他追求"道"，并为实现"道"而奋斗的历程。他自述："朝闻道，夕死可矣。"⑤他总结自己一生说：

> 吾十有五而志于学，三十而立，四十而不惑，五十而知天命，六十而耳顺，七十而从心所欲，不逾矩。⑥

他"十有五而志于学"之"学"，主要指学习和掌握古代流传下来的历史文化知识，以《诗》《书》《礼》《乐》《易》《春秋》六经为代表，以及"祖述尧舜，宪章文武"⑦，继承和发展西周初年创立、成就"成康之治"的一套

---

① 《左传》昭公二年。

② 《史记》卷四七《孔子世家》。

③ 《论语·子罕》。

④ 《论语·子罕》。

⑤ 《论语·里仁》。

⑥ 《论语·为政》。

⑦ 《礼记·中庸》。

礼乐文明制度，即礼制。

他"三十而立"，"立"什么呢？孔子自己说："立于礼"，又说："不知礼，无以立也"①。当时，孔子已经以"知礼"闻名于世。鲁大夫孟僖子让其子孟懿子和南宫敬叔拜孔子为师，"往学礼"。孔子当时已经可以依靠"礼"而立身行世了。

孔子曾经与南宫敬叔到周，向老子问礼。据《史记·孔子世家》记载："鲁南宫敬叔言鲁君曰：'请与孔子适周。'鲁君与之一乘车，两马，一竖子俱，适周问礼，盖见老子云。"孔子回到鲁国后，继续招收弟子讲学。

孔子 35 岁时，季平子和孟孙氏、叔孙氏把鲁昭公赶到齐国，孔子随即也到了齐国，做高昭子家臣。他对齐景公讲解"君君、臣臣、父父、子子"的道理。孔子主张"张公室"，得罪了齐国当权者。齐景公也曾多次问政于孔子，并一度想把尼田封给孔子，却遭到齐国一些大臣的反对。齐国大臣晏婴攻击孔子及其主张说：

> 儒者滑稽而不可轨法。……周室既衰，礼乐缺有间。今孔子盛容饰，繁登降之礼，趋详之节，累世不能殚其学，当年不能究其礼。君欲用之，以移齐俗，非所以先细民也。②

齐景公由是不用，孔子返回鲁国。此时，鲁国也是大夫专权，"季氏亦僭于公室，陪臣执国政，是以鲁自大夫以下皆僭，离于正道"③，也就是说鲁国的新兴势力僭越周礼，夺取了公室的权力。孔子遂"退而修《诗》《书》《礼》《乐》"。

孔子 50 岁时，鲁国发生内乱，为孔子提供了参与政治实践，实现政治抱负的可能。这一年季氏的陪臣公山不狃据费城叛季氏，派人来召孔子。孔

---

① 《论语·泰伯》；《论语·尧曰》。

② 《史记》卷四七《孔子世家》。

③ 《史记》卷四七《孔子世家》。

子说："如用我，其为东周乎？"①他希望在东方国家复兴周道。同年，鲁定公任用孔子，孔子先后被任命为中都宰、司空、大司寇，迎来了他一生政治上的黄金时期。在这短短的五六年中，孔子按照他的政治主张，做了他自己引以为自豪的几件大事。

第一，他随鲁定公与齐侯会于夹谷。齐国违反周礼，进"夷狄之乐"。孔子以为，"优倡侏儒，为戏而罪当诛"，逼使齐国归还了"所侵鲁之郓、汶阳、龟阴之田以谢过"。②

第二，诛杀了乱政大夫少正卯。孔子宣布少正卯三大罪状："其居处足以撮徒成党，其谈说足以饰袤荣众，其强御足以反是独立。"译成今文，便是聚众结社，鼓吹邪说，淆乱是非。实际上，关键原因可能是，少正卯的行为违背了礼乐制度。

第三，孔子根据"臣无藏甲，大夫毋百雉③之城"的礼制，主张"隳三都"，平毁孟孙氏、叔孙氏、季孙氏三家大夫私邑——郈邑、费邑、郕邑——的城墙，以削弱大夫权势，保护公室力量。但在隳毁郕邑时，遭到公敛处父反对，未果。孔子之所以能毁二城，是因为得到了季氏支持。季氏也是权臣，他支持"隳三都"，目的在于削弱竞争对手实力，而不是实践孔子的主张。

孔子在鲁国只实践了他的一部分主张，但仅仅这样，已经引起了邻国的恐慌。据《史记·孔子世家》记载："齐人闻而惧曰：'孔子为政必霸，霸则吾地近焉，我之为先并矣。盍致地焉。'"意思是说，在孔子的领导下，鲁国一定会强大起来，称霸天下；而我们齐国和鲁国接壤，一定会首先遭受鲁国的侵害。于是，齐国人挑选"齐国中女子好者八十人，皆衣文衣而舞康乐，文马三十四驷，遗鲁君"。鲁国国君和季桓子果然中计，接受了女乐，沉溺于其中，三日不听政。孔子见不能够实现自己的理想，找了一个借口，辞去了大司寇的职务。是年，孔子55岁。

---

① 《史记》卷四七《孔子世家》。

② 《史记》卷四七《孔子世家》。

③ 注：高一丈长一丈为一堵，三堵为雉。

以后，孔子为了行道，又离开鲁国，而周游列国，宣传自己的学说。他说："我岂匏瓜也哉？焉能系而不食？"① 他自称不是"系而不食"的葫芦，不得不奔走各国，恓恓惶惶，以寻求机会，实践其德治主张。他自信地说："苟有用我者，期月而已可也，三年有成。"② 但终究没有诸侯接受他的思想。历经 14 年，孔子周游了宋、卫、陈、蔡、齐、曹、郑、蒲、叶诸国，他的理想终究未能实现。反而在周游列国的过程中，接连遭受磨难，先不见容于卫，后则拘畏于匡，被斥逐于蒲，困厄于陈、蔡，危难于宋、郑，受阻于晋、楚。几乎到处碰壁，多次陷入困境。比如，据《史记》记载：

> 将适陈，过匡，颜刻为仆，以其策指之曰："昔吾入此，由彼缺也。"匡人闻之，以为鲁之阳虎。阳虎尝暴匡人，匡人于是遂止孔子。孔子状类阳虎，拘焉五日。③

最后，孔子通过卫国的关系，或设辞以及弹剑的方式才解围。又如，孔子到达郑国时，与众弟子走散，孤独无援，站在城东门，被郑人戏称为"若丧家之犬"。孔子过蒲时，碰巧遇到公叔氏以蒲畔，蒲人挡住了孔子去路，拒绝孔子进入卫国。孔子 63 岁时，从陈国进入蔡国。当时，吴国正讨伐陈国，楚国则派兵救援陈国，几方大规模的讨伐，使孔子及众弟子被围困在陈、蔡之间，绝粮达几日之久。严重时，仅能以野菜充饥，跟随着他的弟子们，有许多因饥饿导致生病。

在闲时，孔子和其弟子们也讨论到"穷困"的问题。有弟子问："君子亦有穷乎？"孔子回答说："君子固穷，小人穷斯滥也。"④ 就是说，有修养的君子在困境时尚有操守，而没有什么修养的小人就会肆无忌惮了。

孔子总结自己理想未能实现的原因，特别强调主体修养的重要性。其弟

---

① 《史记》卷四七《孔子世家》。

② 《论语·子路》。

③ 《史记》卷四七《孔子世家》。

④ 《史记》卷四七《孔子世家》。

子颜渊说：

> 夫子之道至大，故天下莫能容。虽然，夫子推而行之，不容何
> 病？不容然后见君子。夫道之不修也，是吾丑也。夫道既已大修而
> 不用，是有国者之丑也。不容何病？不容然后见君子。①

意思是说，孔子所讲的"道"很伟大，因为太伟大，所以世俗的人不能
理解、接受、容纳它，这不是孔子的问题。没有把"道"讲清楚，这是学者
的不足；但学者们已经讲清楚了"道"，却不能获得现实人们的理解和实践，
这应该是"有国者之丑"。在这种情况下，孔子仍然坚持真理，推行"道"，
正好彰显出君子的意义与价值。众弟子中，孔子最为欣赏颜渊，是有道理的。

孔子周游列国 14 年（即孔子 55—68 岁）间，基本涉足了中原各国，其
间在宋、卫、陈等国停留的时间相对多一些。他一度想进入被时人鄙称为蛮
夷之地的楚国，但由于受阻，只好望江而叹。在这 14 年中，孔子抱着理想
主义的信念，受到当时隐士的嘲讽。《史记》记载的以下几条材料，就是典
型例子：

> 去叶，反于蔡。长沮、桀溺耦而耕，孔子以为隐者，使子路问
> 津焉。长沮曰："彼执舆者为谁？"子路曰："为孔丘。"曰："是鲁孔
> 丘与？"曰："然。"曰："是知津矣。"桀溺谓子路曰："子为谁？"曰："为
> 仲由。"曰："子孔丘之徒与？"曰："然。"桀溺曰："悠悠者天下皆
> 是也，而谁以易之？且与其从辟人之士，岂若从辟世之士哉！"耰
> 而不辍。
>
> 他日，子路行，遇荷蓧丈人，曰："子见夫子乎？"丈人曰："四
> 体不勤，五谷不分，孰为夫子！"植其杖而芸。②

---

① 《史记》卷四七《孔子世家》。
② 《史记》卷四七《孔子世家》。

可见，孔子周游列国，为"天下有道"奔走，消极避世的隐者们并不认同。但这些遭遇，并没有动摇孔子的理想、信念。

孔子 68 岁，弟子冉有战败齐国，为季氏立功，季氏遂"逐公华、公宾、公林，以币迎孔子，孔子归鲁"，但"鲁终不能用孔子"。晚年，孔子全力从事教育事业，大力讲学，以《诗》《书》《礼》《乐》等教育学生。他的弟子据说达三千人之众，其中身通《六艺》者 72 人。此外，孔子还收集了周、鲁、杞等故国的历史文献，整理编选出《诗》《书》《礼》《乐》《易》《春秋》等作为教材，教授弟子，培养了大量人才。

孔子年七十，感叹"吾道穷矣"。又说："甚矣吾衰也。久矣，吾不复梦见周公！"①71 岁，他最欣赏的弟子颜回早夭。明年，卫国发生叛乱，子路死于其事。这给孔子带来沉重打击。年七十三，病重。他自叹："泰山坏乎！梁木摧乎！哲人萎乎！""天下无道久矣，莫能宗予。"②鲁哀公十年，周敬王四十一年，即公元前 479 年，夏四月己丑，孔子卒，享年 73 岁。

综观孔子一生，从"三十而立"起，至 73 岁去世，前后 40 多年中，他逐步完善了自己的思想。但最终不被当时社会所理解和接受，以致处处碰壁，甚至几次陷入困境，没有获得实践机会。尽管如此，孔子仍然以大无畏的求道、行道精神，理想信念终身不变，为中华以至人类文明发展谱写了一曲崇高、庄严而可歌可泣的人学颂歌。

第二节 历史条件

孔子所处的春秋末期，礼崩乐坏，天下无道。过去我国有马克思主义史学家认为，战国是封建社会的开始；那么，孔子生活的春秋末，正是从奴隶

---

① 《论语·述而》。

② 《史记》卷四七《孔子世家》。

制社会向封建社会过渡的开始阶段。社会形态的变化，可以为新思想的产生提供丰厚土壤。

社会形态的变化，以社会生产力的发展为前提。春秋时期，在农业生产活动中已经使用铁器和牛耕。据现在的考古发掘资料，当时的农业生产工具，有锄、铧等铁器。孔子有一位弟子，叫做冉耕，字伯牛。可见，当时农业生产也已经使用牛耕了。铁器和牛耕的使用，改进了生产工具，促进了生产力的发展，为封建生产关系产生提供了必要的物质条件。在土地占有方面，原为周天子所有的"公田"，逐渐转化为诸侯贵族占有的"私田"，公室富于王室，私门富于公室，成为不可遏制的社会现象。公元前594年，鲁国实行"初税亩"，按田亩征收赋税。这一新制度的实行，进一步打破了公田和私田的界限。这一制度反过来更加速了旧制度的瓦解。

随着社会的转型，平民与贵族、奴隶与奴隶主、新兴封建势力与奴隶主贵族以及奴隶主贵族内部的矛盾都激化了。诸侯争霸、兼并土地的战争日益频繁，奴隶的逃亡与暴动连绵不断，"陪臣"犯上作乱的事件层出不穷。随着奴隶制的衰落，各国诸侯即奴隶主贵族的势力也大大削弱了。新兴封建势力，不论是从奴隶主贵族内部分化出来的，还是从旧贵族的家臣中发展起来的，或是从平民、国人、自耕农中形成起来的，随着封建土地关系的发展，他们对于政治权力也提出了进一步的要求。他们由控制公室到夺取政权，有历史必然性。

孔子作为承载了丰富历史文化的学者，面对社会因为剧烈转型而来的动荡不安，是非常不满，甚至深恶痛绝的。他指斥当时的社会混乱是"天下无道"，说：

> 天下有道，则礼乐征伐自天子出。天下无道，则礼乐征伐自诸侯出。自诸侯出，盖十世希不失矣；自大夫出，五世希不失矣；陪臣执国命，三世希不失矣。天下有道，则政不在大夫。天下有道，则庶人不议。①

----

① 《论语·季氏》。在当时，并非只有孔子一个人认为当时的社会"天下无道"。比如，《论语》

在这里，"道"也许可以具体理解为礼乐制度及其维护的社会秩序。"天下无道"，指当时礼制崩坏，周天子权威不再，各诸侯国不再朝觐纳贡，而且相互征伐，战乱频仍，社会秩序混乱不堪。社会政治秩序稳定，"天下有道"，制礼、作乐、出兵征伐之类大事，都由天子决定。社会政治秩序遭到破坏，"天下无道"，制礼作乐、出兵征伐等，降而为诸侯、大夫和陪臣的权力。孔子进一步指出，从历史看，诸侯决定此类大事，大概经过十代，少有不垮台的；而如果由大夫和陪臣来决定的话，延续时间更短，能维持三五代，就不错。这种"礼乐征伐"权力层层下移的现象，就是孔子所说"天下无道"的第一种现象。

"天下无道"的第二种现象，即"政在大夫"乃至陪臣手中，政治秩序非常混乱，以致庶人也议论起政事来了。"政在大夫"，甚或为陪臣掌握，和"礼乐征伐"权力层层下移紧密相连。谁执掌政权，礼乐征伐等大事必然由谁来决定，二者是一体的。但是，这不符合历史上的礼乐规定。比如，新政权维持的时间就很短，政在诸侯不过十世，政在大夫和陪臣更是不过五世和三世。孔子运用他发现的这个新规律，批评当时社会各种"天下无道"现象。比如，他观察鲁国的政治情况，说："禄之去公室五世矣，政逮于大夫四世矣。故三桓之子孙微矣"①。根据孔子的看法，"政在大夫"不会超过五代，而此时三桓（孟孙、叔孙、季孙）掌权已经四代，他们的身份是大夫。他推测，这些大夫的子孙大概不行了，其政权极有可能被其他政治势力所取代吧！

社会动荡，政权不稳，战乱频繁，必然影响社会稳定和人民群众的生产生活，"庶人"议论甚至批评政府政策，不可避免。天下无道，而又要庶人不议，是不可能的。需要注意，孔子所说的"庶人"，主要指平民，即自由

载，有一位仪封人（卫国仪这个地方的掌封疆之官）就说："天下之无道也久矣。"（转引自《论语·八佾》）可见，不只孔子一个人认为当时"天下无道"。只不过，孔子不仅发现社会问题，而且他还要追寻"天下无道"的根源，力求从学术思想上根本解决它，变"天下无道"为"天下有道"的理想社会。故孔子说："天下有道，丘不与易也。"（《论语·微子》）意思是说，如果"天下有道"，我孔丘就不会这样栖栖惶惶，努力追求改变它了。

①《论语·季氏》。

民、国民。其中，肯定包含这样一些人，即他们还没有取得政治权力，但他们或者因为经济实力，或者因为军功，或者因为学识，对于政治权力的运作能够产生实际影响。他们在政治地位上，事实上已经从一般劳动者上升成为有影响的新兴社会阶层。

在当时人的眼光中，庶人指哪些人？《左传》记载，楚国将伐晋，楚国的子囊反对说：晋国治理好，国力强，"其卿让于善，其大夫不失守，其士竞于教，其庶人力于农穑，商、工、皂、隶，不知迁业……晋不可敌。"① 又如，当时各国互相征伐，都实行奖励军功的政策。《左传》记载："克敌者上大夫受县，下大夫受郡，士田十万，庶人工商遂，人臣隶圉免。"② 可见，庶人指从事农工商生产、服务的劳动者，战时则参加征战，而未提及议论政事的权利。除非庶人立功，才可能取得参与政治的资格；但此时其身份地位已由庶人上升为士。庶人因经济地位提高，而有相应条件介入政治活动。孔子说"庶人不议"，当是针对庶人议论时事政治而言。这表明到春秋末，国民阶级的力量已经增强，开始在政治生活中崭露头角。

面对"天下无道"的混乱局面，孔子批判当时的当权者肆意践踏和破坏礼制。他批判现实，理性地研究历史和礼制，希望从旧的礼乐文化传统中，寻找人的发展、社会稳定的真义，进而建构维系社会和谐稳定的新规范或新制度。孔子还办"私学"，有教无类，亲自教育这些"庶人"，培养他们的仁爱心和礼乐文明修养，帮助他们成为合格的、理想的人，为和谐稳定社会的到来提供合格人才准备。

面对"天下无道"的局面，孔子主要从学术、教育方面提出解决的办法。他的学术思想，即其儒学思想，旨在树立"道"的崇高地位，以便为人们在现实政治经济、社会人生活动中依然能够保持人的崇高、庄严，绽放人性的光辉而提供理论基础；他创建儒学的现实目的，仍然在于变"天下无道"为"天下有道"。孔子致力于用理性眼光审视现实，以和平改良方式改进现实社会秩

---

① 《左传》襄公九年。
② 《左传》哀公二年。

序，发展新式"私学"教育，培养有人性修养和文明素养的社会合格人才。

孔子所处的春秋末期，天下无道，礼崩乐坏。在他看来，天下无道，社会动荡不安是结果、表象，礼崩乐坏，礼不成其为礼，旧制度崩溃解体，是原因、关键。

西周"礼乐文明"体现的是"亲亲""贵贵"的精神，即人有贵贱、尊卑之分。春秋以来，伴随国家权力层层下移、庶人议论政事等现象出现，西周礼乐社会等级制度遭到了破坏，社会上违反旧礼，甚至"僭礼"现象层出不穷。《论语》记载了不少这类例子：

> 孔子谓季氏："八佾舞于庭，是可忍也，孰不可忍也？"
>
> 三家者以《雍》彻。子曰："'相维辟公，天子穆穆'，奚取于三家之堂？"
>
> 季氏旅于泰山。子谓冉有曰："女弗能救与？"对曰："不能"。子曰："呜呼！曾谓泰山不如林放乎？"①
>
> 子曰："臧文仲居蔡，山节藻棁，何如其知也？"②

当时权臣"僭礼"现象普遍，孔子多次表示愤慨。鲁国大夫季氏是当时"僭礼"的恶劣代表。他平时僭用天子八佾的礼乐，祭祀时也公然僭用天子宗庙的音乐（《雍》），还冒天下之大不韪，像天子一样去祭祀泰山。又如，臧文仲也是鲁国的一名大夫，他居然拥有国君之手龟（居蔡），还将藏龟的房屋布置得奢侈豪华（山节藻棁）。

周代礼制反映了人们的贵贱、尊卑等社会地位，规定了人们社会生活的等级区别，它所维护的主要是社会等级秩序。八佾之礼乐，宗庙祭祀时演奏《雍》乐，祭祀泰山等，都是属于天子专有的礼仪。大夫们也有相应的礼仪，当然比天子要低档一些，比如，只能用四佾之礼乐，只能祭祀自己封土内的

---

① 以上材料皆见《论语·八佾》。

② 《论语·公冶长》。

山川等。如果谁使用了超越自己政治地位的礼仪，就是僭礼。在孔子生活的春秋时代，僭礼已经成为比较普遍的社会政治现象。这表明旧制度所规定的各种等级礼仪，已不被人们所认同。同时，西周制定的体现人物尊卑贵贱的礼仪，在人们的理解中也已经发生了改变。当时一些人只注意礼节的具体形式，而不注意其代表的内容。与此相应，西周以来用以评价人物的标准，也逐步由家庭出身，演变为社会功利性标准等。在这种情况下，孔子通过对于"礼"的讨论和强调，希望使传统的礼制，在变革时代能够发挥其稳定社会的新作用，这应是他一系列"礼"论的宗旨。

春秋时期是一个动荡、转型的社会，不仅政治权力层层下移，僭礼的现象非常普遍，而且在思想界，还出现了所谓"邪说"，直接从思想上改变了"周礼"在人们心中的地位。孟子直斥为"邪说暴行有作，臣弑其君者有之，子弑其父者有之"①。这里所说的"暴行"就是"臣弑其君，子弑其父"了。据统计，《春秋》240 年中，共有弑君 36 次。其中有许多是子弑父的，如楚太子商臣之类；此外还有贵族世卿专权窃国，如齐之田氏、晋之六卿、鲁之三家。这些弑君、弑父以及篡权的暴行，即是孔子所说的"天下无道"的现象。

关于"邪说"，从今本《论语》《孟子》可见，孔子、孟子似乎没有涉及，或不曾详述。据胡适考证②，孔子所处春秋时代，"邪说"主要应指以下几种：

一为老子的思想。孔子曾向老子问礼，老子却教训孔子说：

> 子所言者，其人与骨皆已朽矣，独其言在耳。且君子得其时则驾，不得其时则蓬累而行。吾闻之，良贾深藏若虚，君子盛德，容貌若愚。去子之骄气与多欲，态色与淫志，是皆无益于子之身……③

① 《孟子·滕文公下》。

② 胡适：《中国哲学史大纲》，上海古籍出版社 1998 年版，第 51—52 页。胡适先生的考证有其科学道理，但孔子是否就将这些学说视为"邪说"，有后人那样强的区分正邪的观念，恐怕还是疑问。

③ 《史记》卷六三《老庄申韩列传》。

据此可知，老子对于"周礼"持批判态度；他还有"能仕则仕，不能则去"的意思，含有劝人归隐的意味，不必明知不可为而强为之。我们结合今本《老子》，还能发现"绝圣去智，民利百倍；绝仁弃义，民复孝慈"①等说法。这些观点，都体现出老子的退隐人生和社会批判风格，同孔子积极进取的人生追求、面对社会问题的建设性参与态度是格格不入的。

二为少正卯的学说。孔子做大司寇七日，杀了"乱政大夫少正卯"，其罪状之一就是鼓吹邪说，"其谈说足以饰衺荣众"，淆乱是非。少正卯的"邪说"到底是什么呢？《荀子·宥坐》篇只说，少正卯为"鲁之闻人"，其具体的学说或主张已不可考。

三为邓析的思想。邓析与孔子是同时代的思想家，他的著作今天都散佚了，今本《邓析子》为后人托名之作。但其他书还记载了邓析的一些思想。《列子》一书说："邓析操两可之说，设无穷之辞。"②《吕氏春秋》记载：

> 邓析……与民之有狱者约，大狱一衣，小狱襦裤。民之献衣襦裤而学讼者，不可胜数。以非为是，以是为非，是非无度，而可与不可日变。所欲胜因胜，所欲罪因罪。

《吕氏春秋》又载：

> 洧水甚大，郑之富人有溺者。人得其死者，富人请赎之。其人求金甚多，以告邓析。邓析曰："安之，人必莫之卖矣。"得者患之，以告邓析。邓析又答之曰："安之，此必无所更买矣。"③

可见，邓析善口辩，教人治狱；同时"以非为是，以是为非，是非无度"，且"操两可之说，设无穷之辞"。而从其"学讼者不可胜数"，这就冲

---

① 参见《老子》第十九章。

② 《列子·力命》。

③ 《吕氏春秋》卷一八《审应览》。

击了旧的社会价值规范和秩序；更为重要的是，由于邓析"是非无度"，即没有统一的判断标准。这种言行挑战现有价值标准和礼乐秩序，一旦传播开来，形成社会风气，必然不利于民心稳定，冲击和动摇道德、法律等礼乐规范。

此外，当时的极端厌世派人物，如晨门、长沮、桀溺等隐者的言行，对于旧的价值标准和社会制度，同样也构成了强烈挑战。

面对社会转型时期出现的"天下无道""礼崩乐坏""邪说暴行有作"等社会历史现象，人们应该如何面对呢？是完全随顺不良社会现象，加入不良社会氛围，还是隐居起来，"各人自扫门前雪，休管他人瓦上霜"？还是理性批判社会现实，从人类文明成果中，发掘出优秀思想内容，加以学习、转化，用以改进现实社会呢？不同的人会根据自己的修养情况，做出不同选择。孔子作为拥有丰富历史文化修养，而又有积极入世情怀，还兼有人文理性色彩的学者，他选择了后一条道路。孔子希望，对历史上流传下来的文明制度——"周礼"，进行"损益"式的继承、改造，扬弃、发展，创造出适应新社会需要的文明制度和价值标准。孔子儒学的现实针对点应在于此。

孔子思想得以产生，和他家世的影响及其具体生活环境也分不开。社会历史条件对于孔子思想的决定作用，落实为具体特定生活环境对孔子思想的影响。如果没有具体特定的生活环境，作为社会和思想之间的过渡环节，社会历史条件对于思想的影响就只是抽象原则，只是一种可能，而不能成为现实。这种过渡环节，在社会分工发达的现在来看，可能就是学术社会①。学术社会，指整个社会历史条件转化或具体化而来的，直接影响学者或思想家的学术生活环境；它使整个社会历史背景决定性地影响思想产生、发展的历史过程，落实为学者的思想活动。在孔子生活的春秋时期，当时社会分工还不发达，社会化程度也不高，信息的传播，更多地受到地理条件的制约。直接影响一个思想家或学者的"学术社会"，比如在小生产时代，主要表现为各有特色的地域文化。可以说，孔子思想主要是鲁国地域文化孕育而出的一

---

① 关于"学术社会"概念及其意义，参见张茂泽：《学术社会研究——思想史与社会史结合的桥梁》，《海南大学学报（社科版）》1999 年第 3 期。

朵奇葩。

地域文化，是文化圈的一部分。李学勤先生在《东周与秦代文明》这本著作中，曾经把东周列国划为七个文化圈：一是中原文化圈，二是北方文化圈，三是齐鲁文化圈……关于齐鲁文化圈，李先生指出：

> 今山东省范围内，齐、鲁和若干小诸侯国合为齐鲁文化圈。其中的鲁国，保存周的传统最多。……在这个文化圈中的南部，一些历史久远的小国仍有东夷古代文化的痕迹。子姓的宋国也可附属于此。①

根据李先生的看法，孔子的故国——宋国也属于齐鲁文化圈。宋国在周初分封时建立，乃是殷纣王庶兄微子启的领地。宋国深受"周礼"文化影响，不可避免。比如，微子启嫡传后代弗父何，是宋国的合法嗣君，但他坚持"礼让为国"，把君位让给其弟宋厉公，赢得了礼让的美名。弗父何的曾孙正考父，曾经相继在宋国的戴、武、宣三朝任上卿，以恭敬有礼著称，曾在鼎上刻着"一命而偻，再命而伛，三命而俯，循墙而走，亦莫余敢侮。饘于是，鬻于是，以糊余口"②。正考父不仅谦虚、谨慎、俭朴，而且文化造诣也比较高。《诗经》的《商颂》部分，经他整理成编，才得以流传下来。《诗序》说："微子至于戴公，其间礼乐废坏。有正考甫者，得《商颂》十二篇于周之太师，以《那》为首。"③ 这些事例都说明宋国也是"崇礼"的，而作为宋国王族后裔的孔子，很可能受到这种地域文化特色的影响，在内心深处烙上"礼"文化的烙印。

家世对孔子思想的产生具有重要的影响，而孔子生活的鲁国地域文化对孔子思想的影响，也不可忽视。

孔子生活的鲁国，是周公旦的封地。周公在西周初年长期执政，地位尊崇，他的封地鲁国，也成为唯一能举行"郊祭"（冬至日在都城南郊旷野进

---

① 李学勤：《东周与秦代文明》，文物出版社 1984 年版，第 11 页。

② 《左传》昭公二年。

③ 《毛诗正义》卷二〇之三《商颂谱》，载《十三经注疏》上册，中华书局 1980 年版，第 352 页。

行的祭天礼仪）礼仪的诸侯国。祭天是周朝最隆重的宗教仪式，郊祭是祭天仪式之一。本来只有周天子才有资格举行郊祭仪式，但为了报答周公封邦建国、制礼作乐之功，周公封地鲁国也享有举行郊祭仪式的特权，只不过在孟春举行。《礼记·明堂位》说，鲁国"祀帝于郊，配以后稷，天子之礼也"。祭祀天神时，以周人祖神后稷配享，显示鲁国统治者拥有周人祖先血脉嫡传，和周天子有最为亲密的家族关系。这一特殊地位，使鲁国成为西周王朝在东部地区的文化中心。

鲁国建国初，崇礼风尚浓郁。成王分封鲁公伯禽时，曾"分之土田陪敦，祝宗卜史，备物典策，官司彝器"①。比起同时受封的卫康叔，更为隆重。这表明，在周天子眼中，鲁国在西周礼乐文化中，享有特殊地位。公元前771年，平王东迁，历史进入东周（春秋、战国）时期。犬戎侵扰镐京，周室许多文物丧失，而鲁国却保存着西周王朝的"备物典策，官司彝器"等历史文化资料。春秋中后期，鲁国已逐渐沦落为政治军事实力上的二等诸侯国，但因为保留了纯正周文化传统，而备受各国尊重。春秋末，鲁国还享有"周礼尽在鲁"②的美誉。孔子面对鲁国丰富的历史文化遗产，也由衷赞叹。他还期望齐、鲁实施德治，具体的步骤和发展阶段是："齐一变，至于鲁；鲁一变，至于道。"③

鲁国丰厚的周文化积淀，对少年孔子产生了深刻影响。据载，孔子小时候"为儿嬉戏，常陈俎豆，设礼容"④。从15岁起，在母亲直接关心下，他通过一些熟人的关系，从鲁太史学"礼"，了解到不少"礼"的底蕴。以后，他又多次外出问"礼"，问"乐"。借助学习和研究"礼"文化，孔子才逐步创立儒学。

鲁国地域文化影响孔子思想，还有"邹鲁之士、搢绅先生"⑤。"邹鲁之

---

① 《左传》定公四年。
② 《左传》昭公二年。
③ 《论语·雍也》。
④ 《史记》卷四七《孔子世家》。
⑤ 《庄子·天下》。

士、搢绅先生"，指春秋时期，有能力理解《诗》《书》《礼》《乐》等三代
历史的那些文化人。他们以邹、鲁地区为主要聚集地，故称"邹鲁之士"。
他们生活在邹鲁地区，还广布于中原各国。在穿着上，他们"搢笏而垂绅
带"①，就像朝廷大臣，手持手版（相当于现在所谓笔记本，随时准备记录），
腰间系着三尺长的大带（"绅"），优游清雅，故称"搢绅"；他们能读懂、理
解历史文化，是有学问的人，故尊之为"先生"②。

　　"邹鲁之士、搢绅先生"之所以在邹鲁地区产生，有其特殊地域原因。
一是该地区保存了丰富的三代历史文化资料，在春秋时成为礼乐文化中心。
比如，西周"礼乐文化"的载体，就是《诗》《书》《礼》《乐》，在邹鲁地区
保存比较完整。二是随着宋国、鲁国等的建立，以及平王东迁，在朝廷担任
"祝""宗""卜""史"等官职的文化人士，大批东移，聚居于邹、鲁地区，
形成特殊的社会阶层。他们掌握了丰富的历史文化知识，有较高的文明修
养，能读懂和理解保留下来的那些历史文化资料。③历史文化的延续、传承，
加上社会条件的变化，催生了"搢绅先生"阶层，为儒学学术教育的兴起提
供了社会主体力量。

　　西周时，"学在官府"，教育全由官府组织，被官府垄断。到春秋时期，
由于周朝廷力量的衰落，权力下移，伴随着这一演变过程，同时也出现了
"文化下移"的现象，大批原来为朝廷服务的知识分子，散落民间，带来的
结果之一，就是"学在官府"被打破，逐渐向着"私学"等社会教育的方向
转变。虽然转变过程缓慢，但其影响却十分深远。影响之一，就是产生了一
个新的社会阶层，如邹鲁的"搢绅先生"。他们游离于统治者之外，不从事

---

　　① 《晋书》卷二五《舆服志》曰："古者贵贱皆执笏，有事则搢之于腰带。所谓搢绅之士者，
搢笏而垂绅带也。绅垂长三尺。笏者，有事则书之，故常簪笔……手版即古笏矣。"

　　② "先生"本义指时间上先出身者，如可以指父亲、哥哥等，后引申为年长的人，更指在认
识、觉悟上先走一步，有学问而懂道理的人。《韩诗外传》卷六记载："问者曰：古之谓知道者曰先生，
何也？犹言先醒也。"（参见《辞源（合订本）》"先生"条，商务印书馆1988年版，第150页）

　　③ 比如，《庄子·天下》篇说："其明而在数度者，旧法世传之，史传多有之；其在于《诗》《书》
《礼》《乐》者，邹鲁之士、搢绅先生多能明之……其数散于天下而设于中国者，百家之学时或称而
道之。"

具体物质生产，而成为社会转进的新生力量。影响之二，在邹鲁"搢绅先生"这个新兴社会阶层基础上，逐渐诞生了给中国学术思想带来深远影响的诸子学。以邹鲁的"搢绅先生"们为代表的新兴社会阶层，还为诸子学产生、发展，提供了必需的学术社会土壤。

以社会生产实践为中心的历史背景，给劳动群众提出问题，也提供一部分解决问题的办法。其实，所有生活在社会历史过程中的人，都面临着社会历史向他提出的问题。社会历史向人们提出的问题很多，比如，吃饭穿衣住房子等问题，比如人要趋利避害，追求成功和利益的问题，比如，人还要追求真理，建立精神家园的问题，等等。通常，人们在生产生活实践中，根据自己有限的经验，来面对某些问题，寻找、选择解决问题的方法，形成许许多多的日常生活观念。仔细分析，就会发现，这些日常生活观念往往存在着众多不足，比如，或者对象本身模糊不清，或者表达不清楚，或者观念前后互相矛盾，或者各观念彼此矛盾，或者不同人的观念互相矛盾；这就使日常生活观念不稳定，易动摇，难持久。这样的观念，会随着生活实践的改变而改变。人在这样的观念指导下生活，自然会盲目、矛盾而动摇。与动物不同，人总是不满足于现实，而力求超越。人们当然不能停留于日常观念这种低层次精神生活水平，而要有更高追求。这时，思想家的孕育、诞生就具备社会心理基础了。

思想家也是人，但与一般人稍有不同，他们更善于思考。一般人可能只有某些日常观念，而思想家则有其思想。日常观念是模糊的、矛盾的、动摇变化的，而思想已经克服了这些弱点，演变成为相对清晰的、相对融贯一致的、相对稳定的观念。从日常观念到思想的演变过程，大体说来，包含两个方面：一是在观念内容上，思想比日常观念更加深化，接触到或者逼近了思想本身。比如，就认识对象而言，日常观念也许更多地反映了认识对象的表面现象，还没有认识到对象的本质；而思想则克服了这一不足，追求对事物真相、客观真理、内在本心的把握。二是在观念形式上，思想比起日常观念来，它通过对于观念表达形式的整理，有助于观念内容在逻辑上融贯一致起来。在思想史上，对于大众的日常观念，进行批评、整理、提炼，促使其上升成为思想系统的人，我们一般称之为思想家①。孔子就是这样一位思想家。

孔子面临的历史问题是什么？他是如何解决的？

孔子所生活的历史背景，是社会转型时期出现的"天下无道"，社会秩序混乱，"礼崩乐坏"，历史文化传承延续，进一步发展成为疑问。在孔子看来两个问题互有关联。社会秩序混乱的根源之一，在于人们遗忘甚或破坏了历史流传下来的"礼乐"文化，割断了历史文化的前后联系。同时，历史文化延续和发展，又和人的修养密切联系。从历史上看，尧、舜、文、武、周公等，修养较高，他们一脉相承，优秀传统代代相传，比较好地处理了历史文化延续和发展问题；故他们治理天下，没有出现"天下无道""礼崩乐坏"等不良现象。这说明，历史文化的延续和发展，社会秩序的建立和遵循，以治国者的综合修养高为前提，也是治国者综合修养高的社会政治表现。所以，解决好人的问题，解决好人的发展问题，成为解决治国理政和文化传承两大问题的前提。社会动荡，王纲解体，是超越单位利益、家庭生计、个人生死的社会普遍问题；由个人社会成员素质提高，而解决社会政治、历史文化等普遍问题，是孔子儒学的基本思路。②

孔子出生、成长于邹鲁地区，继承"邹鲁之士、搢绅先生"的传统，是很自然而又容易的。和那些"邹鲁之士、搢绅先生"们不同，孔子不满足于

———————

① 现在国内学术界有一些学者将我们这里所谓的日常观念直接称为"思想"，或者称为"一般的思想、知识和信仰"，在这里我们将两者稍做区别。这是因为，关于中国思想史的研究对象，有学者提出了所谓"精英思想"与"大众观念"的问题。他们认为，思想史不应局限于"精英思想"，而应兼及于"大众观念"。我们从社会史与思想史结合看，大众观念代表了社会思潮底层，确实可以成为其中间环节。不过，所谓精英思想与大众观念之间，有内在联系。精英思想就是大众观念的发展，是大众观念理想的实现，当然也就是大众观念的典型。而大众观念只是精英思想产生的基础和土壤，可谓精英思想的早期阶段，可谓不成熟的精英思想。比如，春秋战国时期的诸子学，是当时的精英思想，也就是当时中国思想文化的代表；难道离开诸子学，当时还有其他更有代表性的思想吗？从史学角度，提出重视民间大众观念的研究，是有积极意义的。但不宜将它和精英思想研究僵硬对立起来，做非此即彼的形而上学思考。

② 关于孔子的思路，是我们从孔子的思想、为人、说话等言行活动中，从《论语》的记载中，概括出来的。在有关材料的搜集、整理和分析基础上，用孔子自己的眼光和思想方法来看世界，这是真正的客观研究。回到对象本身，像对象本身一样认识对象，而不是我们自己随意选择一种我们自以为是的东西来看它，实事求是，这才符合真正的科学原则。这也是思想史研究的第一步。

只是保存、传授和普及三代历史文化知识，而是着力于结合当时社会现实需要，根据丰富的历史文化资料，从理论上发掘历史文化中蕴含的人文精神，创造性地建立起以讨论人的意义与价值为核心内容的儒学思想体系。孔子开创了"学术下私人"的先例，普及了文明成果，改变了普通百姓与人类精神文明成就长期隔绝的历史面貌；他运用理性能力，研究人的问题，开拓出一个完全不同于自然界和传统宗教的学术新领域——人的世界。孔子创立儒学思想，实现了从"儒术"到儒学的升华。

孔子有力拉开了中国人自觉反思人的问题的历史序幕。人的自我反思，是一个超越一定历史阶段的普遍性问题。孔子反思人的问题，重视现实生活实践的基础性地位，也重视日常经验的重要性。换言之，孔子虽然没有提出"理性"这个词，但他反思人，主要以理性为基础，这就使他的反思方法，也具有超越一定历史阶段的普遍意义。孔子所要解决的问题具有相对的普遍性，他解决问题的方法也具有相对的普遍性，这就使他以人的自我反思为核心的儒学思想，也自然具有超越当时具体历史条件的相对普遍性意义。比如，孔子的儒学思想的诞生，标志着人从自然界的长期束缚中，开始自觉起来，为人类追求进一步的解放，提供了无限的可能性，也为人类追求和逼近自由，展示了光明的未来。孔子的儒学，是中国古人作为人而自我觉醒的标志。正因为如此，孔子的儒学思想能够对后世产生巨大而深远的影响。孔子被后儒尊为"圣人"，并非历史上的某些人着意拔高，而是实至名归的。

第三节　孔子的思想渊源

从中华文明史角度看，孔子的儒学可谓他对夏、商、周三代历史文化进行"因革"和"损益"的结果。孔子曾经说：

> 殷因于夏礼，所损益可知也。周因于殷礼，所损益可知也。其

或继周者，虽百世可知也。①

在这里，孔子回顾了夏、商、周三代的历史，他认为殷礼以夏礼为基础，又有所损益，周礼则以殷礼为基础而有损益。由此推论，继周的一代，也必以周礼为基础进行损益；这样代代相传，传诸"百世"，大体上我们也可预知。这段话包含了孔子对历史文化演变的看法。在他看来，历史文化的演变，一是"损益"，即后一朝对前一代有继承（因），同时也有减（损）有增（益），有扬弃；二是后人对于历史文化的继承和演变，可以认识，后人根据这些认识，可以预测以后历史文化延续的大体情况。孔子已经将历史文化演变过程划分为两个层次：现象层次，有损有益，变化不断；比较内在、本质的层次，只有"因"，即只有一贯的延续，后代所"因"于前代者，下一代还可继续"因"。这样，历史文化的演变，文明史的延续，一脉相承，代代相传，构成一个连续的历史过程，就像河水的流动，日夜奔腾不息②。

运用孔子的这种历史文化观，看孔子自己思想的历史渊源，可以发现，

① 《论语·为政》。朱熹注解说："监，视也。二代，夏、商也。言其视二代之礼而损益之。郁郁，文盛貌。尹氏曰：'三代之礼，至周而大备，夫子美其文而从之。'"（朱熹：《论语集注》卷二，载《四书章句集注》，新编诸子集成第一辑，中华书局 1983 年版，第 65 页）

② 《论语·子罕》记载："子在川上曰：'逝者如斯夫！不舍昼夜。'""逝者"究竟指什么？理学家朱熹注解说："天地之化，往者过，来者续，无一息之停，乃道体之本然也。然其可指而见者，莫如川流。故于此发以示人，欲学者时时省察，而无毫发之间断也。程子曰：'此道体也，天运则不已，日往则月来，寒往则暑来，水流而不息，物生而不穷，皆与道为体，运乎昼夜，未尝已也。是以君子法之，自强不息。及其至也，纯亦不已焉。'……愚按：自此篇至终篇，皆勉人进学不已之辞。"（朱熹：《论语集注》卷五，载《四书章句集注》，新编诸子集成第一辑，中华书局 1983 年版，第 113 页）二程认为，"逝者"意指"道体"，所以，宇宙自然的运动，人自身的进步，都像川流一样，没有停息。朱熹的理解含蓄一些，他没有直接将"逝者"指为"道体之本然"，而只是说天地如此变化，反映了"道体之本然"是如此的，所以，人们为学也应该如此，进进不已。其实，"逝者"也可意指历史文化演变过程。在孔子的思想世界，从夏商到西周，从西周到当时，历史文化都经过了"因"循和"损益"，而且，他所处时代，因为礼坏乐崩，历史文化面临能否继续传承下去的考验。但在孔子看来，不论后代对于过去的历史文化如何因循，如何损益，有一点不能改变，那就是历史文化的延续，包括西周历史文化的发扬光大，就像川流不息一样，不会停步不前，没有人能够阻止历史文化自身前进的步伐。天下有道、德必有邻信念，人能弘道、欲仁而仁至的信心，斯文在兹、当仁不让的责任感等，充分体现了孔子传承、发展历史文化的坚定信念和历史使命。

孔子对于夏、商、周三代的思想，也是有"因"的，在"因"中又有"损益"。其中，西周的历史文化，又占有主要地位，是他思想的主要渊源。

孔子自小对周礼产生了浓厚兴趣，"常陈俎豆，设礼容"①。长大成人后，孔子自己也不禁称赏周朝文化之繁盛，为夏、商二朝所不及。他说：

> 周监于二代，郁郁乎文哉！吾从周。②

"文"，本指文身、纹理、花纹，这里特指西周礼乐制度条理井然、完备繁盛。孔子的意思是，周朝继承而又损益了夏、商的文化，治礼作乐，礼文繁盛，达到了非常完备的地步。如果要在三代文化之间选择，孔子毫不犹豫会说："吾从周"。这表明，孔子所要继承的，主要是接近自己生活时代的近代文化，即最发达繁荣的西周文化。西周礼乐文化的创立者，首推周公。孔子崇敬周公，向往成康盛世，以继承周公礼文事业为毕生志愿。诚笃思念，以至常常梦见周公。③他明确言其志向说：

> 如有用我者，吾其为东周乎？④

在孔子周游列国期间，鲁国执政大夫季氏的家臣，叫公山弗扰，反叛季氏，召孔子前去帮忙。孔子想去，子路不同意。孔子回答说，他召我，一定就会用我。他召我而不用我，难道白白召我吗？他如果用我，那么，我将在东方复兴西周繁盛的礼乐文化啊！可见，孔子的志向就是在东方再现西周文化的繁盛（为东周）。

孔子对西周礼乐文化感情很深，他"天下有道"的社会理想，其实就是重现西周初年的文化盛况。可见，西周的礼乐文化，是孔子思想的主要历史

---

① 《史记》卷四七《孔子世家》。

② 《论语·八佾》。

③ 《论语·述而》。

④ 《论语·阳货》。

渊源。此外，夏、商时期的宗教思想对孔子的影响也很大。

夏朝大约建立于公元前 21 世纪，它从原始宗教中继承了祖先崇拜和灵魂崇拜的观念。孔子感叹说："禹，吾无间然矣，菲饮食而致孝乎鬼神，恶衣服而致美乎黻冕。"① 在他看来，大禹平时恶衣恶食，却华冠美服，隆重丰盛地进行祭祖活动，崇敬祖先灵魂，令人敬服。夏朝开国之君启讨伐有扈氏，对将士们宣布，"用命，赏于祖；弗用命，戮于社。"②"祖""社"是进行祖先崇拜的神圣地，将士们受"赏"或被"戮"，都由祖先灵魂决定，显示了祖先崇拜在夏朝建国当中的精神作用。

今河南省洛阳市偃师区二里头文化遗址，被考古学界认定为夏文化的代表。其中的墓葬，相互已有区别。有的墓主仰身直卧，随葬品有鼎、豆、爵等陶器，有的甚至有玉、贝等饰物；另一类则是乱葬坑，尸骨叠压堆积，躯体或残缺不全，或俯身曲肢。随葬有不少生活用品，反映了夏人对彼岸世界或灵魂世界已经有所想象，而丧葬的区别，也曲折反映了当时社会已开始出现阶级分化。

商朝大约开始于公元前 16 世纪，到商朝时，原始的祖先崇拜进一步发展出宗庙祭祀制度，而祭祖又是商朝宗教中最重要、最隆重的活动。

从殷墟甲骨卜辞可见，殷人卜问的对象有天神、地祇和人鬼三大类。在这些神灵的背后，还有至上神"帝"或"上帝"。上帝统率着日、月、风、雨、雷等天神和土、地、山、川、四方等地祇，也统率着先王、先公、先妣、诸子、诸母等人鬼。在殷人的宗教观念中，上帝是一种人格神，有"令雨""令风"等支配自然界的能力，有"降食""降祸"等主宰人间祸福的能力。至于像战争胜负，政权更替，以及兴建土木、出行、做买卖等日常生活事务，殷人也要占卜征求上帝的意见，才付诸行动。但由于"绝地天通"③ 的影响，他们相信在世凡人不能直接与上帝交通，只有殷王死后才能"宾于帝"，回归天庭随侍上帝；上帝不直接与在世凡人联系，而是通过先公、先王之灵降

① 《论语·泰伯》。

② 《尚书·甘誓》。

③ 《尚书·吕刑》，又参《国语·楚语》。

祸或者降福。死后的殷王，即"先王""先公"等，是现时诸王联系上帝的唯一渠道。所以，殷人祭天神，祭地祇，祭祖先，但"卜辞并无明显的祭祀上帝的记录"[①]。在这种情况下，祭祖就成为时王和上帝交通的唯一的方式，是上帝崇拜的必经环节。

目前已经出土的十几万片甲骨，主要反映盘庚迁殷至殷商末年这 273 年间商朝社会的情况。从这些甲骨反映的祭祀情况看，殷王室祭祀活动频繁，后世不可比肩。在祭祀中，殷王贡献"牺牲"，非常慷慨。往往一次祭祀，会将十几只，甚至几十只牲畜焚烧祭天，或掩埋祭地，或沉水祭川。至于用人作"牺牲"，杀人祭祖，或杀人殉葬，在殷王墓葬区也有发现。安阳西北冈殷王葬区内，发现 191 座祭祀坑，每座坑内一般都有 10 多具尸骨。殷王葬穴内，殉葬杀人最多达 400 人。商朝殉葬情况的存在，是现代一些史家断定商朝属于奴隶社会的重要根据。

公元前 11 世纪，周武王率众邦国剪灭商朝，建立周朝，定都镐京。文明程度落后于商朝的周人，在军事上取得胜利后，继承了商朝文明成果，改革了一些旧文化，创造了不少新文化。以周公为代表的周朝统治者继承并发展了商代的宗法制度和祖先崇拜为重心的宗教形式，大大增加了宗教信仰中的人文因素。

首先，殷人的至上神是恣情任性如小孩子般的"上帝"，周人则逐渐降低了"上帝"的人格神色彩，增加了抽象性和理性成分，将殷人的"上帝"观念改造成为以"天"为中心的至上神信仰。周人的"天"，是包含日、月、风、雨等自然天象在内的自然统一体，它浩渺、高大、宽旷，容纳万物而又主宰世界，类似"天命"。

其次，殷王祭祀祖先，通过祖灵乞求上帝，并不直接祭拜上帝。周人则将至上神"天"当作自己的最高祖先崇拜，给天神崇拜增添了祖先崇拜色彩。周王可以直接祭天，摆脱了祖灵制约，取消了神人联系的中间环节，提高了人在"天"那里的地位。在王位继承制度方面，周公废除了商朝的兄终弟及

[①]　陈梦家：《殷墟卜辞综述》，中华书局 1988 年版，第 577 页。

制度，明确为嫡长子继承制。周王的嫡长子继承王位，其余诸子则分封到各地为诸侯，拱卫京师，这又为祖先崇拜提供了更完善的政治制度保障。

周王自称"天子"，即"天之元子"，意思是说他是天的嫡长子，有替天行道、宰制万民的天职。但商朝灭亡，殷鉴不远，周朝统治者慎重反思，认识到周王的天职并非不变，有时"天不可信"①，"惟命不于常"②。"天命"可以转移，被周人认为是朝代更替的原因。周人认为天之所以让周人取代殷王作民之主，是由于祖甲之后历代殷王"不知稼穑之艰难，不闻小人之劳，惟耽乐之从"③。商朝末年，纣王更是胡作非为，不知悔改。在周人的宗教观念里，殷人赋予"上帝"的绝对、永恒性被削弱，人的作用在增加。周人不再像殷人那样，匍匐在神的脚下无奈祈祷、哀求，他们利用"天"的可变性进行人为努力，力图认识"天"的性质，影响甚至改变"天"的意志。

殷商人已经相信"天道福善祸淫"④，赏善罚恶。周人则明确提出，"皇天无亲，惟德是辅"⑤。"天"有"德"的属性，所以"天"喜欢并保佑有"德"的君王。上天赏或罚，以人的言行是否符合"德"为标准。"德"不是自然的性质或关系，而是人性修养及其表现出来的社会规范。周人将现实的社会规范赋予"天"，断定"天"有"德"性，要为现实的社会道德寻求神圣的终极根据。他们关注的不再是"天"本身，而是现实人或社会的问题；不再只是依靠神，而力图依靠人为努力解决它。把王朝兴衰的原因归结为统治者是否具有德性，而不再推诿于神意；在神面前，人的地位提高了。

周的道德思想主要体现为"德""孝"观念的产生。在周人看来，周人之所以能取代殷人，由于殷人无德而失去上帝的宠爱，更为重要的在于，周人通过修德，获得了上帝的眷顾。上帝是任人唯德的。为此，周人小心谨慎，勤勤勉勉。《尚书·周书》16篇中，细致刻画了周人的这种心

---

① 《尚书·君奭》。

② 《尚书·康诰》。

③ 《尚书·无逸》。

④ 《尚书·汤诰》。

⑤ 《尚书·蔡仲之命》。

理活动。如：

> 丕则敏德，用康乃心，顾乃德，远乃猷，裕乃以民宁。①
>
> 聪听祖考之彝训，越小大德，小子惟一。②
>
> 肆王惟德用……用择先王受命。③
>
> 宅新邑，肆惟王其疾敬德，王其德之用，祈天永命。④

"德"既然是上帝选王之标准，周王为了"祈天永命"，必须以"德"敬天，以获天佑。

周人还断定，君王有没有"天"赞赏的"德"行，会在"民"那里表现出来。"天"会根据民心民意判断君王的德行。他们发现，"天聪明自我民聪明，天明畏自我民明威"⑤"天矜于民，民之所欲，天必从之"⑥。"民惟邦本"⑦，民心反映天意，民心向背是王朝兴衰的真正原因。天主宰人，但人（君、民）也能用"德"影响天意；治国理政等政治活动成为人在天面前体现人意义和价值的主要载体。国家诞生后，人性中的社会政治性内涵就已经凸显。周朝的"民本"思想，更为充分地体现出中华人文精神重视"政治人"的特点。

由此，周王在治国方面也只有"王其德之用"，做到以德配天，才能"祈天永命"⑧。特别要"丕能诚于小民"⑨，"先知稼穑之艰难……无淫于观，于逸，于游，于田，以万民为正之供"⑩等，就是"敬天保民"的具体办法，也是

---

① 《尚书·康诰》。

② 《尚书·酒诰》。

③ 《尚书·梓材》。

④ 《尚书·召诰》。

⑤ 《尚书·皋陶谟》。

⑥ 《尚书·泰誓上》。

⑦ 《尚书·五子之歌》。

⑧ 《尚书·召诰》。

⑨ 《尚书·召公》。

⑩ 《尚书·康诰》。

周朝江山永固的前提条件。

周人将宗教问题的解决落实到现实政治活动中，落实为现实政治伦理的建设，建立起具有人文精神的宗教信仰体系。《周易·系辞》："观乎人文，以化成天下。"《礼记·表记》："周人尊礼尚施，事鬼敬神而远之。"反映了周人宗教思想具有重视现实政治生活的特点。

周人保存了大量氏族制度的残余，子孙对于祖先神的祭祀也是周人的重要礼仪。这种祭祀体现的道德观念就是"孝"，孝的对象为祖先神。后来周人又把"孝"由"事死"扩大到了"事生"，认为孝的对象不仅有祖先神、父母、祖父母，而且还包括宗室、宗庙以及兄弟、朋友、婚媾（有婚姻关系的宗室诸侯）。周人"孝""德"观念是周代文明社会的基本思想。同时，周人还产生了敬、穆、恭、懿等概念。周人希望"修德"以敬天，"追孝"以祭祖。在此，周人天人合一的宗教思想与他们天人合一的人学思想，是相应的。

总的看，孔子从商、周宗教思想中，汲取了天人合一方面的营养如下：

其一，承认并且相信天命的威力，但潜在相信天命与人的"德"性有内在关联。孔子提出"天生德于予"等看法，具体化了天命与人"德"的关系。

其二，尊敬、崇敬天，但不用力于研究天，而着力于人"德"的修养。孔子为此提出了"仁"和"礼"两个范畴，细化了周人关于"德"的思想内涵。

其三，相信人与天命有内在关系。人的所作所为，要求能符合天的意旨，人要追求具备上天所欣赏的"德"，必须努力学习，提高自己的综合素养，实现人的意义与价值，这本身就是天赋予人的使命；至于人能否在功利方面最终获得成功和利益，比如，人能否通过自己的努力，而一定会长寿、富贵等，这些都是天命决定的事情，非人所能够为力的。尽人事而听天命，成为周人与孔子共同的生活态度，只不过孔子通过他的人学思想，进一步明确和突显了这种态度。

春秋时期，出现了"重民"或重人的思想。公元前663年，虢国的史嚚说："国将兴，听于民；将亡，听于神。神，聪明正直而壹者也，依人而行。"① 公元前524年，郑国子产批评占星家裨灶把大火心星的出没和宋、卫、陈、郑各国的火灾相联系，说："天道远，人道迩，非所及也，何以知之？灶焉知天道？"② 这里史嚚和子产都把神与人、天道和人道明白地区分开来，而且都把目光指向了人或人道。孔子在春秋"重民"或重人的思想基础上，眼光更加远大，进一步发挥，提出了一套全新的人学思想。

第四节　孔子与六经

孔子一生没有署名著作留传后世。究其原因，有这样几点：

第一，孔子对历史文化采取"述而不作"态度。他说："述而不作，信而好古，窃比我于老彭。"③ 但孔子所谓"述"，并不是简单地重复叙述，而是有积极性理解的。这样理解的结果，对于文本而言，实际上产生了新的思想内容。因而，所谓"述而不作"，实际上是述中有作，甚至可能是以述为作。

第二，孔子之所以在理解时"述而不作"，也因为当时还不具备"作"的充分条件。据罗根泽考证，尚未发现战国以前的私人著作。④ 孔子以前，政、教不分离，不仅"学在官府"，而且"书在官府"。人们想要通过文献了解过去，学习历史文化，实为难事。比如，"韩宣子，晋世卿也，必俟至鲁观书于太史氏，始得见《易象》与《鲁春秋》"⑤，又如，"季札，吴公子也，必俟至鲁，始得闻各国之《诗》与《乐》"⑥。可见孔子时"作"的条件还不成熟。

---

① 《左传》庄公三十二年。

② 《左传》昭公十八年。

③ 《论语·述而》。

④ 罗根泽：《战国前无私家著作说》，载罗根泽编著：《古史辨》四，上海古籍出版社1982年版，第8—68页。

⑤ 《左传》昭公二年。

⑥ 《左传》襄公二十九年。

私家著作到战国才出现。战国社会变乱，各种先王礼制不再能维系人心，保障社会和平。为了顺应历史变化的需要，特别是国家统一需要，诸子先后登上历史舞台，著书立说，阐述自己对宇宙、历史、人生、社会、时局等问题的看法，涌现出一批私人著作。

孔子没有留下私人著作，但《论语》、六经却与孔子有密切关系。

《论语》这部儒家经典，是孔子的弟子、再传弟子对孔子及其弟子言行的记载，并由其再传弟子编辑成书。该书大部分内容，都用孔子和他的弟子对话的方式叙述。孔子的"天命"观、人学思想、"仁"论和"礼"论、教育思想等，在《论语》中都有具体材料展示。

历代对《论语》都有注本。汉代有三种：古文本《古论》21篇，《齐论》22篇和今文本《鲁论》20篇。东汉末，经学大家郑玄根据张禹的《张侯论》，参照《齐论》和《古论》，作《论语注》，共20篇，流传至今。东汉时，《论语》列入"七经"，北宋中叶被列入"四书"。因为它是反映"至圣先师"孔子思想的权威著作，历来注解很多。比较有影响的，有三国时魏国何晏的《论语集解》，该书汇集当时所能见到的所有注解，对后世影响很大。南朝时梁朝皇侃《论语集解义疏》、北宋时期邢昺《论语正义》，都是对何晏的《论语集解》所作的"疏"，即再注解。南宋时，理学大家朱熹著《论语集注》，是宋代注解《论语》的代表作。南宋、元朝时期赵顺孙的《论语纂疏》，则是对朱熹《论语集注》作的疏。清朝刘宝楠《论语正义》，考证较前代注本都详，也是很好的注本。以上注本是中国古代《论语》学史的主要代表作。注解的学者多根据自己的理解，对孔子的思想进行认识、发挥和创新，使孔子儒学思想不断以新的形式传承发展，影响中国历史2000多年。

六经，指《诗》《书》《礼》《乐》《易》《春秋》六部经典。这六部书，乃是孔子以前夏、商、周三代1000多年历史文化的结晶。三代历史文化主要借助六经的记载而流传下来。对春秋、战国时期的人而言，六经是华夏历史文化不可或缺的宝贵遗产。

关于孔子和六经关系，皮锡瑞《经学通论》言："一当知经为孔子所定，孔子以前，不得有经；二当知汉初去古未远，以为孔子作经，说必有据。"①
其《经学历史》论述更详尽，他断定，"经学开辟时代，断自孔子删定六经为
始"。又言，孔子"删定六经，以教万世，其微言大义，实可为万世之准则"；
"孔子为万世师表，六经即万世教科书"。"孔子以前，未有经名，而已有经
说""孔子出而有经之名"。② 关于六经，孔子做了教与学两件事：一是编辑
整理六经，用以教学，垂范万世；二是诠释六经，创立儒学。

"六经"一名，最早出于《庄子》一书。《庄子》说：

> 孔子谓老聃曰："丘治《诗》《书》《礼》《乐》《易》《春秋》
> 六经，自以为久矣，孰知其故矣！以奸者七十二君，论先王之道
> 而明周、召之迹，一君无所钩用，甚矣夫！人之难说也，道之能
> 明邪！"③

后世逐渐接受了"六经"这一名词，用于概括先秦时期的六部儒家经典。
但六经的成书，却经历了漫长岁月。现在我们所能见到的六经，实际上经过
了后人整理。后人在编辑、整理时，当然会渗入后人的理解，使六经在思想
内容上不断扩充、丰富，同时也免不了删削。比如，"三礼"之一的《礼记》，
即汉代人戴圣汇集前人讲解"礼"文献而成。

《诗》即《诗经》，据说原来有3000余篇，现今仅存305篇，习称三百篇。
它们又分为《风》《雅》《颂》三类。《风》所收集的主要为民歌，这些民歌
来自15个诸侯国，所以称"十五国风"，共160篇。在内容上，《风》诗主
要咏歌情爱，感叹命运，其中有许多诗歌被认为是政治讽刺诗。《雅》则收
集了周朝王畿之内士大夫的作品，又分《大雅》《小雅》，共105篇。《雅》
诗之中，政治讽刺也很多，比如讽刺诸侯、君主，甚至怨刺上天。比如，关
于《小雅·信南山》，郑玄注解说：

---

① 皮锡瑞：《经学通论》，《皮锡瑞全集》第六册，中华书局2015年版，第120页。

② 皮锡瑞：《经学历史》，《皮锡瑞全集》第六册，中华书局2015年版，第7、8、10、11页。

③ 《庄子·天运》。

《信南山》，刺幽王也。（幽王）不能修成王之业，疆理天下，以奉禹功。故君子思古焉。①

在功能上，《雅》诗也用于礼神。如《小雅·信南山》有：

中田有庐，疆场有瓜，是剥是菹，献之皇祖。曾孙寿考，受天之祜。祭以清酒，从以骍牡，享于祖考。②

《颂》诗是周王室、鲁公室、殷人的后裔宋国祀神的歌曲。在这些歌曲中，他们咏叙祖先那些神奇的出生经历，以说明自己是上帝的后裔，同时也歌颂祖先的高尚美德和伟大功绩，炫耀祖先的光荣和辉煌。

《书》指《尚书》，收集的多是上古政治文告。这些文告记载了古代的圣王如何事奉上帝，如何治理国家，如何奉天命讨伐有罪，如何履行治国职责，如何用鬼神的权威教化百姓等。依时代顺序，《尚书》可分为《虞夏书》《商书》和《周书》三部分，或者把《虞》《夏》分开成为四部分。这四部分的早期部分，多为后人追忆。人的记忆或易出错，但并不能完全抹杀文献的真实性。现存《尚书》为《古文尚书》，共58篇，是东晋初年梅赜向朝廷献出，据说由孔安国作传，后来逐渐成为《尚书》的流行本。孔传《古文尚书》比汉代《今文尚书》多出25篇，南宋时朱熹怀疑其为伪作。清朝初年，汉学家阎若璩作《古文尚书疏证》证明后出的25篇确为伪作。

现存儒经中，《礼》经文献有三：《周礼》《仪礼》和《礼记》（即《小戴礼》），通称"三礼"。《仪礼》，共17篇，主要讲士人的冠、婚、相见及丧礼，现存《仪礼》可视为古礼的一部分。《仪礼》在篇后，往往附有"记"，"记"以后的文字是经文的补充和说明。经文和记文则称《礼记》，孔子同《礼》发生联系，主要指此《礼记》而言。今人所见《礼记》，则指《小戴礼》，是

---

① 《毛诗正义》卷一三之二《信南山》，《十三经注疏》上册，中华书局1980年版，第470页。
② 《诗·小雅·信南山》。

由汉代戴圣所编，共 49 篇，汇集了以前有关《仪礼》的文献，记载了古代圣人贤士行礼的事迹和谈礼的言论，其中又主要是孔子及其弟子们的言论和事迹。《礼记》依附于《仪礼》，《仪礼》是经，《礼记》是传。《周礼》原名《周官》，发现于汉武帝时期，一直无人研究。西汉末年刘歆校书发现了它，认为它是周公所作，是"周公致太平之迹"，但"众儒并出共排，以为非是"。①后来郑玄为《周礼》作注，才使其广泛传播。《周礼》记载周代设官分职制度，设立的官职，规定了官吏的职能，也皆后人追忆而成。

《易》即《周易》，分为《经》《传》两部分。其中，《经》有六十四卦，每卦六爻，爻有阳（用"——"符号表示）和阴（用"— —"符号表示）两种，共 384 爻，加上《乾》《坤》两卦各有一没有画出的"用"爻，共有 386 爻。卦有卦辞，爻有爻辞。卦辞和爻辞都是解释卦、爻符号，说明卦、爻吉凶的，其中，包含了丰富的思想内容。《易经》成书于周初，是一部卜筮的书。最早解释《周易》的著作，应是今存《易传》十篇，俗称"十翼"，即《易经》的辅翼。汉代表彰六经，《周易》作为"五经"之一立于学官。

司马迁作《史记·儒林列传》，先叙《诗》《书》《礼》，然后才是《易》与《春秋》，这个顺序和《庄子·天下》篇所列六经的顺序大致相同。但是，到班固作《汉书·艺文志》，就把《易》作为六经之首而列在第一位了。后代对《周易》的研究十分发达，但主要分为象数、义理两大派。

《乐》指《乐经》，由于它早已亡佚，因而西汉尊崇儒术，仅立五经博士，即《诗》《书》《礼》《易》《春秋》五经。有人说，《礼记·乐记》篇就是《乐经》，有人说不是，迄无定论。后来，儒经中不再有《乐经》。

《春秋》作为六经之一，其底本是鲁国的史书。春秋战国时，各国都有自己的史官和史记，如晋国有《乘》，楚国有《梼杌》。②《春秋》作为经，有三部注解的传：《公羊传》《谷梁传》是对《春秋》义理的解释和阐发；《左

---

① 贾公彦：《周礼正义序》，载《周礼注疏》卷首，《十三经注疏》上册，中华书局 1980 年版，第 636 页。

② 孟子说："王者之迹熄而诗亡，诗亡然后《春秋》作。晋之《乘》，楚之《梼杌》，鲁之《春秋》，一也。其事则齐桓、晋文，其文则史。孔子曰：'其义则丘窃取之矣。'"（《孟子·离娄下》）

传》本是一部单独的史书，后来也被认为是对《春秋》的历史注释。

六经和孔子的关系主要有二。一方面，《论语》的记载表明，孔子教授学生所用教材，主要是《诗》《书》《礼》《乐》。请看以下材料：

> 子曰："兴于诗，立于礼，成于乐。"①
> 子曰："不学诗，无以言。……不学礼，无以立。"②
> 子曰："小子何莫学夫诗？诗，可以兴，可以观，可以群，可以怨。迩之事父，远之事君。多识于鸟兽草木之名。"③
> 子所雅言：诗、书、执礼，皆雅言也。④

可见孔子将《诗》《书》《礼》作为教育学生的教材、教学内容，让学生通过学习这些经典著作，在潜移默化中逐步培养"仁"德，争取成为理想的、比较标准的人——"君子"。同时又通过"乐"的熏陶，在学生的心灵和礼乐文明历史之间建立内在联系，培养学生对于历史文化的浓厚兴趣。从孔子利用六经（实际上主要是四部经典）进行教学的结果看，《诗》《书》《礼》《乐》在教学中作为最早的教材，造就了一大批儒者。

另一方面，孔子整理过六经。孔子不仅是儒家学派的创始人，而且是儒家经典诠释思想的奠基者。而他的经典诠释思想，就是在他整理和研究六经的理解实践基础上形成的。

孔子对于历史文化的态度，也促使他要对六经进行整理和意义发掘。比如，道家批判现实，推崇自然无为。在他们看来，六经只是先王的陈迹，圣贤的糟粕；而不是先王的"所以迹"，不是圣贤的精华。所谓的精华和所以迹，他们认为就是他们所谓的"道"。像老子本人，精通历史文化，但他对于历史文化的看法，批判多于肯定。

---

① 《论语·泰伯》。
② 《论语·季氏》。
③ 《论语·阳货》。
④ 《论语·述而》。

与此不同，孔子相信历史文化之所以如此演变，总有它的道理，不能完全否定。恰恰相反，后人应该从历史文化中寻求到继续生活、继续实践下去的智慧。对于历史文化，孔子肯定多于否定。在孔子及其他儒家学者们看来，像六经所载的，乃是尧、舜、禹、汤、文、武、周公一脉相传的先王之道。用先王之道治理国家，在历史上的千余年中，经过历史的检验和证实，是可以治理得很好的，那时候的社会秩序，至少比春秋时候的社会秩序要稳定得多。所以他们认为，"百王之道一是矣""天下之道毕是矣"。① 他们研究六经，就是为了将这些宝贵的历史文化遗产——先王之道，整理发掘出来，希望它能为当实社会的稳定提供帮助，比如，可以给人们寻找到一套合理的制度及规范。而要将先王之道的内容说清楚，就必须研究六经。孔子重视六经，自然而然。

孔子在文化观上的"和而不同"观点，也促使孔子不能完全墨守于六经，必须对之进行整理和发掘，才能适应变化了的新社会。孔子说：

> 君子和而不同。小人同而不和。②

本来，"和"与"同"两个概念，是政治伦理概念，专门针对统治者而言，它要求在治理国家时，允许多种认识、主张或不同意见并存，在充分展示多样性的基础上，追求决策和实施的统一性。早在西周后期，史伯就曾批评周幽王，说他去"和"而取"同"。史伯说：

> 夫和实生物，同则不继。以他平他谓之和，故能丰长而物归之；若以同俾同，尽乃弃矣。③

这里的"和"指把不同的东西结合在一起，以达到平衡、和谐和统一；

---

① 《荀子·儒效》。

② 《论语·子路》。

③ 《国语·郑语》。

"同"则指一种毫无差别的绝对等同。很明显，"和"与"同"是两个对立的概念。孔子借用和发挥了史伯的"和同"观，把它引入人生、政治哲理中，认为君子应该虚心听取他人的不同意见，但又不完全苟同他人，应该有自己的独立见解，即"和而不同"①。

但是，"和而不同"包含的思路，不能说与认识论、逻辑学毫无关系。对人们认识、解决问题，孔子概括出两种比较普遍的情况：一是"和而不同"，追求多样性的统一、对立的统一，这是辩证法的思路；另外一种叫做"同而不和"，追求直接的同一，排斥多样性和矛盾，这是形而上学的思路。孔子断定，前一种思路，是理想人格"君子"的思路，而后一种思路，则是现实中比较容易发现的常见思路，乃是不那么理想的"小人"思路。更进一步，我们还可以这样观察文化问题。"和而不同"要求我们认识到，历史文化的发展过程，乃是在多种不同文化之间的互相交流、矛盾中逐步走向融合统一的；我们认识历史文化，对待历史文化，也要有比较宽阔的眼界，在不同历史文化的比较基础上，追求对于历史文化本质和规律性的认识和把握。可见，孔子"和而不同"说，它既可以是"君子"理想人格的特征，也可以视为孔子对春秋末年以前历史文化发展的理论概括。

孔子这一思路应用到对传统文化的看法上，要求思想家既不与前人的思想绝对对立，又不与他人的思想雷同，而是古今历史文化的统一。后来者对于过去的历史文化"和而不同"，应该既有继承和吸收，又有批判和否定；两种方式结合起来，就是后人扬弃前人创造的历史文化，创造性地发展新的历史文化。因此孔子对历代文化遗产的载体——六经进行整理和发掘，提出"述而不作"的诠释学口号，实际上有他的历史文化观，以及他的辩证思路作基础。

孔子怎样"以述为作"，整理六经，发掘其意义？司马迁著《史记》，比较详细谈到了这点。他写道：

> 孔子之时，周室微而礼乐废，《诗》《书》缺。追迹三代之礼，

---

① 参见张茂泽：《和而不同》，学习出版社 2014 年版。

序《书》传。上纪唐、虞之际，下至秦缪，编次其事……故《书》传、《礼》记自孔氏。孔子语鲁大师："……吾自卫反鲁，然后乐正，《雅》《颂》各得其所。"古者《诗》三千余篇，及至孔子，去其重，取其可施于礼义，上采契、后稷，中述殷、周之盛，至幽、厉之缺。始于衽席。……三百五篇，孔子皆弦歌之，以求合《韶》《武》《雅》《颂》之音。礼、乐由此可得而述，以备王道，成六艺。孔子晚而喜《易》，序《彖》《系》《象》《说卦》《文言》。读《易》韦编三绝。……子曰："弗乎弗乎，君子病殁世而名不称焉。吾道不行矣，吾何以自见于后世哉？"乃因史记作《春秋》。上至隐公，下讫哀公十四年，十二公。据鲁，亲周，故殷，运之三代，约其文辞而指博。故吴、楚之君自称王，而《春秋》贬之曰子；践土之会，实召周天子，而《春秋》讳之，曰"天王狩于河阳"。推此类以绳当世，贬损之义，后有王者举而开之，《春秋》之义行而天下乱臣贼子惧焉。……至于为《春秋》，笔则笔，削则削，子夏之徒不能赞一词。①

上述材料都涉及孔子对于《诗》《书》《礼》《乐》《易》《春秋》六经的整理和理解。对于《诗》与《乐》，孔子"去其重，取其可施于礼义，上采契、后稷，中述殷、周之盛，至幽、厉之缺"，同时，还"弦歌之，以求合韶、武、雅、颂之音"。对于《书》和《礼》，孔子"追迹三代之礼，序《书》传。上纪唐虞之际，下至秦缪，编次其事……故《书》传、《礼》记自孔氏"。对于《易》，孔子则"序《彖》《系》《象》《说卦》《文言》。读《易》韦编三绝"。孔子还"作"了《春秋》。《春秋》本为鲁国史书。掌国史的史官，对于各项史实的记载，有传统的书写用词习惯，此即"书法"。孔子从这些"书法"中归纳出"正名"的原则，以"礼义"为标准，在《春秋》中对于不符合"名"的事都给予褒贬，"笔则笔，削则削"，使《春秋》具有历史评判意义，令"乱臣贼子惧"。

---

① 《史记》卷四七《孔子世家》。着重号为引者所加。

这里以孔子诠释《诗经》《尚书》为例，看看孔子如何"述而不作"，而又述中有作，甚至以述为作。《论语》记载了孔子理解《诗》的材料：

> 子贡曰："贫而无谄，富而无骄，何如？"子曰："可也。未若贫而乐，富而好礼者也。"子贡曰："《诗》云：'如切如磋，如琢如磨。'其斯之谓与？"子曰："赐也，始可与言《诗》已矣！告诸往而知来者。"①
>
> 子夏问曰："'巧笑倩兮，美目盼兮，素以为绚兮。'何谓也？"子曰："绘事后素。"曰："礼后乎？"子曰："起予者商也！始可与言《诗》已矣。"②

前所引诗，其本义是讲治骨角、玉石之反复不已，精益求精，子贡却借以讲人的学习修养，也要如此精进不已；这样理解深得孔子赞许。后一诗，照朱熹理解，本来讲绘画之事，子夏引申为讲"礼"，也获得孔子表扬。可见，孔子本人理解《诗》的意义，总是借诗歌文本意义讲述做人的道理，将《诗经》诠释学当作阐发自己人学思想的途径了。《论语》还记载：

> 子曰："《诗》三百，一言以蔽之，曰'思无邪'。"③
> 子曰："《关雎》，乐而不淫，哀而不伤。"④

---

① 《论语·学而》。理学家朱熹注解"如切如磋，如琢如磨"一句说："《诗·卫风·淇澳》之篇。言治骨角者，既切之而复磋之；治玉石者，既琢之而复磨之。治之已精，而益求其精也。子贡自以无谄无骄为至矣，闻夫子之言，又知义理之无穷，虽有得焉，而未可遽自足也，故引是诗以明之。"（朱熹：《论语集注》卷一，载《四书章句集注》，新编诸子集成本第一辑，中华书局1983年版，第53页）

② 《论语·八佾》。朱熹注解"绘事后素"一句说："绘事，绘画之事也。后素，后于素也。《考工记》曰：'绘画之事后素功'，谓先以粉地为质，而后施五采，犹人有美质，而又加以华采之饰，如有素地而加采色也。"（朱熹：《论语集注》卷二，载《四书章句集注》，新编诸子集成本第一辑，中华书局1983年版，第63页）

③ 《论语·为政》。

④ 《论语·八佾》。朱熹注解说："《关雎》，《周南国风》诗之首篇也。淫者，乐之过而失其正

　　"唐棣之华，偏其反而。岂不尔思？室是远而。"子曰："未之思也。夫何远之有。"①

　　前两条材料揭示孔子理解六经所"作"新意义的核心内容，即"思无邪""乐而不淫，哀而不伤"，强调审美情感与认识真理、道德真理的辩证统一，达到合情合理的理想境界。后一条材料中，孔子整理六经所"作"新意义，与原诗歌文本意义几乎没有直接联系，完全是借诗歌谈自己的思想。孔子这种诠释，暗示出他儒学思想中辩证法的另外一层意义，即反思方法；在孔子看来，这种反思方法，通过反思人之所以为人的原因、根据、本质等，才可能使自己明白作为人的意义与价值，过一种有远大理想的生活，挺立人的尊严。

　　在春秋各国的外交场合中，贵族们都以诵《诗》作为外交辞令。贵族们"学《诗》"的现实目的之一就在于从事外交活动。孔子则注重发掘《诗》文意义中蕴藏的人学思想，以及由此引申出来的治理国家的思想内容，扩大了《诗》义的效用范围。《论语》记载：

　　　　子曰："诵《诗》三百，授之以政，则不达；使于四方，不能专对。虽多，亦奚以为？"②

　　诵诗达政，出使专对，都属于政治活动。孔子的诵诗效用主张超越了单

者也。伤者，哀之过而害于和者也。《关雎》之诗，言后妃之德，宜配君子。求之不得，则不能无寤寐反侧之忧；求而得之，则宜其有琴瑟钟鼓之乐。盖其忧虽深而不害于和，其乐虽盛而不失其正，故夫子称之如此。欲学者玩其辞，审其音，而有以识其性情之正也。"（朱熹：《论语集注》卷二，载《四书章句集注》，新编诸子集成本第一辑，中华书局 1983 年版，第 66 页）

　　① 《论语·子罕》。朱熹注解此句曰："唐棣，郁李也。偏，《晋书》作翩。然则反亦当与翻同，言华之摇动也。而，语助也。此逸诗也。与文义属兴。上两句无意义，但以起下两句之辞尔。其所谓'尔'，亦不知其何所指也。…夫子借其言而反之，盖前篇'仁远乎哉'之意。程子曰：'圣人未尝言易以骄人之志，亦未尝言难以阻人之进。但曰："未之思也，夫何远之有？"此言极有涵蓄，意思深远。'"（朱熹：《论语集注》卷五，载《四书章句集注》，新编诸子集成第一辑，中华书局 1983 年版，第 116 页）

　　② 《论语·子路》。

纯文学审美范围，丰富了《诗经》的人学思想意义。孔子对《尚书》（孔子、孟子等称之为《书》）也进行了诠释，体现出他从人学角度理解经文的特点。

《书》本来是关于古代统治者的文告、言论记录，而孔子也用人的综合素养（"德"）做标准，诠释其意义。《论语》记载：

> 或谓孔子曰："子奚不为政？"子曰："书云：'孝乎！惟孝，友于兄弟，施于有政。'是亦为政，奚为其为为政。"①

孔子认为，《尚书》记载宗族家庭里的尽"孝"，以及"友于兄弟，施于有政"，就是"为政"，反映出孔子儒学将家与国联系起来看的思路。同样，《礼》《乐》《易》《春秋》，经过孔子整理以后，也都凸显了进行文明教化的意义。此外，孔子还整理、诠释了其他经典。请看以下几则材料：

> 子曰："加我数年，五十以学《易》，可以无大过矣。"②
> 孟子曰："世衰道微，邪说暴行有作，臣弑其君者有之，子弑其父者有之。孔子惧。作《春秋》。《春秋》，天子之事也。是故孔子曰：'知我者其惟《春秋》乎！罪我者其惟《春秋》乎！'"
> 孟子曰："孔子成《春秋》而乱臣贼子惧。"③
> 孟子说："王者之迹熄而诗亡，诗亡然后《春秋》作。晋之《乘》，楚之《梼杌》，鲁之《春秋》，一也。其事则齐桓、晋文，其文则史。孔子曰：'其义则丘窃取之矣。'"④

其中第一条，孔子自述研究《易经》颇有收获，对于做人很有帮助，这

----

① 《论语·为政》。
② 《论语·述而》。
③ 以上两条材料，皆见《孟子·滕文公下》。其中的着重号为引者所加。
④ 《孟子·离娄下》。其中的着重号为引者所加。

是从人的修养角度理解《易经》的人学性能。后三条皆孟子所言。在孟子看来，孔子"作"了《春秋》；"作"完后，孔子有一番感慨，即知我罪我，其惟我"作"之《春秋》乎！最后一条材料，孔子明确说："其义则丘窃取之矣。"孔子"作"《春秋》，"窃取"了什么"义"？换言之，孔子"作"《春秋》，究竟"作"出了什么新义，以致让孟子直谓之"作"？孟子说："孔子成《春秋》而乱臣贼子惧。"这恰恰是从文本意义的社会政治功能角度，观察孔子"作"出的新义。道德评价比法律评价，更为深入人心，社会历史影响广泛而持久。能让"乱臣贼子惧"，则孔子所"作"新义，与其人学思想和历史评价有关。这与《论语》所载孔子儒学思想一致。

春秋末期出现礼崩乐坏现象，是孔子整理和理解六经的具体历史背景。孔子对承载历史文化结晶的六经进行整理和诠释，在意义上增加了自己"作"出的新内容，即关于"仁"和"礼"等思想，他希望运用他诠释出来的结论——这些新思想，规范世人言行，克服"礼崩乐坏""天下无道"等社会乱象；更希望从提高每个人修养角度，解决当时的社会稳定问题。加之当时还不具备私人著作出现的条件，孔子选择"述而不作"的诠释方式，借助理解六经意义，阐发自己的人学思想。孔子的新思想都体现在《论语》以及孔子整理过的六经当中。

六经事实上成为孔子创建儒家学派的主要思想材料，也是他培养教导学生的教材。经典著作是孔子儒学思想表达和传承的基本物质载体。从诠释学角度看，六经是孔子理解的主要对象，六经的有关注解，作为孔子诠释的成果，当内含了孔子人学思想的不少内容。而《论语》则集中反映了孔子儒学思想的具体内容，是孔子创造性理解六经的思想成果。孔子的理解方法或诠释方法，他自己说是"述而不作"，而实际上，既是"述而不作"，也是"述"中有"作"，甚至他的"述"就是"作"，他以"述"为"作"。

那么，他自己说的"述而不作"，与他诠释实践中的"述"中有"作"、以"述"为"作"之间，是否存在矛盾呢？如果有矛盾，是否表明孔子在讲自己的理解方法时，没有实事求是呢？我们认为，不能这样评价孔子。

因为，从诠释学上看，在理解活动中，理解者（作者或读者，现实的诠释主体）、理解对象（文本，现实的诠释对象）之间，理解内容（读者或作者所理解到的意义）与文本意义内容之间，存在着辩证统一的关系；这种辩证统一，具体表现在理解活动的历史进程中。比如，在任一理解活动初期，现实诠释主体当然要虚心客观理解文本的意义，做到像孔子说的"述而不作"。这个意义，后来汉学家将它概括为一套"注疏"规范，如"疏不破注，注不破经"等，而以《易传》、荀子等为代表的"气"学思想，为这种"注疏"规范提供了相应的诠释学理论基础。在这一理解阶段，合理的理解内容，或者说理解意义的来源，只在于文本意义。文本意义，中国古人称之为"道"或"理"。随着理解的进展，理解活动进入中期，现实诠释主体的综合素养逐步提高，理解者具备了一定理解水平，形成了诠释学上所谓"先见"或前理解，中国古人称之为"心"。这时，如果诠释主体的理解活动还停留在初期阶段，已经不可能了；诠释主体的"先见"，对于理解活动总在有意无意发挥作用。事实上，这时的诠释主体通过理解活动获得的意义之来源，是"心"与"道"或"理"的交融和统一。朱熹称之为"心与理一"①；程朱理学为这种诠释思想提供了理论根据。随着理解进一步发展，理解活动进入高级阶段，现实诠释主体的综合素养很高，理解者已经具备的意义容量（如理论思维水平等），甚至超过了文本意义所显示出来的意义容量（如理论思维水平等）。这时，理解虽然仍是"心与理一"，但已经是以"心"为主了，文本意义只是"心"理解自身的材料和工具。所谓"六经注我"，是其典型方式。陆王心学则为这一阶段的理解活动提供了理论根据。

结合孔子的理解观，"述而不作"，适宜于第一阶段；而他事实上是既"述"又"作"，"述"中有"作"，则是他达到理解第二阶段的表现；至于他以"述"为"作"，"述"就是"作"，则是他的理解进展到最高阶段的表现。这时，孔子自己说："从心所欲，不逾矩。"② 所以，我们可以断定，孔子的理解观，不仅互相不矛盾，而且浑融地包含了后来几大派诠释思想在内。孔子

---

① 《朱子语类》卷五，载黎靖德编：《朱子语类》一，中华书局1986年版，第85页。

② 《论语·为政》。

不仅创建了儒家学派，而且也是中国古代儒家经典诠释学的开创者。

讲中国经学史，一般从汉代讲起。先秦孔孟荀等经解，被视为汉代经学的渊源。孔孟荀等人的思想，就其地位看，当时只是子学，而非经学。经学有两个核心含义：一指人们对经典的理解，注释、解读等，这是经学的基本含义。二指对经典的解释具有现实政治意义，属于意识形态一部分。汉代学者不仅解经，而且经学成为朝廷意识形态，二义俱备，故可谓完整意义的经学。而先秦孔子等编辑、解释经典，尚无意识形态意义，故可谓不完整意义的经学，但已经有解经活动，具备经学的基本含义。就孔子解经已经具备经学基本含义而言，孔子乃是儒家经学的创始人；其理解六经，"述而不作"而又述中有作、述即是作，则说明孔子还是儒家经学诠释模式的奠基者。

第二章 孔子的世界观

孔子儒学思想的内容，包括"天命"论、人性论、"学习"思想、"仁"与"礼"论、"德治"思想、教育思想等。这些思想构成一个逻辑整体，其核心是天人关系。而在天人关系中，孔子对于天更多的只是承认、敬畏，从理性的角度来描述和探讨天并不多，他特别强调的是人的地位和作用。对于人进行理性探讨，是《论语》的中心思想内容。所以，孔子的儒学思想，从这个意义上说，主要的是一种人学思想，是反思人的意义与价值，追寻人的本质，描述人的理想的思想体系。但是，孔子儒学思想，作为一种人学思想，在理论上又并不与天相对立或相矛盾，反而有内在的逻辑联系。孔子那里存在的这种天人之间的逻辑联系，可以看成是儒家朴素辩证法在天人关系观念上的早期表现。

第一节 "天命"论

在现实生活中，当我们表示惊讶、惊奇、惊叹等感受时，常常情不自禁："天啊！"而西洋人在同样条件下却常常说："My God!"其中，God 指他们基督宗教中的上帝。中西思想观念，在日常生活中，也有许多不同。

就中国人的"天啊"而言，我们不知道这种表示法是否可以往前追寻到孔子的"天命"论。在现实生活中，我们不少人遇到自己难以解决的问题时，或者出于玩玩的心理，到街边路头、寺庙宫观，烧一炷香，抽一根签，或者算算生辰八字，想了解一下自己或亲人的命运。我们也不知道，这种现象能否追溯到孔子的弟子子夏说的"死生有命，富贵在天"的话。不管怎么说，孔子作为中国古代的圣人，他的"天命"思想对于中国古人产生了难以估量的影响，也是事实。当现实中的人们遭遇到信仰或信念问题时，看一看孔子的"天命"思想，或许会有所启发。

如果我们用宗教的眼光看，"天"就是神或上帝。如果我们用经验实证科学的眼光看，天就是自然界。上述两种看法互相不同，在西方对立得很厉害。与此不同，孔子承认"天"是神，这可能是西方基督宗教对于孔子思想始终较有好感的原因；孔子又认为天是自然，西方传进来的经验实证科学家们，对于孔子也不会一棍子打死。在西方宗教与科学对立时，孔子却采取调和折中的态度，这体现了他不偏不倚、无过无不及的"中庸"辩证法思路。孔子辩证思考形而上与形而下的关系，才建立起他的儒学思想体系。这种思想体系，不是神学，但有宗教功能；不是科学，但就是理性研究的结果。它实际上是一种形而上学。而"天命"论，正是它对于世界最抽象问题的讨论。所以，在孔子儒学思想中，"天命"论具有本体论意义，发挥着本体论作用。

在孔子那里，"天命"实际上包括几个方面的问题：一是"天"的问题，二是"命"的问题，三是鬼神的问题。三者相合，成为孔子"天命"论的中心论题。

孔子继承西周人关于"天"的思想，承认"天"对于人生死寿夭、富贵贫贱，甚至历史文化命运等的主宰作用。在《论语》中，这样的例子很多。比如：

> 子曰："获罪于天，无所祷也。"[1]
> 颜渊死。子曰："噫！天丧予！天丧予！"[2]
> 子见南子，子路不说。夫子矢之，曰："予所否者，天厌之，

---

[1] 《论语·八佾》。

[2] 《论语·先进》。

天厌之！"①

　　子夏曰："死生有命，富贵在天。"②

　　在孔子看来，"天"有给人降罪的能力，有"丧"害人的能力，有"弃绝"③人的能力，有决定人富贵还是贫贱的能力。所以，世人总要向"天"祷告，以图趋利避害。但是，孔子指出，如果一个人已经"获罪于天"，那么，他即使要祷告也找不到地方，无论他怎么祷告也没有用处。孔子的这个说法，对宗教祷告的有效性进行了限制，显示出他重视人的后天理性努力的倾向。

　　孔子还从人的天赋角度看天，丰富了周人的"天命"观念，为他人学思想提供了形而上的根据。《论语》记载：

　　　　子曰："天生德于予，桓魋其如予何？"④
　　　　子曰："人之生也直，罔之生也幸而免。"⑤

　　在孔子看来，天有给人"生""德"的能力，是现实人"直"的品性之来源，现实的人皆可通过后天理性努力而获得或显现之。孔子此意，是《中庸》"天命之谓性"的直接思想来源。孔子还从人文的历史命运角度看天。《论语》记载：

　　　　子畏于匡，曰："文王既没，文不在兹乎？天之将丧斯文也，后

---

　　①　《论语·雍也》。

　　②　《论语·颜渊》。原文为"司马牛忧曰：'人皆有兄弟，我独无。'子夏曰：'商闻之矣：死生有命，富贵在天。君子敬而无失，与人恭而有礼，四海之内，皆兄弟也。君子何患乎无兄弟也？'"朱熹注解"商闻之矣"一句，说"盖闻之夫子"，即听老师孔子所说。（朱熹：《论语集注》卷六，载《四书章句集注》，中华书局1983年版，第134页）朱熹的说法，恐怕是猜测。但孔子自己很可能将富贵贫贱等归于"天"的决定，而不把它当作人生追求的目标。

　　③　朱熹注解"天厌之"的"厌"说："厌，弃绝也。"（参见朱熹：《论语集注》卷三，载《四书章句集注》，新编诸子集成第一辑，中华书局1983年版，第91页）

　　④　《论语·述而》。

　　⑤　《论语·雍也》。

死者不得与于斯文也；天之未丧斯文也，匡人其如予何？"①

在孔子那里，"天"还有主宰"斯文"命运的能力，可以"丧斯文"或不"丧斯文"。文王去世，但斯文在兹，孔子自觉承担了人文修养、文明教化的使命。可见，孔子所谓"天"，是人本性（"德"）、使命的源泉，还主宰着人的功利得失，主宰着人类历史文化的命运。

从"天"具有主宰人命运的权能看，"天"似乎具有微弱的人格。但孔子并不说天有人那样的感情、意志和认识。他反而明确断定，天"无言"。《论语》记载：

子曰："予欲无言！"子贡曰："子如不言，则小子何述焉？"子曰："天何言哉？四时行焉，百物生焉。天何言哉！"②

他认为，"天"自己不"言"，只是像四时那样运行不停（行），故可称为"天行"；只是像万物那样新陈代谢，生生不已（生），故也可以称为"天生"。具体看，"天"如何"生"德"生"直呢？也只是像自然万物生生不已那样，自然地"生"，而不是像基督宗教中的上帝那样加工产品，从无到有地创造。天如何主宰人间祸福、功利得失、人文命运呢？也只是像四时运动不停那样，自然地决定，也不是像基督宗教中"三位一体"的上帝那样人格色彩很浓的主宰。这样，孔子将"天"的自然性空前突出起来，成为荀子一派儒学讲自然之天的思想源泉。

孔子还谈到了"命"。在他看来，"天"所决定的人生结局、做事结果，就是"命"。《论语》记载：

伯牛有疾，子问之，自牖执其手，曰："亡之，命矣夫！斯人

① 《论语·子罕》。

② 《论语·阳货》。

也而有斯疾也！斯人也而有斯疾也！"①

季康子问："弟子孰为好学？"孔子对曰："有颜回者好学，不幸短命死矣！今也则亡。"②

子夏曰："死生有命，富贵在天。"

由上述材料可见，人生什么病，人的长寿或早夭，人的生或死，乃是由"命"决定的事情，为人的努力所不能完全改变。决定人生死、贫富的"命"是谁发出的呢？恐怕只能是"天"发出的。所以，这个"命"，也可称为"天命"。孔子对"命"的这一看法，特别适宜于文明水平还不够高，人们对于真理认识和掌握不够时，那种无可奈何的心态。《论语》还记载：

子曰："道之将行也与？命也；道之将废也与？命也。公伯寮其如命何？"③

孔子认为，"道"——他所认为的人之成为真正的人的真理——能不能在现实世界呈现，是天"命"决定的事情，即使权臣对之也无可奈何。虽然天"命"这样重要，但孔子并不像西方基督宗教神学家那样，运用从上帝那里获得的"启示"，辅之以人的理性能力，探讨上帝的神性和权能，建立起系统的神学思想体系。孔子更多地从人的角度，既敬畏人不能影响或改变的外在天命，又运用人的理性能力和直觉能力，认识（"知"）天命赋予人的本性，即人内在的性命、使命或天职。《论语》中以下材料，可供参考：

孔子曰："君子有三畏：畏天命，畏大人，畏圣人之言。小人不知天命而不畏也，狎大人，侮圣人之言。"④

---

① 《论语·雍也》。

② 《论语·先进》。

③ 《论语·宪问》。

④ 《论语·季氏》。

子曰："不知命，无以为君子也。"①

子曰："吾……五十而知天命。"②

子曰："回也其庶乎！屡空。赐不受命，而货殖焉，亿则屡中。"③

孔子"畏天命"，指敬畏外在于人的天命，而"知天命"或"知命"，则是认识到天赋予人的人性，以及由人性决定的性命、由人性发出的使命、最终人生努力的结局。天命是周人的信仰对象，知是理性认识。知天命要求理性认识信仰对象，实际上使宗教学术化、信仰理性化，开辟了三代宗教思想迈向诸子百家理性认识世界的新时代。知天命，即自觉实现做人成人的性命，觉悟担当社会分位使命，承认接受最终的命运。这样理解符合孔子儒学以探讨人之成为真正的、理想的人这一思想宗旨。而子贡"不受命"，则指子贡本来并不富裕，但他不接受外在于人的、决定人生死寿夭富贵贫贱的天命摆布，而"货殖焉"，经商做生意，结果还多次让他猜中，发了大财。

综上所述，孔子承认"天命"有主宰人的权能，他自己非常敬畏天命，要求人们都敬畏天命。他"畏天命"而落实于"知天命"，鼓励子贡"不受命"而尽人力。更重要的是，对于"天命"，孔子努力发挥当时人所能有的理性能力，自觉地从其人学角度认识其意义。孔子从人认识和实践方面，观察认识天命，配合实现天命，理性地对待天命。结果，他发现了人的性命、使命和命运。人的性命指人所特有的命运，即由天生人性决定的性命，如"鸟兽不可与同群"，人只能做人成人，既不能神化，也不能物化；人的使命来源于性命的社会化落实，如君君臣臣、父父子子之类的社会家庭或国家的分位、职责。人的性命、人的使命，都是社会中的人自己，凭借理性能力，能够认识和把握的"天命"。它们都是天命的一部分，是天命内在于人的部分，是人内在的天命。

孔子对于人性命、使命的发现，根本改变了中国古人在天命面前只

---

① 《论语·尧曰》。

② 《论语·为政》。

③ 《论语·先进》。

能祈求、祷告的弱势、被动地位，而使人能在天命的决定性作用下，争得一块自己作为人的生存发展空间，即人的世界。孔子这一发现，在中国人学思想史上占有重要地位。我们可以将孔子的重大发现，视为中国古人第一次睁开人的眼睛，完全用人的眼光，审视周围的世界。但孔子完全不是人类中心主义者。在思想上，他将人的性命、使命，视为本于天命而具于人生者。在孔子思想影响下，中国古人坚持做人，但不骄傲。他们很谦虚，很谨慎，很恭敬，同时很自信，能坚定，有快乐。在天人关系中，有修养的中国人不偏激，不极端，守规矩，有底线，体现出强烈的中道辩证色彩。

孔子承认"天命"权能，却淡化其威力，转而强调人的地位和作用，人学色彩浓郁。那么，孔子对"鬼神"持什么态度呢？

孔子很重视"礼"，特别是丧葬礼和祭礼。丧葬礼是人去世时，后人举行的系列追悼和埋葬仪式。祭礼是人们追思祭祀祖先的仪式。举行这两种礼仪，都必须假定有其对象。此前，人们通常认为那就是祖先的灵魂或鬼神。南朝梁武帝论证"神不灭"，认为儒家所重视的丧葬礼和祭礼必有其对象，此即鬼神。[①] 他推测，祭祀的人在祭祀时会有"所飨"，有"所见"，所飨所见的就是"神"。其实，所飨所见的可能只是心理想象之物，不一定就是神，因为儒家祭祀也可以只是寄托怀念祖先之情。在有争议，难决断时，我们不妨看看圣人孔子对于鬼神的态度。先看《论语》提供的材料：

> 子不语：怪、力、乱、神。[②]
> 樊迟问知。子曰："务民之义，敬鬼神而远之，可谓知矣。"[③]

孔子平时不谈鬼神，对鬼神"敬而远之"。他用理性的人生态度对待鬼

---

① 梁武帝亲自撰文，驳斥神灭论说："观三圣设教，皆云神不灭，其文浩博，难可具载，止举二事，试以为言。《祭义》云：'惟孝子为能飨亲。'《礼记》云：'三日斋，必见所祭'。若谓飨非所飨，见非所见，违经背亲，言语可息。神灭之论，朕所未详。"（《敕下答神灭论》，载《弘明集》卷一）

② 《论语·述而》。

③ 《论语·雍也》。

神，承认它，尊敬它，但并不去认识、追求它。照孔子意思，并非不能去做，只是人还有更加重要的事情要做，比如，有人能否成为人的问题需要自己全力去求得解决。所谓"务民之义"，"民"即"人"。"务民之义"，就是将主要的人生精力，放在"人"的问题上。换言之，人应首先力求解决好做人成人问题。所以，《论语》记载：

> 季路问事鬼神。子曰："未能事人，焉能事鬼？""敢问死。"曰：
> "未知生，焉知死。"①
> 子疾病，子路请祷。子曰："有诸？"子路对曰："有之。《诔》曰：
> '祷尔于上下神祇。'"子曰："丘之祷久矣。"②

在孔子看来，事人是事鬼的前提，知生是知死的条件，没有事人便不能事鬼，不知生就不能知死。同情理解其意，人应该首先把"成人"的事情办好，再去说"事鬼"之事；人"生"的真理认识或掌握了，再去认识或掌握人"死"的道理，也来得及。将人自己成为理想的人这个问题，摆在基础地位上，而将认识鬼神或"事"鬼神的事情，作为辅助，放在后面。"敬"鬼神而落实于"成人"事业上，"远"鬼神而近人事。北宋理学家二程解释孔子这样做的意义说：

> 人多信鬼神，惑也。而不信者又不能敬。能敬能远，可谓
> 知矣。③

---

① 《论语·先进》。

② 《论语·述而》。朱熹注解说："祷，谓祷于鬼神。有诸，问有此理否。诔者，哀死而述其行之词也。上下，谓天地。天曰神，地曰祇。祷者，悔过迁善，以祈神之佑也。无其理则不必祷。既曰有之，则圣人未尝有过，无善可迁，其素行固已合于神明，故曰：'丘之祷久矣。'……孔子之于子路，不直拒之，而但告以无所事祷之意。"（朱熹：《论语集注》卷四，载《四书章句集注》，新编诸子集成第一辑，中华书局1983年版，第101—102页）

③ 转引自朱熹：《论语集注》卷三，载《四书章句集注》，新编诸子集成第一辑，中华书局1983年版，第90页。

　　二程的理解可谓深得孔子之意。本来，鬼神观在西周非常流行。当时各邦国都有其祖先神，鬼神观念笼罩着人的精神世界，制约着人们的日常生产生活。孔子尊重民众习俗，对传统鬼神观念，没有明确反对，也没有武断地不予承认；因为这种反对或不承认，实有经验主义、现实主义嫌疑，而放弃了超越经验现实的人生远大理想。孔子只是努力发明人学，用人学作为括弧，将鬼神观念从人的精神世界中括起来，尽量不予考虑，从而追求用人学思想代替鬼神观念在人们精神世界中的地位和作用，指导人的现实精神生活。他的思想，不能说是无神论，但他将所谓鬼神推到人所不予关心而又能正常理性生活实践的地步，又确实将有神论思想降到最低，减到最少。后来，孟子以及宋明理学家们，遵循孔子对待鬼神的这一态度，"敬鬼神而远之"，将学术工作的重点放在人学思想的深化与完善上，将人"成人"或"事人"、"知生"的过程，讲成一无限的历程；这就在事实上将神学问题从儒学思想中驱逐出去，从人的精神世界中限制甚至排除了鬼神的作用空间，确保了儒学思想的人文、理性色彩。

　　在孔子"天命"论中，有一个值得注意的现象。他虽然承认"天命"的存在和权能，自己平时也敬畏、尊重"天命"，但他理性关注的重心并不在"天命"，而在于他所谓"道"。

　　根据《论语》记载，孔子和弟子对话，多次谈到"道"的问题。比如，他说："志于道"[①]"朝闻道，夕死可矣"，孔子有认识"道"、追求"道"并献身于"道"的理想。他又说："吾道一以贯之"[②]，这表示孔子自己认为自己的思想中，存在着"一以贯之"的中心线索，那就是"道"。而且他断定，"道"是现实世界中任何人所不能不遵循的。《论语》载：

　　　　子曰："谁能出不由户？何莫由斯道也？"[③]

①　《论语·述而》。
②　《论语·里仁》。
③　《论语·雍也》。

在此，孔子明确断定"斯道"就像人们进出的门户一样，为天下众人所共同经由、共同遵循。只是"道"是什么，孔子没有明确说明，以致子贡等不得而闻。但不能因为孔子对于"道"没有明确言说，就断定孔子思想中完全没有"道"论。比如，孔子自己说，他到 70 岁时，已经达到"从心所欲，不逾矩"①的境界，自己的"心欲"与"矩"完全不矛盾。理性分析孔子达到的理想境界，我们不能不承认：如果一个人没有掌握"道"或真理，他要达到这样的境界，是不可能的。没有"道"的支持，个人心欲和自然规律、社会规矩之间要不矛盾，除非是自然物或人的本能。而自然物或人的本能，当然不能代表人达到最高境界时的精神状态。

可见，孔子有"天命"观，但他将理性关注的重心转移到人的问题上，转移到现实的人成为真正的、理想的人的问题上。他相信，在现实人成为真正的、理想的人的历程中，存在着"道"，而且在自己关于人的问题的讨论中，也有"一以贯之"的道。对"道"的认识、觉悟，追求实现，是他人学思想的宗旨。孔子的"天命"论，就这样转化、引申出他人学的"道"论，暗示了他人学思想可能的发展方向，是走向理性的形而上学，而非信仰的宗教神学。后来，孟子从"天命"论中，更明确地引申出"道"论或良知论，突显了孔子的这一思路特点，丰富了孔子儒学的深广内容。

第二节　人性论

目前来看，可以断定，人是世界上最为高级的动物。中国古人常说"人为万物之灵"，他们对人有别于其他动物、生物等的特征，已积累不少直观认识。但是，人又是世界上最复杂之物。我们可运用世界上已经出现的各门经验科学，理性地研究人体生物性能，研究人的言行活动、心理状态，研

---

① 《论语·为政》。

究人的思想、精神世界等，形成关于人的各门科学；我们还可以从宗教、艺术、哲学、历史、语言等精神文化层次审视人，发现关于人的成长轨迹、本质特征；当然，我们也可以从非文化的角度来看人，还可以借助对自然界的认识来观察人；等等。但不管怎么看，我们目前对于人的认识，远不能说已经认识清楚了。现在从古代人学思想中吸取思想营养，十分必要。

孔子一生，不断学习，追求真理（"道"），积极向上。这样的生活充实而富有意义。在精神状态上，孔子的一生，可谓乐观幸福的一生。《论语》记载：

叶公问孔子于子路，子路不对。子曰："女奚不曰：其为人也，发愤忘食，乐以忘忧，不知老之将至云尔。"①

孔子认真生活，故能对人生有真正认识或体悟。这些认识或体悟，理性表达出来，就是他的人学思想。

所谓"人学"②，以孔子思想为例，主要指反思人的共性或本性，讨论人的理想人格（即理想的人之标准）、人成为理想的人的历程等问题的学说，而不是研究人的经验实证科学。孔子人学思想的思路，是以每一个人自己为中心，而展开为两个方面：一是认识、实现自己，研究这个问题，是"尽己"之学；二是帮助他人认识、实现其自己，研究这个问题，是"推己"之学。"尽己"和"推己"是孔子人学思想的两大有机组成部分。《论语》载：

子曰："参乎！吾道一以贯之。"曾子曰："唯。"子出。门人问曰："何谓也？"曾子曰："夫子之道，忠恕而已矣。"③

---

① 《论语·述而》。

② 当代学者张岂之先生提出并且详细阐述了孔子的"人学"体系。参见张岂之：《论儒学"人学"思想体系》，载张岂之：《儒学·理学·实学·新学》，陕西人民教育出版社1994年版，第3—14页。

③ 《论语·里仁》。朱熹注解"忠恕"之义说："尽己之谓忠，推己之谓恕。而已矣者，竭尽而无余之词也。"（朱熹：《论语集注》卷二，载《四书章句集注》，新编诸子集成第一辑，中华书局1983年版，第72页）

按照朱熹理解，"忠"就是"尽己"。"尽己"，使现实的自己完全实现自己的本质和理想，成为真正的、完善的、标准的、理想的人。这是成圣之路，属于内圣之学。"恕"则是"推己"。"推己"，以真正的、完善的、标准的、理想的自己为基础，为标准，为目标，帮助其他现实的人也成为如此理想的人。"推己"有两方面：一是从正面说，"己欲立而立人，己欲达而达人"①。凡符合理想人格或人本性标准的东西，我已认识到，并已成为现实的心理需要（"欲"）了，也努力帮助他人也认识到，需要它，直到最终具备它。二是从反面说，"己所不欲，勿施于人"②。凡是不符合理想人格或人的本性标准的东西，自己不会具备，也不会成为自己的欲望对象；那么，我们也不应该将这种对象施予他人。

在孔子的人学思想中，尽己和推己统一，又以"尽己"之学为基础、为根本、为重心。比如，孔子常常从"尽己"角度来看人性，以"尽己"为标准确立人的理想人格特征。从《论语》看，孔子讨论最多的，就是人的共性或本性、人的理想人格特征问题。这里我们以《论语》材料为主，围绕孔子关于人的共性或本性的言论进行讨论。

关于人的共性或本性是什么，始终是任何人学思想的第一位的问题。人学思想或人学，以人作为研究或反思对象，其最终目的，就在于告诉人们人性是什么。根据人性是什么，可以逻辑地推出人在现实生活中的出发点、生活准则和规范、主宰者、理想或归宿。孔子关于人的理想是什么，人生活的意义与价值在哪里，人言行活动的必要准则或规范，人际关系的准则，等等，也都可以从他的人性论中逻辑地推出来。人性论，实际上是人们反思人自身的理论成果。在中国古代儒学思想史上，几乎每一位思想家，言必谈人性问题。这一现象，正是儒学作为一种人学思想所应有的现象。孔子的人性论③正是孔子人学的核心内容。

---

① 《论语·雍也》。

② 《论语·颜渊》。

③ 关于孔子人性论的具体内容，参见张茂泽：《孔子的人性论》，《长安大学学报》2013 年第 2 期。

孔子对于人性的看法，我们通常引用这条材料：

子曰："性相近也，习相远也。"①

据此，20 世纪国内一些学者指出，孔子人性论与孟子"人性善"的说法不同。从孔子整个人学思想看，在孔孟人性论间区分划界，还可进一步讨论。

孔子讨论人的共性问有两个角度。第一，根据现实经验观察看人，性近习远说就是证据。意思是，现实中的人，在"性"质上相近，但经过生活、学习，走过一长段人生，相互间就拉开差距，渐行渐远了。从这些经验观察看，孔子不认为"人性善"。但是，孔子对于现实中的这种人性状况又非常不满意。他的人学思想，一定程度上就针对这不能令人满意的现实人性状况，而力求开掘出人的真正本性来。这个致思倾向，与荀子不同。②

第二，孔子更从人的根源、共同规范和理想等方面直觉人的本性。根据他的这些直觉性言论，我们可以断定，孟子"人性善"思想在孔子那里已经萌芽。请看以下材料：

子曰："天生德于予，桓魋其如予何?"③
子曰："人之生也直，罔之生也幸而免。"④

---

①　《论语·阳货》。

②　荀子也根据经验观察现实人性，思路与孔子的第一个思路相同。但荀子说"人性恶"，其善是人为努力（"伪"）的结果，这个说法，与孔子不同。荀子在此说支持下，不再继续纠缠于人性问题，而是力求借助君师教化，在现实生活中改造人的恶性，化性起伪。荀子这一思路与孔子大异其趣。

③　《论语·述而》。

④　《论语·雍也》。朱熹注解"直"说："于其所怨者，爱憎取舍，一以至公而无私，所谓直也。于其所德者，则必以德报之，不可忘也。"又注解"直道"说："直道，无私曲也。……善其善，恶其恶而无所私曲。"（分别见于朱熹：《论语集注》卷七、卷八，载《四书章句集注》，新编诸子集成第一辑，中华书局 1983 年版，第 157、166、167 页）

孔子明确断定，人的"德"是"天生"的，非后天教化或改造而成。从人性根源上，他指出人的共性是"天生德"于人。《论语》还载：

　　　子曰："德不孤，必有邻。"①
　　　子曰："谁能出不由户？何莫由斯道也？"②

　　孔子又断定，人们的"德"性并非只是一个人或几个人具备，一定有许多人（"必有邻"）都具备，有普遍性；在现实生活中，德行能获他人支持，便如邻里相助。就像一个人出门必然经过他家的门户一样，他之做人做事，也必然遵循"斯道"而行。综合孔子所言可知，他所谓"道"，就是人之成为真正的、理想的人的真理，也可以称为"德"或"仁"。会和而观，"德"不是一个人或几个人特有者，而是凡作为人都必须遵循的道理、准则。孔子此说，已经明确暗示了人的共性所在。孔子从人言行活动规范角度，指出人的共性之一是：人人都遵循"德""仁"等共同规范。

　　《论语》又载：

　　　子曰："君子去仁，恶乎成名？君子无终食之间违仁，造次必于是，颠沛必于是。"③

---

　　① 《论语·里仁》。

　　② 《论语·雍也》。

　　③ 《论语·里仁》。朱熹注解："终食者，一饭之顷。造次，急遽苟且之时。颠沛，倾覆流离之际。盖君子之不去乎仁如此，不但富贵、贫贱取舍之间而已也。言君子为仁，自富贵、贫贱取舍之间，以至于终食、造次、颠沛之顷，无时无处不用其力也。"（朱熹：《论语集注》卷二，载《四书章句集注》，新编诸子集成第一辑，中华书局1983年版，第70页）朱熹用"为仁"，即进行"仁"德修养的过程，理解孔子所谓君子不"去仁"（离开仁德）的意义。孔子尝言："富与贵，是人之所欲也；不以其道得之，不处也。贫与贱，是人之所恶也；不以其道得之，不去也。"孔子讲得与处、得而去的问题，显然属于修养问题。如此，朱熹的理解符合孔子意思。如果联系"君子去仁，恶乎成名"一语考虑，孔子似有以"仁"德作为君子基本特性的意思。如此，则终食、造次、颠沛所言的，恐怕就不能只特指修养中追求"仁"德的"为仁"意义，而是本就已具有"仁"德的人之自然表现了。

子曰："仁远乎哉？我欲仁，斯仁至矣。"①

关于人的理想人格，或者说理想的、标准的人，孔子指出，"君子"之所以被称为君子，离不开"仁"德。换言之，如果没有"仁"德修养，那么，君子就不成其为"君子"了。由此可见，"仁"德是成为"君子"的必备修养。这是从人的理想或真正的、标准的人角度，指出人的共性是：仁德是人的必备修养；若无"仁"德，则人不可能成为真正的人。

再请看一条材料：

子曰："人而无信，不知其可也。大车无輗，小车无軏，其何以行之哉？"②

"輗"指车上的"辕端横木，缚轭以驾牛者"，乃是"大车"之为车的必要条件，"軏"则指车上的"辕端上曲，钩衡以驾马者"，乃是"小车"之为车的必要条件，而"信"则是人之为人的必要条件。在此，孔子就人之作为人的最低标准，或基本要求，提出人要成为人，有其必要条件，这就是"信"。换言之，一个人如果没有基本的"信"义，说话做事不讲诚"信"或"信"用，他怎能在社会中生存下去呢？孔子说"不知其可"，比较含蓄。用现代语言说，这类人在社会上决不能正常生存发展。

据上，孔子事实上从四个方面谈到了人的共性：人的根源，"天生德"；人的共同规范"斯道"；人的理想，不能离开"仁"德；人的最低要求，不能没有"信"德。四个方面涉及人的来源、基本条件、规范与归宿几大领域，涵盖了整个人生历程。这样认识人性，比较全面。孔子这样看人，发现人有

---

① 《论语·述而》。
② 《论语·为政》。朱熹注解说："大车，谓平地任载之车。輗，辕端横木，缚轭以驾牛者。小车，谓田车、兵车、乘车。軏，辕端上曲，钩衡以驾马者。车无此二者，则不可以行。人而无信，亦犹是也。"（朱熹：《论语集注》卷一，载《四书章句集注》，新编诸子集成第一辑，中华书局1983年版，第59页）

（或应该有）共同的"德""斯道""仁""信"；而"德""道""仁""信"等，在孔子那里都是"善"之物，只是称谓不同而已。

孔子没有明确讲人的共性或本性，但是他实际上说了不少关于人共性或本性的话。孔子关于人共性或本性的言语，分析看，有三方面意义：在人共性或本性事实的意义上，孔子直称为"人"或"仁"；在人共性或本性规范的意义上，孔子谓之"道""德""仁""义""信"等；在人共性或本性主体的意义上，孔子谓为"我""己""欲""心"等。三方面意义相合，共同构成孔子关于人的共性或本性的认识和表述。同时，对事实上的"人"，孔子进行了多方观察，但多属于他所不满意的人；换言之，经验观察的、有种种现实局限（指不那么善）的人，不是标准的、真正的、理想的人，而只是不完全、不完善甚至不正常的人。孔子更偏重讨论人的"仁"德等规范和人的真我等主体两方面意义，而成为克服、超越、包容前者在内的形而上学人性论。

故可以断定，孔子人学思想已有德性论色彩，"人性善"思想萌芽了。

我们现在讲人的共性，不大用抽象词语表达，而喜用"人文精神""人文素质""综合素质"等词来指称人性修养；其实，这些词在意义上大同小异，都指人之为人的积极价值。有学者将孔子所谓道德仁信，理解为今天我们所谓"道德"，与科学、技术、艺术、哲学、宗教等相对而言。这样理解或许狭隘，不完全符合孔子理解的"德"或"道"或"仁"或"信"的人性意义。

人有仁义道德共性，但在现实中并未完全体现出来。对此，孔子有自己的经验观察。《论语》记载：

　　子曰："中庸之为德也，其至矣乎！民鲜久矣。"[1]
　　子曰："民之于仁也，甚于水火。水火，吾见蹈而死者矣，未见蹈仁而死者也。"[2]

---

① 《论语·雍也》。
② 《论语·卫灵公》。

> 子曰："苟志于仁矣，无恶也。"①
>
> 子曰："朝闻道，夕死可矣。"②

在孔子看来，现实的人"性近而习远"，离理想的人有很大差距；但如果他有志于修养"仁"德，自然不会有恶言恶行。孔子暗示了"仁"德即本善的意思。如果一个人终身以求"道"为职志，生死以之，那他离理想的人就不远了。

关于现实的人向着理想努力，孔子抱有无限期望。请看以下材料：

> 子曰："圣人，吾不得而见之矣；得见君子者，斯可矣。"
>
> 子曰："善人，吾不得而见之矣；得见有恒者，斯可矣。"③
>
> 子曰："我未见好仁者、恶不仁者。好仁者，无以尚之；恶不仁者，其为仁矣，不使不仁者加乎其身。有能一日用其力于仁矣乎？我未见力不足者。盖有之矣，我未之见也。"④
>
> 子曰："吾未见好德如好色者也。"⑤

前一句乃孔子经验观察人们进行"仁"德修养的情况，有"习相远也"之意。后一句则说人们自己的努力，与"仁"德有内在的关联，用力即可成"仁"，他尚未发现力量不足的情况，有"性相近也"之意。

照孔子意思，现实许多人没有实现理想，没有实现人的真正特性，导致社会不和谐、不稳定，只是因为个人修养不够。故人们努力的重点、方向，就是自己努力学习和修养，以便成为理想的人，实现人性，同时帮助他人也能如此。人的修养不够，已有天赋也会慢慢被利欲习惯遮蔽，直到丧失。后

---

① 《论语·里仁》。
② 《论语·里仁》。
③ 《论语·述而》。
④ 《论语·里仁》。
⑤ 《论语·子罕》。

来，孟子称之为"放失良心"，或简称为"放心"，而人的学习和修养，其宗旨就是"求放心"了。

第三节　理想人格的特征

理想人格，指一个人成为理想的人时所达到的水平或程度。理想人格论，是儒家人学思想的重要组成部分。一种人学，不论它多么科学、正确，但是，如果没有它应有的理想人格论，其理论影响力、思想感染力有限，便难以对现实人们产生真正持久的影响，那么它就不能算是完备的人学理论。孔子人学思想影响中国古代 2000 多年，其理想人格论在其中究竟起了多大作用，现在我们还难以进行科学估价。

关于人的理想人格，孔子多谓之"君子"或"圣人"。君子，在《论语》中有时指统治者①，但大多指一种理想人格。圣人也是一种理想人格，其综合素养比君子高，它是人所能达到的最高境界。在孔子看来，圣人是最为理想的人，即使尧、舜等圣人，也"其犹病诸"②。"圣人"境界那么高，一般人难以企及。孔子教人，志在为社会和谐稳定培养合格人才，故多针对一般人立论，其理想人格，自然多讲"君子"，少讲"圣人"。

孔子讨论人理想人格特征的内容很多，或可从主体的心理、主体的思路、主体的社会实践三个方面看。

（一）"君子"的表象、本质特征

1. 表象特征

"君子"的表象特征，又可从几个方面看：一是君子的志向。《论语》载：

---

① 如《论语·泰伯》载，孔子说："君子笃于亲，则民兴于仁；故旧不遗，则民不偷。"与"民"相对而论，"君子"明显指统治者。

② 《论语·雍也》。

　　子曰:"君子谋道不谋食。……君子忧道不忧贫。"①

　　子曰:"君子怀德,小人怀土。君子怀刑,小人怀惠。"②

　　君子的志向是求"道",而不局限于吃饭、穿衣、住房子等个人浅层功利问题。可以这样理解,"道"即真理,只不过是孔子心中的真理而已。此真理包含了功利在内,又克服了功利的不足,而超越了功利真理的真理;它就是人的本性,也是天命落实于人的人性真理。孔子主张,一位理想的、真正的人,要"谋道不谋食""忧道不忧贫"。孔子还主张君子"怀德""怀刑"。照朱熹解释,"怀"即思念之义。君子总想着自己内在素养提高问题,也想着社会规范("刑"在其中)问题。

　　二是君子的精神状态。《论语》载:

　　子曰:"君子坦荡荡,小人长戚戚。"③

　　子曰:"君子泰而不骄,小人骄而不泰。"④

　　子曰:"君子不忧不惧。"⑤

　　子曰:"知者不惑,仁者不忧,勇者不惧。"⑥

　　子曰:"君子道者三,我无能焉:仁者不忧,知者不惑,勇者不惧。"⑦

　　君子为人光明磊落,胸怀坦荡,没有什么见不得人的思想言行;他们心

---

　　① 《论语·卫灵公》。

　　② 《论语·里仁》。朱熹注解说:"怀,思念也。怀德,谓存其固有之善。怀土,谓溺其所处之安。怀刑,谓畏法。怀惠,谓贪利。君子、小人趣向不同,公私之间而已。尹氏曰:'乐善恶不善,所以为君子。苟安务得,所以为小人。'"(朱熹:《论语集注》卷二,载《四书章句集注》,新编诸子集成第一辑,中华书局1983年版,第71—72页)

　　③ 《论语·述而》。

　　④ 《论语·子路》。

　　⑤ 《论语·颜渊》。

　　⑥ 《论语·子罕》。

　　⑦ 《论语·宪问》。

态平和舒坦，既不自卑，也不骄傲。他们有追求真理的自信，因为他们努力学习，不断提高自己的修养①，积极进取，活到老，学到老，所以有智慧，难有人生迷惑。他们对于个人功利，没有什么特别追求，不会去算计得失，筹谋利害，所以，他们没有什么可以忧愁的，也没有什么东西能让他们感到害怕。

三是君子与"争"的关系。《论语》载：

> 子曰："君子矜而不争，群而不党。"②
> 子曰："君子无所争。必也射乎！揖让而升，下而饮，其争也君子。"③

一说君子"不争""不党"，再说君子"无所争"；可见孔子所谓"君子"并非单纯不争，而是"无所争"，意即在现实功利世界，没有多少可让"君子"争的东西；而且君子也争，但君子之"争"，有其礼仪规范。所以，关于君子与"争"的关系，孔子说了两点：一是"无所争"。从功利角度看，君子所重本不在于小功利，大家都争小功利，君子却认为他们所争者并无永恒价值，所以君子不像一般人那样去争。就"道"而言，只需要人去追求就行，追求的人越多越好，不存在你有我无的问题，也当然不会为了"道"进行你死我活的争夺。所以，在现实中，君子实在没有什么可以争的东西；特定条件下，即使争，也守规矩，有底线，不像小人之争，为达目的而不择手段，毫无规矩可言。

---

① 《论语·宪问》记载："子曰：'君子上达，小人下达。'"

② 《论语·卫灵公》。朱熹注解说："庄以持己曰矜。然无乖庆之心，故不争。和以处众曰群，然无阿比之意，故不党。"（朱熹：《论语集注》卷八，载《四书章句集注》，新编诸子集成第一辑，中华书局 1983 年版，第 166 页）

③ 《论语·八佾》。朱熹注解说："揖让而升者，《大射之礼》，耦进三揖而后升堂也。下而饮，谓射毕揖降，以俟众耦皆降，胜者乃揖，不胜者升，取觯立饮也。言君子恭逊，不与人争，惟于射而后有争。然其争也，雍容揖逊乃如此，则其争也君子，非若小人之争矣。"（朱熹：《论语集注》卷二，载《四书章句集注》，新编诸子集成第一辑，中华书局 1983 年版，第 63 页）

四是君子的社会历史作用。《论语》记载：

> 子曰："君子不可小知，而可大受也。小人不可大受，而可小知也。"①

朱熹解释说："盖君子于细事未必可观，而材德足以任重；小人虽器量浅狭，而未必无一长可取。"②"君子"可能没有明显的专长，比如不能帮助解决现实问题，不能挣得大量钞票，为领导们分忧解难等，但如果将治理国家的任务交给他们，他们的才能、品德却足以胜任。而"小人"们正好相反。他们在小事情上往往有能力，但是没有什么品德，思考、做事缺乏创造性，没有自主能力，只能让他们办小事，将治理国家这样的大事情交给他们，真是勉为其难了。

2.本质特征

君子的本质特征，也可理解为君子的内在特征，它和君子表现于外的、能为他人经验认识到的表象特征不同。在一定程度上说，本质特征是表象特征出现的前提和基础。

在孔子看来，"君子""圣人"之所以是理想的人，是因为他们认识和掌握了"道"或真理。"道"或真理极其宝贵，是人的本性之所在，其价值超过人的自然生命。孔子自述："朝闻道，夕死可矣。"③他认为，当"道"与个人生物生命冲突时，有修养的人会毫不犹豫牺牲个人生命，以维护"道"的尊严。他说："志士仁人，无求生以害仁，有杀身以成仁。"④价值生命更能体现人异于鸟兽等物的特殊本性。我们很清楚，人有高尚理想，能追求真理，并且有为理想而奋斗的精神，就因为人有他特殊的意义或价值，有他与动

---

①　《论语·卫灵公》。

②　朱熹注解原文是："此言观人之法。知，我知之也。受，彼所受也。盖君子于细事未必可观，而材德足以任重；小人虽器量浅狭，而未必无一长可取。"（朱熹：《论语集注》卷八，载《四书章句集注》，新编诸子集成第一辑，中华书局1983年版，第168页）

③　《论语·里仁》。

④　《论语·卫灵公》。

物、植物、有机物、无机物等不同的特殊本质。比如，人和其他动物不同，人有理性，有道德，有诗性智慧，人能思考，人超越于其他动物。这个道理，孔子用"人能弘道，非道弘人"①加以概括。在孔子看来，君子认识和掌握了一定的"道"，而且人人都能努力学习以认识和掌握"道"。能够自觉努力认识和追求"道"，恰恰是人之所以为人的本质特征。

为什么君子能自觉认识、追求道，而一般人就不行呢？孔子由此提炼了"君子"之所以为"君子"的基本特征。《论语》载：

子曰："君子求诸己，小人求诸人。"②

在孔子看来，君子求"道"，结合"成人"问题的解决而进行。君子不同于一般人，正在于他们追求的是不断提高自己素质（"求诸己"），使自己成为真正理想的人；遭遇问题，首先反思自己的原因，而不是怨天尤人，归罪他人、环境、历史等。自己真正成为理想的人，也就必然认识和把握了"道"。因为，如果他"求诸己"，常常反思自己，发现自己不足，不断改进自己，提高自己，如此，他在现实中才可能不断获得成功。在这种情况下，他一定自信、自立、自觉、自主，而不像小人，无论什么事情，首先想的是拉关系，走后门，乞求别人帮忙。这样不断提高素质，君子所具备的修养自然与众不同。《论语》载：

子曰："君子喻于义，小人喻于利。"③
子曰："君子义以为上。"④
子曰："志士仁人，无求生以害仁，有杀身以成仁。"⑤

---

① 《论语·卫灵公》。
② 《论语·卫灵公》。
③ 《论语·里仁》。
④ 《论语·阳货》。
⑤ 《论语·卫灵公》。

孔子发现，君子的修养主要是"仁"或"义"。所以，君子不会"求生以害仁"，而只会"杀身以成仁"。在君子的价值观中，"仁""义"即"道"的表现，是人生最可宝贵者，具有最高价值，这叫"义以为上"。我们也可说，君子"仁以为上"或"道以为上"。

"君子喻于义"命题中，"喻"概念对全句意义的把握很关键。朱熹注解：

> 喻，犹晓也。义者，天理之所宜。利者，人情之所欲。程子曰："君子之于义，犹小人之于利。唯其深喻，是以笃好。"杨氏曰："君子有舍生而取义者。以利言之，则人之所欲无甚于生，所恶无甚于死，孰肯舍生而取义哉？其所喻者义而已，不知利之为利故也，小人反是。"①

"喻"有知晓之义，即在认识上，有深刻理解的意义，也有在情感、意志上，爱好之而为之献身的意义。结合孔子其他主张看，还应该有"志"（以之作为自己的志向）、"怀"（始终想着，心理总装着它）、"安"（以为安身立命的精神家园）等意义，当然，还应有在生活实践中遵循落实的意义。也许，我们可以将"喻"理解为"志──学（而知）──好──行──安（乐）"的思路历程。比如，"君子喻于义"，则指"君子"志于义，学习、认识理解义，在此基础上好义，行义，安（乐）于义等。

为什么君子要如此用全力去追求"义"呢？联系孔子的整个人学思想，结合其人的共性论，完全可以理解。因为"义"就是人人所具备的共性或本质；人们努力追求"义"，正是现实人成为真正人的必经之路。

（二）君子的情感和社会实践特征

一般而言，主体可以划分为人心（指现实心理主体，含情感、意志、认识、功利追求等心理活动）、道心或本心（指内在逻辑主体或本心主体，亦

---

① 朱熹：《论语集注》卷二，载《四书章句集注》，新编诸子集成第一辑，中华书局1983年版，第73页。其中的着重号为引者所加。

即人的真我或本性或良心）两个层次。孔子关于君子理想人格特征的讨论，也揭示了不同层次和不同领域的主体特征。这使孔子的理想人格论，不仅开辟了中国古代主体哲学思想的新领域，而且也使其人学思想成为立体的、深刻而系统的思想。

1. 情感特征

当一个人成为君子后，他的情感世界充满了喜悦和安乐，而非忧愁和痛苦，所谓"君子不忧不惧"①，正是从反面表述这种情感特征。孔子正面表述君子情感特征，《论语》提供了实证材料：

> 子曰："学而时习之，不亦说乎？有朋友自远方来，不亦乐乎？人不知而不愠，不亦君子乎？"②
> 子曰："仁者安仁，知者利仁。"③
> 子曰："知者乐水，仁者乐山。"④
> 子曰："惟仁者能好人，能恶人。"⑤

在孔子看来，一个人的情感特征，和其人性自觉有关，君子作为比较理想的人，也是如此。真正说来，君子的喜悦和安乐情感，源于其努力学习和修养，是不断提高修养的必然结果。孔子还将人的情感"好""恶"，和其理想人格（"仁"）联系起来考察。他断定，只有实现了一定理想人格，成为真正理想的人（"仁者"），此人才具有真正的情感感受能力，才能真正感受世界的美和丑。孔子的这一人学论断，在中国美学史上翻开了我国古代人文美学的新篇章，无疑具有重要意义。

在孔子关于君子作为主体的结构特征中，思路特征是其中很重要的一个

---

① 《论语·颜渊》。
② 《论语·学而》。
③ 《论语·里仁》。
④ 《论语·雍也》。
⑤ 《论语·里仁》。

部分。关于这一部分，拟在下一节介绍。

2.社会实践特征

在孔子看来，君子人格有鲜明的社会实践特征，意即这一理想人格是君子在社会实践活动中，比如在人际交往、政治活动中表现出来的特征。如果说，人的共性、人的理想人格等，都是追求使自己成为真自己，属于"尽己"之学，那么，君子人格特征在社会实践活动中的表现，则属于"推己"之学。

推己及人，是"推己"之学的基本思路和基本原则。不过，推己及人中的"己"，不能是修养不高、德业不盛、能力不强的小我，而是必须人人同具的共性。此共性，在孔子那里，即"道""德""仁""义"等人性内涵指谓的真我或大我。将自己的真我或大我推及他人，爱他人，惠他人，关键在帮助他人修养提高，使社会大众都成为真正理想的人。《论语》载：

> 子曰："夫仁者，己欲立而立人，己欲达而达人。"①
> 子曰："君子成人之美，不成人之恶。小人反是。"②

在孔子那里，仁人应是比君子更高的修养境界。仁人修养实包容了君子修养在内，而又更进一步。"立人"，使众人在社会竞争中能够"立"得住、立得稳，"达人"，为社会大众开辟足够的人生发展通道，开拓足够的人生上升空间，使人人皆能通达向上。孔子主张，真正理想的仁人，不仅能够自立自达，提高自己素养，而且还要立人达人，有帮助提高整个社会成员素养的博大胸怀。只有这样，实现理想社会才有主体条件，才可能真正建成。这样的理想人格，胸怀天下，博爱大家，视天下众人如同自己一人，视天下众生如同自己一生。将自己从小我中，从小我与他人的对立中解放出来，超越小我局限，达到大我高度，呈现真我内核。这时，比如，在情感上，爱自己当然也爱他人，爱他人如爱自己。这种境界，后来孟子提出

---

① 《论语·雍也》。
② 《论语·颜渊》。

"亲亲而仁民，仁民而爱物"，理想境界是"万物皆备于我"，北宋张载则谓之"民吾同胞，物吾与也"。孟子、张载等将大我或真我的境界提得更高，世界更为宽广，内涵更为丰富，连"物"也包括在内，成为人生世界的有机组成部分。

推己及人，自己与他人的关系是根本。但是，孔子考虑这种关系并非抽象谈论，而是结合现实社会政治、经济等问题加以思考；这就使其推己及人的思想落到实处。《论语》记载：

> 子谓子产，"有君子之道四焉：其行己也恭，其事上也敬，其养民也惠，其使民也义。"①
>
> 子张问仁于孔子。孔子曰："能行五者于天下，为仁矣。"请问之。曰："恭、宽、信、敏、惠。恭则不侮，宽则得众，信则人任焉，敏则有功，惠则足以使人。"②
>
> 子贡曰："如有博施于民而能济众，何如？可谓仁乎？"子曰："何事于仁，必也圣乎！尧、舜其犹病诸！夫仁者，己欲立而立人，己欲达而达人。"③

孔子将推己及人原则，落实到现实政治生活中，形成了一些具体行为准则，如恭、敬、惠、义、宽、信、敏等。用现代语言表示，就是要求人们为人谦恭，对上级、前辈、老师等要尊敬，领导干部要努力给百姓以实惠，治理国家要遵循道义原则，对待百姓要宽宏大量，自己说话做事要讲信义，办事情则要有效率等。孔子还指出，治理国家，让所有老百姓都满意，非常不容易达到，即使尧、舜等圣人，也不能说就完全没有问题了。但是，用较低标准衡量，一个人只要能够真正做到推己及人，设身处地同情理解他人，发自内心仁爱他人，充满善意帮助他人，就已经可谓君

---

① 《论语·公冶长》。

② 《论语·阳货》。

③ 《论语·雍也》。

子了。

（三）"君子"的历程特征

在孔子看来，现实的人要成为真正理想的人，没有捷径可走，唯一办法就是学习，学习，再学习。《论语》中反映孔子学习观的材料很多。他评价自己，也常说自己没有与众不同之处，只是"学而不厌，诲人不倦"而已。他自己学习没有满足过，教学也未曾厌烦。《论语》第一部分，记载了专讲学习的两条材料：

> 子曰："学而时习之，不亦说乎？有朋自远方来，不亦乐乎？人不知而不愠，不亦君子乎？"①
>
> 子曰："君子食无求饱，居无求安，敏于事而慎于言，就有道而正焉，可谓好学也已。"②

一个人学习有收获，自己修养有提高，在学习中当然容易寻找到真正乐趣，比如，创造性的喜悦（"说"，即喜悦）之类。如果死记硬背，应付考试，只有痛苦，哪里有喜悦可言？自己修养提高后，在社会上会产生一定影响，远方朋友知道后，不远万里前来交流、讨论，大家志同道合，互相启发，当然令人快乐。自己有水平，但人家不知道，自己也不纠结生气。孔子说，这就是有君子风范了。

人们提高修养，学习的内容很多，范围很广，并非只在教室里看书才是学习。在孔子看来，生活物质条件（"食""居"等）不要追求过多、太好，办事有效率，向素质高的人请教，对比自己和他的差距，以他为标准，模仿、仿效他，向他看齐。这些都可谓"好学"。

孔子已经发现，现实的人通过学习成为理想的人，须跨越几个必经阶段。《论语》载：

---

① 《论语·学而》。

② 《论语·学而》。

子曰:"弟子入则孝，出则弟，谨而信，泛爱众，而亲仁。行有余力，则以学文。"①

社会实践（"行"）是学习（"学文"）的基础。则社会实践可视为学习第一阶段，"学文"则是学习第二个阶段。"学文"的直接目的，在孔子看来，就是求得认识水平的提高，即"知"。孔子说："未知，焉得仁?"②《论语》还记载：

子曰:"不知命，无以为君子也。"③

"学文"的直接目的，既包括知识积累，特别要对人性或真我有自觉，对自己一生的天职或使命有觉悟（"知命"）。第一阶段的社会实践，本就不易完成，第二阶段"学文"，也是人的终身事业。这里划分第一、二阶段，只能是逻辑上划分，并非现实人人都能达到。事实上，在社会现实中，几个阶段同时进行。人们通常一边生活，一边实践，一边学习，一边提高。正如《论语》记载，孔子自己描述自己一生的历程：

子曰:"吾十有五而志于学，三十而立，四十而不惑，五十而知天命，六十而耳顺，七十而从心所欲，不逾矩。"④

孔子享年73岁。他从15岁，讲到70岁，显然为晚年所言。他总结自己一生说，15岁有志于学习，40岁时才"不惑"，50岁时才"知天命"，这些都近于"知"，是学习的结果。司马迁著《史记》，讲孔子晚年钻研《易经》，整理六经，这些也都属于学习。可见，孔子学习一生，这是事实。在孔子自

---

① 《论语·学而》。
② 《论语·公冶长》。
③ 《论语·尧曰》。
④ 《论语·为政》。

述中，并没有讲到自己"行"的情况。依照他"行"是第一、"学文"第二之言，难道他只在 15 岁以前才"行"吗？当然不能这样理解。"行"一而"学文"二，是逻辑上说。意即"行"是"学文"的基础。没有"行"作基础，"学文"不容易有真正收获。

在孔子那里，"学文"并不是最高阶段，也不能是。最高阶段，应该称为第三阶段，现实的人已成为"君子"或"仁者"，甚或已经成为"圣人"。《论语》记载：

> 子曰："可与共学，未可与适道；可与适道，未可与立；可与立，未可与权。"①

"学"只是人生修养的开始，后面还有许多等待人们去耕种、收割。有哪些内容呢？孔子指出了"适道""立""权"几点。"适道"，指认识到真理，坚信此真理，以追求此真理为人生理想。这与"知天命"相应。"立"，指将自己认识到的真理转化成为人生价值标准，具体化为人生出发点、生活准则、安身立命之所。这可以同"耳顺"相比。"权"则指将自己"立"身行事标准，更具体地与现实社会各种标准相结合，无不因应得宜，没有丝毫滞碍。这可以和"从心所欲，不逾矩"相较。

综上，我们可将孔子关于现实人成为理想人的历程整理为三阶段：一是"行"，这是基础；二是"学文"，指运用人的理性能力，解决人的认识觉悟

---

①　《论语·子罕》。朱熹注解此句，多引他人语，然亦不无参考价值。朱熹说："可与者，言其可与共为此事也。程子曰：'可与共学，知所以求之也。可与适道，知所往也。可与立者，笃志固执而不变也。权，秤锤也，所以称物而知轻重者也。可与权，谓能权轻重，使合义也。'杨氏曰：'知为己，则可与共学矣。学足以明善，然后可与适道。信道笃，然后可与立。知时措之宜，然后可与权。'……"（朱熹：《论语集注》卷五，载《四书章句集注》，新编诸子集成第一辑，中华书局 1983 年版，第 116 页）综合他们的意见，则"学"指学习，"适道"指明白了道理，而且相信其正确性，明确了自己一生的理想，"立"则指自己的价值标准确立，还运用到现实人生中，建构起自己做人的出发点、言行活动准则、安身立命之所，"权"则指将自己的出发点、价值标准、行为准则、安身立命之所等，与现实的社会历史条件结合起来，既有原则性，又有灵活性，从容自若，应对自如，"从心所欲，不逾矩"。

问题；三是比较理想的阶段，将认识和觉悟到的抽象真理，再具体运用到人生社会生产生活中，找到结合点，将学习所得和现实社会活动很好结合起来，让自己的认识觉悟在现实世界中发挥应有作用，推动社会的文明化发展。

孔子已清醒注意到，在现实中，并非人人都能走完三段。较多的是，或走完第一段，就停步不前，或走到第二段，但不能继续下去。真正走完三个阶段的人，在现实中少见。所以，孔子不禁感叹：

"苗而不秀者有矣夫！秀而不实者有矣夫！"①

他用地里庄稼生长，比喻人生学习修养几个阶段，"苗"是第一段，"秀"（开花）是第二段，"实"（结果）是第三段。现实中的人们进行修养，不少人就像庄稼生长，沉溺在第一段不能自拔，这是"苗而不秀者"；也有人到达了第二段，就不再上进，这是"秀而不实者"。孔子的解说，形象生动，思想深刻，很能启发人。

第四节　朴素的人学辩证法

朴素的人学辩证法，是孔子人学思想体系的骨架和灵魂。在孔孟儒学中，朴素的人学辩证思维随处可见。在孔子看来，中道思维是理想人格特征之一。比如，关于如何认识评价人，孔子就有此意。《论语》载：

子曰："视其所以，观其所由，察其所安。人焉廋哉？人焉廋哉？"②

①　《论语·子罕》。

②　《论语·为政》。朱熹注："以，为也。为善者为君子，为恶者为小人。※观，比视为详矣。由，从也。事虽为善，而意之所从来者有未善焉，则亦不得为君子矣。或曰：'由，行也。谓所以行其所为者也。'※察，则又加详矣。安，所乐也。所由虽善，而心之所乐者不在于是，则亦伪耳，岂能久而不变哉？※……焉，何也。廋，匿也。重言以明之。程子曰：'在己者能知言穷理，则能以此察人如圣人也。'"（朱熹：《论语集注》卷一，载《四书章句集注》，新编诸子集成第一辑，中

　　子曰："始吾于人也，听其言而信其行；今吾于人也，听其言而观其行。"①

　　子曰："君子不以言举人，不以人废言。"②

　　孔子主张，认识、评价一个人，应将其言语、行为结合起来，更要将其言行和心理、信仰结合起来。他提出，我们观人，要看其言行活动（"所以"），还要考察其言行活动的动机、准则和理想等（"所由"），更要细查其兴趣、爱好及其安身立命的精神家园（"所安"）。由行为而理想，进而信仰，由表及里，由浅入深，将现实中人的言行、心理以至精神安顿，都包括在内。这一认识评价思路，是人们有"知言穷理"修养的表现，符合人的认识辩证法。后来，孟子将孔子的观人法具体化，强调听其言而"观其眸子"法。孟子说：

　　存乎人者，莫良于眸子。眸子不能掩其恶。胸中正则眸子瞭焉；胸中不正则眸子眊焉。听其言也，观其眸子，人焉廋哉？③

　　在人际交往中，一个人言语或许作假，行为可能虚伪，但眼睛是心灵的窗户，说话时的眼神会透露其内心的真实。孟子"听其言而观其眸子"法，将孔子认识辩证法的历程精炼浓缩为一定条件下的感性直觉，这也是一种理性知人的深刻洞观。又如，孔子明确提倡"中庸"辩证法，对"狂""狷"的偏于一边，不很满意。《论语》载：

　　子曰："不得中行而与之，必也狂狷乎！狂者进取，狷者有所不为也。"④

华书局 1983 年版，第 56—57 页）

　　① 《论语·公冶长》。

　　② 《论语·卫灵公》。

　　③ 《孟子·离娄上》。

　　④ 《论语·子路》。

孔子的意思，人有三类：一是"中行"，符合"中庸"辩证法标准，这是人的典型。另外两种是"狂""狷"。南宋理学家朱熹依据孟子意思注解说："行，道也。狂者，志极高而行不掩。狷者，知未及而守有余。"①"狂"者认识、理想（"志"）高于人生实践，而"狷"者道德实践高于认识、理想，"中行"则兼二者之长。孔子认为狂、狷或实践不足，或理想不够，皆各有所偏，理想和实践相应的"中行"才符合中道原则。

孔子的辩证思想，不只是认识辩证法，而且是人学辩证法，这是孔子思想的精髓所在。将孔子"中庸"方法的具体内容、表现形式整理提炼出来，应有助于人们更好理解孔子儒学思想中的优秀内容。在孔子那里，人成为真正理想的人有其辩证运动规律，孔子人学辩证法正是对于此规律的提炼和总结。

根据《论语》提供的材料，孔子的人学辩证法可具体划分为几类：

（一）本末（体用）辩证法

据学者们研究，体用作为哲学范畴，到魏晋玄学时才出现；但细究起来，孔子已有体用意思，只是不用"体""用"概念而已。如孔子的弟子有子强调君子"务本"。"本"，字面意义指地下树根，与"末"相对，"末"则指地上树干、树枝、树叶等。可见，"本"是"末"的基础和源泉，"末"是"本"的结果和展现。这一思路，体用思路的色彩很重。《论语》载：

　　有子曰："君子务本。本立而道生。孝弟也者，其为仁之本与！"②

"为仁"的"仁"，可以理解为修养仁德，进而做人成人；在此意义上，为仁便是"为人"，即做人成人，成为理想的人。有子认为，君子"务本"，

---

① 朱熹：《论语集注》卷七，载《四书章句集注》，新编诸子集成第一辑，中华书局1983年版，第147页。

② 《论语·学而》。

而不是逐末。"本"和"末"相对而言。孝悌是为仁或为人之本，即在家里孝敬老人、友爱兄弟姐妹，是培养爱心、养育仁德的起点和基础；有此基础，人之所以为人之道可萌芽而生。我们也可结合人的内外修养而言本末。如果本指"仁"等人的内心真实情感，那么，末就是现实的"礼""刑"规范；如果本是人的内在修养，则末便是人的言行活动表现。有子的思路与其师孔子应有关系。孔子多具体描述两事物或概念之间的本末关系，尚未来得及将本末等提炼为范畴，加以清晰界定，进行抽象推论，但体用的意义已经蕴藏其中。《论语》又载：

    子曰："巧言令色，鲜矣仁。"①

  一个人与人相处，花言巧语，说话好听，虚伪讨好，与其内在修养（"仁"）不足有体用关系。"仁"德修养不足是本，为体，巧言令色是末，为用。《论语》还载：

    子曰："君子不重则不威，学则不固。"②
    子曰："仁者必有勇，勇者不必有仁。"③

  一个人内在素养厚重（"重"）与其外表威仪（"威"）间，也是本末或体用关系。其中，内在素养是体是本，外表威仪是用是末。仁与勇两种素养间也有本末、体用关系，仁是体是本，勇是用是末。

  本末、体用关系的具体内容，简言之，体（本）是用（末）的根据、准则、理想，用（末）则是体（本）的逻辑产物、现实表现和呈现自己的材料。主体自觉意识到此，即遵循体用辩证原则，认识和处理天与人、人与人、人与生产生活、人与物等关系，达到体用合一、本末合一的君子理想境界。对

---

① 《论语·学而》。
② 《论语·学而》。
③ 《论语·宪问》。

于这种辩证理想状态，孔子有不少描述。《论语》记载：

> 子曰："君子周而不比，小人比而不周。"①
> 子曰："君子和而不同，小人同而不和。"②
> 子曰："君子不器。"③
> 子曰："君子之于天下也，无适也，无莫也，义与之比。"④

君子认识处理问题，不偏党，少局限，追求多样性的统一（"和"），具有一定的普遍性（"周"）意义。君子因为具有辩证修养，所以知人论事，不会只见树木，不见森林，不会只见表象，不见本质，做事情，也不会溺于具体事务，不能自拔。若要总论君子的辩证修养特征，则君子既不会"专主"也不会完全拒绝某一具体人或物；君子只是紧紧抓住人最根本的"义"（或"道""仁"等"本""体"，其实就是人之所以为人的人性真理），为人处世，阔步走天下。

（二）内外辩证法⑤

在孔子看来，君子注意内在修养与外表言行相应、统一。《论语》载：

> 子曰："君子义以为质，礼以行之，孙以出之，信以成之。君子哉！"⑥

---

① 《论语·为政》。朱熹注解说："周，普遍也。比，偏党也。皆与人亲厚之意，但周公而比私耳。故圣人于周比、和同、骄泰之属，常对举而互言之，欲学者察乎两间，而审其取舍之几也。"（朱熹：《论语集注》卷一，载《四书章句集注》，新编诸子集成第一辑，中华书局1983年版，第57页）

② 《论语·子路》。

③ 《论语·为政》。朱熹注解说："器者，各适其用而不能相通。成德之士，体无不具，故用无不周，非特为一才一艺而已。"（朱熹：《论语集注》卷一，载《四书章句集注》，新编诸子集成第一辑，中华书局1983年版，第57页）

④ 《论语·里仁》。朱熹注解说："适，专主也。《春秋传》曰'吾谁适从'是也。莫，不肯也。比，从也。"（朱熹：《论语集注》卷二，载《四书章句集注》，新编诸子集成第一辑，中华书局1983年版，第71页）

⑤ 关于内外辩证法的逻辑形式，可以参看本书第三编第二章"内外合一的思路"部分。

⑥ 《论语·卫灵公》。

　　"质"指内在素质，属于内，深微难见，凭借经验不容易认识；而"行""出""成"都是"质"在人言行活动中的表现，属于外，可以经验认识到。《论语》又载：

　　　　子曰："不患无位，患所以立；不患莫己知，求为可知也。"①

　　社会地位（"位"）的有无高低，是外在结果，人之"所以立"于其"位"的素质才是内在基础。同理，他人知道自己有修养，有水平，是外在结果，而自己有让人家知道的真实修养水平，是内在基础。孔子主张，人生思考追求的重点，应在于自己内在素质的提高，而不是只看外在结果，有外无内，舍本逐末混日子。《论语》载：

　　　　子曰："质胜文则野，文胜质则史。文质彬彬，然后君子。"②

　　"文"与"质"相比，"质"是内在基础，"文"是外在表现。孔子主张，既不能有外无内，也不能有内无外，应追求文质彬彬、内外合一的理想状态。在内外合一中，依然有轻重缓急。《论语》记载：

　　　　子曰："有德者必有言，有言者不必有德。"③
　　　　子曰："君子耻其言而过其行。"④

　　"德"与"言"相较，"德"为内，"言"为外。"言"与"行"相比，"言"是外在形式、表现，"行"是内在内容、实质。在内外合一中，人们追求提

---

　　① 《论语·里仁》。朱熹注解说："所以立，谓所以立乎其位者。可知，谓可以见知之实。程子曰：'君子求其在己者而已矣。'"（朱熹：《论语集注》卷二，载《四书章句集注》，新编诸子集成第一辑，中华书局 1983 年版，第 72 页）

　　② 《论语·雍也》。

　　③ 《论语·宪问》。

　　④ 《论语·宪问》。

高自己修养，应以提高内在修养（"德""行"）为本，为主要方面，而以提高外在结果（"言"）为末，为次要方面。

（三）反思辩证法或主体辩证法

孔子所谓君子理想人格，还含有反思或主体辩证法的意思。孔子说："见贤思齐焉，见不贤而内自省也。"①"思""内自省"皆指人对自己的反思。人一旦反思自我，就能逼出反思的主体；在心学那里，主体出场，是良知觉醒的开始。主体反思自身的最终目的，在于实现主体自身，故称为主体辩证法；思维形式以反思为特点，又可称为反思辩证法。这种辩证思维，在孔子的弟子曾子那里，有更明确的发挥。请看以下材料：

曾子曰："君子思不出其位。"②

其中的"思"，一般理解为思考、思维。关于其思维方式内容，后文还将专门讨论。③关于其思维方式性质，我们认为，《论语》中的"思"，大多指"反思"④，曾子这里所言也是反思之意。"位"，过去我们通常理解为社会政治地位，这样理解或许狭隘。其实，"位"可指人的现实社会政治地位，但又不仅仅指社会政治地位。根据孔子、曾子的人学思想，"位"应指现实的人在"成人"修养中的地位，即在现实的人向着理想前进的人生成绩；社会政治经济地位等只是其"成人"地位的现实表现。人的"成人"修养和社会政治经济地位未必完全相应。修养高的，也许社会政治地位低，而修养低的，也许社会政治地位高。"成人"地位与现实社会政治地位分离，在历史上、现实中常常见到。

面对修养和地位分离的现实，曾子主张，人们应该反思自己，而且以人生分位为基准、为主导，以自己现实"成人"地位为出发点，进行反思，而

---

① 《论语·里仁》。

② 《论语·宪问》。

③ 读者朋友如有兴趣，可以参看本书第三编第二章中的"主客合一"思路一节。

④ 参见张茂泽：《"思"：孔孟人学的基本方法》，《湖南科技学院学报》2005 年第 9 期。

不要局限于现实静态的社会政治经济地位。曾子此说有其现实针对性。现实生活中，确有不少人面临问题时不习惯于反思自我，不关心自己现实的"成人"地位，反而总看人家如何如何；而看人家如何如何，又只看到权力、财富、名誉等表象结果。这样看他人，"思"自己，完全脱离自己所处"成人"地位，对提高自己修养难以起到正面积极作用。所以，曾子明确提出，要"思不出其位"。

曾子的思路是，在"思"与"位"间追求其内在联系和统一，这事实上就是辩证思维。因为形式逻辑的思路，要求得 A 和 B 统一，除非 A 与 B 具有逻辑必然关系，比如 A 等于 B，或 A 与 B 间有包含等关系，否则，A、B 不可能统一。而辩证思路是，要求得 A、B 统一，不必要求 A、B 间有逻辑必然关系，而是在 A、B 的相互运动中，求得两者对立的统一。而 A 和 B 之所以能相互运动而求得互相统一，实在是因为有人的努力（绝对精神在现实中的集中表现）在其中起作用。借助人的活动参与，A、B 的关系运动便可摆脱自在黑暗，沐浴人性光辉的照耀，而成为自为的活动。人性修养越高，精神或真理在 A、B 关系运动中的作用就愈益突出。越是有人参与，精神或真理的作用也越突出，A 和 B 也越能达到辩证统一。最终，A 和 B 都被统一到精神或真理实现自己的历程中。

曾子提出"思不出其位"，强调"思"与"位"统一。在此统一体中，"思"实际上是对"位"的"思"，反思现实"位"之不足及其内在原因；然后借助人性修养的提高、文明教化的进行，让天下所有人都能追求实现自己理想的"位"。

在思、位的统一中，是谁在"思"呢？思位统一的主体是谁？孔子说："仁远乎哉？我欲仁，斯仁至矣。"[①] 又说："为仁由己，而由人乎哉？"[②] 表面上是现实的人反思自己，实际上，根据思位统一原则，现实的人是以其真理性理想为标准进行反思。此理想或标准，孔子称之为"道""德""仁""义"等，

---

① 《论语·述而》。

② 《论语·颜渊》。

即人的本质或人人所具的共性；在孔子看来，这也是人的真我、真精神或人之为人的真理。"思"是真我借现实的我而"思"，而"位"则是真我对现实的人所处的"成人"地位的评价，是对于人们"成人"地位含量的称重、离真我差距的丈量，也是真我对于现实我的引导和召唤。在真我支持下，"思"与"位"才可能真正辩证统一起来。只不过，孔子对于此真我，尚未进行概念的抽象表达；他或者说"我"，或者言"己"，同情理解其真意，应是指真我。否则，其整个人学思想将难以自圆其说。孟子则直接说"良心""良知""本心"等真我，可谓准确表达了孔子主体论的未尽之意。孔子的主体辩证思想到孟子处才真正成熟，成为中国古代典型的人学辩证法样式。

第五节　孔子天人关系思想的特点

孔子从人的角度看天，又从天的角度看人。他不是孤立、静止、抽象地讨论"天"或"人"，而是在天与人之间的复杂关系中，在"天行""天生""天命"等"天"的运动中，在人的学习、修养过程中，来看天和人。他的思路是天人合一的辩证思路。西汉学者司马迁说，学术研究的最高问题和宗旨在于"究天人之际"[①]，这可以视为他对孔子天人之学的传承。

孔子这样看天人关系，得出的结论也浑融而具体、深刻。说他的思想浑融，是说他对天人关系，并未做明确的表述。说他的思想具体而深刻，意指其"天"论，总是落实于人，在很大程度上，使其"天"论成为其人学思想的一部分。而他所谓天，也不再是苍苍在上，与人没有关系，在很大程度上，天已经变成人化的天，成为人的生活世界，成为社会历史环境和条件等。在这个意义上，孟子说，"万物皆备于我矣"。同时，这样看人，也使他的人学思想，并不是现实主义或经验主义的，而是有先验根据，又有超验理

---

① 《史记》卷一三〇《太史公自序》。

想的形而上学。用这样的人学思想看人，则人不仅是现实的、功利的、经验的个体，而且是有理想的、超越功利的、理性的整体，每一个人都有其精神家园，而这些恰恰是人区别于禽兽的典型特征。

作为儒学的创始人，孔子相信"天命"的存在和威力，但他又以人为中心，站在人的角度，将"天命"划分为外在于人的天命——在孔子那里，这被称为"命"，和内在于人的使命——在孔子那里，这种"命"往往与人理性的"知"相联系，被称为"知命"或"知天命"。前一种天命的作用范围，被孔子限制在人的富贵贫贱、生死寿夭等方面；在这些方面，孔子似乎认为人根本上无能为力，只能相信并敬畏之，但却可以"远之"或"不受"。关于人能否成为理想的人的问题，在孔子看来，这属于人的内在天命，即人的使命发挥作用的范围；在此范围内，人可以发挥主体能动作用，进行理性的人性修养和文明教化，认识和掌握自己作为人的命运。而孔子儒学思想的重点，正在于讨论后一种"天命"，实际上就是认识和实践人的使命或天职。所以，孔子儒学主要的是人学。现实的人做人成人、成为理想的人是儒学研究的中心问题，推己及人，仁爱天下，帮助所有人做人成人、成为理想的人是主要性能。

孔子明确提出"人能弘道，非道弘人"[①]的命题，认为人有可能也有能力"弘道"。人能"弘道"，人的努力与天命的"道"就一致；如此，人后天"弘道"的追求，不仅实现人的世俗社会价值，同时也循天而为，实现与天合一的价值，具有宗教超越意义。孔子注重世俗人的后天努力，而不是一切不作为，坐等天命决定；强调发挥人的主体能动作用，但也不否定天命权能。毋宁说，在孔子看来，人后天的努力，既实现了人的意义和价值，又正好实现了天命的权能。所以，孔子的思想，包括孟子的思想，可以归结为人学思想，人文理性是其本质特征。但它包含了天命论在内，并以为理论根据；也因此，孔子人学思想可以给人们提供安身立命的精神家园，具有宗教性能。[②]

---

① 《论语·卫灵公》。

② 崔大华先生认为，由于儒学后来成为"具有国家意识形态性质的观念体系。……此种性质的转变，带来了功能的扩展"。其中一个方面，就是"增益了某种法律的、宗教性的社会功能"（参

从宗教哲学角度看，孔子人学思想的宗教性能，与宗教神学比较，又显著不同。孔子的人学思想，不是神学，它不讨论天或神是什么，不讨论天命或神性是什么，也不依据这种神学的天论或天命论，推论人应该如何信仰、实践天命。孔子、孟子注重人超过注重神；在思路上，它不从神如何，推论出人当如何；孔孟注重此岸超过彼岸，也不从彼岸如何，推论出此岸当如何。

孔子、孟子等儒家人学思想，是有其根据的；他们的思想根据，不是神或神性论，而是一套形而上学思想。在先秦，这一形而上学思想，有天命、道、人性、良知等范畴，包括孔子提出的"天生德于予""知天命""人能弘道"等命题，子思《中庸》中的"天命之谓性""诚者天之道，诚之者人之道"等命题，孟子提出的"人性善"等命题。而宋明理学家对于"天命"范畴进一步作了非神学的理解，即不把"天命"理解为神的意志或命令，而理解为形而上学本体，即天道或道。他们从天道如何，推论出人应该如何。根据理学家的理解，天道或者是"气"，或者是"理"，或者是"心"。不管哪一种理解，天道都不是神，虽然主宰世界，但它既不创世，也不救赎；天道也不是人们祈祷的对象，而是人运用理性能力认识和实践的对象。这样理解《中庸》的"天命"，实际上是完全依靠人的理性能力建立自己的精神家园。在解决人终极关怀问题上，儒学有很强的人文理性色彩。从思想内容看，西汉儒学大师董仲舒曾将"天命"理解为"百神之君"的命令，理解为神对人的命令，讲出一套"君权神授"说，建立起儒教思想系统①，凸显了儒学的

见崔大华：《儒学引论》，人民出版社2001年版，"自序"第1页）。依此说，儒学的宗教功能建立在它的"国家意识形态性质"基础上，而且这种功能至少在汉朝"独尊儒术"以后才可能具备。先秦孔子、孟子的思想，尚未成为国家意识形态，便不应具备宗教功能。我们认为，此说似值得商榷。一种思想有无宗教功能，与它具有"国家意识形态性质"是否有内在联系呢？这是一个问题。孔子和孟子的思想是不是也具有一定的宗教功能呢？这又是一个问题。就后一问题言，孔子、孟子都相信"天"或"天命"，这种相信本身也体现了孔子、孟子二人的宗教观念，这是一个思想史实。孔孟相信"天命""鬼神"，其儒学思想包含了形而上学因素，本身有宗教功能。这与其思想是否具备"国家意识形态性质"，没有必然联系；在时间上，也不必等到西汉"独尊儒术"以后，才突然产生出来。

① 参见张茂泽：《董仲舒的儒教思想》，《衡水学院学报》2019年第6期。

宗教性能。而理学家对于"天命"的理性理解，建立起理性的人学思想系统，限制了神在现实世界的作用范围，儒学由此走向定型，保持了孔孟人学思想的人文理性精神。

从西方神学思想看，一些正统的宗教神学家在神的问题上，限制人理性能力的作用。在他们看来，神是什么，神性如何，"三位一体"等，乃是奥迹，非人的理性能力所能认识，只能依靠"天启"（上帝的启示）加以领悟。神学研究神言，是基督教会的意识形态。孔子问"天何言哉"，孟子直言"天不言"，则在孔孟处无天言，神学无研究对象，孔孟即使欲神学而不能；加之儒学没有如基督教般建立教会，故也不必成为某一社会组织的意识形态。孔孟之道与西方宗教神学在根本上有距离，不能混为一谈；孔孟儒学完全不是神学。

孔子的人学思想，对于人的理想，以及人成为理想的人的方法、规范等，反复言说。"天生德于予"[①] 说，"人之生也直"[②] 说，表明孔子试图为人能成为理想的人，寻求先天的根据，这成为后来孟子进一步发挥的起点。

针对现实，孔子已将当时的"儒"分为两种：一是"君子儒"，这是一种理想人格，值得追求；二是"小人儒"。所谓"小人"指局限于个人现实功利，没有更高理想和追求；而"小人儒"则指这样一种"儒"，他们对大道（如人的本性等）缺乏体验，也就没有人的真正理想，没有对理想的执着追求，只执着于具体礼文仪式，斤斤计较近处、小处的道理，而忘却了真正的、长远的大道理。这种人格是现实大多数人的人格。对于这种人格，只要仔细反思，自己必不满意，孔子当然不认可。他明确告诫他的学生子夏说："女为君子儒，无为小人儒。"[③]

孔子的弟子曾子说："仁以为己任，不亦重乎？死而后已，不亦远乎？"[④] 这很可能也是孔子的意思。照此说，人们应该努力学习，提高修养，使自

---

① 《论语·述而》。

② 《论语·雍也》。

③ 《论语·雍也》。

④ 《论语·泰伯》。

己成为真正的人，并将这一目标作为终身一之的事业。孔子自述："不怨天，不尤人。下学而上达。知我者其天乎！"① 他强调人依靠学习修养成为真正的人，而不要随意怨恨天命不公，责怪社会环境、历史条件、家庭出身等不好。尽到自己全力，等待天命裁决，这才是健全的生活态度。即使事业成功，也只是上天的恩德，自己不要骄傲自满；如果失败了，也不怨天尤人，而是反思自己的不足，寻找自己努力不够处，以期改进，争取下一次成功。

① 《论语·宪问》。

第三章　人性修养论和文明教化论

孔子对天人关系的看法，就是其天人合一思想。它落实于人们做人成人、成为理想的人的活动，展开为人性修养论和文明教化论；贯穿其中，志于道，求道，学道，闻道，行道，传道，使天下有道，道的运动和呈现是孔子儒学人性修养论和文明教化论的核心、主线。

性与天道统一，道的认识、实践和传播、实现，和人性的自觉和实现步调一致。故儒学修养的中心任务可谓人性修养，目的在于理性地使人做人成人，成为理想的人。修养而加人性修饰，是为了强调儒学的道德修养，本质上是人性修养，其主体是人性，主线是人性的自觉和实现，宗旨是人性实现，人成为理想的人。儒学人性修养的实质是人性化自己。儒家以道德为人性本质内涵，则人性修养即道德修养，道德是内核，仁爱是动力，礼法是规范，天命是家园，由小人而君子、贤人、圣人，不断提高人格境界是现实人生之路。它既不是信仰皈依神灵的宗教修行，也不是服务于专制统治的顺服奴性；既不是拘于专业知识技能的以管窥天，也不是空谈道德而百无一用的蠹虫。人性修养只是使人成为人，即"人人"而已。

人若修养有得，则影响他人就是正能量，此为教化。教化只是人性光辉的照耀，是在仁爱之心推动下，沿着推己及人路径，由近而远，帮助所有人成为理想的人的文明化活动。文明是人性的对象化产物，人性是文明的本质内核；文明教化的实质是以文明化野蛮，文明化众人。故文明教化的实质便是人性教化，人性必然表现为文明教化。就思想内容看，文明教化就是以文明成就为基础进行教化，以文明成果为主体内容进行教化，以尊重受众主体性、个性的文明方式进行教化，教化目的也在于帮助他人成为文明人，推动社会人文化成，成为更加文明的社会。言教化而加文明修饰，是为了区别历史上的吃人礼教，凸显儒学教化的文明本质。文明教化只爱人、助人、生人，只有依附专制统治的所谓"礼教"才束缚人、阻碍人、桎梏人、扼杀人。

孔子的人性修养论和文明教化论主要包括几个方面：一是"学习"思想，二是"仁"和"礼"的观念，三是"德治"思想，四是教育思想。在孔子看来，现实的人应该努力学习，对天命人性，对仁义道德，对"仁""礼"关系等进行理性认识和实践，既知天命，又敬畏之，既学习，又克己；然后用以教授后生，传承文明，影响他人，人文化成，以此为政以德，治理国家，爱民重民，富民教民；在提升自己人格基础上，帮助提升他人人格；以此为基础传承历史文化，推动文明进步，建设和实现理想社会。人们通过学习提高内在素养，是成为真正理想的人（成人）的必经途径，"成人"则是治国的必要准备，治国只是运用发挥人性修养所得而已，教育也只是将人性修养所得传授给他人罢了。

第一节　"学习"思想

孔子一生都在学习。他自言："我非生而知之者，好古，敏以求之者也。"[1] 他对"道"的认识或觉悟，并非天生，而是在现实生活实践中，通过努力学习、实践（"敏以求之"），传承弘扬优秀历史文化（"好古"）而获得。《论语》记载孔子的自我评价：

> 子曰："默而识之，学而不厌，诲人不倦，何有于我哉？"
>
> 子曰："若圣与仁，则吾岂敢？抑为之不厌，诲人不倦，则可

---

[1] 《论语·述而》。

谓云尔已矣。"①

　　孔子一生都在学习，从事教学工作；除了学习与教学，好像没有做其他什么事情。孔子反省自己，非常看重学习、教学对人生的积极意义。借助学习实践的丰富经验，孔子对学习有深刻体会，这就是其学习思想。《论语》首句：

　　　　子曰："学而时习之，不亦说乎？"②

　　朱熹注："既学而又时时习之，则所学者熟，而中心喜悦，其进自不能已矣。"③"学而时习"，学习而又时时练习、复习、实习、仿效，见贤思齐。"之"，朱熹理解为人的至善本性，亦即"道"或真理。"道"或真理必落实于人，即人性或人之"道"，就是关于人之所以为人的真理。和经验对象性认识的科学真理不同，儒学所谓"道"首先是人之所以为人的依据、准则和理想，故可谓人性真理；此真理是天人合一、体用合一、主客合一、知行合一的整体，更是家庭、国家、天下等社会共同体的共同基础、根本原则和最高主体，故社会真理、历史真理、自然真理不在其外。那么，"学而时习"，就是学习"道"，在人学意义上，就是认识人之所以为人的真理，对于人生的意义与价值有深刻自觉。据此，孔子已明确将"学习"作为讨论对象，这些讨论材料蕴含了其"学习"思想。

　　在孔子看来，"学习"是现实的人成为理想的人最重要的途径。他发现，现实中人学习动力及其修养境界，有四种情况。《论语》载：

──────────

　　①　见《论语·述而》。

　　②　《论语·学而》。

　　③　朱熹：《论语集注》卷一，载《四书章句集注》，新编诸子集成第一辑，中华书局1983年版，第47页。朱熹注解说："说，悦同。学之为言效也。人性皆善，而觉有先后，后觉者必效先觉者之所为，乃可以明善而复其初也。习，鸟数飞也。学之不已，如鸟数飞也。说，喜意也。既学而又时时习之，则所学者熟，而中心喜悦，其进自不能已矣。"

子曰："生而知之者，上也；学而知之者，次也；困而学之，又其次也；困而不学，民斯为下矣。"①

孔子认为他自己并非"生而知之"，而是"学而知之"或"困而学之"。他对"困而不学"的人特别表示了忧虑。《论语》载：

子曰："德之不修，学之不讲，闻义不能徙，不善不能改，是吾忧也。"②

孔子一生关心民众，他们不是贵族，非"生而知之"，他们做人成人，只能通过后天"讲学""修德"，迁善改过，才能成为理想的人。所以，"学习"思想在孔子儒学中占有重要地位。强调在日常生活中学习，学习，再学习，活到老，学到老，可谓是孔孟人学思想的特质，是也是儒学有别于其他学派的关键所在。

从《论语》看，孔子讨论"学习"的材料很多。将学习作为人们的现实修养活动，孔子"学习"思想主要涉及四个方面：学习的条件，学习的对象、内容与方法，学习的阶段、境界和评价标准，学习的目的和功能。

（一）学习的条件

学习作为一种现实活动，它的出现，需要一定条件。孔子注意到，一个人的学习活动，是以他的生产生活实践（"行"）为基础的。《论语》记载：

子曰："弟子入则孝，出则弟，谨而信，泛爱众，而亲仁。行有余力，则以学文。"③

其中，"学文"是学习，"行"也是学习，只不过是广义的学习而已。但

---

① 《论语·季氏》。

② 《论语·述而》。

③ 《论语·学而》。

孔子指出，"行有余力，则以学文"，"行"又是"学文"的基础或准备，"行"之后如果还"有余力"，就可以"学文"了。但孔子并不满足于此，而是更多地发掘学习活动正常进行的主体条件。在孔子那里，这些条件也许可归纳为以下两个方面：一是学习者要有追求"道"或真理的坚定志向或理想，二是学习者要有真正"好学"的精神。

1. 求"道"的坚定志向。《论语》载：

> 子曰："君子谋道不谋食。耕也，馁在其中矣；学也，禄在其中矣。君子忧道不忧贫。"①

生活于现世，一般人都有其志向或理想。现实人的志向或理想，受到其需要认识的制约；如果他们认为自己缺乏利益、成功，那么，其理想或志向大多为利益与成功。与利益、成功相关的志向或理想，可谓功利性志向或理想，孔子则称之为"谋食"或"忧贫"。一个人如果一生都在"谋食"或"忧贫"，其生活恐怕难言幸福，其人生境界恐怕也难有质的提高。功利当然是人的内在需要之一，但同时，人还有超越功利的需要，如追求真理、实现正义、自我实现等精神需要，后一类社会需要的实现，更能给人带来满足、愉悦，更能使人获得真正幸福。

而且，功利之所以为"功利"，从社会历史过程看，有其条件和原因。事物都有其性质或关系，运动皆有其规律，社会事务变化总有其因果关系，历史的发展也有规律性，这些性质或关系、因果关系、规律性等因素，孔子称之为"道"，从根本上决定着我们事业的成功还是失败、得利还是受害。而且某事有利或成功，是人们根据一定价值标准作出的评价。现实社会中许多价值标准并存；社会转型时，这一现象更加突出。这些价值标准可能互相对立，如美丑、善恶等；克服和超越其对立，有赖于更高的价值标准。我们通常肯定存在这样一种价值标准，就是真、善、美、用等，我们可称之为广

---

① 《论语·卫灵公》。

义的真理。孔子也相信有这种至高价值标准存在，他称之为"道"。在他看来，"道"或真理是功利之所以为功利的根据，也是人们评价功利与否的最高标准，可谓最大、最理想的真功利。所以，他提出，一个有修养的人（"君子"），要有超越而又包含功利在内的理想，那就是"谋道"、"忧道"、求"道"的理想。他明确提出，人们应"志于道"①，将"道"作为一生不变的理想。

现实生活中，一个人始终如一坚持远大理想，比单单树立远大理想更为困难；坚持理想，需要长期生活实践基础上的理性认识支持，要经过艰难曲折、坎坷磨难才有收获。通常，人们树立理想后，会遭受现实种种考验。能做到不忘初心，终身不动摇，很不容易。孔子自述也是勉励大家说："三军可夺帅也，匹夫不可夺志也。"② 将自己的理想当作人生最重要的标志来坚持，当作自己立身行事的根本来维护，当作自己大我或真我的家园来描绘，对于现实的人追求实现自己的理想，非常必要。

理想是人生活动的逻辑出发点。一个人如果能"志于道"，不动摇，那么，他就不只要学习生活必需的技能，满足生存发展的功利需要，更要通过学习，认识普遍必然真理，觉悟人的本性，满足做人成人的根本需要，也由此可以满足生存发展需要，在现实世界显示出真理的力量，实现真理的价值，使人成为真正理想的人，使社会成为理想的社会。换言之，一个人能"志于道"，不动摇，他就为学习提供了基本的主体条件。

在先秦时期，文字、书籍、出版业尚不发达，人们学习提高，主要方式不是在学校就读，而是社会生产生活实践，是人际交往中的见贤思齐。儒家志于道，势必体现为见贤思齐活动，就是希贤成圣，向圣贤学习。孔子多次言及尧舜禹汤、文武周公等圣贤，显见其效法圣贤心意。便如朱熹说："而今紧要且看圣人是如何，常人是如何，自家因甚便不似圣人，因甚便只是常人。就此理会得透，自可超凡入圣。"又言："为学，须思所以超凡入圣。如何昨日为乡人，今日便为圣人！须是辣拔，方始有进。"又说："为学须觉今

---

① 《论语·述而》："子曰：'志于道，据于德，依于仁，游于艺。'"
② 《论语·子罕》。

是而昨非，日改月化，便是长进。"①阳明龙场悟道，就是在艰难困苦之际，思圣人处此当如何，从而悟入。向圣贤学习，希贤成圣，正是理想信念的落实。

2."好学"精神

在孔子看来，"道"最为可贵。但现实中人溺于功利得失，未必认同这点。他们或许认为"道"太理想，太完美，离现实太远，即使求"道"，也不能解决现实问题，不划算；而且我们人生几十年，最多百余年，很有限，怎么能学习到、追求到那无限的"道"呢？这涉及人们做人成人要不要求道、有没有求道信心两个问题。现实众人在学习中，如何树立求道信心，很关键。如果一个人求道，缺乏自信，总认为自己"力不足"②，能力不够，那他多半会放弃求道之路。对此，孔子明确断言，人们有求道的主体性，也有学道、求道的必要性。《论语》载：

子曰："人能弘道，非道弘人。"③

"弘"，朱熹解为"廓而大之"④，有些抽象。"道"，平铺放着，是人之所以为人的依据，是人做人成人、成为理想的人的出发点、方法、准则和目标。但如果我们没有认识把握道，那么，在现实生产生活中，"道"就不能发挥应有作用；换言之，在我们自己的世界，道随身屈，"天下无道"。孔子提出"人能弘道"，就是相信、肯定现实众人有理性能力认识、理解"道"，让"道"从可能变成现实，从单纯形式变成有内容者，从抽象存在变成具体存在，从先验形式变成经验能力，从外在于人的必然变成内在于人的应然和

①　《朱子语类》卷八，载《朱子语类》一，中华书局 1986 年版，第 134—135 页。

②　《论语·雍也》："冉求曰：'非不悦子之道也，力不足也。'子曰：'力不足者，中道而废。今女画。'"

③　《论语·卫灵公》。

④　朱熹：《论语集注》卷八，载《四书章句集注》，新编诸子集成第一辑，中华书局 1983 年版，第 167 页。朱熹注解说："弘，廓而大之也。人外无道，道外无人。然人心有觉，而道体无为，故人能大其道，道不能大其人也。张子曰：'心能尽性，人能弘道也。性不知检其心，非道弘人也。'"

自由等，从而在经验现实中实现"道"的价值，呈现"道"的强大现实力量。"人能弘道"，给现实的人的学"道"求"道"提供了自信依据。现实的人若真能"弘道"，由此便可成为真正理想的人，为理想社会到来提供人的准备。但不是"道"有意这样，所以说"非道弘人"；而是人通过自己学习、实践等努力，学道、闻道、得道、行道、传道，使现实的人与"道"建立内在联系，在"道"支持下才实现的。人成为真正理想的人，理论原因在于"道"，但现实原因则在于自己的学习。"非道弘人"，又给现实人指出了学"道"求"道"的必要性，也就是"好学"的必要性。

孔子还提出："当仁，不让于师。"[①] 他所谓"仁"和"道"并无本质区别。在孔子看来，对于"仁"或"道"，每人都应追求。求"仁"为"仁"，自己和老师是平等的，应该当仁不让，不因为是学生、后学、晚辈等而裹足不前。

人为什么要"好学"？孔子还结合现实情况，发现人修养提高，总和"好学"有联系。《论语》记载：

> 子曰："由也，女闻六言六蔽矣乎？"对曰："未也。""居！吾语女。好仁不好学，其蔽也愚；好知不好学，其蔽也荡；好信不好学，其蔽也贼；好直不好学，其蔽也绞；好勇不好学，其蔽也乱；好刚不好学，其蔽也狂。"[②]

如果一个人期望提高修养，而又不"好学"，则他只能失望，结果甚或

---

① 《论语·卫灵公》。朱熹注解说："当仁，以仁为己任也。虽师亦无所逊，言当勇往而必为也。盖仁者，人所自有而为之，非有争也，何逊之有？程子曰：'为仁在己，无所与逊。若善名在外，则不可不逊。'"（朱熹：《论语集注》卷八，载《四书章句集注》，新编诸子集成本第一辑，中华书局1983年版，第168页）

② 《论语·阳货》。朱熹注解说："六言皆美德，然徒好之而不学一明其理，则各有所蔽。愚，若可陷可罔之类。荡，谓穷高极广而无所止。贼，谓伤害于物。勇者，刚之发。刚者，勇之体。狂，躁率也。"（朱熹：《论语集注》卷九，载《四书章句集注》，新编诸子集成本第一辑，中华书局1983年版，第178页）

与期望相反。孔子对子路说，假设你不"好学"，你只是好仁或好知或好信或好直或好勇或好刚，那么，你就难以避免愚蠢（"愚"），或狂妄（"狂"），或没规矩（"荡""绞""乱"），或给人事带来伤害（"贼"）等。在孔子看来，人们做人成人，成为理想的人，必须"好学"。

孔子还提出："笃信好学，守死善道。"① 将"好学"与"笃信"密切联系起来，有以理性学习活动解决人信仰问题的意思。这意味着，孔子想让人们将自己安身立命的精神家园建筑在人理性的学习基础上。关于理性与信仰的关系，各宗教一般并不完全排斥理性，而是利用理性论证神的存在和权能，同时又限制理性的作用范围，坚决排除人理性能力认识把握神的可能性。孔子提出"知命"说，希望人们能够运用理性能力自觉实践人的性命和使命，为最终把握人的命运做准备。这就极大提高了人在神面前的地位，扩大了人理性能力的作用范围，同时，也体现出学习对于人成为人的非凡意义来。这也应是孔子儒学与各种宗教根本差异之所在。

在《论语》中，孔子评价自己与众不同的特点，就是自己"好学"②，他人难及。他多次表彰他最喜爱的弟子颜回，也因他"好学"。《论语》载：

> 哀公问："弟子孰为好学?"孔子对曰："有颜回者好学，不迁怒，不贰过，不幸短命死矣! 今也则亡，未闻好学者也。"③
>
> 季康子问："弟子孰为好学?"孔子对曰："有颜回者好学，不幸短命死矣! 今也则亡。"④

颜回是怎样好学的?《论语》载：

---

① 《论语·泰伯》。朱熹注解说："笃，厚而力也。不笃信，则不能好学，然笃信而不好学，则所信或非其正。不守死，则不能以善其道；然守死而不足以善其道，则亦徒死而已。盖守死者笃信之效，善道者好学之功。"（朱熹：《论语集注》卷四，载《四书章句集注》，新编诸子集成本第一辑，中华书局1983年版，第106页）

② 《论语·公冶长》："子曰：'十室之邑，必有忠信如丘者焉，不如丘之好学也。'"

③ 《论语·雍也》。

④ 《论语·先进》。

> 子曰："贤哉，回也！一箪食，一瓢饮，在陋巷。人不堪其忧，
> 回也不改其乐。贤哉，回也！"①

据孔子描述，颜回好学，他不以物质生活条件艰苦而摇动其心志，他反而能在艰苦条件下，体会到学习的快"乐"。作为"好学"的老师，孔子也禁不住再三叹赏。因为在学习中，人能经受环境艰苦考验，并不容易。比如，孔子发现，一般人学习，"三年学，不至于谷，不易得也。"② 在学习过程中，始终坚持好学，不受利禄引诱，不被困苦动摇，十分难得。孔子表彰松柏耐寒说："岁寒，然后知松柏之后凋也。"③ 人们好学，也应经受艰苦考验，像松柏面对严寒而"后凋"，坚持不懈，专心致志，才是真好学。

孔子发现，除颜回外，还有一种好学。《论语》载：

> 子曰："君子食无求饱，居无求安，敏于事而慎于言，就有道
> 而正焉，可谓好学也已。"④

在吃、穿、住上，人不要追求太舒服的享受，应该说话谨慎，多做事情，向"有道"的人学习，不断克服自己的弱点，这也可谓好学。颜回好学，自己理想经受住了艰苦物质条件的考验，而且通过学习文化，追求真理，享受了好学的快乐，这是高层次好学。而一般人好学，有谦虚好学精神即可，要求相对较低。可见，孔子看问题很会针对不同的人，而提出相应要求，决不是"一刀切"。

---

① 《论语·雍也》。
② 《论语·泰伯》。朱熹注解说："谷，禄也。至，疑当作志。为学之久，而不求禄，如此之人，不易得也。"（朱熹：《论语集注》卷四，载《四书章句集注》，新编诸子集成本第一辑，中华书局1983年版，第106页）
③ 《论语·子罕》。
④ 《论语·学而》。

比如，当时卫国一位大夫，叫做孔圉，他生前为人有亏①，死后竟被谥为"文"。根据当时的谥法，"勤学好问"可称为"文"。这位孔先生为人如此却得此美谥，子贡表示不解。孔子解释说："敏而好学，不耻下问，是以谓之文也。"②一般人是，"性敏者多不好学，位高者多耻下问"③，能像孔文子那样，做到"敏而好学，不耻下问"，也属难得。孔子对大夫等掌权者的"好学"要求，和颜回、君子等好学相比，又有不同。

尽管对不同人，好学要求不同，但无疑每个人都应好学。因为，在孔子看来，好学乃是人成为真正的、理想的人的必要条件。

在孔子看来，好学的精神，还体现在其他方面。比如，人若真好学，就一定具备"知之为知之，不知为不知"④这种诚实的学习态度，也有"述而不作"⑤、虚怀若谷心态，能像孔子弟子曾子所说，做到"以能问于不能，以多问于寡"⑥。如果一个人真好学，就一定具有专心致志、认真求索、勇往直前、精进不已的精神。孔子说："学如不及，犹恐失之。"⑦努力学习新知识，懂得新道理，但对原来学过的知识、理论，也不会丢掉；应该循序渐进，使学习而得的新旧知识，有机统一，成为一个连续不断的认识深化过程。好学不已，坚持不懈，便如河水流动，"不舍昼夜"⑧。要做到这些，在孔子看来，学习者自己努力非常关键。《论语》载：

---

①　朱熹注解引苏氏曰："孔文子使太叔疾出其妻而妻之，疾通于初妻之娣，文子怒，将攻之。访于仲尼，仲尼不对，命驾而行。疾奔宋，文子使疾弟遗室孔姞。其为人如此而谥曰文，此子贡之所以疑而问也。"（朱熹：《论语集注》卷三"子贡问曰"章注，载《四书章句集注》，新编诸子集成本第一辑，中华书局1983年版，第79页）

②　《论语·公冶长》。

③　参见朱熹：《论语集注》卷三"子贡问曰"章注，载《四书章句集注》，新编诸子集成本第一辑，中华书局1983年版，第79页。

④　《论语·为政》。

⑤　《论语·述而》。

⑥　《论语·泰伯》。

⑦　《论语·泰伯》。朱熹注解说："言人之为学，既如有所不及矣，而其心犹竦然，惟恐其或失之，警学者当如是也。程子曰：'学如不及，犹恐失之，不得放过，才说姑待明日，便不可也。'"（朱熹：《论语集注》卷四，载《四书章句集注》，新编诸子集成本第一辑，中华书局1983年版，第107页）

⑧　《论语·子罕》。

子曰："譬如为山，未成一篑，止，吾止也。譬如平地，虽覆一篑，进，吾往也。"①

孔子认为，在学习中，在求"道"过程中，如果有进步，那是自己进步，如果停止，那是自己停止，如果退步，当然也是自己退步，关键在自己而不在别人或环境。关于学习条件，孔子注重学习者的精神准备，而不那么强调客观条件，这值得后来者深思。

（二）学习的对象、内容与方法

在孔子看来，学习的对象并不局限于六经，像自然界、社会生活、政治活动等，都是人们学习的对象。孔子曾说："不学《诗》，无以言"；"不学礼，无以立。"② 又说："小子！何莫学夫《诗》？"③ 明确将六经视为学习对象。《论语》又载：

子曰："予欲无言。"子贡曰："子如不言，则小子何述焉？"子曰："天何言哉？四时行焉，百物生焉，天何言哉？"④

自然界（"四时行""百物生"）也是孔子学习的对象。还可从孔子学习途径论，侧面观察其学习对象论。在孔子看来，学习途径多种，如受教育、自己读书、参加社会实践等；这些途径互相联系，不可分割。只实践而不读书，或者只读书而不参加实践，都不能达到提高修养目的。《论语》载：

子路使子羔为费宰。子曰："贼夫人之子。"子路曰："有民人焉，有社稷焉。何必读书，然后为学？"子曰："是故恶夫佞者。"⑤

---

① 《论语·子罕》。

② 《论语·季氏》。

③ 《论语·阳货》。

④ 《论语·阳货》。朱熹注解说："学者多以语言观圣人，而不察其天理流行之实，有不待言而著者，是以徒得其言，而不得其所以言。故夫子发此以警之。"（朱熹：《论语集注》卷九，载《四书章句集注》，新编诸子集成本第一辑，中华书局1983年版，第180页）

⑤ 《论语·先进》。

照子路的意见，子羔为学，不必读书，直接参加社会政治活动，就是学习。孔子不直接批评子路，因为子路的说法有一定道理，因为社会政治实践本就是学习对象之一。子路所言的不足在于，将读书与实践对立起来了；而两者其实是统一的。孔子的思路是，人们修养，应该先读书，受教育，打基础，以后再参加社会政治实践，才能保证不犯低级错误。① 由此可见，在孔子那里，社会实践也是人们学习的对象。

关于学习内容，孔子认为，自然知识应该学习了解，应"多识于鸟兽草木之名"②。在分工发达的现代社会，专业知识和技能已成为一个人立身行世的基础。所以，现代社会职业技术培训发达。但在孔子时，社会生产力水平不高，分工不细，专业知识技能更多地体现为手工技艺术。手工技术的传授方式，多为小范围个别传帮带，比如家庭方式或师徒方式。这种方式有私密性，和孔子"私学"文化教育的社会公开性、普遍性很不相同。可以认为，专业技能不是孔子强调的学习内容。《论语》记载：

> 大宰问于子贡曰："夫子圣者与？何其多能也？"子贡曰："固天纵之将圣，又多能也。"子闻之，曰："大宰知我乎！吾少也贱，故多能鄙事。君子多乎哉？不多也。"牢曰："子云：'吾不试，固艺。'"③

---

① 参见朱熹：《论语集注》卷六"子路使子羔为费宰"章，载《四书章句集注》，新编诸子集成本第一辑，中华书局 1983 年版，第 129 页。朱熹注解说："……贼，害也。言子羔质美而未学，遽使治民，适以害之。……治民、事神固学者事，然必学之已成，然后可仕以行其学。若初未尝学，而使之即仕以为学，其不至于慢神而虐民者几希矣。子路之言，非其本意，但理屈词穷，而取辨于口以御人耳。故夫子不斥其非，而特恶其佞也。"

② 《论语·阳货》。

③ 《论语·子罕》。朱熹注解说："孔氏曰：'大宰，官名。或吴或宋，未可知也。'与者，疑辞。大宰盖以多能为圣也。※ 纵，犹肆也，言不为限量也。将，殆也，谦若不敢知之辞。圣无不通，多能乃其余事，故言'又'以兼之。※ 言由少贱故多能，而所能者鄙事尔，非以圣而无不通也。且多能非所以率人，故又言君子不必多能以晓之。※ 牢，孔子弟子，字子开，一字子张。试，用也。言由不为世用，故得习于艺通之。"（朱熹：《论语集注》卷五，载《四书章句集注》，新编诸子集成本第一辑，中华书局 1983 年版，第 110 页）

因为少时生活磨炼，孔子掌握了一些生活技能（"多能"）。但他认为，从"君子"理想人格看，君子固然"多能"，但其主要特征并不在此，而在于人性综合修养较高。孔子对专业技能的看法，从人性修养看是正确的，在重视技能学习的今天，也不无启迪。

在孔子看来，人性修养的最重要学习内容，既不是各种知识，也不是各种技能，而是对"道"的觉悟。在儒家视野里，道和人性统一；对"道"的觉悟，和人性的自觉和实现密切相关。如此，学道、求道、行道、传道，当然就是一个人做人成人最根本、最重要的事情。《论语》载：

> 樊迟请学稼。子曰："吾不如老农。"请学为圃。曰："吾不如老圃。"樊迟出。子曰："小人哉，樊须也！上好礼，则民莫敢不敬；上好义，则民莫敢不服；上好信，则民莫敢不用情。夫如是，则四方之民襁负其子而至矣，焉用稼？"[1]

孔子所谓"道"，相当于我们现在所谓真理，在人身上表现为人性修养。"稼"（栽种庄稼）、"圃"（种植蔬菜瓜果花草等园艺工作）是农业小生产技能，是当时农民生存发展的基础。孔子的学生樊迟，盼望孔子在"私学"中传授农业生产技能，遭到拒绝。孔子"私学"不教樊迟要求的"稼""圃"等农业经济专业技能，为什么呢？根据孔子人学思想，当时"礼崩乐坏""天下无道"，并非大家生产技能不足所致，农业生产也不缺乏技能合格的农民和手工业者。可以推断，在孔子看来，当时社会秩序混乱，并非因为农民和工匠们的技能不合格，而是统治者不合格。统治者不合格，互相征伐，战争频仍，于是盘剥百姓，实行严酷统治，才导致"民不敬""民不服""民不用情"等社会混乱现象。既然真正缺乏的是合格统治者，故他办"私学"，着力点

---

① 《论语·子路》。朱熹注解说："种五谷曰稼，种蔬菜曰圃。※ 小人，谓细民。孟子所谓小人之事者也。……※ 礼、义、信，大人之事也。好义，则事合宜。情，诚实也。敬、服、用情，盖各以其类而应也。襁，织缕为之，以约小儿于背者。"（朱熹：《论语集注》卷七，载《四书章句集注》，新编诸子集成本第一辑，中华书局 1983 年版，第 142—143 页）

不在培养合格农民或手工业工人，而在培养能治国安邦的君子、贤人。实际上，孔子也在努力借助三代流传下来的历史文化，教书育人，培养新时期治国理政的合格统治者。而统治者要合格，就必须具备较高的人性修养，"道"或"仁"等，是人性修养的统称，而"礼""义""信"等，则是具体表现。知识、品德、审美等修养，都包括在其中。樊迟似未理解到孔子办学的真正目的，没有认识到孔子办的只是一所人文学校，反而误以为孔子办的是一所职业培训学校，所以"请学稼""请学为圃"，被老师骂一顿，也很正常。

学习正是进行人性修养的首要途径。至于学习方法，在孔子看来，有几个问题，学习者须首先注意：

一是学习者必须亲自到地头涉猎一番，获得真正认识或体会。只听老师讲解，只听他人言论，远远不够。孔子特别就此提出了批评。《论语》记载：

子曰："道听而涂说，德之弃也。"①

知识可依靠"道听而涂说"而获得。对学习者而言，知识不一定触及人的身心，和人性修养可能只是外在关系。技能培训，仅仅依靠"道听而涂说"就很难，必须亲自参加实践锻炼，不断重复仿效，才可能学好。至于人文修养的提高，则更加复杂。如果还是只依靠"道听而涂说"，自己未曾实践，缺乏亲身体验，对真正的"人"就不可能有真切认识。甚至可能正好相反，越依靠"道听而涂说"理解人性，寻找真我，自己对于人的理解，对于自我的觉悟就越有偏差，言行活动离真正的人性要求就越远。孔子形象地将这种不良后果称为"德之弃"。

二是学习者学习要抓关键，注重自己内在修养的提高。孔子说："君子

① 《论语·阳货》。朱熹注解说："虽闻善言，不为己有，是自弃其德也。王氏曰：'君子多识前言往行以畜其德，道听涂说则弃之矣。'"（朱熹：《论语集注》卷九，载《四书章句集注》，新编诸子集成本第一辑，中华书局1983年版，第179页）

不重则不威，学则不固。"① 人们学习所得要转化为人性内在固有的修养，使自己真正能"立"起来，则言行活动自然持重、庄重、稳重。

一个人要"重"，就不能"惑"，必须正确处理认识和情感的关系。孔子说："知之者不如好之者，好之者不如乐之者。"② 人在学习中，仅仅认识"道"还不够，而应该进一步将"道"的认识转化为自己的真情实感和意志欲望；在转化基础上，使认识与道德、情感统一起来。这时，学习的知识就进展成为人性智慧。有了人性智慧，一个人的综合素养才能获得真正提高。

三是学习者要在现实生活中不断学习，"学而时习"，时时学习、复习和练习。《论语》记载：

> 子曰："见贤思齐焉，见不贤而内自省也。"③
> 子曰："三人行，必有我师焉。择其善者而从之，其不善者而改之。"④
> 子曰："……多闻择其善者而从之，多见而识之，知之次也。"⑤

在现实生活中，与人交往便是重要学习途径，"见贤思齐""见不贤而内自省"，不断学习，迁善改过，就可提高自己的综合修养水平。

关于学习方法，孔子还强调两个结合：一是学习与实践结合；二是学习与思考结合。关于学习与实践关系，孔子多次言及。《论语》记载：

> 子曰："弟子入则孝，出则弟，谨而信，泛爱众，而亲仁。行有余力，则以学文。"⑥

---

① 《论语·学而》。
② 《论语·雍也》。
③ 《论语·里仁》。
④ 《论语·述而》。
⑤ 《论语·述而》。
⑥ 《论语·学而》。

子曰："文，莫吾犹人也。躬行君子，则吾未之有得。"①

子曰："博学于文，约之以礼，亦可以弗畔矣夫。"②

"约之以礼"，就是"躬行"实践，包括孝、悌、信、爱、仁等行为活动。实践是学习（"学文"）的基础，又是学习收获（"博学于文"）的检验、运用和提高。孔子所谓学习与实践有机统一，不可分割；在一定程度上，学习就是人生实践，人生实践就是学习。

孔子明确提出，学习要和思考相结合。他说："学而不思则罔，思而不学则殆。"③ 这可视为孔子为学的经验之谈。而且他认为，学习是思考的基础。他说："吾尝终日不食，终夜不寝，以思，无益，不如学也。"④ 只思考，不学习，学习终究"无益"。需要注意，孔子所谓"思"有三义：一指"思想"，如"思无邪"；二为反思。《论语》中的"思"多为反思义；三为推类而思，接近于直觉式演绎推论。意即其推论前提和推论方式不很清楚，但确实又将一个命题（比如关于诗的命题）意义，直接引用于其他领域（比如"礼"），潜在断定了这种比类而推的逻辑必然性。《论语》中记载的经典诠释，多运用此"思"。请看以下材料：

子贡曰："贫而无谄，富而无骄，何如？"子曰："可也。未若贫而乐，富而好礼者也。"子贡曰："《诗》云：'如切如磋，如琢如磨。'其斯之谓与？"子曰："赐也，始可与言《诗》已矣！告诸往而知来者。"⑤

---

① 《论语·述而》。朱熹注解说："莫，疑词。犹人，言不能过人，而尚可以及人。未之有得，则全未有得。皆自谦之词，而足以见言行之难易缓急，欲人之勉其实也。"（朱熹：《论语集注》卷四，载《四书章句集注》，新编诸子集成本第一辑，中华书局1983年版，第101页）

② 《论语·颜渊》。

③ 《论语·为政》。

④ 《论语·卫灵公》。

⑤ 《论语·学而》。理学家朱熹注解"如切如磋，如琢如磨"一句说："《诗·卫风·淇澳》之篇。言治骨角者，既切之而复磋之；治玉石者，既琢之而复磨之。治之已精，而益求其精也。子贡自以

引用《诗》中治骨角、玉石的诗句，理解人的修养，体现了孔子推类而思的思维方式。

（三）学习的阶段、最高境界、评价标准

关于学习过程，孔子从认识进展的角度提出主要有四个阶段。《论语》记载：

> 子曰："可与共学，未可与适道；可与适道，未可与立；可与立，未可与权。"

"共学"是单纯学习阶段；"适道"是认识"道"而有收获；"立"则指"道"的认识转化为做人立场、观点、方法和精神家园，立身行世；而"权"则已将所"立"的道理与社会现实相结合，无不适宜。这四个阶段，实际上是认识从抽象到具体的发展阶段，也是学习从理论走向现实社会实践的阶段。孔子的认识四个阶段论，具有认识论的意义，集中体现了他的认识"道"的辩证思想。

孔子还谈到他自己学习人生的六个阶段。《论语》记载：

> 子曰"吾十有五而志于学，三十而立，四十而不惑，五十而知天命，六十而耳顺，七十而从心所欲，不逾矩。"[1]

孔子描述自己不同人生阶段达到的不同学习收获或境界情况。他 15 岁有学习（"道"）的志向，30 岁能立身行世，40 岁已完全理性，不受私人情

无谄无骄为至矣，闻夫子之言，又知义理之无穷；虽有得焉，而未可遽自足也，故引是诗以明之。"（朱熹：《论语集注》卷一，载《四书章句集注》，新编诸子集成本第一辑，中华书局 1983 年版，第 53 页）此诗本讲治骨角、玉石之反复不已，精益求精，子贡借以讲人的学习与修养，也要如此精进不已，深得孔子赞许。可见，孔子解诗，从治骨角、玉石之反复不已，归纳出"做事情要精益求精"这一类具有普遍性意义的命题，然后将此普遍性命题用于人学，特别是运用到人性修养提高这一不断精进的过程中，进行了近似于演绎的推论。

[1] 《论语·为政》。

感迷惑①，50 岁已能将命运和自己做人的使命区别开来，对"天命"有成熟理解，60 岁对于现实任何言论、事情，都能看清楚，能理解，看得开，70 岁达到随心所欲而不逾越任何规矩的自由境界。这六个阶段进展的基础就是孔子自己不断地学习。

可见，孔子的一生，就是学习的一生。孔子是一位无钱无权的普通平凡的人，但他一生坚持学习，拥有学习人生，又极不普通、极不平凡。他普通平凡，和众人并无大的区别，我们大家都和他一样；他极不普通、极不平凡，我们都可以向他学习。孔子是一位平凡而又伟大的学习者。他被时人、后人尊为圣人，一生好学而且成效显著应是重要原因。

孔子的学习人生六阶段论，乃是他成为理想的人辩证历程的具体描述，体现了他主体（"心欲"与"矩"的结合）辩证进展的思想。

学习进展，意味着学习者的收获越来越大。学习所达到的最高境界，除了孔子自述的"从心所欲，不逾矩"外，还有其他特征。《论语》载：

> 子曰："吾有知乎哉？无知也。有鄙夫问于我……我叩其两端而竭焉。"②
>
> 子曰："赐也，女以予为多学而识之者与？"对曰："然。非与？"曰："予一以贯之。"③
>
> 子曰："……我则异于是，无可无不可。"④

---

① 《论语》中的"惑"，多指人受感情控制而缺乏理智的情况。如《颜渊》："子张问崇德辨惑。子曰：'……爱之欲其生，恶之欲其死。既欲其生，又欲其死，是惑也。'"又："樊迟从游于舞雩之下，曰：'敢问崇德、修慝、辨惑。'子曰：'善哉问！……一朝之忿，忘其身以及其亲，非惑与？'"孔子所谓"惑"指个人完全被私人感情所控制，没有一点理性的不正常状态。

② 《论语·子罕》。朱熹注解说："孔子谦言己无知识，但其告人，虽于至愚，不敢不尽耳。叩，发动也。两端，犹言两头。言终始、本末、上下、精粗，无所不尽。"（朱熹：《论语集注》卷五，载《四书章句集注》，新编诸子集成本第一辑，中华书局 1983 年版，第 111 页）

③ 《论语·卫灵公》。

④ 《论语·微子》。朱熹注解说："孟子曰：'孔子可以仕则仕，可以止则止，可以久则久，可以速则速。'所谓无可无不可也。"（朱熹：《论语集注》卷九，载《四书章句集注》，新编诸子集成本第一辑，中华书局 1983 年版，第 186 页）

在孔子看来，人达到最高境界，一个特征是自以为"无知"，这可以和西方古希腊哲人苏格拉底自以为无知相提并论；最高境界的人在知识、思想上"一以贯之"，有思想宗旨，或者说有思想体系；最高境界的人对待现实世界"无可无不可"，意即从"道"的高度看现实世界，见得现世总有其不足，对待现实世界自应"无可"，不会完全随顺现实，赶时髦；同时也见到，现实世界又总有其不能不如此的道理，对于现实世界一切，又完全可以理解，所以对待现实世界要"无不可"。现实世界总有一部分符合"道"，而一部分不符合，人们对待现实"无可无不可"，理所当然。最高境界的人完全可以顺应历史潮流而动。"无可""无不可"的态度是表象，只有"道"才是最高境界者唯一真正固守坚持的根本。

在孔子弟子们的眼中，孔子就是达到最高境界的人。《论语》记载：

> 子绝四：毋意，毋必，毋固，毋我。①
> 颜渊喟然叹曰："仰之弥高，钻之弥坚。瞻之在前，忽焉在后。"②

在孔子的弟子们看来，孔子绝对没有这样四种情况：不符合"道"的主观臆测（"意"）、不符合"道"而一定要事情怎样（"必"）、违背"道"的固执己见（"固"）、离开"道"的小我。现实生活中，一个人完全让这四种情况绝迹，非常困难，但孔子全做到了。而在颜回看来，孔子已经达到高不

---

① 《论语·子罕》。朱熹注解说："绝，无之尽者。毋，《史记》作'无'，是也。意，私意也。必，期必也。固，执滞也。我，私己也。四者相为终始，起于意，遂于必，留于固，而成于我也。盖意、必常在事前，固、我常在事后，至于我又生意，则物欲牵引，循环不穷矣。程子曰：'此"毋"字，非禁止之辞。圣人绝此四者，何用禁止？'张子曰：'四者有一焉，则与天地不相似。'杨氏曰：'非知足以知圣人，详而默识之，不足以记此。'"（朱熹：《论语集注》卷五，载《四书章句集注》，新编诸子集成本第一辑，中华书局1983年版，第109—110页）

② 《论语·子罕》。朱熹注解说："仰弥高，不可及。钻弥坚，不可入。在前在后，恍惚不可为象。此颜渊深知夫子之道无穷尽，无方体，而叹之也。"（朱熹：《论语集注》卷五，载《四书章句集注》，新编诸子集成本第一辑，中华书局1983年版，第111页）

可仰、坚不可入的境界；你想把握他，但他"瞻之在前，忽焉在后"，究竟在前还是在后，实在难以把捉。这就形象地表述了孔子达到"道"的最高境界特征。

学习者最大收获是什么呢？在孔子看来，应该是"道"。但孔子并不抽象谈论，而是提出了关于评价学习收获的具体标准，这就是"中庸"。《论语》记载：

> 子贡问："师与商也孰贤？"子曰："师也过，商也不及。"曰："然则师愈与？"子曰："过犹不及。"①

> 柴也愚，参也鲁，师也辟，由也喭。子曰："回也其庶乎！屡空。赐不受命，而货殖焉，亿则屡中。"②

"中庸"的内涵，从反面看，就是"无过无不及"。从真理再往前多走半步，就是谬误，这是"过"，是超过真理。"无过"，指不超过"道"或真理。"不及"，指没有达到真理。柴之"愚"、参之"鲁"、师之"辟"，都是"不及"。"无不及"，就是没有不及真理的情况。在孔子看来，只有颜回，接近于无过无不及的"中庸"。"道"或真理，孔子又称为"仁"，"仁"德也是评价学习的标准。《论语》记载：

> 子曰："知及之，仁不能守之，虽得之，必失之。知及之，仁

---

① 《论语·先进》。朱熹注解说："子张才高意广，而好为苟难，故常过中。子夏笃信谨守，而规模狭隘，故常不及。……※道以中庸为至。贤智之过，虽若胜于愚不肖之不及，然其失中则一也。"（朱熹：《论语集注》卷六，载《四书章句集注》，新编诸子集成第一辑，中华书局1983年版，第126页）

② 《论语·先进》。朱熹注解说："柴，孔子弟子，姓高，字子羔。愚者，知不足而厚有余。……※鲁，钝也。程子……曰：'曾子之学，诚笃而已。圣门学者，聪明才辨，不为不多，而卒传其道，乃质鲁之人尔。故学以诚实为贵也。'尹氏曰：'曾子之才鲁，故其学也确，所以能深造乎道也。'……※辟，便辟也。谓习于容止，少诚实也。……※喭，粗俗也。……※庶，近也，言近道也。屡空，数至空匮也。不以贫窭动心而求富，故屡至于空匮也。言其近道，又能安贫也。"（朱熹：《论语集注》卷六，载《四书章句集注》，新编诸子集成第一辑，中华书局1983年版，第127页）

能守之，不庄以莅之，则民不敬。知及之，仁能守之，庄以莅之，动之不以礼，未善也。"①

季氏富于周公，而求也为之聚敛而附益之。子曰："非吾徒也。小子鸣鼓而攻之可也。"②

用"仁"德衡量人们的学习收获，有比较具体的标准，如对"仁"德的认识与"仁"德的实践活动是否统一，作为人共性的"仁"德是否在自己言行中表现了出来等。比如，一个人为官为政，总是帮助统治者盘剥农民，搜刮财富，就不能说他真正学好了；因为他并没有掌握、贯彻以"德"治国思想，未能真正学以致用。

在孔子那里，如果说"中庸"是他评价学习的方法论标准，那么，"仁"德标准也许可以说是他评价学习的本体论标准。这两个标准其实是一体的。因为，"中庸"的实质就是"道"或"仁"或真理，说中庸，只是从结构上进一步揭示其形式特征而已。它的形式特征是什么呢？就是对立统一的辩证法。在学习活动中，这种辩证法表现为理论与实践、知识与智慧、理性与情感、人性与现实的人、"仁"与"礼"等等的辩证统一。其逻辑形式还不清晰，"道"的运动规律、主体借助学习向前进展的规律尚未明白总结，故可谓朴素辩证法。

（四）学习的目的或功能

在孔子看来，"学习"的直接目的，主要在"为己"。"为己"，不是只考虑自己，不考虑别人，而是使自己成为真正的自己，使自己成为真正的、理想的人。在真正的自己那里，在真正的、理想的人那里，自己与他人并不对立，而是有机统一的整体；这就是真我或大我，也就是孔子所说的"仁"德

---

① 《论语·卫灵公》。

② 《论语·先进》。朱熹注解说："周公以王室至亲，有大功，位冢宰，其富宜矣。季氏以诸侯之卿，而富过之，非攘夺其君，刻薄其民，何以得此？冉有为季氏宰，又为之急赋税以益其富。※'非吾徒'，绝之也。'小子鸣鼓而攻之'，使门人声其罪以责之也。圣人之恶党恶而害民也如此。然师严而友亲，故已绝之，而犹使门人正之，又见其爱人之无已也。"（朱熹：《论语集注》卷六，载《四书章句集注》，新编诸子集成第一辑，中华书局 1983 年版，第 126—127 页）

或"道"，也是孟子所讲的良心、良知或本心。

在《论语》中，孔子讲学习，多言"为己""己知"，强调"己"的突出作用。比如：

> 子曰："古之学者为己，今之学者为人。"①
> 子曰："不患人之不己知，患其不能也。"②
> 子曰："君子病无能焉，不病人之不己知也。"③

"古"，理想。古人皆喜托古史以言理想，孔子亦然。其中的"为己"，理学家二程理解为"欲得之于己"④，既限定为学者之"欲"，又限定为认识上的"得"。其实，根据孔子人学宗旨，"为己"应是努力追求成为真正自己的意思。真正自己，就是真正的、理想的人，"欲"、认识，都只是其中一部分，而不能是全部。后两句中"不能""无能"，皆指自己"不能""无能"。自己"不能"和"无能"，就是自己修养没有真正提高，没有找到真正自我，也不可能成为真正理想的人；孔子认为，这是一个人作为人的真正大患。至于他人是否知道自己有水平，能否发现自己的优点、天赋，反而是次要的事情。

如果他人不知道自己德才兼备，孔子希望，自己也不要生气、恼怒（"不愠"）⑤，继续学习即可；孔子自己就是如此。《论语》载：

> 子曰："莫我知也夫！"子贡曰："何为其莫知子也？"子曰："不

---

① 《论语·宪问》。

② 《论语·宪问》。

③ 《论语·卫灵公》。

④ 参见朱熹：《论语集注》卷七"古之学者为己"章注，载《四书章句集注》，新编诸子集成本第一辑，中华书局 1983 年版，第 155 页。朱熹注解说："程子曰：'为己，欲得之于己也。为人，欲见知于人也。'程子曰：'古之学者为己，其终至于成物。今之学者为人，其终至于丧己。'愚按：圣贤论学者用心得失之际，其说多矣，然未有如此言之切而要者。于此明辨而日省之，则庶乎其不昧于所从矣。"

⑤ 《论语·学而》载："子曰：'学而时习之，不亦说乎？……人不知而不愠，不亦君子乎？'"

怨天，不尤人。下学而上达。知我者其天乎！"①

自己究竟有无真实水平，他人要认识清楚，颇不容易。常见的是，一个人修养水平越高，越难以为当世所理解，正所谓"英雄寂寞""高处不胜寒"。孔子在当时就"英雄寂寞"，不大为世人所知。他的应对是："不怨天，不尤人。下学而上达。"自己决不怨恨老天不公，也不怪罪环境不好，生不逢时，而是继续学习，坚持下去。世人是否理解，那是世人的事情；结果究竟如何，只有天知道。自己做好自己的事情，而不论环境如何，也不管最终结果怎样。为了自己，做好自己，成为真正自己，就是"为己"。人是社会的人，自己与他人分离不得。不包含他人在内，不是真正的己；不包含为人在内，不是真正的为己。真正为己，则为人在其中；盖己与人有机一体，才构成社会。故为己之学就是人学。

故"知人"是"为己"之学的结果，"知人"的最终目的也在于"为己"。在孔子看来，以自己修养为基础，推己及人，又辅之以经验观察②，就可以"知人"了。孔子说："不患人之不己知，患不知人也。"③"知人"是学习的直接目的之一。不过，在孔子那里，"知人"实际上有两个层次：一是推己及人，以理解人的"仁"德共性或本性；二是经验观察，发现现实的人不足，发现他们与人的"仁"德共性或本性有差距。而这样"知人"的目的，不在于了解他人，以便为自己获取功利目的服务，比如，不在于了解人的消费心理，以便推销自己的产品等；"知人"的真正目的在于，一方面为帮助他人进步做准备，另一方面可以回观自己，"见贤思齐，见不贤而内自省"，有助于自己进一步提高修养。这样看来，"知人"的目的，仍然在于"为己"。

孔子还以"道"规定"为己"的本质特点。《论语》载：

---

① 《论语·宪问》。

② 《论语·为政》："子曰：'视其所以，观其所由，察其所安。人焉廋哉？人焉廋哉？'"按照朱熹的注解，孔子所说的"视""观""察"都是对人进行经验观察。

③ 《论语·学而》。

子曰："君子博学于文，约之以礼，亦可以弗畔矣夫！"①

博文、约礼，都是学习，底线是不悖于"道"，不违背人的良知、人性，高线是问道行道，成为真正理想的人。至于以"德"治国，则只是将所学习到的东西直接运用于治理国家而已。

从孔子思想的宗旨看，其学习的根本目的，就在于实现人的共性或本性，使现实的人成为真正理想的人，即"君子"或"圣人"。以此为基础，提高社会成员的综合修养，建立制度文明，维护社会稳定，同时传承历史文化，解决现实问题，推进人类文明。

孔子"学习"思想的认识论意义丰富。孔子所说的"学习"，决不只青少年，也包括中老年朋友们的学习；也不只是学习，还包括学术研究在内。比如，我们研究中国思想史，本就是一种学习。不断学习，自然会认识增加，觉悟提高，对于真理有新发现，用符合学术规范的方式表述出来，就是创造性的学术成果。这类研究成果显然也只是不断学习的心得体会。

孔子"学习"思想包含了其学术观，蕴含他对学术研究的看法在内。凡是孔子谈"学习"处，我们均可用"学术研究"代替。那么，孔子对于"学习"的条件、基础、对象、内容、方法、阶段、目的等问题的看法，也可以看成是他对于学术研究的条件、基础、对象、内容、方法、阶段、目的等等问题的看法。如此，孔子的学术观也可说是比较系统的，可以给我们在 21 世纪反思中国人文学术发展方向提供启发。

---

　　① 《论语·雍也》。朱熹注解说："约，要也。畔，背也。君子学欲其博，故于文无不考；守欲其要，故其动必以礼。如此则可以不背于道矣。"程子曰：'博学于文而不约之以礼，必至于汗漫。博学矣，又能守礼而由于规矩，则亦可以不畔道矣。'"（朱熹：《论语集注》卷三，载《四书章句集注》，新编诸子集成第一辑，中华书局 1983 年版，第 91 页）如此，孔子"弗畔"乃是不悖于道的意思。

第二节 "仁"论和"礼"论

"仁"和"礼"是孔子思想的两个重要范畴,他的天命论、人性论、修养论多与其"仁""礼"论有关。

《说文》解释说:"仁,亲也,从人二。"《尚书·金縢》有"予仁若考"说,已经提出"仁"这一品德。从《左传》和《论语》可见,在孔子及其以前,"仁"字已出现多次。可以说,"仁"是三代已有的道德范畴。《国语》载:"言仁必及人"①,凡讲"仁",必涉及人的问题。孔子立足于人的生活,反思人的意义与价值,进一步发掘"仁"的意义,扩充丰富了其内涵,使"仁"成为表示人综合修养的范畴,也使"仁"论成为他人学思想的核心部分。

孔子对"仁"的阐发立足于对人的反思。他认为,从修养水平看,人有"仁人"②"君子""小人"③ 等不同人格。但孔子多辨君子、小人。在当时,君子和小人,原本就人的政治地位而言,君子指统治者,小人即指被统治者。孔子则从人的发展角度改造了君子、小人称谓的意义,赋予了人格发展的内涵。故孔子所谓"君子"和"小人"主要从人格修养上加以区分,"君子"指有较高素质的人,而"小人"则没有什么素质或者素质不高。如他说"君子哉蘧伯玉!邦有道,则仕;邦无道,则可卷而怀之。"④ 又说:"人不知而不愠,不亦君子乎?"⑤ 其中所说"君子"显然就人的修养而言。孔子注重从人性修养高度对人进行评价,而且认为"仁"德就是对人性修养品质的称谓,故那些具有较高人性修养的人可谓"仁人"。

关于"仁"概念的含义,从《论语》记载可见,主要有两层:第一层为

---

① 《国语·周语》。

② 如《论语·卫灵公》记载,子曰:"志士仁人,无求生以害仁,有杀身以成仁。"

③ 如《论语·述而》记载,子曰:"君子坦荡荡,小人长戚戚。"

④ 《论语·卫灵公》。

⑤ 《论语·学而》。

"恭""敬""惠"等具体道德规范，以及由这些规范组合而成的最高"仁"德观念；第二层为"爱人"，这是一种心理情感活动。这两个意义结合，综合表示人的共性或本性。

孔子将"仁"作为人的共性或本性，其基本意义与"道""德""义""信"等概念的意义相近。用几个不同的概念指称同一个外延对象，说明孔子用以表示人性的概念还没有稳定下来。到战国时，孟子用"理""义""良知""良心""本心"等概念指称人性，突出了人性的规范性（"理""义"等）和主体性（"良知""良心""本心"等）意义，推动了先秦儒学的发展。孔子关于"仁"的意义的看法，大要如下：

首先，在孔子那里，"仁"的第一层意义，指仁德，像"恭""敬""惠""义""宽""信""敏""静""忠"等具体道德一样，为众多德目之一。有时，孔子也用仁指称所有道德的总和。比如，孔子评论子产，说他："有君子之道四焉：其行己也恭，其事上也敬，其养民也惠，其使民也义。"[1] 这四种"君子之道"，皆属"仁"的范畴。一次，子张向孔子请教"仁"德，孔子回答：恭、宽、信、敏、惠，"能行五者于天下，为仁矣"。为什么呢？他解释说："恭则不侮，宽则得众，信则人任焉，敏则有功，惠则足以使人。"[2] 在孔子有将"仁"视为各种道德总和的意思。"仁"德包含了所有具体道德，但任何具体道德均不等于"仁"。可见，"仁"就是包罗众德的最高观念[3]，指谓人的总德或全德。

其次，"仁"的意义为"爱人"。

樊迟问孔子，什么是"仁"，孔子回答说"爱人"[4]。"爱人"就是一个人"爱"所有人，包括自己在内。这种"爱"是一种情感，可谓仁爱。孔子在此从人情感心理活动角度，直观"仁"的意义。

仁爱就是以人的本性为基础，爱世界，认识世界，并将真认识、真性情

---

① 《论语·公冶长》。

② 《论语·阳货》。

③ 参见张岂之主编：《中国思想史》，西北大学出版社1993年版，第25—26页。

④ 《论语·颜渊》。

运用于为人处世，用自己的真情实感对待世界。孔子说："刚毅木讷近仁。"①
又说："巧言令色，鲜矣仁。"②以自己内在修养为基础，凭着自己真情实感做
事，表里如一的人，才接近"仁"。如果一个人说话做事，专讨别人喜欢，
为人虚伪，很难达到"仁"德境界。可见，孔子认为"仁"主要指人的真认
识、真性情，"仁"爱则是人们以自己的真认识、真性情对待他人，帮助他
人，改进周围的世界，使他人和周围的世界都达到理想的境界。

真心对人做事，孔子称之为"直"。他说："人之生也直，罔之生也幸而
免。"③"直"，直道而行。人以自己内在实际修养水平为准，凭着真正认识、
真情实感，是什么就是什么，不必隐瞒、伪装，是怎样就怎样表现，因为人
性就如此。不表现自己内心的真实情况，而看别人眼色，把自己掩饰起来，
说话做事言行不一，首鼠两端，揣摩人心，如后来《鬼谷子》所言，就是
"罔"。人"罔"而能生存、发展，一定是侥幸免祸，或幸免于难，极为少见。

按照当时礼仪，人若父母去世，应服丧三年，称为"三年之丧"。传统
礼乐崩坏，人们不再严格执行礼的具体仪节。比如孔子弟子宰予就认为，没
必要严格执行"三年之丧"。孔子批评说："予之不仁也，子生三年，然后免
于父母之怀。夫三年之丧，天下之通丧也。予也有三年之爱于其父母乎？"④
孔子不批评宰予不孝，而直指他的"不仁"。就人性言，本性仁爱为孝敬礼
仪之本，不孝不等于不仁，但不仁必然表现为不孝。故孔子认为，人最真切
的体认、最真挚的情感莫过于幼小即生对父母的认识、情感。子女出生三
年，然后"免于父母之怀"；子女之于父母，自然有真切认识和真挚敬爱之
情。父母不幸离世，这种体认和敬爱之情自然表现为"三年之丧"。父母之
丧三年，乃是子女仁爱孝心的自然流露。

---

① 《论语·子路》。

② 《论语·学而》。

③ 《论语·雍也》。朱熹注解"直"说："于其所怨者，爱憎取舍，一以至公而无私，所谓直也。
于其所德者，则必以德报之，不可忘也。"又注解"直道"说："直道，无私曲也。……善其善，恶
其恶而无所私曲。"（分别见于朱熹：《论语集注》卷七、卷八，载《四书章句集注》，新编诸子集成
第一辑，中华书局 1983 年版，第 157、166、166 页）

④ 《论语·阳货》。

可见，孝敬父母等体现的仁爱情感，既有人性觉悟作为认识基础，也有当时家庭血缘关系充当社会基础。换言之，"仁"爱就是宗法家庭关系基础上的血缘亲情的升华。每个人都有父母，都有血缘关系、血缘亲情；以血缘亲情为基础，孔子断定"仁"爱在人类社会中的普遍有效性。将"仁"爱心理推行于政治活动，就是"泛爱众而亲仁"①。孔子"仁"爱的对象就从爱亲人，推及爱众人，爱天下所有人。后来，经过《大学》（"格物"等）、《中庸》（"致中和，天地位，万物育""不诚无物""正己而物正"等）、孟子（"万物皆备于我""仁民而爱物"等）以及宋明理学家的进一步发挥，"仁"爱的对象，不仅是人，而且及于万物、宇宙，这就使仁爱成为人对待他人和整个世界最普遍、最基本又最深切的情感了。

以自己的真认识、真情感为基础爱众人，实即将自己真认识、真情感推广到众人身上。显然，孔子仁爱说既是道德修养，又属于他"推己"之学的一部分。

"仁"爱的心理运动，横向扩展开来，就是一个人的生活世界；纵向延续下去，越来越清楚地呈现为仁爱史历程。仁爱世界、仁爱历史，形象地看，可以理解为，是以人为中心，"仁"爱众人，"仁"爱整个宇宙的过程。犹如人以自己为圆心，以仁爱（认识、实践附之）力为半径，画一个圆面。在此圆面上，以圆心为出发点，向圆圈上任何一点引出一条直线箭头。圆心表示仁爱主体，实即每个人自己，箭头所指方向，表示"仁"爱的对象；这些对象，与主体有由亲到疏的关系。其中，人与人的社会关系比人和物的自然关系亲，所以，社会关系在前，自然关系在后。而在社会关系里，由亲到疏的排列顺序，又受宗法血缘关系、地域关系、民族国家关系、种族关系等影响。这就事实上以人为中心，以"仁"爱力量为半径，形成了人的生活世界。一个人的仁爱之圆和其生活世界完全重合。一个人越能"仁"爱，则其生活世界面积就越大；反之就越小。最大的生活世界等同于全宇宙，而最小的生活世界就只有自己一人。最大的世界，是自己与宇宙合一的世界，发自

---

① 《论语·学而》。

于他的仁爱最多，他也是世界上最有仁爱心的人。他几乎与天地万物一体，相当于圣人。由这种人组成社会，到处充满仁爱，同心同德，最有凝聚力，社会团结如一人。最小的世界，只有自己一人，则此人最无仁爱心，发自于他的仁爱几等于零。他没有爱心，当然也最为孤独而寂寞。由这种人组成的社会，也最缺乏凝聚力。可见，一个人生活世界面积的大小，受其"仁"爱力量的强弱制约，由其"仁"爱情感的厚薄程度确定。社会的进步，如果有的话，按照孔子的想法，那就是每位社会成员仁爱情感越来越多，圆圈面积越来越大，社会凝聚力越来越强的过程。在此过程的不同阶段，在同一阶段对不同的人，自己的"仁"爱情感当然也有等差，是为等差之爱。

可见，孔子所讲的"爱人"，并不只是基督宗教的"博爱"，也不只是墨家的"兼爱"。孔子的"仁"爱有差等；但同时，在差等基础上，它又可以发展到仁民爱物的博爱境界，而且通过历史进展的途径，它也可以实现具体的兼爱。

如果一人达到"仁"德高度，在心理活动中表现出来，比如，在言行活动中充满了"仁"爱之心，那么，他也许就可称为"仁人"或"仁者"；"仁人"或"仁者"也由此成为现实的人的理想人格。从这个角度看，在孔子那里，"仁"有人修养境界的意义。

现实的人应如何修养才能具备仁德，充满仁爱心，达到"仁人"或"仁者"境界呢？孔子还将仁和礼联系起来思考和解决。《论语》记载：

> 颜渊问仁。子曰："克己复礼为仁。一日克己复礼，天下归仁焉。为仁由己，而由人乎哉？"颜渊曰："请问其目。"子曰："非礼勿视，非礼勿听，非礼勿言，非礼勿动。"①

这是孔子关于"仁"所说的最长一段话。其中意义至少有三：一是"为仁"的意义就是"克己复礼"；二是指明了人性修养的重点和方向，就是"克己

---

① 《论语·颜渊》。

复礼"，目的则在于"天下归仁"，彰明文明教化的社会作用；三是强调"仁"德修养必须有"礼"配合，或者说必然体现在"礼"的修养上。在孔子看来，人们进行"仁"德修养，与"礼"的修养密切相关。

孔子重视推己及人。儒家推己及人中的"己"，并非现实中有诸多不足的自己，而是真正的自己，是真我或大我；结合仁爱心看，此真我或大我就是"仁"德。在仁德真我与现实自己间，容易发现差距。消除此差距，是现实的人进行仁德修养、成为理想的人不可避免的任务，也是推己及人的前提条件。孔子将消除此差距的活动，视为人性修养过程；其具体内容，他正面归纳为"学习"，反面概括为"克己"。学习是增加自己所缺乏的人性因素，或者说是觉悟到自己本来固有的天赋；学习的目的是"为仁"，从而成人成己。克己则是减少和消除自己身上与真我不符合的糟粕；克己的目的也是"为仁"，是为了成人成己。在孔子那里，现实的人努力成为理想的人，进行"仁"德修养，提高自己素质，含正反两面，而且两面联系紧密，不可分割。

在孔子看来，"克己"和"复礼"相连。"礼"原指敬神、祭祖的有关仪式。殷商卜辞中已有"礼"字。照其象形意义，"礼"本为行礼之器，即用器皿盛祭物以供奉上帝或祖先神，表示对神灵的敬重。周人改革原始礼仪制度，形成周礼。周礼是原始巫术礼仪在血缘关系基础上的进一步延续，也是晚期氏族社会统治体系的规范化和系统化。宗法政治中体现出的"亲亲"和"贵贵"精神，都反映了"周礼"的特征。周人强调"为礼卒于无别，无别不可谓礼"①，将"礼"改造成为区别人们贵贱亲疏地位的"封建"统治制度和具体行为规范。作为政治统治制度，"礼"即"礼制"，儒家经典《周礼》是其集中反映。作为行为规范，"礼"包含许多具体仪节，"礼仪三百，威仪三千"，儒家经典《仪礼》详细记载了周人许多礼仪。这些礼制和礼仪，在维护周朝社会政治稳定方面发挥了十分重要的作用。

但需注意，西周时"礼不下庶人，刑不上大夫"②，礼制、礼仪主要充当

---

① 《左传》僖公二十二年。

② 《礼记·曲礼》。

贵族阶层的活动规范，和普通百姓关系不大。如果某一制度只是部分人的社会规范，那么，这种制度就是特权象征，难以成为普遍性的社会规范；指称这种制度的概念，也难以成为反映人共性的范畴。一制度不能规范所有社会成员，关于此制度的学说在解决社会问题时又缺乏普遍必然性，此社会将缺乏必要的制度保障和凝聚力。孔子"礼"论，正要克服周礼作为社会规范的局限性，将"礼"讲成所有社会成员的共同规范，扩大了"礼"的有效范围，努力提高"庶人"在制度文明中的地位。同时，孔子还将"礼"与"仁"德相联系，将社会制度与人性问题结合起来，努力以人性为基础，从人性出发，以人性为标准，按照人性的要求，思考和解决社会制度问题。这就使孔子的"礼"论，与其"仁"论发生内在联系，使孔子的制度观与其人学思想有内在联系。从现实人（"庶人"包括在内）成为真正理想的人角度，要求以人内在素养为基础解决"礼"的问题，是孔子"礼"论的基本特点。

孔子生活的时代，"礼崩乐坏"，出现了许多"僭礼"现象。"礼"不能规范"庶人"，尤其不能规范诸侯、大夫等贵族。礼乐崩坏，制度解体，社会秩序混乱，人的生存、发展受到威胁。孔子认真探索其原因，希望能找到解决社会稳定的良方，拨乱反正。在孔子看来，从人自身修养考虑，主要有两个原因：一是"庶人"不了解"礼"。孔子在教学中反复讲授"礼"，进行礼乐教育，培养知礼行礼的社会精英，带动其他人也知礼行礼，助力社会稳定。二是"大夫"们"僭礼"，他们知礼而不行礼，其实还是没有真正知礼，不知"礼"的真义。为此，孔子着力阐明"礼"的意义，强调"礼"作为社会规范的必要性。在此基础上，孔子还从一般人角度，从人之为人的共性或本性角度观察"礼"。他发现，当时之所以"礼崩乐坏"，根本上是因为当时的人，不论是"大夫"还是"庶人"，都没有发现人之为人的真我；大多不仅不能克制消除小我，却反而依照现实有缺陷的小我（"克己"中的"己"）言行生活。在这种情况下，出现"礼崩乐坏"乱局，有内在必然性。故解决"礼崩乐坏"问题的关键在"克己复礼"。

20世纪一些学者评价孔子"克己复礼"主张，基本上是否定态度，一个原因是，他们认为，孔子主张恢复西周初年的礼制和礼仪，明显开历史倒车。这显然有误解。其实，"复礼"不必就是恢复西周初年的礼，虽然孔子常常梦见为西周制礼作乐的周公。他梦见周公，说明他以周公为理想人格；周公制礼作乐，封邦建国，达成"成康之治"盛世，这非常符合孔子"天下有道"的理想追求。关于"复礼"的意义，朱熹注解说："复，反也。礼者，天理之节文也。"① 朱子将"礼"看成"天理"的节文表现，对于"礼"进行了超越制度层面的诠释，可给人以启发。

这意味着，在孔子那里，"礼"的意义，已经不局限于礼制、礼仪层面，而增加了礼义内涵，扩充了"礼"文化的精神意义。孔子发掘出的礼义，就是他常讲的"仁"或"义"。《论语》记载：

> 子曰："人而不仁，如礼何？人而不仁，如乐何？"②
> 子曰："君子义以为质，礼以行之，孙以出之，信以成之。君子哉！"③

在孔子看来，一个人如果没有"仁"德作基础，他所实行的"礼"就只是虚文，不是真正的"礼"。孔子还正面断定，君子以"义"为本质修养内容，以"礼"为行为表现形式。这就断定了礼义或"礼"的精神实质，就是人人共具的内在修养——"仁"或"义"。孔子多次批评时人行"礼"的毛病，就在于缺乏内在的"仁""义"基础，以致"礼"不成其为真正的礼。《论语》载：

> 子曰："居上不宽，为礼不敬，临丧不哀，吾何以观之哉？"④
> 子曰："能以礼让为国乎？何有？不能以礼让为国，如礼何？"⑤

---

① 朱熹：《论语集注》卷六，载《四书章句集注》，新编诸子集成第一辑，中华书局1983年版，第131页。

② 《论语·八佾》。

③ 《论语·卫灵公》。

④ 《论语·八佾》。

⑤ 《论语·里仁》。朱熹注解说："让者，礼之实也。何有，言不难也。言有礼之实以为国，则

子游问孝。子曰："今之孝者，是谓能养。至于犬马，皆能有养；不敬，何以别乎？"①

在社会实践中，人们齐家治国，行礼仪，遵礼制，但若内心缺乏"敬"的情感基础，没有仁爱基础，就很难说是真正的"礼"。也可以说，治国者为政，大讲以"礼"治国，但自己言行却毫无"礼让"——这是"礼"的精神实质——作风，那他所说的"礼"，也一定是虚文。在家庭中，子女孝敬父母，赡养父母，让他们有饭吃，有衣穿，有房住，使老有所养，"老者安之"。但我们赡养父母，如果内心毫无尊敬的感情，孔子批评说，这和养猫养狗有什么区别呢？

孔子还发现，当时一些礼器变形，部分礼仪形式化，而无实质礼义内容。《论语》载：

子曰："觚不觚，觚哉！觚哉！"②
子曰："礼云礼云，玉帛云乎哉？乐云乐云，钟鼓云乎哉？"③

"觚"的形制变化了，不再像觚。不少人行"礼"，双眼所见，只有玉帛之类礼物，赏"乐"，只见钟鼓这些乐器。大家行礼、赏乐都不用心；即使用心，心也不诚，全无内心仁爱、内在修养作礼乐支撑；则所施行的，也只能是虚文假礼。

何难之有？不然，则其礼文虽具，亦且无如之何矣，而况于为国乎？"（朱熹：《论语集注》卷二，载《四书章句集注》，新编诸子集成第一辑，中华书局1983年版，第72页）

① 《论语·为政》。

② 《论语·雍也》。朱熹注解说："觚，棱也。或曰酒器，或曰木简，皆器之有棱者也。不觚者，盖当时失其制而不为棱也。'觚哉觚哉'，言不得为觚也。程子曰：'觚而失其形制，则非觚也。举一器，而天下之物莫不皆然。故君而失其君之道，则为不君；臣而失其臣之职，则为虚位。'"（朱熹：《论语集注》卷三，载《四书章句集注》，新编诸子集成第一辑，中华书局1983年版，第90页）

③ 《论语·阳货》。

可见，孔子所谓"复礼"，让虚文回复到真礼，当指回复到"礼"与"仁""义"有机统一的本真或理想状态；只有仁礼结合，虚文尽去，礼方为真礼。唯有真礼，实施开去，才会要求"克己"，也才能最终稳定现实社会秩序。将"复礼"理解为只是恢复周礼，与克己就无必然联系，也和孔子其他思想矛盾。因为孔子明确提出礼乐随历史变化而有因革、损益，不可能另外提出全部回到过去的要求；而且返回历史的理解，也和孔子思想的创造性地位不符。比如，忽视了孔子"仁""礼"结合思想，从而也忽视了孔子礼义观念在制度理论上的创造性意义。又如，全未见到孔子创立儒学，建立人学，其要点正在于使礼和仁相结合；并以仁礼结合体为样本，观察体认人性。将"庶人""大夫"等人的共性或本性，落实为仁义礼知等内涵，正是儒家人性论的特质。故"复礼"不仅有制度修养意义，更有人学的重大意义；它提供了一条道路或一个平台，助人从"天命"主宰下解放出来，理性地做人成人，成为理想的人。

孔子增加和丰富了"礼"的人性意义，开掘了"礼"学或者人学新领域，还扩大了"礼"的有效社会范围。在周朝时，"礼不下庶人"。换言之，西周的"礼"对普通老百姓的规范作用有限，使当时普通百姓缺乏礼仪规范，找不到理性的安身立命之所。孔子"礼"论主张人人都应讲"礼"行"礼"，让"礼"成为整个社会成员的共同行为规范，改变了"礼不下庶人"局面。对于普通百姓而言，孔子的这一主张，将普通百姓从天命主宰和习惯束缚中解放出来，走上更加文明的理性规范、道路，提升了普通百姓的文明地位，无疑具有重大意义。孔子人学的"礼"论可谓先秦"礼"论的重大发展，为新的社会制度建设做了理论准备。

"礼"乃是儒学指称制度文明的专门范畴。照儒学看，任何社会稳定、发展，都离不开相应的"礼"——礼仪、礼制及其礼义。中国特色社会主义现代化建设蓬勃开展，社会转型越来越剧烈，社会秩序不断调整，我们对于制度或"礼"的认识就越发显得迫切。尽管我们现在将现代社会所需要的"礼"改称为道德、法制、章程、程序、方法、作风、习惯等，但在制度文明意义上，这些不同词语都表达社会规范的意义。孔子解决当时制度崩坏问题时，将制度和人性论、人的理想人格论等结合起来，将"礼"与其人学思想相联系，作为人性修养和文明教化的重要内容加以思考、处理，并且高明地将仁德等人性内涵作为"礼"文明的实质，这就凸显了儒家制度文明及其制度哲学的人文性能。

孔子言"克己复礼为仁"，意即通过学习，提高修养，觉悟真我，便可发现我之小者，进而克服小我的不足（"克己"），汲取小我的积极成分，最终超越小我，达到大我或真我的境界。到达大我或真我的境界，意味着觉悟了"仁"德，实现了人的本性。换言之，以人的本性为基础、标准和理想，人们自然产生发自人性（"仁"德）的言行活动规范，此即礼制或礼仪。人们在学习修养中，做到以"仁"德，即"礼"意为心理基础，言行活动尽皆合礼（礼制和礼仪），"非礼勿视，非礼勿听，非礼勿言，非礼勿动"，发挥"礼"规范、保障社会和谐稳定的应有作用（"复礼"）。将"克己"与"复礼"结合起来，可称为"克己复礼"。其中，"克己"是"尽己"求仁（"为仁"）的一个方面，"复礼"则是"尽己"求仁（"为仁"）而在言行规范上有收获，而且在制度文明中表现出来。所以，孔子说"克己复礼为仁"。

这实际上涉及"仁"和"礼"的关系。孔子将此问题置于现实人提高修养的"成人"过程中加以思考和解决。孔子将"仁"德看成每一个人所具有的共性或本性，也将"仁"德看成人性修养的最高目标。从"成人"角度看，进行"仁"德修养，乃是人们提高素养最根本、最首要的任务。通俗地说，求"仁"乃是为人事业的重中之重。同时，在孔子看来，人的"仁"德不是单纯抽象物，其规范性能要体现到人的精神中，此即礼义，还要体现到人们现实言行活动中，这就是礼制和礼仪。

这意味着，如果我们将"礼"广义地理解为社会规范，那么，在孔子看来，"仁"与"礼"统一而不可分割。比如，人们求仁，追求成为理想的人，就要遵循合情合理合时代的社会规范，在符合社会规范中求仁；追求的目的也在于建立更加合情合理合时代的社会新规范。

如此，"仁"和"礼"可以说接近于一种"体"（或可谓"仁体"）与"用"

（或可称为"礼用"）的关系，也可理解为"内"（内在素质）与"外"（外在表现形式或规范）的关系，未尝不可视为"主"（"仁"德乃是人的真主体）与"客"（"礼"则是"仁"德之客体）的关系。用体用合一、内外合一、主客合一的朴素辩证法思路，思考和解决人性与制度文明关系问题，对于社会转型时期致力于提高社会成员人性修养和文明水平，建设适合当代社会的新规范，无疑有启发意义。

第三节　"德治"思想

西周宗法政治制度是金字塔形的等级制度。周天子高居金字塔顶，他是天下共主，也是周人宗族集团的大家长，拥有国家政权和血缘家族双重最高权力。周天子所属为大宗，下一层是被称为小宗的诸侯，再向下则有大夫、士和庶人。各等级借助血缘关系组合而为宗法大家族。血缘家族以"家"为基本单位，在"家"的基础上不断放大，最终构成以尊尊、亲亲为宗法特质的国家。"国者大家，家者小国"，宗族制度与国家政治统一，家国共用一套制度，体现了西周宗法政治关系既温情脉脉而又有亲疏远近的特点。而"周礼"的各种礼制、礼仪等，实际上是血缘家族礼俗规范化、制度化的产物，目的在于以宗法家礼规范社会政治活动，维护国家和社会稳定。这是周公封邦建国、制礼作乐制度建设的主要内容。

春秋末，孔子时，社会进入转型期，周天子只是名义上的天下共主，各诸侯、大夫等事实上掌握了各国实权，诸侯争霸，大夫擅权，相互战争不断，出现了"礼崩乐坏""天下无道"局面。在这种新形势下，孔子根据其人学思想，提出了他以"德治"为中心的政治主张。《论语》载：

> 子曰："道之以政，齐之以刑，民免而无耻；道之以德，齐之以礼，有耻且格。"

子曰："为政以德，譬如北辰，居其所而众星共之。"①

孔子主张，治国者治国理政，关键在自己有较高道德修养，以此垂范天下，帮助百姓成为有文明素养的人。只有领导带头，身先士卒，民众才可能像众星拱卫北斗一样，尊敬追随，人文化成。这叫做"道之以德"，而有关法制禁令的制定和执行（"道之以政"），反倒次要些。关于百姓的言行活动，要以符合人性的"礼"为主要社会规范，维护和保障人们生产生活，自觉向着理想人格方向前进；百姓自己也会有是非羞耻之心，这叫"齐之以礼"；而不是简单粗暴地用残酷刑罚威胁、恫吓、处罚，甚至杀戮老百姓（"齐之以刑"）。孔子主张的核心在于以"德"治国，可称为"德治"思想。

领导以身作则，率先提高修养，垂范带动百姓，是为政以德的第一层意思。其中蕴含的基本原则，就是孔子提出的"正名"说。所谓"正名"，即要求治国者用"名"（概念）引导、规范、评判、矫正"实"（概念指称的外延，即事实或事物）。以"名"正"实"，"名"体"实"用，是孔子"德治"主张的思维特点。而"名"的意义则主要由孔子强调的"仁""义""道""德"等人性论概念加以规定。这说明孔子"德治"思想，就是他人学思想在政治上的表现。

孔子"正名"说，明确提出"君君，臣臣"主张，意思是说，现实的君要努力成为合格的、理想的君，现实的臣要努力成为合格的、理想的臣，各自努力尽到自己的分位、职责。《论语》记载：

齐景公问政于孔子。孔子对曰："君君，臣臣，父父，子子。"公曰："善哉！信如君不君，臣不臣，父不父，子不子，虽有粟，吾得而食诸？"②

---

① 《论语·为政》。
② 《论语·颜渊》。

"正名"中的"名"，指概念或理想，而"正"，则指通过修养、教化努力，使现实的君、臣等，符合其概念或理想。现实的君符合其概念或理想的"君"，叫做"君君"，现实的"臣"符合其概念或理想的"臣"，叫做"臣臣"。君主做到君君，是君主修养，臣子做到臣臣，是臣子修养。在社会政治活动中，朝廷采取各种鼓励人性修养和文明教化的措施，使君主成为理想的、标准的君主，使大小臣工，成为理想的、标准的臣，使家中父母、子女，都成为理想的、标准的父母和子女。一言以蔽之，让社会各行业、各阶层、各职业的人，尽职尽责，无旷职，无虚位，都成为理想的、标准的人，则社会自然和谐稳定，生生不息。这就是"正名"。确实，比如在一所学校里，教师们都努力成为合格理想的好教师，学生们都努力成为合格理想的好学生，校长们都努力成为合格理想的好校长，其他各色人等，都努力修养、工作，符合自己分位规定的理想、典型，则此学校必然成为合格理想的好学校。因为如果这样人人尽职尽责的学校还不能称为真正理想的好学校，那世界上就没有真正理想的好学校了！

在孔子看来，每一个"名"（概念），例如"君""臣"等，都有其固定意义。"名"的内涵，即它的意义，是它所指称事物所应如此而不如彼的标准或理想。比如，"人"这个名的内涵，那就是"仁""义""道""德"等，它们也可统称为人之"道"。"君""臣""父""子"等也是名，它们分别指称社会政治领域中的君、臣、父、子等人，这是其外延意义；同时，它们也有其内涵意义，而且可用君之道、臣之道、父之道、子之道等加以表示，实际上也就是人之道在具体社会政治分位或职责上的表现。

在先秦思想中，"名"与"实"的关系是一个重要问题。"名"即概念，"实"则指该概念所指称的对象。先秦的"名""实"关系论，涉及认识论和逻辑学问题。但孔子谈"正名"，并未从认识论和逻辑学方面思考，只是客观上论及人的"名""实"，即人在社会生产生活中的"名"（人性、位分、理想等）与"实"（现实言行活动）的关系。"君君""臣臣"中，前一个"君""臣"，可以指概念的外延，即实际为君或为臣的人，此即"实"。而后一个"君""臣"，则指"君""臣"概念的内涵，即君道、臣道，有普遍性，此即"名"。孔子"正名"说，用"名"的普遍性内涵作为标准或理想，引导、评价和矫正具体的"实"，即"名"的外延。孔子看重人的"名"的内涵，即现实而具体人的本性或理想。他希望用人的本性、理想作为标准，鼓励人们学习、克己，提高自己的修养，以改进现实生活，克服人的现实不足。孔子以理想引领、矫正现实的思路，是理想主义的。

《论语》记载，孔子第二次在卫国时，卫国发生争夺君位的大事。卫灵公的夫人南子，有淫行。世子蒯聩耻其母南子之淫乱，欲杀之，不果，遂出奔。灵公想改立公子郢，郢辞。灵公卒，夫人立之，又辞。乃立世子蒯聩的儿子辄，以拒世子蒯聩，是为卫出公。《论语》记载了孔子和其弟子子路就这件事情的对话：

> 子路曰："卫君（指卫出公辄——引者注）待子而为政，子将奚先?"子曰："必也正名乎!"子路曰："有是哉! 子之迂也! 奚其正?"子曰："野哉由也! 君子于其所不知，盖阙如也。名不正，则言不顺;言不顺，则事不成;事不成，则礼乐不兴;礼乐不兴，则刑罚不中;刑罚不中，则民无所措手足。故君子名之必可言也，言之必可行也。君子于其言，无所苟而已矣。"①

子路问孔子，卫国期待先生为政，假使先生出来，您首先要办什么事情呢? 孔子回答说，一定要先正名。意思大约是说，世子蒯聩欲杀其母，又得罪于父，而其子辄则据国以拒父，皆无父之人，继位为国，名皆不正。② 如果要我孔子出山，首先要把这个问题说清楚。子路说，哪有这样做的呢? 先生您真是太迂阔了，大势已经如此，还"正"什么"名"? 又怎么"正"得了"名"呢? 孔子说："名不正则言不顺，言不顺则事不成，事不成则礼乐不兴。礼乐不兴则刑罚不中，刑罚不中则民无所措手足。"治国者的"实"

---

① 《论语·子路》。

② 参见朱熹:《论语集注》卷七引胡氏语，载《四书章句集注》，新编诸子集成第一辑，中华书局 1983 年版，第 142 页。

是否符合其"名"，直接体现为他的"言"和"事"，制约着国君对"礼乐""刑罚"的标准衡量和具体实施，教化"民"众的导向不明，底线不清，必使民众手足无措，言行失范。在孔子看来，如果国君"名"不正，他的言语就不会顺当，缺乏威严。既然名不正而言不顺，必然难有良好效果，结果什么事都办不成。什么事情都办不成，礼乐制度也建立不起来，刑罚也不会恰当。礼乐、刑罚不恰当，老百姓就无所适从，社会势必难以和谐稳定。

孔子还将"正名"思想用于诠释历史、经典，以道德评价人类文化，褒贬社会政治活动，使他的六经诠释学和历史诠释学打成一片。这一点，在他整理加工而成的《春秋》中，有比较集中的表现。具体看，主要包含三层：第一为正名。订正一切概念用词，使之和实相统一，更正和名不相符合的事物。第二为正名分。以周"礼"为标准，明确诸侯国和不同人的名分地位。第三是进行褒贬。表彰符合道义的言行，谴责各种不符合道义的现象，凸显道义在社会历史中的规范性作用。

"正名"思路用于治国理政，就是"为政以德"。在孔子那里，为政以德，就是以"德"治国。它要求统治者治理国家，以自己较高的人性修养（"德"）为基础，以提高国民人性修养（"德"）为工作重心，最终提高全社会所有人的文明水平（"德"）。

在孔子看来，以"德"治国的基本内容是，治国者以自己的"正"为基础，带领天下人都归于"正"。《论语》记载：

季康子问政于孔子。孔子对曰："政者，正也。子帅以正，孰敢不正？"[1]

子曰："其身正，不令而行；其身不正，虽令不从。"[2]

子曰："苟正其身矣，于从政乎何有？不能正其身，如正人何？"[3]

---

[1]《论语·颜渊》。

[2]《论语·子路》。

[3]《论语·子路》。

孔子明确提出，所谓"政"，其基本意义就是"正"，即正义；政治活动的实质就是政治工作者努力追求实现社会正义，让权力为正义实现服务。实现程序是，治国者以身作则，率先垂范；自己"正"了，言行活动才有感染力，带动他人正义，所制订实施的政策法令才可能贯穿正义精神，成为实现正义的土壤和保障，天下才可能因此而"正"。俗语说，"上梁不正下梁歪"，与此同义。

在《论语》中，多处言及"正"。如"君赐食，必正席先尝之"①，"君子正其衣冠"②，"正"，使端正。孔子又说"就有道而正焉"③，"正"是以道德纠正、匡正的意思。孔子又说"晋文公谲而不正，齐桓公正而不谲"④，"正"指正直、公正；孔子还说："吾自卫反鲁，然后乐正，《雅》《颂》各得其所"⑤，"正"，又指符合礼乐标准、规范。⑥ 以"德"治国的"正"，其意义应与"正名"的"正"意义相同，即都是符合道德（人性）标准、符合礼义规范，也就是符合"名"的意思。

按照孔子的意思，一个国家，如果治国者作为人已经"正名"，现实小我已经符合大我，符合"仁""德"等人性或理想，那么，他所治理的国家才可能"正名"，老百姓才可能被感染，受教化，积极向上，追求成为理想的人。孔子希望，在"成人"道路上，治国者要身先国民，发挥带头和表率作用。

为此，孔子明确提出，治国者要不断学习，提高修养，拥有治理国家的必备知识、规范和能力（"德"），使自己成为高素质的人。《论语》载：

> 子路问君子。子曰："修己以敬。"曰："如斯而已乎？"曰："修己以安人。"曰："如斯而已乎？"曰："修己以安百姓。修己以安百姓，

---

① 《论语·乡党》。

② 《论语·尧曰》。

③ 《论语·学而》。

④ 《论语·宪问》。

⑤ 《论语·子罕》。

⑥ 参见徐中舒主编：《汉语大字典》（缩印本）"正"字条，汉语大字典编辑委员会编，四川辞书出版社、湖北辞书出版社1993年版，第604页。

尧、舜其犹病诸！"①

季康子问政于孔子，曰："如杀无道，以就有道，何如？"孔子对曰："子为政，焉用杀？子欲善而民善矣。君子之德风，小人之德草。草上之风，必偃。"②

季康子患盗，问于孔子。孔子对曰："苟子之不欲，虽赏之不窃。"③

"修己以安百姓"，加强修养，提高自己，而后以德治国，仁爱他人，安人安百姓。提高自己修养相对容易，安人安百姓，即使圣王如尧、舜，犹以为难。统治者要先"欲善"，如此则"民善矣"。治国者言行、政策、制度如风，老百姓的修养如草，风吹草动，风往哪边吹，草往哪边倒，足见治国者对百姓修养方向的影响非常巨大。在现实中，治国者常见言行、政策、制度方向有二：一是"义"；二是"利"。而且治国者通常会自发地倾向于"利"。那么，这样会导致什么样的结果呢？《论语》记载：

子曰："放于利而行，多怨。"④

趋利避害，乃人的本能。追求事业成功，利益获得，也是人们普遍的现实需要。人人天生如此，人人皆知如此，人人事实上也如此生活。但是，如果将这种功利需要无条件提升为国家或政府需要，将人们追求个人功利的言行扩展为国家或政府的执政方针、政策、制度，是否就真能满足广大社会成员的需要呢？恐怕不一定。在孔子看来，这样做的结果，只能是"多怨"。意思是说，政府一心一意追求功利，只是追求功利，好像也是在为老百姓谋功利上的好处，但结果却是导致老百姓更多的怨恨情

① 《论语·宪问》。
② 《论语·颜渊》。
③ 《论语·颜渊》。
④ 《论语·里仁》。

绪。为什么政府求利，而百姓多怨？孔子没有解释原因。后来孟子对梁惠王讲"何必曰利"的道理，由此或可推知孔子的意思。那就是，孔、孟认为，一个国家，如果"上下交征利"①，都在求利，都在相互争利，而不知利之所以为利、人之所以为人、国之所以为国的"义"，不知道求人民、国家的真利、大利、普遍长远之利的"道"，那么，这样的国家多生怨恨情绪，势所必然；愤懑戾气甚重的国度，社会难以和谐稳定，这不是很危险吗？一个人如果这样，那就是"喻于义"的小人，其社会地位低下，社会影响有限；若为政者如此，则政弊，为国者如此，则国危，后果就严重了。

现实中，不少治国者往往自发走上"上下交征利"的路。为政者有远见卓识，应当认识到政府一味争利，必与民众对立，平添若干社会矛盾，民众必有怨恨情绪，国家、社会必然受害。官员个人即使贤明，面对与民争利之政，不免彷徨犹豫，纠葛挣扎；但身为官员，终究会陷入权力体制中，而难以自拔。"滔滔者，天下皆是也；而谁以易之"②。孔子德治主张，实即针对此症，立大本，树标杆，欲以人性修养药到病除，根绝此症，又以文明教化力挽狂澜，除此乱流。《论语》载：

> 季氏富于周公，而求也为之聚敛而附益之。子曰："非吾徒也。小子鸣鼓而攻之可也。"③

孔子弟子冉求，在鲁国从政，任季氏宰臣，帮助其聚敛财富，孔子号召弟子鸣鼓而攻之。他教育弟子子夏，在政治活动中，要"无见小利"，说"见小利，则大事不成"④。那么，统治者应该"见"什么呢？应该见大利、真利、普遍长远之利，应该见利之所以为利、人之所以为人、国之所以为国的"义"或"道"或"德"或"仁"。《论语》记载：

---

① 《孟子·梁惠王上》。

② 《论语·微子》。

③ 《论语·先进》。

④ 《论语·子路》。

> 季康子问："使民敬、忠以劝，如之何？"子曰："临之以庄则敬，
> 孝慈则忠，举善而教不能则劝。"①

　　统治者不是直接要求下级、百姓"敬""忠"，而是自己首先要不断学习，提高自己素养，具备"庄""孝慈""善"诸德，有责任担当，做模范带动。以此为基础，致力于提高下级、百姓素质，选用高素质人才治理国家，实施以君民素质提高（"德"）为核心的道德教化，最终实现有高度文明素养（"天下归仁"）的理想社会。一切社会政治经济文化活动皆以文明教化为主线、为宗旨，是孔子为政以德的第二层意思。

　　为政以德的第三层意思是，教化百姓，应富而后教，以经济建设、打牢民众生存发展基础为先；但作为治国方略，提振民众信心，强化社会信义，使民众有坚定信念，始终是精神文明建设的根本所在。《论语》载：

> 子贡问政。子曰："足食，足兵，民信之矣。"子贡曰："必不得
> 已而去，于斯三者何先？"曰："去兵。"子贡曰："必不得已而去，
> 于斯二者何先？"曰："去食。自古皆有死，民无信不立。"②

　　"食"解决民众吃饭问题，"兵"解决国家安全问题，都是社会、国家的基础所在。但在孔子看来，"信"却是人之为人更为基础性的前提条件。因为，没有"食"，大家就要饿肚子，必然努力从事生产，发展经济，使大家有饭吃。没有"兵"，国家不安全，甚至可能亡国；但只要人在，人心在，还可以团结起来，发展军事力量，将国家从敌人手里夺回来。如果民众没有"信"，官民都无信心，无信义，无信仰信念，这样的国家就完全失去希望了。因为，人已经不成其为人，没有规范，没有理想，没有信心，没有精神力量了。在失去民心的情况下，即使有"食"有"兵"，也不能保证国家不

---

① 《论语·为政》。

② 《论语·颜渊》。

会灭亡。因为，大家吃饱饭，手拿武器，还不知道向谁开枪呢！所以，在逻辑上，在"成人"的问题上，"信"比"食""兵"更根本、更重要。人有"信"，即使没有"食"和"兵"，但人们可以去创造出"食"和"兵"来；但反过来看，国家有"食"有"兵"，但人而无"信"，"食"和"兵"也不能自发创造出"信"来，使人成其为人。可见，"兵"可去，"食"也可去，只有人们的"信"不能去。由此可知，统治者治理国家，最基本的工作，不是解决吃饭问题，扩充军事力量，而是对老百姓讲信用。

为政以德的第四层意思，是任贤使能，选拔和使用有"德"的人才治理国家。《论语》记载：

> 哀公问曰："何为则民服？"孔子对曰："举直错诸枉，则民服。举枉错诸直，则民不服。"①
>
> 樊迟问仁。子曰："爱人。"问知。子曰："知人。"樊迟未达。子曰："举直错诸枉，能使枉者直。"樊迟退，见子夏，曰："乡也吾见于夫子而问'知'，子曰：'举直错诸枉，能使枉者直。'何谓也？"子夏曰："富哉言乎！舜有天下，选于众，举皋陶，不仁者远矣。汤有天下，选于众，举伊尹，不仁者远矣。"②

"举直错诸枉"，让有"德"的人领导无"德"的人，让素质较高的人领导素质较低的人，是以"德"治国思想中人才选拔和使用的基本原则。在孔子看来，只有这样，才能保证将社会国家引导到高素质、高文明的理想境界。《论语》还载：

> 子曰："一日克己复礼，天下归仁焉。"③

---

① 《论语·为政》。

② 《论语·颜渊》。

③ 《论语·颜渊》。

人的修养规律是，"我欲仁，斯仁至"。治国理政，有治法不如有治人。治国者、为政者一旦"克己复礼"，让自己言行与各种社会规范相融，而理性精神融入生生不息的仁德世界，小我尽去，大我显现，"天下归仁"理想实现就有了真主体，人生有了盼头，社会进步便可立竿见影。

在孔子看来，实行以"德"治国政策，统治者应遵守一些基本道德规范，如"居之无倦，行之以忠"①之类。孔子指出，治国者尤其要向历史上那些理想的统治者学习。孔子提供了以德治国的范例②，供他们效法和参考。此外，以"德"治国，在君臣、君民关系方面，孔子还提出了具体要求。比如，在君臣关系方面，孔子提出君臣对待的行为规范。他主张，君主对待臣

---

① 《论语·颜渊》。
② 在《论语》中，孔子提供的政治理想人格约有三类：一是君之政治理想人格。《论语·雍也》："子贡问：'如有博施于民而能济众，何如？可谓仁乎？'子曰：'何事于仁，必也圣乎！尧舜其犹病诸！'"《论语·泰伯》："子曰：'大哉尧之为君也！巍巍乎！唯天为大，惟尧则之。荡荡乎，民无能名焉。巍巍乎其有成功也，焕乎其有文章！'"《论语·卫灵公》："子曰：'无为而治者，其舜也与？夫何为哉？恭己正南面而已矣。'"朱熹注解这一句说："无为而治者，圣人德盛而民化，不待其有所作为也。……恭己者，圣人敬德之容。既无所为，则人之所见如此而已。"（见朱熹：《论语集注》卷八，载《四书章句集注》，新编诸子集成第一辑，中华书局1983年版，第162页）《论语·泰伯》："子曰：'禹，吾无间然矣。菲饮食而致孝乎鬼神，恶衣服而致美乎黻冕，卑宫室而尽力乎沟洫。禹，吾无间然矣！'"孔子多次称颂尧、舜、禹等先王治国。二是臣之政治理想人格。《论语·公冶长》："子谓子产，'有君子之道四焉：其行己也恭，其事上也敬，其养民也惠，其使民也义。'"《论语·宪问》："子路曰：'桓公杀公子纠，召忽死之，管仲不死。'曰：'未仁乎？'曰：'桓公九合诸侯，不以兵车，管仲之力也。如其仁！如其仁！'""子贡曰：'管仲非仁者与？桓公杀公子纠，不能死，又相之。'子曰：'管仲相桓公，霸诸侯，一匡天下，民到于今受其赐。微管仲，吾其被发左衽矣。岂若匹夫匹妇之为谅也，自经于沟渎而莫之知也。'"这是表彰子产、管仲贤臣治国。《论语·雍也》："季康子问：'仲由可使从政也与？'子曰：'由也果，于从政乎何有？'曰：'赐也可使从政也与？'曰：'赐也达，于从政乎何有？'曰：'求也可使从政也与？'曰：'求也艺，于从政乎何有？'"孔子在这里提出，"果""达""艺"等品德修养，单独看，对于"从政"而言都有欠缺。三是士之政治理想人格。《论语·泰伯》："子曰：'危邦不入，乱邦不居。天下有道则见，无道则隐。邦有道，贫且贱焉，耻也；邦无道，富且贵焉，耻也。'"又载："子曰：'不在其位，不谋其政。'"《论语·里仁》："子曰：'不患无位，患所以立。'"《论语·颜渊》："仲弓问仁。子曰：'出门如见大宾，使民如承大祭。己所不欲，勿施于人。在邦无怨，在家无怨。'"《论语·阳货》："子张问仁于孔子。孔子曰：'能行五者于天下，为仁矣。'请问之。曰：'恭、宽、信、敏、惠。恭则不侮，宽则得众，信则人任焉，敏则有功，惠则足以使人。'"孔子教育学生从政，应具备"恭、宽、信、敏、惠"等基本政治素养。

下，上级对待下级，要符合"礼"，这是下级对上级尽忠的条件 ①。在统治者与老百姓的关系方面，孔子主张统治者要"修文德"以招徕老百姓 ②，提倡"宽"容的统治方式 ③，在让老百姓"富之"基础上 ④，以"教民"为主 ⑤，爱护百姓 ⑥，让老百姓感受到统治者的"道""德"修养 ⑦，坚决反对"使民战栗"恐惧的残暴统治 ⑧。

总的来看，孔子"德治"思想或可概括为"内外、上下"两条思路，即以内在修养为基础，以内引领外，用仁爱统率礼法，以有效治理国家；以治国者修养提高为关键，以上教化下，帮助民众提高修养，使其更加文明地生产生活。

孔子的内外思路，是孔子人学思想在政治上的必然表现，也可谓《大学》"内圣外王"思想的直接渊源。"内圣外王"后来成为儒家人治思想的基本原则。这个原则在逻辑上有必然性，在有效范围上也有普遍意义。因为它是人之所以为人的基本原则；政治活动只是人的社会活动之一，当然也不能违背人之所以为人的基本原则。20 世纪末，为了适应现代化建设的需要，中国政府大力提倡法治。近现代提倡的"法治"与"人治"本不矛盾。在逻辑上，"人治"是人性政治，法治只是治理的原则和手段，依然要以人性修养为基础；故人性修养和文明教化基础上的人治，完全可以克服、超越而且包含"法治"在

---

① 《论语·八佾》载："定公问：'君使臣，臣事君，如之何？'孔子对曰：'君使臣以礼，臣事君以忠。'"

② 《论语·季氏》记载，孔子说："远人不服，则修文德以来之。既来之，则安之。"又《论语·子路》记载，叶公向孔子请教治理国家的问题，孔子回答说："近者说，远者来。"

③ 《论语·八佾》记载，孔子说："居上不宽……吾何以观之哉？"

④ 《论语·子路》记载："子适卫，冉有仆。子曰：'庶矣哉！'冉有曰：'既庶矣，又何加焉？'曰：'富之。'曰：'既富矣，又何加焉？'曰：'教之。'"

⑤ 《论语·为政》："子曰：'……举善而教不能则劝。'"《论语·子路》也记载，孔子说："善人教民七年，亦可以即戎矣。"又说："以不教民战，是谓弃之。"《尧曰》篇也记载，孔子说："不教而杀谓之虐；不戒视成谓之暴；慢令致期谓之贼。"

⑥ 《论语·学而》记载，孔子说："道千乘之国，节用而爱人，使民以时。"

⑦ 《论语·季氏》记载，"齐景公有马千驷，死之日，民无德而称焉。伯夷、叔齐饿于首阳之下，民到于今称之。"

⑧ 《论语·八佾》。

内，成为人文法治。没有人文引领、主导、规范的法治，那是机械运转，冷酷无情。至于历史上是否实现了"人治"对"法治"的这种克服、超越和包含，那是另外一回事情；因为要做到这种克服、超越、包含，也需要一定历史条件支持。与"法治"相对立的"人治"，既不强调治国者内在修养高这一必要条件，又没有相应行为准则规范监督治国者的言行活动；既没有真正的人性，也没有理性的治理：这根本就不是孔子所谓理想的"人"的治理，而是在任何社会里都会遭受反对的主观妄为。

孔子的上下思路，在特殊历史条件——君主专制下，有其特别的意义。在君主专制社会里，统治者掌握、控制、垄断了国家所有资源，政治权力运行机制基本方向就是由上而下。孔子生活在 2000 多年前的春秋时代，他所拥有的历史文化知识也有其限度，像民主、自由、博爱、平等等启蒙思想，国人在 19 世纪末 20 世纪初才开始接触到，孔子没有自由平等这类思想，可以理解。

但是，孔子的人学思想，由于从人的本性出发思考和解决做人成人问题，所以，与近代以来从人性出发提出的启蒙思想，不完全矛盾。如果我们运用理性能力，仔细比较，就会发现，启蒙思想也可以视为孔子那样的人学思想在工商业社会的具体化而已。孔子从人学角度讨论"民"，将"民"与贵族视为人性最初相近、理想人格平等的人；可见，孔子从人性修养、文明教化角度看人，内含了人人平等思想的可能性。孔子讲"仁爱"，这种仁爱发展到最高境界，万事万物以至整个宇宙都是仁爱的对象，当然所有的人也是仁爱的对象；依据人的本性爱人，是可以包含近代"博爱"的意义在内而无矛盾的。孔子的人学思想，还从人性角度讲人的主体性，强调人们通过学习，提高修养，成为真正理想的人；当人的理想实现时，人的真正自由也就实现了。可见，孔子人学思想也可以逻辑地引申出近代自由理念来。

孔子第一次将"民"——老百姓、被统治者等——当"人"看，在政治上非常重视"民"的利益，他提出"庶矣哉——富之——教之"的治国阶段战略，完全以"民"为中心而设计，体现出强烈的"重民"意识。这种意识，人们称之为"民本"思想。"民本"思想当然还不等于民主思想；因为最关键的一点是，"民本"思想中缺乏权利意识，不谈民权，则民本思想离民主思想就有很大差距。不过，我们从历史角度看，在专制统治下，一切都大一统，连"上帝"也为专制皇权所垄断，宗教对专制皇权的制约也极大受限。在这种极度专制情况下，没有教权对皇权进行制约，也没有"第三等级"对皇权的挑战，找不到民主分权能够自发内生的现实起点，中国政治民主化进程因此异常艰难。比较起来，在中国古代思想中，民本思想是唯一可能引申出民主思想的要素。事实上也是如此，从古代"民本"思想，经过近代"民权"思想，中国人离真正民主思想越来越近。民本思想，或者说孔子的"重民"思想，可谓中国民主思想最古老的源头。

总而言之，21世纪我们大力建设中国社会主义政治文明，孔子的"德治"思想依然具有重要的理论借鉴意义。

第四节　教育思想

教育和学习是一体两面的活动，则教师和学生也可以一身二任。就教师育人言，是教育；就学生向老师学习言，是学习。在学习活动中，学习者是现实主体，而在教育活动中，教育者是现实主体；就教育和学习是一个活动而言，则教育者和学习者可能合二为一，教师就是学生，学生也是老师。所谓教学相长，不仅在教与学的内容理解上，而且在教和学的主体互助上，皆是如此。

所谓学习者，不只是在校学生，也包括学习的所有人；而教育者，当然也不局限于在校从教的老师，老师只是职业教育者。除了老师，社会上的任何一个人，都可能是教育者。如果我们将教育者广义地界定为在文化、知识、经验上影响他人的人，那么，任何社会成员，都是一位影响他人的人，则任何一个人都是教育者。从中国古代历史看，在家庭中，父母亲是孩子的老师，哥哥、姐姐是弟弟、妹妹的老师，在社会上，长辈是晚辈的老师，上级是下级的老师，领导是百姓的老师，师傅是徒弟的老师，真正的朋友之间互相成为教育者。所以，这样看，人人都是学习者，人人都是教育者，区别只在于是否自觉而已。

而且，更广泛地看，不仅是人，世界万物也是人的教育者。比如，对于好学的人来说，三人行，必有其师，人人都是他的老师，则人人都是教育者；天地万物也启示着他，则天地万物也可以是他的教育者。如孔子说："天何言哉？四时行焉，百物生焉，天何言哉？"[1] 这是孔子学习天地万物运动的例子。更仔细思考，我们会发现，天地万物之所以能够启示人，成为好学的人的教育者，实在是因为天地万物中蕴含着宇宙真理。实际上，是宇宙真理使天地万物成为人的教育者。再回头看，一位合格教育者，他必须懂道理，他必须认识掌握一定的真理。其实，只有真理，才能使人成为合格的教育者。真正的教育主体是真理，现实世界中的人，只要通过学习，认识掌握了真理，就能够成为合格教育者。

孔子称此真理为"道"，故孔子的教育思想，可谓"道"的教育思想。"道"既是教育的真正对象，也是教育的本质内容，还是教育的真正主体和最终目的。教育活动，遂成为"道"或真理在人类历史上展示自己历程的一个方面。

同时，学习乃是教育活动的修养基础。学而后才能教，学得好才可能教得好。没有学习，则没有合格的教育。学习，也是教育的内容，学习了什么，才能教育什么。教育，在一定程度上就是学习经验的传递。学习，还是教育的目的。教育就是教育学习，帮助学生搞好学习；教育要传授知识，传授学习的收获，但更重要的是传授通过学习，发现真理，获取知识的方法。用中国古代儒家思想的概念表示，也可以说，学习是本是体，教育是末是用。因此，孔子人学思想中，"学习"思想、教育思想，都是重要组成部分。

从教育历史看，孔子以前，"学在官府"，传授知识主要以礼、乐、诗、书为载体，普通平民少有机会接受文化教育。随着生产力提高，社

---

① 《论语·阳货》。

会出现转型，权力逐渐下移，文化资料散落民间，孔子抓住这一机会，开创私人讲学新风，创立儒家学派。孔子在讲学、授徒过程中逐步形成、完善了教育思想，并努力付诸实践，取得了前所未有的良好效果。据说，师从孔子的弟子达到了 3000 多人，通"六艺"者 72 人。孔子创立儒家学派，宣传自己的学说，以此为基础从事教育活动，确实培养了大批儒学接班人。

孔子自己一生都在学习，从事教学工作的时间也很长。《论语》记载：

子曰："默而识之，学而不厌，诲人不倦，何有于我哉？"①

孔子在教学实践中，积累了丰富的教学经验。这些经验理论化，就是他的教育思想。关于孔子的教育思想，学术界的研究成果已经非常丰硕了②。在此，我们结合孔子的人学思想，拟从"为师"的条件、教育的对象和目标、教育的方法和阶段等几个方面，简述孔子的教育思想。

（一）"为师"的条件

在颜回看来，他老师孔子达到了很高的教学境界。《论语》记载：

颜渊喟然叹曰："……夫子循循然善诱人，博我以文，约我以礼。欲罢不能，既竭吾才，如有所立卓尔。虽欲从之，末由也已"③

---

① 《论语·述而》。

② 比如，王炳照、阎国华总主编《中国教育思想通史》第一卷第二章"孔子的教育思想"一部分，撰写了近 8 万字，对孔子的教育思想进行了系统的概括。该书由湖南教育出版社 1994 年出版。读者有兴趣，可以参看。

③ 《论语·子罕》。朱熹注解说："循循，有次序貌。诱，引进也。博文、约礼，教之序也。言夫子道虽高妙，而教人有序也。……※卓，立貌。末，无也。此颜子自言其学之所至也。盖悦之深而力之尽，所见益亲，而又无所用其力也。吴氏曰：'所谓卓尔，亦在乎日用行事之间，非所谓窈冥昏默者。'程子曰：'到此地位，功夫尤难，直是峻绝，又大段著力不得。'"（朱熹：《论语集注》卷五，载《四书章句集注》，新编诸子集成本第一辑，中华书局 1983 年版，第 111—112 页）

颜回认为，孔子教学，循序渐进，很能激发学生兴趣，促使学生进一步学习；而且他的教学内容，非常全面，既有认识方面的"博我以文"，又有实践方面的"约我以礼"，两相结合，使教学内容成为认识和实践的整体；更有甚者，孔子思想非常深刻，有远大崇高的理想引领，深深吸引学生，使其学习时"欲罢不能"，必竭尽其才而后已。孔子教学境界高，因为他自己学养高，又学而不厌，诲人不倦；他是一位完全合格的学生、老师，而且长远看，还是学生的理想、老师的典型。孔子作为我国历史上的"至圣先师"，当之无愧。

在孔子那里，学习有学习的条件，比如，有坚定而远大的志向、好学精神等，这些条件，主要针对学习者提出。同理，在孔子那里，一位合格的老师，也有其相应条件。老师必备一定的学习经验，在学养上对"道"有所认识或领悟。教师必须要有可以教授给学生的东西，才可能成为一个好老师。"私淑"孔子的孟子对这个意思，说得非常明白。《孟子》记载：

　　孟子曰："贤者以其昭昭，使人昭昭。今以其昏昏，使人昭昭。"①
　　孟子曰："教者必以正。"②

"昭昭"，认识道理明白清楚，"昏昏"则认识模糊，不清楚。自己"昭昭"，才能使人昭昭；自己"昏昏"，却想让人家昭昭，当然不可能。但老师糊涂，却教学生，逼使学生明白，这在历史上，现实中，并未绝迹。关键在于，教育者是否修养合格。那些不合格的老师在讲台上滥竽充数，甚至胡说八道，自然令人生厌。显然，成为合格教育者，需要一定条件。在孟子看来，这条件就是自己对于道理要能够"昭昭"，认识明白，表达清楚。昭昭只是结果，它是现实的人通过努力学习的结果。任何人通过努力，都能够达

---

① 《孟子·尽心下》。
② 《孟子·离娄上》。

到闻道"昭昭"的境界，所以，任何人都可能成为一个合格的教育者。同时，言传不如身教。老师只是在认识上"昭昭"还不够，必须在实践上学道、行道，为人处世达到"正"的境界，给学生做榜样，才可能成为一位合格老师。

孔子已经指出，一个人"为师"有其条件，就是他能创造性治学。《论语》载：

子曰："温故而知新，可以为师矣。"①

一人学习，能从旧学中发现新知，这是他有学术创造力的表现。如果一个人有学术创造力，则他在学习道路上也会精进不已，发现越来越多的真理性知识。在孔子看来，人若有此修养，就"可以为师"了；因为他具备了做老师的必要条件，有丰富学习经验，知道应该教学生哪些知识、方法。老师对学生有爱心，传授知识、理论，讲解社会人生道理，老师都会尽传所学而"无隐"②。可能教学内容或有专业、层级的区分，但这也只是老师因材施教的表现。一位理想的老师育人，总是倾囊相授，不会藏私，爱学生，总是坦诚以待，支持学生苗壮成长，期盼学生青出于蓝。温故知新是老师的必备学养，仁爱心是老师的人性修养，因材施教是教学技能，这些都是理想老师应有的修养。

概括地说，孔子主张，一个人要不断学习，提高修养，成为真正理想的人，才可能成为合格教育者。好学生才能做好老师；好学生只要愿意，就容

---

① 《论语·为政》。朱熹注解说："温，寻绎也。故者，旧所闻。新者，今所得。言学能时习旧闻，而每有新得，则所学在我，而其应不穷，故可以为人师。若记问之学，则无得于心，而所知有限，故《学记》讥其'不足以为人师'，正与此意互相发也。"（朱熹：《论语集注》卷一，载《四书章句集注》，新编诸子集成第一辑，中华书局1983年版，第57页）

② 《论语·述而》。真正能够创造性治学的教师，如果他对真理有深刻的领悟，自觉到真理有保持自己和扩展自己的功能，有现实而普遍的力量，那么，他当然会"无隐"。他不仅对待自己的学生会"无隐"，即使对待其他人，也会"无隐"。真理与金钱、权力、名誉等不同。后者不能让人们共享，如果共享，则每人获得的金钱、权力、名誉等就将减少。但真理却可以让人们共享。将自己认识到的真理告诉他人，与他人交流，不会使自己的认识减少，而只会使其增加、升华，更清楚、明白，这是由真理自身的特点所决定的。可见，孔子所谓老师"无隐"，并不是将它看成一种行为规范，要求老师必须如此，而只是真正合格的老师在教学时所自然体现出来的特征。

易做好老师。同时，孔子所说教育，不只是学校教育，而是涉及整个人生的全面教育，比如家庭教育、成人教育、职业教育、思想政治教育等，都包括在内。孔子教育观没有像我们今天这样区分细密，但还是抓住使人成为理想的人这一主线讨论教育问题。所以，孔子教育思想主要是人文教育思想。

孔子的教育思想和其德治思想相统一。孔子重视教育活动，也强调社会政治活动的文明教化意义。以政权组织为主要平台，进行文明教化，是儒学德治思想的主要倾向。他提出的合格教育者的条件，和合格学习者、合格治国者的条件，大体相同，基本相通。

让统治者合格，是一个古老而宏伟的政治理想；让合格的统治者做全民的老师，则是一个古老而宏伟的教育理想。这样的理想，具有终极意义，在有限的现实世界是难以实现的。理想宏伟而远大，但又要慢慢来，循序渐进。这一点，未免让某些现实主义的急性子着急。孔子就有这样的理想。对于他的这个理想，我们现在当然可以进行不同的评价。但是，从历史发展看，后来的法家提出"以吏为师"，封建专制时期则长期实行这个政策，直接让统治者充当全民的老师，而不管这些统治者是否合格。这或可视为急迫实现孔子宏伟理想的历史表现。但是，由于法家和封建专制统治者已经完全丢掉了孔子教育思想中的核心内容——只有通过学习而掌握了"道"或真理的人，才有资格充当合格的老师——结果，封建专制时代的"教化"，完全蜕变成为统治者愚弄民众，维护自己权力和利益的意识形态工具。这当然是对孔子人学思想、"学习"思想、"德治"思想、教育思想等的全面背离。

（二）教育的对象、内容及目标

孔子提倡"有教无类"，意即不管学生家庭出身是贵族还是平民，只要他们真心求学，孔子都一视同仁地培养教育他们。《论语》记载：

子曰："有教无类。"①

————

① 《论语·卫灵公》。朱熹注解说："人性皆善，而其类有善恶之殊者，气习染之也。故君子有教，则人皆可以复于善，而不当复论其类之恶矣。"（朱熹：《论语集注》卷八，载《四书章句集注》，新编诸子集成本第一辑，中华书局1983年版，第168页）

子曰："自行束脩以上，吾未尝无诲焉。"①

子曰："……有鄙夫问于我，空空如也，我叩其两端而竭焉。"②

不管问学的学生是什么人，只要前来问学，孔子都尽力给以解答和教诲。孔子对"鄙夫"前来问学，也一视同仁给予重视。所以孔门弟子千差万别，个性鲜明。事实上，接受过孔子教育的弟子很多，他们的家庭出身、社会政治地位各不相同。据统计，只有南宫敬叔等少数人出身贵族，绝大部分来自于社会中、下层。孔子教学，实行"有教无类"，对于西周只有贵族才有学习文化的机会而言，极大地扩大了文化教育的对象，使普通老百姓也从此获得了接受文化教育的机会，这对于人类文化知识的普及和发展，无疑具有非常重要的意义。从推动人类文明发展的角度说，孔子在教育上实行"有教无类"，无疑是一个巨大进步。

孔子之所以扩大受教育者的范围，其目的在于提高社会大众的文化水平，帮助所有人成为真正的、理想的人。这个目的，来源于他的人学思想。

从教学内容上看，孔子不对学生讲"怪、力、乱、神"③ 这类宗教迷信。

---

① 《论语·述而》。朱熹注解说："脩，脯也。十脡为束。古者相见，必执贽以为礼；束脩，其至薄者。盖人之有生，同具此理，故圣人之于人，无不欲其入于善。但不知来学，则无往教之礼，故苟以礼来，则无不有以教之也。"（朱熹：《论语集注》卷四，载《四书章句集注》，新编诸子集成第一辑，中华书局 1983 年版，第 94—95 页）

② 《论语·子罕》。"鄙夫"指见识狭小、质朴淳厚、庸俗鄙陋的人，实际上就是没有受到多少文化教育的人。"鄙"，本为周代地方的一级行政区划，五百家为一鄙，也指周朝时王公子弟及卿大夫在王畿内的采邑，也指小邑、郊野、边邑。没有受过什么教育，文化程度不高，见识狭小、质朴淳厚、庸俗鄙陋的人，则被称为"鄙人"或"鄙夫"。如《孟子·尽心下》："鄙夫宽。"赵岐注："鄙，狭也。"《吕氏春秋·尊师》："子张，鲁之鄙家也。"高诱注："鄙，小。"汉司马相如《子虚赋》："臣，楚国之鄙人也。"这是说见识狭小。《庄子·胠箧》："焚符破玺，而民朴鄙。"这是说质朴淳厚。对这种人，孔子也称之为"善人"。《论语·先进》："子张问善人之道。子曰：'不践迹，亦不入于室。'"善人既不践旧迹而为恶，但也不能入于圣人之室，乃质美而未学之人。又《左传》庄公十年："肉食者鄙，未能远谋。"三国蜀诸葛亮《出师表》："先帝不以臣卑鄙，猥自枉曲，三顾臣于草庐之中。"这是说庸俗鄙陋。（参见徐中舒主编：《汉语大字典》（缩印本）"鄙"字条，汉语大字典编辑委员会编，四川辞书出版社、湖北辞书出版社 1993 年版，第 1578—1579 页）

③ 《论语·述而》："子不语：怪、力、乱、神。"朱熹注解说："怪异、勇力、悖乱之事，非理之正，固圣人之所不语。鬼神造化之迹，虽非不正，然非穷理之至，有未易明者，故亦不轻以语人

他教育学生，主要教材是《诗》《书》等传世经典①。他自己曾经说："不学礼，无以立。""不学《诗》，无以言。"② 他将人在社会中的言行活动规范（"礼"）和《诗经》《尚书》作为教学内容，将《诗经》《尚书》等经典中包含的道理，作为一个人立身行事和表达交流所必须具备的文化素养。他希望学生"兴于《诗》，立于礼，成于乐"③，通过学习《诗》、《书》、礼乐而树立远大志向，立身行世有礼节，待人接物有美感。此外，孔子还给学生教文字、行礼和忠、信等文明修养④。《论语》记载：

子曰："君子博学于文，约之以礼，亦可以弗畔矣夫！"⑤

"畔"，朱熹解释为"背"，即背离。背离什么呢？它应该和人学习的目的有关。孔子曾明确要求学生"志于道，据于德，依于仁，游于艺"⑥。即以学"道"求"道"为志向，在现实社会活动中，坚守对"道"的认识收获（"德"），不违背内生的"仁"爱之心，在礼乐之文和射、御、书、数之法等的技能锻炼中，使技术上达艺术的境界，获得主体自由的审美感受。

总之，在孔子看来，学习的目的就是认识和觉悟"道"。因为"道"是人的内在本性；掌握了"道"，人才能成为真正的、理想的人。这样看来，孔子言"弗畔"，当有不违背人自己本性的意思。不违背自己本性，认识和

也。谢氏曰：'圣人语常而不语怪，语德而不语力，语治而不语乱，语人而不语神。'"（朱熹：《论语集注》卷四，载《四书章句集注》，新编诸子集成第一辑，中华书局1983年版，第98页）

① 《论语·述而》："子所雅言，《诗》、《书》、执礼，皆雅言也。"

② 《论语·季氏》。

③ 《论语·泰伯》。

④ 《论语·述而》："子以四教：文、行、忠、信。"

⑤ 《论语·雍也》。理学家朱熹注解说："约，要也。畔，背也。君子学欲其博，故于文无不考；守欲其要，故其动必以礼。如此则可以不背于道矣。程子曰：'博学于文而不约之以礼，必至于汗漫。博学矣，又能守礼而由于规矩，则亦可以不畔道矣。'"（朱熹：《论语集注》卷三，载《四书章句集注》，新编诸子集成第一辑，中华书局1983年版，第91页）如此，孔子"弗畔"乃是不悖于道的意思。

⑥ 《论语·述而》。

觉悟本性，使现实的人成为真正的、理想的人，正是孔子进行教育活动的根本宗旨。从这一根本宗旨看，孔子所提倡的教育，主要是"成人"或全人教育，属于人文教育的一部分。

让现实的人成为真正的、理想的人，是孔子教育的宗旨或最终目的。但是，在这个最终目的达到之前，在人文教育过程当中，孔子也注意到了人文教育活动对于现实社会政治等领域的其他功能。《论语》记载：

> 子之武城，闻弦歌之声。夫子莞尔而笑，曰："割鸡焉用牛刀？"子游对曰："昔者偃也闻诸夫子曰：'君子学道则爱人，小人学道则易使也。'"①

孔子认识到，通过人文教育（"学道"），统治者（"君子"）可以在治理国家活动中，自觉地仁"爱"百姓（"爱人"），以"德"治国，而被统治者（"小人"）因为学习也比较理性，懂道理，有修养，会给统治者少添不少麻烦（"易使"）。尽管教育对于"君子"和"小人"的功能和作用不同，但不管是"君子"还是"小人"，都必须接受教育，都不可以不学习。孔子"有教无类"思想，暗含有全民教育的意思在内。但是，孔子说的下面一段话，和他的"有教无类"思想似乎又是矛盾的。《论语》记载：

> 子曰："民可使由之，不可使知之。"②

对于"不可使知之"一句话，理学家二程理解为"不能使之知"，朱熹则进一步发挥为"不能使之知其所以然（即天理）"③。程朱解释的共同点在

---

① 《论语·阳货》。

② 《论语·泰伯》。

③ 朱熹注解说："民可使之由于是理之当然，而不能使之知其所以然也。程子曰：'圣人设教，非不欲人家喻而户晓也，然不能使之知，但能使之由之耳。若曰圣人不使民知，则是后世朝四暮三之术也，岂圣人之心乎？'"（朱熹：《论语集注》卷四，载《四书章句集注》，新编诸子集成第一辑，中华书局 1983 年版，第 105 页）

于将"不可使知"理解为不能使知。因为他们认为孔子"有教无类",不可能还主张不让老百姓懂文化,知道理。只有后世的法家、纵横家之流,才会实行愚民政治。程朱这一理解,和孔子人学思想相符合。问题是,为什么说我们不能使民知之呢?

或可这样理解,在社会生产力不够发达,人民生活水平还不高的社会里,普通百姓要接受正规教育,往往缺乏种种客观条件。他们为了生存而奔忙,没有闲暇学习受教;即使想学习,也缺乏书本,没有校舍,老师缺乏,等等。我们知道,即使到 21 世纪的今天,文盲、半文盲的消除,仍然是我们教育上最让人头疼的问题。在缺乏必要教育条件的地方,发展教育事业非常困难,有时甚至会遭遇到来自受教育对象或者他们家人——他们的家人多半也是文盲或半文盲——的阻力。对于教育工作者而言,让他们接受教育,学习文化知识,懂得做人道理,不知从何着手。甚至有时候就会得出孔子那样的结论。孔子说"民可使由之,不可使知之",表明孔子已经充分注意到了消除文盲、半文盲的困难,也透露出教育工作者在这个问题上的无奈。不过,"有教无类"思想在实行中尽管会遇到难以克服的困难,但孔子并没有退缩。对老百姓进行教育,即"教民"①,仍然是他"德治"思想中的一项重要内容。同时,孔子也认识到生活水平的提高,乃是"教民"的基础。《论语》记载:

> 子适卫,冉有仆。子曰:"庶矣哉!"冉有曰:"既庶矣,又何加焉?"曰:"富之。"曰:"既富矣,又何加焉?"曰:"教之。"②

孔子所说的"教之",就是指"教民"。在孔子看来,必须使老百姓先"富之",才能够顺利实行"教民"工作。在老百姓没有富裕起来的情况下,就去实行"教民",结果会怎么样呢?很有可能就像孔子所说的,"民可使由之,

---

① 《论语·为政》:"子曰:'……举善而教不能则劝。'"《论语·子路》也记载,孔子说:"善人教民七年,亦可以即戎矣。"又说:"以不教民战,是谓弃之。"《尧曰》篇也记载,孔子说:"不教而杀谓之虐;不戒视成谓之暴;慢令致期谓之贼。"

② 《论语·子路》。

不可使知之"了。至此,答案清晰了。为什么老师不能使民知?不是老师不教民,也不是民不受教,根本原因是生产生活水平低下,文化教育落后,客观条件阻碍了教民的正常进行而已。

(三)教学方法

教学方法,这里主要指教师传授知识的方法。孔子教育学生,采取了因材施教的方法。照《论语》的记载看来,孔子对学生所提问题,总是因具体环境的不同,或学生具体思想情况的不同,而给予不同的回答。比如,学生问什么是"孝"的问题,孔子回答便各不相同。《论语》记载:

> 孟懿子问孝。子曰:"无违。"樊迟御,子告之曰:"孟孙问孝于我,我对曰'无违'。"樊迟曰:"何谓也?"子曰:"……生,事之以礼;死,葬之以礼,祭之以礼。"
>
> 孟武伯(孟懿子之子——引者注)问孝。子曰:"父母惟其疾之忧。"
>
> 子游问孝。子曰:"今之孝者,是谓能养。至于犬马,皆能有养;不敬,何以别乎?"
>
> 子夏问孝。子曰:"色难。有事,弟子服其劳;有酒食,先生馔,曾是以为孝乎?"①

四人皆"问孝",孔子回答各不同,很有针对性。一是从对待父母亲的"礼"上看,子女对待父母亲是否符合孝敬父母的礼仪规范;二是从对待父母亲的感情上看,子女是否有真正关心爱护父母亲的感情;三是从赡养父母的角度看,子女赡养父母亲时,内心是否真正有尊敬父母亲的情感;四是从日常生活中看,子女对待父母是否真"有和气""有愉色""有婉容"② 等。

---

① 以上材料见《论语·为政》。

② 参见朱熹:《论语集注》卷一,载《四书章句集注》,新编诸子集成第一辑,中华书局1983年版,第56页。朱熹注解最后一条材料说:"色难,谓事亲之际,惟色为难也。食,饭也。先生,父兄也。馔,饮食之也。曾,犹尝也。盖孝子之有深爱者,必有和气;有和气者,必有愉色;有愉

北宋理学家二程则明确认为孔子是"各因其材之高下与其所失而告之",所以他的回答相互不同。不过,尽管孔子的具体回答互不相同,但仍有其"一以贯之"的、共同的中心思想,那就是孝敬父母亲,是一件很严肃庄重的事情,内心既要有真正的尊敬之心、关爱之情("仁"),言行活动中也要有尊敬、关爱父母亲的事实("色""养""忧""礼"等),只有内心仁爱情感和外表合礼的言行相结合,才是真正的"孝"。

　　因材施教,根据弟子情况进行有针对性的教育,是孔子最显著的教学方法。孔子儒学思想,多是在因材施教中提出的。比如,孔子对于"孝"问题的回答,既有各自的针对性,有鲜明的因材施教特色,又本着他的人学思想,丰富了"孝"范畴的内涵,发展了中国古代关于"孝"的思想。可见,因材施教方法,不仅具有教学上的意义,同时也具有超越教学法的相对普遍性的方法论意义,属于他"述而不作"诠释思想的一部分,或者说就是他"述而不作"诠释方法的一种特殊表现形式。

　　孔子诠释方法的特殊性在于,他不是抽象分析概念(如"孝")的普遍性意义,而是结合"孝"敬父母实践活动,具体描述"孝"在不同伦理境遇下的不同意义;并通过这些不同意义,呈现出"孝"所蕴含的"一以贯之"的普遍意义。在各种不同中展示"一以贯之"的相同,在具体中揭示"一以贯之"的抽象,在内容中提炼"一以贯之"的形式,在丰富的生产生活中总结"一以贯之"的人性,在知与行、现实与理想的统一中描述人这一文本的意义(即"道"),等等,充分体现出孔子"述而不作"诠释方法的辩证色彩。

　　根据《论语》记载,我们还可从以下几个方面,观察孔子的因材施教法:

　　一是"叩问"教学法:针对有些学生提出的比较初级问题,不直接回答,而是提出反问,促使学生思考。

色者,必有婉容。故事亲之际,惟色为难耳,服劳奉养未足为孝也。旧说:承顺父母之色为难。亦通。程子曰:'告懿子,告众人者也。告武伯者,以其人多可忧之事。子游能养而或失于敬,子夏能直义而或少温润之色。各因其材之高下与其所失而告之,故不同也。'"

子曰："……有鄙夫问于我，空空如也，我叩其两端而竭焉。"①

"空空如也"，好像"无知"的样子。老师有知还是无知，从老师对学生的反问中，可以看出来。孔子就学生所熟悉的事情或问题中蕴含的"终始、本末、上下、精粗"②等两端，向学生提出反问，促使学生反思，追寻、觉悟真我或本性，在现实中能幡然醒悟，兴起进一步学习的兴趣。这种反问法或"叩问"法，乃是孔子反思方法在教学中的直接运用。

二是讲授内容深浅不同法：因学生资质、水平等不同，而讲授不同内容。《论语》载：

子曰："中人以上，可以语上也；中人以下，不可以语上也。"③

对于资质差一点或水平低一点的同学，讲解的内容不能太专太深；否则他们一时也难以理解，教学效果反而不好。而对于那些看起来很"聪明"的同学，对于那些水平比较高的同学，讲授的内容就要高深精专一些，才能满足他们的学习需要。

三是克服弱点教学法：就学生在认识、实践方面存在的弱点，而对学生提出不同的要求。《论语》记载：

子路问："闻斯行诸？"子曰："有父兄在，如之何其闻斯行之？"冉有问："闻斯行诸？"子曰："闻斯行之。"公西华曰："由也

---

① 《论语·子罕》。

② 参见朱熹：《论语集注》卷五，载《四书章句集注》，新编诸子集成第一辑，中华书局1983年版，第111页。朱熹注解说：叩，发动也。两端，犹言两头，言终始、本末、上下、精粗，无所不尽。程子曰：'圣人之教人，俯就之若此，犹恐众人以为高远而不亲也。圣人之道，必降而自卑，不如此则人不亲。贤人之言，则引而自高，不如此则道不尊。观于孔子、孟子，则可见矣。'尹氏曰：'圣人之言，上下兼尽。即其近，众人皆可与知。极其至，则虽圣人亦无以加焉。是之谓两端。如答樊迟之问仁、知，两端竭尽，无余蕴矣。若夫语上而遗下，语理而遗物，则岂圣人之言哉？'

③ 《论语·雍也》。

问'闻斯行诸'，子曰'有父兄在'；求也问'闻斯行诸'，子曰'闻斯行之'。赤也惑，敢问。"子曰："求也退，故进之；由也兼人，故退之。"①

子路和冉有都问孔子同样一个问题，即听见了一个道理，是否立刻去实践。孔子回答却不同。原因或在于，孔子认为子路向来勇毅果敢，或强人所难，因而要求他先向父兄请教，希望他三思而后行；而冉有性格向来谦退，小心谨慎，因此鼓励他果断决策，勇敢前行，闻之即行，立即去做，不必请教父兄，犹豫不决。

四是启发教学法：因学生认识不同，而进行不同的讲解。《论语》载：

子曰："不愤不启，不悱不发，举一隅不以三隅反，则不复也。"②

孔子对学生采用了启发式教学方法。对那些学有所得，但在认识和表达上，还差"临门一脚"的学生，给他们讲解、启发，对没有什么学习积累、思考摸索的学生，则不给他们讲解、启发。两种方式都是必要的教学方法。"不愤不启，不悱不发"，意思是说，必须到学生学习、思考，自己已经有所领会，但求通而未得、欲言而未能，还差一点就可以透彻贯通、辞达意尽，这时老师才去启发、引导学生。在此关键时刻，施以启发教育，才能真正提高学生的思维和表达水平。在学生尚未到"愤""悱"地步时，则不启发他。这个意思，孟子说得很好。孟子说："教亦多术矣。予不屑之教诲也者，是亦教诲之而已矣。"③在孔孟那里，"不教"也是一种重要的因材施教教学方法。

---

① 《论语·先进》。

② 《论语·述而》。朱熹注解："愤者，心求通而未得之意；悱者，口欲言而未能之貌。启，谓开其意；发，谓达其辞。"（朱熹：《论语集注》卷四，《四书章句集注》，新编诸子集成第一辑，中华书局1983年版，第95页）

③ 《孟子·告子下》。

五是分科教学法：因学生有不同的专长、特点，而分科施教。《论语》
记载：

> 子曰："从我于陈、蔡者，皆不及门也。德行：颜渊、闵子骞、
> 冉伯牛、仲弓。言语：宰我、子贡。政事：冉有、季路。文学：子
> 游、子夏。"①

孔子在这里实行的分科教学，在现代有很大的发展，科目划分更细，更
有科学性。比如，我们现在大学中划分为不同的系或学院，也是一种分科教
学的模式。

从上述五个方面看，孔子的因材施教，俨然深入到学生不同的学习阶段
之中。"叩问"法，最适宜于刚来求学的同学，助力学生沛然兴起；而后面
几种教学方法，比较适宜于有一定基础的同学；分科教学法，应该是在学生
有比较深厚牢固的知识基础上，实行的比较专门、精深的教学方法。这说明
孔子实施因材施教，很有心得。即使在 21 世纪的今天来看，也可以给人不
少启发。

---

① 《论语·先进》。朱熹注解说："弟子因孔子之论，记此十人，而并目其所长，分为四科。孔
子教人各因其材，于此可见。"（朱熹：《论语集注》卷六，载《四书章句集注》，新编诸子集成第一辑，
中华书局 1983 年版，第 123 页）

第四章　孔子思想的历史地位

　　孔子的人学思想占有重要历史地位。因为它内含具有永久性意义的思想内容，如朴素的人学辩证法，而且孔子重视教书育人，注意培养接班人。孔门弟子众多，他们形成学派，共尊孔子，大力宣传孔子思想；孔门弟子也重视读书、教学，继续培养人才。这样薪火相续，代代相传，对中国社会历史、中华民族、中华文明都产生了巨大影响，成就了孔子思想的重要历史地位。

第一节　儒家人学思想的奠基

　　从中国学术史看，儒学在古代长期占主导地位，而孔子是儒学的创始人；以孔子为最大代表的儒家学派，也是中国历史上最早和最大的学术流派。

　　在中国思想史上，孔子首次提出了系统的儒家人学思想体系。孔子敏锐而深刻地发现了一个普遍而永恒的问题，即现实的人成为理想的人这个人人关心的问题。我是谁？人活着的意义在哪里？一个现实社会中的人，怎样才能将"人"这个字写大？这个问题，不仅仅是孔子的，也是后人的问题，是困扰西方人的，也是中国现当代人的问题。

　　孔子不仅天才般提出了人的问题，而且希望凭借人自身的理性能力认识和解决它。这个设想，将人的问题提交给人自己，让现实的人们依靠自己的理性能力，通过学习等修养解决它，这样做本身就意味着孔子极大地提高了人在自然界、神灵面前的地位，增强了人的理性能力在信仰、情感中的作用。

孔子为了解决这个具有普遍性意义的问题，提出了"天命""道""德""仁""义""礼""学习"等概念，通过师生对话等形式，建构了儒家人学思想体系。这个思想体系所内含的逻辑形式，就是以"中庸"为核心的人学朴素辩证法。孔子的朴素辩证法实际上包含了两种辩证思想，一是"道"或真理的运动形式，即"道"的辩证法或真理辩证法；二是真我或大我的运动形式，即主体辩证法。这两种辩证法，具体表现为天人合一、内外合一、体用合一、主客合一四种辩证形式。孔子的人学辩证法成就，可谓对中国思想以至全人类思想的永久性贡献。

孔子创建的儒学思想体系，影响古代中国2000多年，目前仍然具有顽强生命力。在中国历史上，孔子的这些思想，在产生的时候就受到了老子的规劝和教训，以后又受到墨子、庄子、韩非等诸子学的批评、嘲讽或反对，西汉中期开始又有专制朝廷从正面的改造、利用或限制，魏晋南北朝隋唐时期，则遭遇到佛教和道教的强烈冲击和公开挑战，宋、元、明三朝的理学家，在吸收佛、道思辨方法的基础上，使孔子的思想重新焕然复明于世。在中国古代，孔子的思想体系，随着历史的演变而不断充实、丰富，似已达到牢不可破、坚不可摧的成熟程度。但近代以来，西方宗教和学术思想传入中国，孔子的思想遭遇到亘古未有的挑战。所谓的"科学"从经验实证的角度排击和批判它，所谓的"哲学"从逻辑思维的角度贬斥它、矮化它，宗教则从精神家园的角度挑战它、改造它，各种技术则以社会的现代化为成就在它面前示威。孔子的人学思想，还能够在这种内外交困中突围而出，重放光芒吗？

必须肯定，孔子的人学思想是包含了许多合理内核的。这些合理内核表现在：孔子所要解决的问题，即现实的人成为真正的、理想的人这个问题，具有普遍性意义；孔子解决这个问题的理性方式，其中包含了丰富的朴素辩证法思想，具有一定的普遍性意义；孔子解决这个问题所得出的结论，即现实的人只有在现实社会里，通过不断的学习，不断提高自己的修养，实现自己人之所以为人的共性或本性，以此为基础，推动整个社会也演变成为理想的文明社会等，这一历史观洋溢着孔子对人类历史文化美好未来的乐观主义情怀，也同样具有普遍性意义。因为有这些积极的合理内核，我们相信，孔子的思想，即使在近代救亡图存时代，依然有顽强的生命力。

因为孔子的思想，作为儒学，它以理性为基础，又具有理想主义色彩。对于他思想的理解，总是需要较高的学养做保证，所以，它在任何时代都会遭遇到宗教的、迷信的、功利主义、现实主义等的内外夹击。遭冷漠无视，受误解反对，被割裂支离、改造利用，对它而言，真是家常便饭。也许，凡真理，总要经受人们四面八方的围攻，而又能牢不可破、坚不可摧，方能显示出真理的力量。孔子思想在历史上、现实中的遭遇、命运，只是历史长河中的小小考验，不足为怪。

比如，从宗教角度看，孔子的思想体系，我们虽然称之为人学，但"天命"论是它的本体论基础，它并不与各种宗教思想截然对立；不过，它虽然以"天命"论为本体论基础，但又不是西方基督宗教神学那样的学问，不是宗教神学，仍然只是人学。它不是神学，但它努力以理性形式，为现实的人们提供安身立命的精神家园，满足人们终极关怀的需要。儒学思想构建了古代中华民族精神家园的主体内容。从这个意义上说，孔子的人学思想又具有宗教性能，在理论上或可和西方宗教神学建立联系。现在学术界的一些学者，就在进行这样的尝试。这一工作，对于中西思想文化的交流和交融而言，具有非常重要的意义，不禁让人拭目以待。尽管如此，我们相信，孔子的思想，仍然只是一种理性的人学思想，属于学术，人人都可以运用自己的理性能力，去研究它，相信它，或怀疑它，批评它，而不会演变成为一种像基督宗教那样的宗教文化形式。

本来，孔子人学思想的产生有其社会历史背景，它只是针对当时"礼崩乐坏""天下无道"而提出的解决方案，有其特定历史意义。但它一旦问世，却标志着古代中国人作为人的觉醒，更多地体现出了人学的意义。

此外，孔子还在文化史上立下了不朽的功勋。他首创了"有教无类"的教育思想，打破了"学在官府"的垄断局面，开创了私人讲学新风，极大促进了文化知识向社会民间的广泛传播。他讲求的"温故而知新""学而不思则罔，思而不学则殆"① 等学习方法，以及"发愤忘食，乐以忘忧"② 等学习态度，都激励着后人。同时孔子还整理了《诗》、《书》、礼乐等古代文献，对保存和发展中国文化有着举足轻重的作用。

第二节 孔门弟子及其思想分化

孔子的弟子或门人很多。根据《史记》记载："孔子以《诗》、《书》、礼乐教，弟子盖三千焉，身通六艺者七十有二人。"③《史记·仲尼弟子列传》则说："受业身通者七十有七人，皆异能之士也。"④ 后人的记载也同样有出入，比如《吕氏春秋》说孔子的"达徒七十人"⑤，《淮南子》也说："孔子述周公之训，以教七十子。"⑥ 这里说到孔子的弟子多达 3000 多人，少到 70 人。就弟子三千而言，有学者推测，这 3000 多个弟子包含三部分人，一为直接受业于孔子的学生，大概其中的佼佼者就是这里所谓的"七十有七人"，或"七十有二人"，或"达徒七十人"。第二部分则是偶尔听过孔子的教导，这部分人的数量也一定很多。剩下的弟子则归入第三部分，为孔子的记名弟子，可能并没有受过孔子的直接教育。

孔子三千弟子中，有名可考的为《史记·仲尼弟子列传》记载的 77 人。在这些人当中，以"德行"著称的为颜渊、闵子骞、冉伯牛以及仲弓，冉有、子路则以"政事"而闻名于世；宰我、子贡和子游、子夏分别长于"言语"和"文学"。这些弟子在孔子生前，跟随孔子学习或周游列国，每个人对孔

① 《论语·为政》。
② 《论语·学而》。
③ 《史记》卷四七《孔子世家》。
④ 《史记》卷六七《仲尼弟子列传》。
⑤ 《吕氏春秋·遇合》。
⑥ 《淮南子·要略》。

子的学问都有取舍，思想、学问有各自的侧重点，有些观点、学风甚至完全相反，以致互相诘难，这些都为以后儒家学派的分化埋下了伏笔。

孔子去世后，弟子们的思想发生分化。据《韩非子》记载：

> 自孔子之死也，有子张之儒，有子思之儒，有颜氏之儒，有孟氏之儒，有漆雕氏之儒，有仲良氏之儒，有孙氏之儒，有乐正氏之儒。①

孔子去世以后，儒家分化为子张、子思、颜氏、孟氏等八派。这八派的产生，似有先后，时间跨度在孔子去世到韩非之间的 200 多年间。其中，乐正氏、子思都是孔子的第三代弟子，孟氏、孙氏则是第四或第五代弟子；颜氏、子张和漆雕氏为孔子亲传弟子；而仲良氏则已不可考。在这儒家八派中，最奇怪的是曾子、子夏、子游等这些孔子亲传的著名弟子，在《论语》中多处出现，而在《韩非子》中却未入儒家八派之列。

就子夏而言，有学者研究认为，可能因为法家出身于子夏，故把子夏从儒家中剔除了。实际上，子夏氏之儒在战国时代确已"别立门户"②，已经不为儒家本宗所重视了。那么子夏的主张是什么？它与孔子的思想有何差别？

子夏之儒擅长文学，注重礼仪。如《论语》记载，子夏是"文学"科代表。子游批评"子夏之门人小子"说：

> "子夏之门人小子，当洒扫、应对、进退，则可矣。抑末也，本之则无。如之何？"子夏闻之，曰："噫！言游过矣！君子之道，孰先传焉？譬诸草木，区以别矣。君子之道，焉可诬也？有始有卒者，其惟圣人乎！"③

---

① 《韩非子·显学》。

② 《郭沫若全集·历史编》第二卷，人民出版社 1982 年版，第 341—342 页。

③ 《论语·子张》。朱熹注解说："子游讥子夏弟子：于威仪容节之间则可矣，然此小学之末耳，推其本，如《大学》'正心''诚意'之事，则无有。……※ 倦，如'诲人不倦'之倦。区，犹类也。

所谓"洒扫、应对、进退",指礼仪而言。子游认为,子夏的学生只注重礼仪这些末节,而不懂得孔子思想的根本。子夏听了这话,表示不满,进行了反驳。子夏所谓"君子之道",是针对子游的"本"而言的。子游认为,儒家的根本在于"学道",在于实质性的东西,而不仅仅是礼仪等表面的东西。子夏则认为孔子的"礼"是本末兼备的,绝不是不讲礼仪而空言"学道"。犹如草木,是要区别为各种各类的。类的区别要在具体的东西中显示出来,离开了具体东西,人们又如何"区以别"呢?他认为本末始终是统一的,"先传"与"后倦"并没有明显的区别。从子夏与子游的互相辩难中可见,子夏之儒非常注重礼仪,这也是对孔子思想中"重礼"方面的继承。同时,子夏注重礼与道的结合,后世有《子夏易传》一书流传,当为子夏一派的道论著作。关于道与礼,子夏认为,所谓"道"要在"礼"中体现出来,离开了"礼",就没有什么"道"可言了。子夏的这些思想,以"礼"为主,是对孔子"仁"论、"礼"论思想的发展,可谓是现实主义的一派。

"子张之儒"则不重视礼仪。孔子曾把子张和子夏作过比较,说:"师也过,商也不及。"① 意思是说,子张("师")和子夏("商")二人都不符合"中庸"标准。子夏之所以"不及",是因为他一味坚持礼仪,循规蹈矩,亦步亦趋;而子张之所以"过",是因为他不大遵循礼仪制约,为人处世,如羚羊挂角,无迹可寻。这样一来,子夏、子张两派之间就存在争论。据《论语》记载:

> 子夏之门人问交于子张。子张曰:"子夏云何?"对曰:"子夏曰:'可者与之,其不可者拒之。'"子张曰:"异乎吾所闻:君子尊贤而

言君子之道,非以其末为先而传之,非以其本为后而倦教。但学者所至,自有浅深,如草木之有大小,其类固有别矣。若不量其浅深,不问其生熟,而概以高且远者强而语之,则是诬之而已。君子之道,岂可如此?若夫始终、本末一以贯之,则惟圣人为然,岂可责之门人小子乎?程子曰:'君子教人有序,先传以小者近者,而后教以大者远者。非先传以近、小,而后不教以远、大也。'……又曰:'凡物有本末,不可分本末为两段事。洒扫、应对是其然,必有所以然。'"(朱熹:《论语集注》卷一○,载《四书章句集注》,新编诸子集成第一辑,中华书局 1983 年版,第 190 页)

① 《论语·先进》。

容众，嘉善而矜不能。我之大贤与？于人何所不容？我之不贤与，人将拒我，如之何其拒人也？"①

在如何与人"交"往的问题上，二人发生了争论。子夏认为，应该以"礼"的规范为标准，可以交往的人便与之交往，不可者便拒绝之。子张不同意这种看法。子张认为，应该尊敬贤人，但也要包容众人；应该嘉奖善人，但也要同情不能为善的人。假如我是一个大贤人，那还有什么不能包容的呢？如果我是一个不贤的人，那别人将会拒绝与我"交"往，我又怎能拒绝与别人"交"往呢？子张这种博爱容众的雅量，以人的内在修养（"贤""善"等）为标准，他自以为已经超越了外在"礼"的规范。子张之学，属于强调人的内在修养的一派，却不很重视外在的"礼"的规范，有理想主义色彩和形而上学倾向，与子夏强调外在"礼"的规范不同。难怪孔子说他"过"。

"颜氏之儒"可能是颜渊一派。颜渊是孔子最得意的门生，以"德行"著称，他虽然早死，但在生前已有"门人"。这一派的典籍和活动情形，惜已失传。关于颜渊个人的为学情况，《论语》中有不少记载。孔子说："回也，其心三月不违仁。其余则日月至焉而已矣。"②同时又说："贤哉，回也！一箪食，一瓢饮，在陋巷。人不堪其忧，回也不改其乐。贤哉，回也！"③孔子的评价，反映出颜渊一方面修养很高，另一方面安贫乐道。

"漆雕氏之儒"是孔门弟子中的任侠一派。据《韩非子》记载："漆雕之议：不色挠，不目逃，行曲则违于臧获，行直则怒于诸侯，世主以为廉而礼之。"④漆雕氏主张：色不屈于人，目不避其敌；自己做错了，即使面对奴婢，也退避不敢违；自己做得对，即使面对诸侯，也将怒而犯之。可能正因为他

---

① 《论语·子张》。朱熹注解说："子夏之言迫狭，子张讥之，是也。但其所言，亦有过高之病。盖大贤虽无所容众，然大故亦所当绝；不贤固不可以拒人，然损友亦所当远。学者不可不察。"（朱熹：《论语集注》卷一〇，载《四书章句集注》，新编诸子集成第一辑，中华书局1983年版，第188页）

② 《论语·雍也》。

③ 《论语·雍也》。

④ 《韩非子·显学》。

们有圭角、锋棱，所以这一派受到时君世主的礼遇。漆雕氏究竟是谁呢？孔门弟子中有三位漆雕氏，一为漆雕开，一为漆雕哆，又一为漆雕徒父，但从能构成为一个独立的学派来看，可能是漆雕开。漆雕开对孔学的继承和发展，也许在人性论方面。他是主张人性"有善有恶"的。据王充《论衡》记载：

> 周人世硕，以为"人性有善有恶，举人之善性养而致之则善长，恶性养而致之则恶长"。如此，则性各有阴阳善恶，在所养焉，故世子作《养书》一篇。宓子贱、漆雕开、公孙尼子之徒亦论情性，与世子相出入，皆言性有善有恶。①

漆雕开"有善有恶"的人性论，与孔子以"德"性为主的人性论已有区别，属于以"气"为主观察人性，断定人性善恶的"气"性论。

"仲良氏之儒"已无可考，近人梁启超疑仲良氏即《孟子》中之陈良，似并无确证。孟子说：

> 陈良，楚产也，悦周公、仲尼之道，北方学于中国。北方之学者，未能或之先也。彼所谓豪杰之士也，子之兄弟事之数十年，师死而遂倍之。②

孟子这段话是对陈相讲的。在孟子讲这段话以前，对陈相有简单介绍，说他与其弟辛都是"陈良之徒"，后来见到农家学派的许行，"尽弃其学而学焉"。如果说"陈良"就是"仲良"，那么这一派中有人弃儒而学农了。这种可能性是存在的。因为孔门中的这种倾向，早在"请学稼"的樊迟那里已见端倪。

"孙氏之儒"就是荀子一派。荀卿又称孙卿，荀子游学于齐，在稷下学宫听过宋钘、环渊、慎到等著名学者的讲学。《荀子》书中屡称宋钘为"子

---

① 《论衡·本性》。

② 《孟子·滕文公上》。

宋子"，表明荀子可能师事过宋钘。荀子也时常称道孔子、子弓。比如他说：

> 圣人之不得势者，仲尼、子弓是也。①
> 非大儒莫之能立，仲尼、子弓是也。②

在这里，荀子推尊孔子和子弓为"大儒""圣人"，但荀子的直接师承关系却不大明了。从时间上看，荀子可能是子弓的私淑弟子。关于子弓的情况，《史记》和《汉书》有记载：

> 商瞿，鲁人，字子木，少孔子二十九岁。孔子传《易》于瞿，瞿传楚人馯臂子弓（弘）。③
> 自鲁商瞿子木受《易》孔子，以授鲁桥庇子庸；子庸授江东馯臂子弓；子弓授燕国丑子家。④

可见，这里的子弓就是馯臂子弓（弘），是《易》的传人。郭沫若研究发现，子弓受当时五行思想影响，提出"阴阳对立"的观点，这两种学说后来由邹衍合并，加以发展，形成了阴阳家。荀子针对子弓的这一思想，是否继承了呢？要得出答案，还需要进一步研究。

从《荀子》一书看，荀子批判子思、孟子一派，断定子思、孟子一派有所谓"五行"思想，而今本《中庸》《孟子》很难发现其中有所谓"五行"说。子思、孟子一派究竟有没有所谓"五行"说，如果有，是指什么，均成为令学者困惑的问题。荀子批评子思、孟子，说他们"略法先王而不知其统，犹然而材剧志大，闻见杂博。案往旧造说，谓之五行，其僻违而无类……"⑤。

---

① 《荀子·非十二子》。

② 《荀子·儒效》。

③ 《史记》卷六七《仲尼弟子列传》。

④ 《汉书·儒林传》。

⑤ 《荀子·非十二子》。

现代学者庞朴等人，根据长沙马王堆出土的帛书和湖北荆门郭店出土的楚简等材料，断定荀子所谓子思、孟子一派的"五行"，主要指仁、义、礼、智、圣等人的修养内容或修养境界，而不是作为构成世界的元素的金、木、水、火、土，试图证实荀子所说。如果这一认识成立，那么，在先秦时期，至少有两种五行思想，一种是讲世界万物构成的自然哲学思想，另外一种则是讲人性构成的人学思想。荀子所批评的是后一种五行观，对于前一种五行观，根据他的自然哲学思想，他未必会提出批评。

不过，庞朴等先生的这一努力，是以荀子所说是事实为前提的。但是，从荀子批评思、孟的言论看，其客观性是值得怀疑的。荀子批评子思、孟子，便如偏心法官断案，先已量刑定"罪"，再来寻找相关论据。他对于子思、孟子学派思想内容的介绍，服务于他全盘否定以量刑定"罪"的目的，究竟是不是事实，让人实在难以断定。其实，由于学术思想的分歧，可能还有我们今天所不知道的原因，荀子对子思、孟子一派有很大意见。荀子的上述批评，基本上完全否定了子思、孟子思想的积极价值，与他批评其他诸子时既有否定也有肯定的辩证态度显然不同。公平地说，一个人以这样的态度或方法看任何一种学术思想，都是有问题的。一个人如果带着这样的态度或方法来介绍自己非常讨厌的学者或思想家的思想内容，其客观性或科学性如何，也难免令人生疑。庞朴等先生科学研究的努力，取得了很大成绩，是令人尊敬的。但如果在进行科学研究时自己思维的出发点不很稳固，当然也会制约研究结论的可靠性。

那么"孙氏之儒"对孔子思想的继承，主要表现在哪里呢？如果将它和孟子的思想进行比较，荀子发展孔子思想的特征和方向可能更加清楚。

儒家八派中的"子思之儒""孟氏之儒"以及"乐正氏之儒"，也许可以划归为一系，这一系的集大成者就是孟子，孟子发展了孔子的思想，成为儒家中举足轻重的一支。

在孟子和荀子两派之外，儒学分化出来的其他六派，各自的学说并没有形成体系，且没有核心人物的产生，后来都逐渐消亡或并入了其他流派当中。

第三节　孟子与荀子的思想冲突

战国时期，孟子与告子激烈辩论，荀子对孟子严厉批评，成为儒学内部学术争鸣的精彩华章。孟荀二派间的学术关系，成为孔子人学思想进一步发展的重要线索，对后来儒学思想演变也产生了重大影响。

比较孟子和荀子的思想，大体上说，在思想的基本性质方面，孟子继承和突出了孔子人学思想中的先验论和理想主义成分，荀子则继承和突出了孔子"人学"思想中的经验主义和现实主义成分。

孔子的人学思想，紧密关注现实的人成为真正的"人"的问题，他依靠人的学习等人性修养和文明教化解决这个问题，开始把人从外在于人的神权束缚中解放出来，从人自身角度思考和解决问题。但是，所谓人自身的角度，具体分析地看，实际上又有两个层次：一是经验、事实、自然界的角度。荀子就是站在这个角度看问题；这个角度，和我们现在所推崇的经验实证科学的角度十分接近。二是先验、本性（或本体）、主体（自由）的角度。孟子站在这个角度看问题，这个角度，和理想主义的形而上学角度相同。

从孔子的人学思想看，孔子不仅保留了对"天命"的充分尊重，而且在人学思想内部，孔子一方面强调"天生德"等人性的先验、本体性，另一方面又说"为仁由己""我欲仁，斯仁至矣"等，明显有形而上学倾向。由于当时诸侯素养不高，孔子从内心藐视他们、批判他们，希望运用学术思想指导或引导他们。这一方面的特点，为孟子所继承和发挥。同时，孔子自己又非常注重经验的、事实的现实世界，他经验的学习法、"知人"法、教学法等，都是这个特点的表现。对当时的诸侯，孔子在行为方式上又非常尊重他们，希望这些诸侯能够重视自己的思想，给自己一个机会，使他能参与现实政治生活。热衷于社会政治活动，希望利用学术思想为现实政治服务，这一特点，为荀子所继承和发挥。孟子和荀子，分别从两个互相对立的方向，继承和发展了孔子的人学思想。

就孟子而言，他更注重从人的本性方面来发现人，比较重视人的本性、主体性等形而上问题的研究，将人的经验活动看成是人本性的部分表现；对经验的、事实的自然界的存在及其意义，总是站在道本体高度，给予先验的或超验的理解。孟子笔下的人，和孔子一样，都是自觉的，但他将人的这种自觉能力归因于"天"，孟子称之为"良知""良心"或"本心"。在"良知""良心"或"本心"基础上，"人"与"天"都处于一种形而上的辩证统一关系中。孟子的思想，极大发展了孔子人学思想的形而上学基础，突出了孔子人学思想的理想主义因素和特征。荀子则不同，他朴素地承认有一个自然界存在，他将这个自然界称为"天"，不仅重视人与人社会关系事实的经验研究，而且还重视人与自然关系事实的经验探讨。在荀子笔下的"天"不再是神秘的，而是客观实在的物质自然界；同时荀子还提出了"明于天人之分"的观点，他相信借助礼义，人和他人能团结起来，认识和运用自然社会规律为人类服务。

孟子开创了中国古代儒家理想主义、本体论、形而上学等的历史，这一派所注重的在于，希望运用人的理性能力，建设人类社会的精神文明，为现实的人提供安身立命的精神家园，解决人的终极关怀问题。他们思想的矛头所向，主要是非理性或反理性的迷信、宗教等文化现象。荀子的思想，则开创了中国古代现实主义、经世致用、朴素的经验科学的历史，这一派所注重的在于，希望运用人的理性能力，改进自然环境，重点建设人类社会的物质文明、制度文明，解决人的生存和发展问题。他们思想批判的矛头，不仅指向非理性或反理性的迷信、宗教等文化现象，而且指向理性的形而上学，如同荀子批判孟子一样。

所以，孟子和荀子对于孔子提出的"仁""礼"关系的态度也大不相同。孟子更注重"仁"，侧重于内在心性的发掘，从心性入手规范人的行为，达到"修己"的目的。而荀子则更注重外在规范的约束，他十分注重"礼"，并且把"礼"与"法"结合起来，通过强制的手段来修身。孟子和荀子所走的两条不同的途径，对后世产生了很大的影响，分别开了儒家内圣学与外王学的先河。

孟子和荀子这两大思想派别，还可以这样分析描述：

一、在"天"论中，一派主张天命的、先验道体的、逻辑抽象的天（本体），另一派则主张自然的、经验认识的、现实事实的天（自然界）。在这一区别的背后，隐藏着他们各自主张的不同意图。前一派力图运用人的理性能力解决人安身立命的精神家园问题，在修养上对于自己个人现实的、功利的生存和发展问题，不免有所轻视；后一派力图运用人的理性能力解决社会现实的、功利的生存和发展问题，而同时不免有回避或逃避或否认人的安身立命之精神家园问题的倾向。这两派之间的分歧，也许可以说是断定精神家园问题比现实功利问题重要，与断定现实功利问题比精神家园问题更重要之争。

二、从人性论上说，一派主张先验德性之善（孟子），另一派则针锋相对，主张经验气性之恶（荀子），或者主张经验气性的人性善恶混（扬雄），或者主张经验气性的人性有善有恶（世硕、宓子贱、漆雕开、公孙尼子等），或者主张经验气性的人性无善无恶（告子），或者主张经验气性的人性三品（善、恶、中，董仲舒），或者主张经验气性的人性五品（刚善、柔善、中、柔恶、刚恶，周敦颐）等，是古代形而上学思路与有经验实证性质的思路之争。

三、从天人关系性能看，一派断定并追求天人合一，在本原上、根本上、归宿上，都是如此，思辨色彩浓厚，有信仰或信念意义；另一派则断定和利用天人相分，强调在天人相分基础上，才能实现天人相参、天人和谐，实用色彩突出。这一分歧的背后，还隐藏着朴素的真理辩证法、朴素的主体辩证法与朴素的自然辩证法的逻辑思路之争。

四、从人的修养说，一派强调内在心性之人文修养的基础性、根本性和终极性，另一派则强调外在经验之科学修养的紧迫性、现实性和功利性。这一分歧，则蕴含着古代人文学科与自然科学之争。

五、从人的认识能力说，一派重视先验与经验，一派只重视经验，否认有先验存在。这是中国古代先验论与经验主义之争。

六、在人的行为准则方面，一派以内在的"仁"（精神、本性、自由）

为最高准则，另一派则以外在的"礼"（行为规范、制度、法律等）为不可违背或突破的围墙。这一争论，实质上反映了精神自由的理想主义与制度必然的现实主义之争。

七、在对现政权的态度方面，一派希望并追求运用学术思想来指导、引导或检验、批评现政权，这可谓"导人君"；另一派则努力寻求利用自己的学术思想参与或帮助现政权，这可谓"助人君"。这一论争所反映的也许可以说是在野的知识分子和当权的知识分子存在着的分歧，是利害无关者和利害攸关者或既得利益集团之间的分歧。

八、从在古代的历史影响说，孟子的思想在古代前期受到荀子及其后学批评，但到古代后期被理学家平反；荀子则公开而且激烈地批评思、孟学派，他的思想在古代影响封建专制政治制度十分深远，而到古代后期则受到理学家的贬斥。

总的看，孟、荀之争，至今仍然存在，成为一个古老而常新的问题。任继愈先生曾经说过，唯心主义善于发现和提出问题，唯物主义则善于解决问题。笔者认为，任先生这个话，是有他深刻的体会的，说得非常好。如果用这个标准来看孟、荀之争，那么，我们也许可以说，孟子的思想，特别能够帮助人们批判现实，提出和发现问题，而荀子的思想，则特别能够帮助人们解决问题，改进现实。两者都是很重要的。如果能够将两者统一起来，那是最好的。但从历史上看，似乎还没有一个人将两者统一起来了。孔子似乎已经统一起来了，但这是在思想脉络还不是非常清楚的情况下统一起来的。一旦像孟子、荀子那样说得更清楚一些，存在的问题就暴露出来了。看来，将孟、荀二家统一起来，仍然是我们21世纪学术思想的重大课题。

不过，从孟子、荀子思想产生的先后次序看，孟子在先，而荀子在后。这不就说明，孟子发现和提出了问题，而荀子思想便应运而生，追求解决此问题吗！如果没有孟子出来发现和提出问题，荀子思想的产生可能就没有问题根据，它也许就不会出现了。从这个意义上说，孟子的思想，恰恰是荀子思想产生的必要条件之一。过去有一些学者赞成荀子的思想，也赞成荀子否定孟子思想的态度，这是饮其水而不思其源，是不对的。

我们还可以从现实生活看。在现实生活中，荀子那种重视经验、现实、事实、功利的思想，是很常见的现象。换言之，荀子的思想，有丰厚的日常观念土壤。像孟子那样重视先验、理想、本性或本体、主体自由的思想，在现实中反而少见。只有那些思想深邃的天才，偶尔有此灵光闪现。或可以说，在孟子思想产生前，与荀子类似的观念，如从经验的"气"角度看人性等，已经非常流行了，周人世硕有善有恶说，告子生之谓性、食色性也、无善无恶说，就是代表。从对象说，这种流行观念只局限于现象界，对于世界万物的本质基本上是忽略或回避的；从方法上说，这种流行的观念只局限于经验方法，对于人之所以能有正确经验的问题，是忽略或回避的；从主体上说，这种流行观念只局限于现实的、事实的、有许多不足或缺陷的功利人，而对于人之所以为人的逻辑根据、最高准则、终极理想等，是忽略或回避的。孟子不让大家就这样安于现状，不让大家一生碌碌无为，他自己通过学习和反思发现问题，又真诚地向大家提出问题，请大家也要学习和反思，寻求人之所以为人的根据、标准和理想。孟子的思想，是以克服、超越、包容这些日常观念的面目而问世的。他不仅仅发现了、提出了问题而已。而荀子的思想针对孟子的思想而生，但似乎并没有在思想上克服、超越、包容孟子的思想，而基本上采取的是或者回避（如精神家园问题），或者不承认（如人有其本性），或者坚决反对（如先验人性论）的态度。这种态度，不完全是理性的，可能有一些非理性因素在其中潜藏着。

比如，孟子说人性善，荀子偏说人性恶。笔者认为荀子可能是有意针对孟子人性善的说法而言的。因为，荀子人性恶的结论，是怎么得出来的呢？在荀子自己的思想中，我们难以找出能够得出这个结论的逻辑根据或事实根据。

就事实而言，现实世界中的人，都是恶人吗？显然不是，至少荀子自己不能是。如果荀子自己也是恶人，则他提不出一套思想体系，而只会破坏所有的一切文明成就。那么，人性恶是先验的论断吗？也不能是。因为，按照先验论的见解，经验只能实现先验的可能，现实世界只能实现人本性的恶。但荀子主张后天君主要教化人为善。而且先验论提出的先验的东西，虽然只是可能、形式，但它是有积极价值的东西，比如真、善、美之类，哪里有以消极价值如假、恶、丑等作为先验之物的理论呢？况且荀子根本反对先验论呢！所以，荀子人性恶的说法，不能是先验的说法。

人性恶，既不是经验归纳的结论，又不是先验判断，那么，是不是荀子按照自己思想的逻辑思路推论出来的结论呢？很有可能。荀子确实进行了推论。他是这样推论的：人产生于气——人有欲望——欲望如果没有限制——就会走向恶，所以人性恶。但是，从荀子的这个思路看，人性恶的结论是推论不出来的。或者说他这样得出来的结论并没有逻辑的必然性。因为，从"气"到"恶"需要好几个外加的条件，如有欲望、欲望无限制等，这些条件不是"气"自身内在具备的本有因素，而是人出生以后才出现的，所以是外加条件。这样看来，荀子人性恶的结论，也不能是他逻辑推论出来的必然性结论。这样，我们实在找不出荀子得出这个结论的根据。

在这种情况下，我们或许可以根据荀子对待孟子的那种势不两立的态度来推测或猜测，荀子人性恶的说法，乃是针对孟子人性善的说法而提出来的，目的就在于有意唱反调，表达自己对孟子的不满情绪。如果真是这样，则我们可以说荀子的思想中，可能包含了一些非理性的因素在内。

当然，还有一种可能，那就是荀子有意识地站在当权者的立场，为当权者在思想文化上教化或控制民众思想，提供人性论根据。因为老百姓都是恶人，所以需要统治者来教化和镇压。如果是这样，则荀子的思想中，就可能潜藏有庸俗成分在内了。而且，即使这样，也还存在着问题。问题是，人性恶，人人都恶，统治者也是人，也同样地恶，他们凭借什么能够将民众教化为善呢？逻辑上，在这种情况下，只能以恶济恶，达到穷凶极恶而后已。后来，聪明的董仲舒发现了荀子思想的这个逻辑漏洞，所以，他提出人性三品说来，主张君主是至善的，少数恶人是至恶的，一般人都是有善有恶的，这就为统治者教化老百姓准备了比较完善的人性论。在这种情况下，现在还有人提出，董仲舒的思想主要受到了孟子思想的影响。从人性论角度看，这个说法似乎是没有什么道理的。笔者认为，董仲舒的思想，在人学思想或人性论方面，主要是荀子思想的继续，与荀子的思想关系大，而与孟子的思想关系小，即使在"天命"论上也是如此。

　　结果，在事实上，荀子的思想，也并没有从根本上解决孟子所提出来的问题。人成为真正的、理想的人的问题，孔子率先提出来，并努力依靠理性的学习活动加以解决。孟子则为孔子的这一人学思想提供了形而上学的根据，并在主体问题上有非常重要的发挥。而荀子却引进君主等现实政权力量，企图利用"行政干预"办法，解决孔子提出的问题。这当然不能说是根本上的解决办法。不承认天命、鬼神的力量，表面看很理性，但在实际效果上看，荀子放弃了用理性能力为人们提供理性信念的追求，回避了人们精神家园的建设问题，将这一问题留给宗教或迷信，反而不利于人们在理性基础上建立自己的安身立命之所。由此看来，任继愈所谓荀子思想能够解决问题之说，仅仅就人成为真正的、理想的人这个问题看，是难以成立的。所以，我是谁，人的意义和价值是什么等，经过了 2000 多年，直到今天，对于我们而言，仍然是一个严重的问题。而我们面对这个问题时，荀子的解决办法当然可以供我们参考，孔子、孟子所提出的解决办法，也未尝不可以供我们参考。

第二编　孟子思想

　　孔子提出人如何成为真正的、理想的人问题，虽然他从思想上提出了解决这个问题的理论，但是，时君世主并不欣赏，现实仍然是那个现实，"无道"仍然是那个"无道"。孟子生活在孔子去世以后100余年，他接着孔子的问题、思路和理论，并联系战国新情况，创造性地继续讲下去。这就使孟子成为中国历史上继孔子而生的又一位伟大的儒家学者，一位主体性空前高昂的、非常感染人的思想家。孟子继承和发展了孔子的人学思想，把孔子思想重视主体性的倾向推向高峰。孔子和孟子所代表的这一流派，即孔孟儒学或"孔孟之道"，在中国古代儒学发展史上占据了主流地位。为此，孟子被后人尊为"亚圣"，入住孔庙，取得了配享祭祀的地位。

　　孟子生活在战国中期，政治上列国并立，思想上则百家争鸣。列国并立，各个国家情况不同，如何治理好一个国家，在相互混战中能生存、发展下去，是统治者普遍关心的问题。而从社会经济发展角度看，从普通百姓生活需要看，消除战乱，维护和平、稳定环境，搞好社会生产建设，也是大家所盼望的。对此，各家各派都著书立说，其间影响较大的为法家和儒家。

　　当时，法家以商鞅为代表，提出"耕战"国策，以"法"为推行工具，主张以法治国；而儒家则以孟子为代表，主张以仁义道德治国，为政讲良心，行仁爱，实施人性政治。孟子以孔子人学思想为基础，主张实行"仁政"。孟子的"仁政"思想建立在其"人性善"命题基础上。孟子认为，

"仁""义""礼""智"等，都是人性的内容；这些内容，是人天生具有或"固有"的，也是天然最好的，所以，孟子又称之为"良知""良能""良心""本心"等。但在现实中，人们的言行活动并不一定都是善的，有些人甚至就在行恶，为什么呢？孟子认为，这是由于他们被功利、私欲等蒙蔽了本心，或者说"放失"了良心，就像牧羊人走失了自己的羊群一样，所以，必须努力"求放心"，找回自己走失的羊群。怎么求、怎么找呢？这就必须学习，进行"养心"修养，使自己"本心"的表现形式——孟子又称之为"不忍人之心"或"恻隐之心"等，即善端，得以扩充生长。统治者经过学习和修养，提高自己的水平，能够像一个标准的"人"以后，再将自己内在修养运用到国家治理中，自能仁爱万民。这就是孟子"仁政"思想的大体情况。孟子认为，统治者如果能照他讲的办法，实行"仁政"，那么，自然会得到天下百姓护和爱戴，这样的统治者也一定能够"王"（统一）天下。

孟子思想的产生，除了时代条件外，还有其必要的思想渊源，他对当时有一定影响的法家、墨家、道家、农家进行批判，可说是他思想产生的学术路径。就对儒家先驱思想家而言，孟子继承了孔子的"天命"思想，特别突出了义理之"天"的人学本体论意义。孟子吸收和发挥了孔子"仁"论，使"仁"成为其人学思想的核心范畴。孟子还继承了曾子的反思意识，发挥了子思以"诚"为中心的形而上学思想，进一步完善了儒家的天人合一观念。同时，孟子提出"民贵君轻"说，推动中国古代的民本思想发展到了高峰。

第一章　孟子思想的产生

和孔子一样，孟子思想也有其产生的历史条件、思想渊源。和孔子春秋末期的天下无道、礼崩乐坏相比，孟子所处的战国中期，社会秩序更为混乱，人不成其为人的境况更为恶化，几乎到了无以复加的地步。在这种情况下，孟子审时度势，不讲或少讲"礼"制，而更加向人的内心开掘，多讲"仁"德，突出人的精神作用，挺立人之为人的主体性，在治理国家问题上，则明确提出"仁政"说。还有一个不同的地方是，孔子所面临的思想背景是商、周宗教思想，隐士们的思想，以及现实人们的日常观念，思想背景相对比较单纯、有限。而孟子除了与孔子相同的思想背景之外，还面临着孔子不曾遭遇到的新的思想背景因素，如儒家、道家、墨家、农家等学派思想，以及他们之间的互相批评。这就有可能使孟子的思想内容，比起孔子的思想内容，更加丰富、具体、深刻，也更有鲜明个性。

第一节　孟子的生平

孟子（前372—前289年），名轲，字子舆，战国中期邹（今山东邹城）人。据《史记》记载："孟轲，邹人也，受业于子思之门人。"① 司马迁这段话中有两个疑问。首先，就"邹"字而言，究竟是邹国，还是孔子的出生地鲁

---

① 《史记》卷七四《孟子荀卿列传》。

国的陬邑呢？孟子的出生地究竟在哪里，似乎是一个问题。其次，就"子思之门人"而言，究竟是指子思本人，还是指子思的门人？孟子师承的渊源问题，也存在着疑问。

我们先看第一个疑问。

"邹"与"陬"这两个字能不能通假？这是后世学者多有争论的问题。有学者经过研究，指出："其实，这个问题在汉代人的著作里是很明确的，是不能通假的。"① 许慎在《说文解字》中就曾对"邹"和"陬"作过严格区分："邹，鲁县，古邾国，帝颛顼之后所封。从邑，刍声"；"陬，鲁下邑，孔子之乡。从邑，取声。"许慎所以称"邹"是鲁国的一个县治，是因为战国末年邹为鲁所并，改为县，这已是孟子死后多年的事情了。孟子在世时是战国中期，当时，邹仍然是个小诸侯国，即周初封颛顼之后的邾娄国，简称邾国，亦称邹国。清人段玉裁在《说文解字注》中说："周时或云邹，或云邾娄者，语言缓急之殊也。周时作邹，汉时作驺，古今字之异也。《左传》作邾，《公羊》《檀弓》作邾娄……邾娄之合声为邹……《国语》《孟子》作邹。三者邹为正，邾则省文。"② 东汉末年，赵岐作《孟子题辞》，也认为邹即古之邾国。他说："孟子，邹人也。……邹本春秋邾子之国，至孟子时，改曰邹矣。国近鲁，后为鲁所并。又言邾为楚所并，非鲁也，今邹县是也。"③ 许慎和赵岐都把鲁国的邻国"邹"和鲁国的下邑"陬"进行了严格区分。

学人们开始把"邹"和"陬"相混淆，是在北魏时。据考证，郦道元作《水经注》，误以陬为邹。他说："漷水又迳鲁国邹山东南而西南流，《春秋左传》所谓峄山也，邾文公之所迁，今城在邹山之阳，依岩阻以墉固。故邾娄之国曹姓也，叔梁纥之邑也，孔子生于此，后乃县之，因邹山之名以氏县也。"④ 这里，把孔子的出生地陬邑，误认为即古邾娄国之封地。唐人司马贞作《史记索隐》，又颠而倒之，误认邹为陬。于是孟子的籍贯就成为长期争论不休

---

① 翟廷晋：《孟子思想评析与探源》，上海社会科学院出版社 1992 年版，第 24—31 页。
② 段玉裁：《说文解字注》第六篇下邑部，浙江古籍出版社 1998 年版。
③ 参见焦循：《孟子正义》卷首，诸子集成本，上海书店出版社 1986 年版。
④ 《水经注》卷二五《泗水》。

的问题。

后世学者认为孟子是鲁国陬邑人而不是邹国人的主要论据，一可能是孟子本人讲自己"近圣人（即孔子）之居，若此其甚也"①；一可能是孟子和邹君穆公讲话不称臣，而且态度不恭谨。现在看来，这两条都不足为据。孟子讲自己的家乡离孔子的家乡特别近，这确是事实，因为邹国和鲁国近在咫尺，《左传》就曾有"鲁击柝闻于邾"②的记载。孟子说他"近圣人之居，若此其甚"，并不一定说他和孔子是同乡同邑。远近是相对而言的，比较战国同时代鲁国以外的学者来说，孟子的家乡邹国和孔子的家乡鲁国确实是够近的了。还有，孟子虽为邹国人，但他并未在邹国供职，因而和邹君讲话不一定要称臣；再者，孟子还主张"说大人则藐之，勿视其巍巍然"③。他不愿在国君面前表现出卑躬屈膝的样子，对邹君自然也不例外。因而，上述两条材料，似不能作为孟子非邹人的论据。

不过还有一个问题，在《庄子·天下》篇中，就有"其在于《诗》、《书》、礼、乐者，邹鲁之士、搢绅先生多能明之"的话。这里的"邹"究竟是指邹国还是鲁之陬邑呢？

如果按邹和陬不能通假的原则，"邹"只能指孟子的故乡邹国，而不是孔子的故乡陬邑。但是后代注释《庄子》的人，如唐人陆德明在《庄子释文》中和成玄英在《庄子疏》中，仍然把邹看成是陬的通假字，即把"邹鲁之士"解释成孔子的故乡陬邑和鲁国的儒学之士。他们可能会认为，《天下》篇既是庄子的著作，而庄子和孟子是同时代的人，而且在《庄子》一书中从未提及孟子，可见孟子在庄子的心目中并没有什么地位；而邹国在儒学中占有一定的地位，应当是在孟子弘扬儒学之后，而不可能在这之前。所以邹只能是指孔子的故乡陬邑，而不应是邹国。因而庄子在谈到儒学的影响时，不可能把邹国与鲁国并列，更不会把邹国放在鲁国之前。如果是这样推论的话，当然是有道理的。邹国在儒学中的地位能与鲁国并列，当在孟子弘扬儒学之

---

① 《孟子·尽心下》。

② 《左传》哀公七年。

③ 《孟子·尽心下》。

后，即战国中期以后，而不可能在这之前，而同时代的庄子确实不应有此断语。

但是，也还有另外一种可能，就是《天下》篇不是成于庄子本人之手，而是成于其后学之手。关于这一点，已有学者论及，并提出了其他一些论据。如果把这里的"邹"一定要解释成鲁国的陬邑，也会出现其他一些困难：一则是把鲁国的陬邑与鲁国并列，稍嫌叠床架屋；再者把下邑放在国家之前，这种用法也是违反人们的语言习惯的。而邹作为比鲁国小的一个诸侯国放在鲁国之前，是因为战国中期以后，孟氏之儒在儒学中曾一度取得了代表的地位，因而邹鲁就成为人们心目中的儒学之乡了。

孟子虽然是邹国人，但他同鲁国却有很深的渊源。孟子的先世是鲁国公族孟孙氏之后，是三桓的子孙，后来才迁到邹国的。至于何时迁徙的，史料已无明文记载。东汉赵岐在《孟子题辞》中说："孟子，鲁公族孟孙之后，故孟子仕于齐，丧母而归葬于鲁。"孟子丧母归葬于鲁，一方面说明当时流行落叶归根的礼俗；另一方面，也说明孟子先祖迁移邹国的时间不会太长。总之，不论从孟子居住地的地理条件（离鲁国最近）来看，还是从他的血缘关系来看，他与以鲁国为代表的周文化确实有某些历史的渊源关系。

通过以上的分析，可以确定孟子的故乡是邹国，而不是鲁国的陬邑。除此之外，关于孟子的师承关系，历史上也众说纷纭。

《史记》明确记载孟子"受业于子思之门人"。至于具体受业于谁，可能在司马迁时已无从详考；也可能子思的这位门人本来就没有什么知名度，高徒不一定出自名师。但是，在被后人认为伪书的《孟子外书》中，则说孟子受业于"子思之子子上"；刘向在《列女传》、班固在《汉书·艺文志》、赵岐在《孟子题辞》中，又说孟子直接受业子于思本人。元朝、明朝以后，孟子在儒家学派中的地位仅次于孔子，号称"亚圣"。有些尊孟的人，总想把孟子在师承上和孔子的孙子子思直接联系起来，以强化其儒学嫡传地位，故孟子直接受业于子思的说法流传不衰，而且情节越来越具体。但是，现代一些学者将孟子生卒年和子思进行对照，认为孟子不可能见到子思，也不可能见到子思的儿子子上。关于孟子生卒年代，史书未见确切记载，后人据《孟子》所载他与时人交往事迹大致推断出来，因而各种说法不尽一致，特别是对孟子生年的看法，相互差别更大。但是通过对各种说法进行比较和参照，可以大致确定孟子的生卒年份。从各种不同的说法来看，对孟子的卒年，大家的看法大致比较接近，较多的人认为孟子约卒于周郝王二十六年，即公元前289年。一般人又都认为孟子享年约84岁，故生年大约相当于周烈王四年，即公元前372年。又子思之父孔鲤先孔子五年而卒，即于公元前483年去世。假定当年子思是20岁，下至孟子出生之年，子思已137岁；再假定孟子15岁时从其受业，这时子思应当已是150岁的老人了，事实上子思不大可能享此高寿。况且司马迁在《史记·孔子世家》中明确地说，子思只活了62岁。再假定子思25岁生子上，当孟子就学之年，子上也应当是100多岁高龄了，即使得此高寿，也不可能再为孟子的老师。况且孟子自己也说过："予未得为孔子徒也，予私淑诸人也。"①孟子曾多次称颂子思。如果他是亲身受业于子思的话，决不会泛泛地讲"私淑诸人"。

孟子非亲炙于子思，却受业于其门人。"子思之儒"与"孟氏之儒"一系，孟子在思想上和子思关系非常密切。后来，孟子不负重望，弘扬儒学，以致能自立门户，成为"孟氏之儒"学派领袖。孟子受业于子思之门人，在其他的史料中也可得到旁证。在《孟子》一书中，孟子五次赞颂子思，以子思作为自己立身处世的榜样。后来荀子在《非十二子》中批判孟子，就把他和子思联系起来，一并进行；和其他各家不同，荀子特别批判"子思唱之，孟轲和之"，这就肯定了子思、孟子二人在师承源流和思想观点上的密切联系。荀子和孟子不算同时代的人，但年代相去也不是太远。照通常说法，孟子约死于公元前289年，荀子约生于公元前313年，也就是说，孟子死时荀子已经24岁左右。所以，荀子对子思和孟子在思想上的联系有足够条件认识清楚。

《中庸》的作者是谁？司马迁明确地说："伯鱼生伋，字子思，年六十二，尝困于宋。子思作《中庸》。"②可见，司马迁认为《中庸》是子思

---

① 《孟子·离娄下》。
② 《史记》卷四七《孔子世家》。

所作的。但有的学者发现，《中庸》有"今天下车同轨，书同文，行同伦"句。而书同文、车同轨，乃秦始皇一统天下后采取的巩固国家统一措施。他们由此推断，《中庸》不是或主要不是子思的著作，而是秦、汉间孟子一派儒者所作。这种意见未为学术界多数人所接受。古人依托前人著书，的确是中国古籍辨伪中的一个棘手问题。有些书明显为后人依托，对这些书比较好办；还有的虽然一时真伪难辨，但经过细致考证，则确属后人依托，对这些书就应当认定为伪书。还有的只是其中有些语句似与时代不合，是否就可以据之推翻传统史料记载，轻易定为后人依托呢？看来应当慎重。像《中庸》所言"书同文，车同轨"，作为政策是秦始皇时期事，但作为思想为什么不能先一步出现于战国前期？况且"行同伦"，这不是儒家一向的主张吗！不能据此轻率否认《中庸》为子思作。

比较《孟子》与《中庸》二书，孟子与子思的思想联系当更为清晰明白。《孟子》中不但有许多思想观点与《中庸》相符合，而且有些还较《中庸》前进了一步。例如孟子"道"论中"本体"的意义就较《中庸》更加突出一些。还有，从孟子对子思的多次称颂中，看到孟子在出处进退和待人接物方面，明显地受到子思的影响。如孟子对王公大臣"抗而不卑"的态度，和提倡处乱世要坚持"守死善道"的气节等就是证明。

据《孟子》载，子思晚年定居自己父母之国——鲁国，鲁缪公虽然表面上对他表示很尊敬，经常派人对他进行慰问，并送些吃的东西给他（"亟问，亟馈鼎肉"），但就是不愿采纳他的政治主张。子思对此很不高兴，最后竟把鲁缪公派来送肉的使者赶出了大门（"摽使者出诸大门之外"），并说："今而后知君之犬马畜伋。"①意思是说，鲁缪公这样对待自己，不是真正的尊敬自己，而是像喂狗养马一样。孟子对子思的这一态度和表现出来的气节，加以称颂，批评鲁缪公这样对待子思，"非养君子之道也"。孟子认为，国君对贤者，应该以尧对舜的尊敬为榜样，尧对于舜是"使其子九男事之，二女女焉，百官牛羊仓廪备，以养舜于畎亩之中，后举而加诸上位，故曰王公之尊

_____

① 《孟子·万章下》。

贤也"①。即不但对贤者在物质上要加以照顾，更重要的是在精神上尊重、政治上重用。

还有一次，当子思在卫国担任地方小官的时候，齐国人打过来了，有人劝子思离开卫国，免遭不测之祸。子思却说："如伋去，君谁与守？"②孟子对此也加以称颂，认为有官守的人，不论官职大小，也不论在哪个国家供职，当这个国家遇到外患的时候，都应当与国君共赴国难。总之，当孟子谈到有关儒家学派的一些重大原则时，除称颂孔子外，常以曾子和子思为榜样，从这些记载，我们也可以看出孟氏之儒与子思之儒有直接渊源的端倪。

孟子一生的经历颇类似于孔子。他在思想成熟以后，为了学以致用，同时也为了实现其"平治天下"的远大抱负，也像孔子一样周游列国，游说诸侯，宣传自己的"仁政"思想。孔子的一生，以继文王、周公之业为职志，孟子的一生，则以继孔子之业为职志。孟子自述说：

> 昔者禹抑洪水而天下平，周公兼夷狄、驱猛兽而百姓宁，孔子成《春秋》而乱臣贼子惧。……我亦欲正人心，息邪说，距诐行，放淫辞，以承三圣者。予岂好辩哉，予不得已也。③

孟子明确表示，自己要继承大禹、周公、孔子"三圣"的事业，为人类文明的进一步发展，为人民大众的和平、安宁，为儒家思想的传播、普及等，贡献自己一生的力量。同时孟子又说：

> 由尧、舜，至于汤，五百有余岁。若禹、皋陶，则见而知之，若汤则闻而知之。由汤至于文王，五百有余岁。若伊尹、莱朱，则见而知之，若文王则闻而知之。由文王至于孔子，五百有余岁。若太公望、散宜生，则见而知之，若孔子则闻而知之。由孔子而来，

① 《孟子·万章下》。

② 《孟子·离娄下》。

③ 《孟子·滕文公下》。

至于今，百有余岁。去圣人之世，若此其未远也；近圣人之居，若此其甚也。然而无有乎尔，则亦无有乎尔。①

孟子批评时局，痛斥"邪说""诐行""淫辞"，希望有人奋起，效法圣王，如大禹之治九州，平水土，救民于水火。同时他认为当时各种学说不能满足时代需要，更不符合自己的要求，因此认为当时的现实是"然而无有乎尔，则亦无有乎尔"的状况，当时无人继孔子兴起，以拨乱反正，情况也就只能这样了。在这种情况下，孟子不禁意气风发，斗志昂扬，表达了"如欲平治天下，当今之世，舍我其谁也"②的凌云壮志。孟子以发扬孔子儒学自任，将儒家道统传承作为自己使命，充分展示了他宏伟而远大的理想抱负。

孟子为实现自己的理想，周游列国，经常"后车数十乘，从者数百人"③，成为当时很有影响的学者。据《史记》载，孟子"道既通，游事齐宣王，宣王不能用。适梁，梁惠王不果所言，则见以为迂远而阔于事情"。司马迁分析当时孟子面临的政治形势说：

> 当是之时，秦用商君，富国强兵；楚、魏用吴起，战胜弱敌；齐威王、宣王用孙子、田忌之徒，而诸侯东面朝齐。天下方务于合纵、连衡，以攻伐为贤，而孟轲乃述唐、虞、三代之德，是以所如者不合。④

孟子游说各国，但被视为迂阔，是以所如者不合。孟子游说各国情况，近人钱穆进行了详细考证⑤。孟子大约40岁时，开始在邹、鲁一带招收弟子，从事讲学。邹穆公闻孟子贤名，便举其为士。此时，齐威王"聚天下贤士于

---

① 《孟子·尽心下》。

② 《孟子·公孙丑下》。

③ 《孟子·滕文公下》。

④ 《史记》卷七四《孟子荀卿列传》。

⑤ 钱穆：《先秦诸子系年》，商务印书馆1932年版。

稷下"①，为一大批有谋略的知识分子提供讲坛，希望他们为齐国雄霸天下出谋划策。于是，孟子约于公元前 329 年，率领弟子，首次游齐，齐威王任为稷下大夫，备顾问。孟子在齐国的时候，与"通国皆称不孝"的匡章交游，还"从而礼貌之"②，令世人关注。在孟子游历齐国期间，弟子公孙丑先后请教孟子：

> 夫子当路于齐，管仲、晏子之功，可复许乎？
>
> 夫子加齐之卿相，得行道焉，虽由此霸王不异矣。如此则动心否乎？③

公孙丑想知道，管仲等人在齐国实施"霸道"政策，孟子如何评价？如果任卿相，为执政，"则虽由此而成霸王之业，亦不足怪"④，孟子是否会因此"动心"呢？孟子明确回答说："我四十不动心。"孟子还乘机阐明了"知言"和"善养吾浩然之气"的主张，强调必须用"仁义"规范自己，从内心修养、培植正直而充塞天地之间的浩然之气，同时也侧面抨击了管仲等人的"霸道"政策，体现了孟子坚决实行"王道"政治的决心。

孟子在齐国时，齐国发生饥荒，他劝齐威王打开粮仓赈济百姓。齐威王三十一年（前 326），母亲去世，孟子"自齐葬于鲁"。因为孟子在齐为稷下大夫，便以五鼎之礼厚葬其母。三年丧期满后，于公元前 323 年返回齐国，继续宣传他的"仁政"主张。他明确提出"惟仁者宜在高位。不仁而在高位，是播其恶于众也"的看法。他总结历史经验，认为夏、商、周三代更替，天下得失，都在于仁与不仁，"国之所以废兴存亡者亦然"⑤。齐威王一心想重振春秋时期齐桓公的霸业，对孟子的"仁政"主张缺乏诚意，便逐步与孟子

---

① 《风俗通·穷通》。

② 《孟子·离娄下》。

③ 《孟子·公孙丑上》。

④ 参见朱熹：《孟子集注》卷三，载《四书章句集注》，新编诸子集成第一辑，中华书局 1983 年版，第 229 页。

⑤ 《孟子·离娄上》。

产生了隔阂。

　　大约齐威王三十四年（前 323），孟子拒收齐威王所赠兼金一百镒，率领弟子前往宋国。此时宋主为少主，欲行"仁政"。弟子万章问孟子："宋，小国也；今将行王政，齐、楚恶而伐之，则如之何?"孟子认为："苟行王政，四海之内，皆举首而望之，欲以为君；齐、楚虽大，何畏焉!"①孟子在宋国，宣传"仁政"，强调环境对人的影响和任贤使能的重要性，并两次会见了往返经过宋国的滕国太子，讲解人"性善"、行"仁政"的道理，并且"言必称尧舜"②。孟子认为宋为小国，宋主身边贤人不多，实行"仁政"缺乏果断措施，便接受赠金七十镒，于公元前 322 年离开宋国。孟子在离宋返邹途中，经过薛国，接受了薛的赠金五十镒。孟子在邹时，鲁平公即位。"鲁欲使乐正子为政"，孟子听后"喜而不寐"。③ 大概经过弟子乐正子的引荐，鲁平公有见见孟子的想法，后来因为宠臣臧仓阻挠，未成。孟子在鲁末遇，遂返回邹国。

　　公元前 322 年，滕定公薨。世子两次派人赴邹，向孟子请教丧葬礼仪。受滕文公邀请，"孟子之滕，馆于上宫"④。孟子在滕，与滕文公多次交谈，言及贤君重民事，恭俭礼下，取民有制，加强学校教育，"分田制禄"，以及"清野九一而助，国中什一使自赋"的赋税理论。他还批驳了农家学派许行取消社会分工的主张，阐述了"劳心"与"劳力"的社会分工论，粮食与手工业品相互交换的产品交换论。孟子断定，如果真有国家实践许行的主张，必将引人走向虚伪，而无法治理国家。在滕国，滕文公部分实行了孟子提出的"仁政"措施，但滕是"壤地褊小"的弱国，夹处齐、楚两大国的中间，究竟是事齐还是事楚，常常成为头等政治大事。国家危亡局势限制了孟子"仁政"主张在滕国全面实践的可能性。

　　大约公元前 320 年，孟了返邹。当时，梁国"惠王数被于军旅，卑礼厚

---

① 《孟子·滕文公下》。

② 《孟子·滕文公上》。

③ 《孟子·告子下》。

④ 《孟子·尽心上》。

币以招贤者。邹衍、淳于髡、孟轲皆至梁"①。大约在梁惠王后元十五年，即公元前 320 年，孟子从邹国到梁国。孟子与梁惠王进行了多次交谈，动之以情，晓之以理，或设问"杀人以梃与刃，有以异乎"，或譬喻"五十步笑百步"②，既严肃巧妙地批评了梁惠王将政治过失归罪于自然灾害的逃避心理，又深入阐述了先义后利、与民同乐、不违农时、省刑薄敛、加强教化等"仁政"理论。梁惠王对孟子的主张颇感兴趣，表示"寡人愿安承教"③。孟子在梁国，虽然受到梁惠王的礼遇，但其"仁政"理论和相关治国主张始终未被采用。他严词批评说："不仁哉，梁惠王也！"④公元前 319 年，梁惠王卒。次年，梁襄王即位。孟子认为，梁襄王是个毫无国君风度和威严的无所作为之君，便于公元前 318 年离开了魏国。

周慎靓王元年（前 320），齐威王卒。次年，齐宣王即位。宣王初立，"褒儒尊学，孟轲、淳于髡之徒，受上大夫之禄，不任职而论国事，盖齐稷下先生千有余人"⑤。在此形势下，孟子再次游齐，对齐宣王施行"仁政"充满期待，在齐国历时 6 年有余。《孟子》一书所载孟子游说诸侯，与齐宣王交谈最多，约计 16 章。在与宣王的交流中，孟子侃侃而谈，言辞犀利，或引《诗》《书》等经典，或引圣贤言论和事迹，或设类比和譬喻，或用诘难和归谬，或循循善诱阐述"仁政"思想，或义正词严批驳谬误，比较全面、系统地阐述了君仁臣义、各尽其道的君臣关系，尊贤使能、俊杰在位的用人主张，"诛一夫"的政治卓见，君民同乐、以民为本、以民为宝的君民关系，诸侯国之间和睦相处的国家关系，等等。

孟子的"仁政"主张，曾使齐宣王受到鼓舞，有所动心。孟子在齐备受礼遇，被齐宣王任为客卿。齐宣王对孟子的"仁政"主张虽表示"尝试之"，但毕竟他也是急功近利的当权者。他一方面想以武力吞并他国，称霸诸侯，

---

① 《史记》卷四四《魏世家》。

② 《孟子·梁惠王上》。

③ 《孟子·梁惠王上》。

④ 《孟子·尽心下》。

⑤ 《盐铁论·论儒》。

统一天下，另一方面又骄奢淫逸、好货、好色而不体恤民苦，这就与孟子逐渐产生了分歧。孟子批评齐宣王不尊德乐道和礼贤下士，有时竟使齐宣王"顾左右而言他"，有时甚至让齐宣王"勃然变乎色"。公元前316年，燕国发生了"禅让"事件，齐宣王利用燕国内乱，发兵攻打燕国。齐伐燕事件，加剧了孟子与齐宣王在是否实行"仁政"以及战争等问题上的分歧。孟子准备辞去客卿之职，离开齐国。齐宣王让时子转告孟子，"欲中国而授孟子室，养弟子以万钟，使诸大夫国人，皆有所矜式"①。孟子认为，自己游齐的目的是志在行道，不是贪图富贵利禄，便拒绝了宣王的挽留，于齐宣王八年（前312）离齐归邹，时年约61岁。

孟子从公元前329年开始出游，至公元前312年最终归邹，前后18年，游说诸侯，最后无功而返，未能实现自己实行"仁政"的远大抱负。孟子也在游说生活中，逐步完善和丰富了自己的"仁政"思想。

孟子终究未能使其"仁政"思想付诸实践。根本上说，战国是一个急功近利时代，各国君主面临的迫切问题是在残酷的攻伐战争中，如何富国强兵，确保自己不被他国所灭，进而吞并他国。在这种情况下，更适合君王需要的学说，应是讲求"富国强兵"的法家，以及讲求攻伐谋略的兵家。秦孝公任用商鞅变法，楚、魏两国利用吴起由弱变强，都是很好的例证。但孟子追求的乃是"祖述尧、舜"，反对以武力服人的"霸道"，提倡以"德"服人的"王道"，主张用"仁义"政治去教化百姓，感染他人归顺，反对不义的战争。这些思想或主张，在当时的诸侯们看来，真正是"迂远而阔于事情"；孟子的思想不被诸侯们所欣赏，不能付诸实践，是可以理解的。而孟子也坚持自己的思想和主张，不为富贵利禄而放弃自己的原则，从而终不见用。

孟子的一生，和孔子一样，为了自己的理想，绝不与现实妥协，而终不能实现自己远大而美好的理想。孔子、孟子等真正的儒者，他们的人生历程，总是充满了悲壮色彩。他们的人生历程，虽然充满悲壮色彩，但他们的人学思想，却充满了乐观主义。这样的人生，这样的学术思想，确实值得我

---

① 《孟子·公孙丑下》。

们去体味，去研究。

孟子最后一次游齐后，返回故乡邹国，像孔子晚年一样，专力从事学术研究和教育事业，将自己的思想、学说整理成文。据《史记》载，孟子"退而与万章之徒序《诗》《书》，述仲尼之意。作《孟子》七篇"①。赵岐的《孟子题辞》也说："孟子通六经，尤长于《诗》《书》。"有学者研究，现流行《孟子》一书中，引《诗》30 次，论《诗》4 次，引用《书》18 次，论《书》1次。有时，孟子引《书》但不言"书曰"。对于礼及《春秋》也多有引和论。②可见，孟子对代表周"礼制文明"的《诗》、《书》、礼乐等是很有研究和体会的。这也可以看出，孟子对历史文化是尊重珍视的，而且具有深厚修养。

关于孟子"序《诗》《书》"中"序"的意义，著名经学家周予同先生指出：

> 如果"经书"是孟子编次的孔门遗说，那决然得不到各派儒者的共同承认，更得不到荀子一派的承认，而现存"经书"却大多为荀子所传。所以，我认为，所谓"序"就是"叙"，就是陈述原书著者的旨趣；这由《孟子》中可以看得很清楚。③

在周先生看来，"序"的意义就是"陈述原书著者的旨趣"，用孟子自己的话说，就是"以意逆志"。那么，孟子究竟是如何"以意逆志"的？他在对《诗》《书》意义的阐发中，如何体现"以意逆志"精神呢？换言之，孟子具体如何"叙"呢？有学者认为，早期儒家对经典的释读主要有三种方式：一为小学实证性的释读方法；二为章句义理式的释读方法；三为会通式的释读方法。④就孟子来说，在采取章句义理式和会通式的释读方法中，又暗含了"六经注我"的主体论诠释观在其中，而且以后者为主。这种诠释观，是孟子理解经典时发展和超越孔子的地方。

---

① 《史记》卷七四《孟子荀卿列传》。

② 参见冯友兰：《中国哲学史》（上），华东师范大学出版社 2000 年版，第 88 页。

③ 《周予同经学史论著选集》，上海人民出版社 1983 年版，第 820 页。

④ 参见王钧林：《中国儒学史·先秦卷》，广东教育出版社 1998 年版，第 324—332 页。

　　孟子理解《诗》《书》，继承了孔子的"微言大义"，尤其注重引申、发挥文本的意义，这就是章句义理式的释读方法。比如孟子说："《小弁》之怨，亲亲也。亲亲，仁也。固矣夫，高叟之为诗也！"① 又如："尽信书则不如无书。吾于《武成》，取二三策而已矣。仁人无敌于天下，以至仁伐至不仁，而何其血之流杵也。"② 孟子在此解释《诗·小弁》和《尚书·武成》，根据自己的体会，从中引申出"仁"的内涵。并根据他的"仁政"理论，认为"仁"者可以无敌于天下，《尚书·武成》篇记载武王伐纣战争"血流漂杵"之说实在难以令人相信。孟子用这种诠释方法理解经典的情况，在《孟子》书中比比皆是。随举生活事例，阐发人的仁爱之心，孟子最为擅长。他用齐宣王祭祀牺牲而以羊易牛的事例，体认宣王具有"不忍之心"，劝谏宣王以此不忍人之心为起点，加以存养、扩充，并发挥、应用于治国理政，就是行"仁政"。他还用倒悬比喻虐政，以见其对国家的巨大危害性。

　　孟子还采用会通式的释读方法，且这种方法在《孟子》一书中占据了主导地位。会通式的释读方法，指对六艺原典作综合的、会通的考察与把握，从中提炼出其精神实质，而且往往将一个或几个概念作为六艺经义发挥的关键，而不拘泥于对经典文本章句的分析。因而这种会通六艺的经典释读，往往也成为儒学大家阐发自己思想的理想方式。例如，孟子的"仁政""性善"等概念，就是对六艺经典的理论提升。又如"修己安人"是六艺经典的精义大法，但以修己而言，六艺经典并未指示其途径和方法。孟子从"性善"论出发，开出了一条重在"养心"的思想路线；此后的荀子则从性恶论出发，开出了一条重在"修身"的思想路线。这些例子都可见，孟子等儒学大家的思想，都是在对六艺经典下了一番融会贯通的功夫后，才提炼出来的。

　　孟子这种诠释经典的模式，将读者自己的理论或思想作为理解经典的指导思想、方法论准则和终极目的，实际上是他的经典诠释思想——主体论诠释观的运用，是对孔子"述而不作"的经典诠释思想的重大发展。

---

① 《孟子·告子下》。

② 《孟子·尽心下》。

孟子诠释了《诗》《书》等儒家经典，其诠释成果就是他的思想，集中体现在《孟子》一书中。司马迁说，《孟子》为孟子及弟子万章等人所著，又有人说为孟子弟子、再传弟子所记录。《史记·孟子荀卿列传》记为 7 篇，《汉书·艺文志》著录为 11 篇，包括"外书"四篇（已佚）。现在流行的《孟子》为 7 篇，含《梁惠王》《公孙丑》《离娄》《滕文公》《万章》《告子》《尽心》，每篇上下两卷，共 14 卷。《孟子》一书记载了孟子的生平经历，论及孟子的"天命""道"等理念，阐发了"人性善""养心""仁政"等思想，提出"万物皆备于我"命题、"我善养吾浩然之气"的精神修养方法等。《孟子》一书还记载了孟子同告子、杨朱、许行等学者的辩论，保存了告子、杨朱、农家学派的思想史料。

《孟子》一书在战国时属于子书，汉代时曾被立为传记博士，宋朝时被列入"十三经"。注本现存的还有东汉赵岐的《孟子注》、南宋赵顺孙的《孟子集注纂疏》，南宋朱熹著有《孟子集注》，清焦循则有《孟子正义》等。这些注本的侧重点各不相同，皆可参读。比如南宋朱熹的《孟子集注》重义理，借以阐发自己的理学思想；而焦循的《孟子正义》重在广采众说，博征清代诸家训诂、考据成绩，以抒发新意。

第二节　历史条件

孟子思想并不是空穴来风，而是一定历史条件下的产物。孟子生活在战国中期，当时社会的经济变革和政治斗争为孟子思想的产生提供了新的历史可能性。同时，残酷的现实，颠沛流离的生活，也使人们迫切希望找到一种学说，它一方面能满足人的终极关切，另一方面又能为治理国家提供可靠的理论根据。战国社会历史巨变，社会秩序更是混乱不堪，为孟子思想的产生提供了肥沃土壤。孟子思想可说正是为适应时代的需要而产生的。

战国时期，又是一个"百家争鸣"的时代，各种学说争奇斗艳，都希望为治理国家提供一套理论根据，这为孟子思想的产生提供了必要的思想气候。孟子思想正是在批判各个学派的思想中产生的。孟子继承和发展了孔子—曾子—子思一系的思想，引导孔子儒学进一步走上了以"心性"问题为重心的人学思想道路。

战国时期经济和政治变革，对孟子思想的产生具有重大影响。根据过去一些史家意见，从春秋开始，社会性质发生了变化，逐渐由奴隶社会向封建社会过渡。表现在社会生产力逐渐提高，铁器和牛耕技术逐渐推广。铁器和牛耕被普遍用于农业生产以后，社会在两个方面发生了显著的变化：一方面，耕地生产能力大大提升，提高了农作物单位面积的产量；另一方面，大片荒芜的土地得到开发，耕地面积扩大，使土地的占有关系发生了前所未有的变化，即由土地的公田制向土地私有制转变。各国统治者为了增加国库收入，鼓励农民垦荒，逐渐打破了"溥天之下，莫非王土"的旧传统，开始承认开垦者的土地所有权。

比较典型的诸侯国为鲁国。鲁国在公元前 594 年，开始实行"初税亩"政策，废除"籍法"，只是按田地的亩数征收赋税，征税的对象包括新开垦的私地在内。这说明鲁国私用土地数量已相当可观，以致引起政府税收政策的调整应对；同时向私人土地征收赋税，也表明鲁国开始承认私人的土地使用权。鲁国后来又相继实行了"作丘申"和"用田赋"，对公田制时代征收军赋的办法进行了改革。此外，从"税亩"到"田赋"，土地使用者拥有的占有土地的权利不断扩大，不但有使用权，而且可以转让了，也就是说，土地买卖也成为合法了。对于土地所有权的变化，其他诸侯国与鲁国虽不尽相同，但都经历了一个由公田制向土地私有的转变过程。对于当时新建立起来的社会来说，如何解决土地制度问题，是解决新兴地主和农民相互关系的关键；避免土地所有权无休止地变动，以便农民和土地、生产工具牢固结合，为新社会进行正常生产。孟子的仁政、井田、制民之产等一系列主张，都是在这种历史条件下提出来的。

春秋战国时期的政治变革，也为孟子学说的产生提供了客观条件。随着土地所有权的变化，社会开始分化出了新兴的地主阶级和农民阶级。新兴地主阶级在经济领域中取得一定实力后，为了巩固和进一步发展其经济实力，内生了掌握政治权力的冲动。这就导致了新、旧势力在政治上的冲突，而且矛盾越来越激化和尖锐。这种冲突以至斗争，促使政权逐步由奴隶主贵族转移到新兴封建地主阶级手中。

尽管各诸侯国政权转变的具体历史进程不尽相同，但大体上是通过卿大夫公开瓜分公室权力、宫廷政变和自上而下的改革来完成的。比如鲁国世称"三桓"的权臣大夫季孙氏、叔孙氏和孟孙氏，几次瓜分鲁公室权力，而且三家大夫在权力转换过程中，也由原来的奴隶主贵族代表，转变为新兴封建地主阶级的代表。又如晋国出现了"三家分晋"，而齐国则出现了"田氏代齐"。这些诸侯国在进入战国以后，为了适应新兴封建地主阶级的需要，特别是进行战争的需要，又在政治、经济和军事上进行了进一步改革。魏文侯起用李悝、吴起等人，"尽地力之教"，发展农业生产，兴修水利，巩固地主阶级统治的经济基础；又制定了《法经》，用法治手段巩固新兴封建地主阶级的利益。齐威王也起用邹忌进行改革，任用孙膑、田忌等，加强军事实力。在当时诸侯国中，秦国变法最晚，但后来居上，改革比较彻底。商鞅实行农战政策，既加强了秦国的经济实力，又增强了秦国的军事力量。加之秦国地势险要，进可攻，退可守，在战争中屡败中原各国，逐渐成为"战国七雄"中的最强者。

在中原各国新兴地主阶级相继掌握政权的同时，南方的吴、越二国也先后发生了政权的转移。吴王阖闾当政后，大刀阔斧进行改革，起用伍子胥为客卿，"立城郭，设守备，实仓廪，治兵库"①，还接受孙武的意见，仿照晋国六卿经济改革进行变革。后来吴国战胜楚国，大大扩展了疆土，成为南方强国之一。越王勾践则用范蠡、计然进行改革，"十年生聚，十年教训"，也在新旧制度的转变中成为南方的封建制强国。

战国中期以后，各国的改革大体上已经告一段落。经过改革，各国的新兴地主阶级已经居于掌权地位。他们为了巩固自己的统治地位和加强自己的

---

① 赵煜：《吴越春秋·阖闾内传》。

军事实力，都比较注意发展生产，而且主要是农业生产和军事手工业生产。

同时，经济发展以及经过几百年的开发和交流，中原各个地区之间，在政治、经济和文化等各方面都建立了密切联系。在这种新形势下，迫切需要统一的政治经济和文化中心，协调各地发展。但是，当时名存实亡的周天子已经无法适应这一要求。战国中期以后，在社会上形成了汪洋大海似的小农经济，这种分散的小农经济，也急需一个强有力的中央政府加以保护。否则，若长期停留在诸侯割据的局面，不要说加强各地区间的经济和文化交流，就是必要的农田水利建设也很难兴建和维护。比如，当时的江、淮、河、汉，以至于济、漯、汝、泗等主要水道，都是流经两个或两个以上的诸侯国，天旱则各国抢夺水源，天潦则以邻为壑，在国与国之间经常引起纠纷，无法得到合情合理的解决。另外，国与国之间还关卡林立，对过往的客商征收各种各样的捐税，阻碍了各地区之间正常而必要的货物交流。

时代变革需要国家走向统一，诸侯争霸会盟成为国家统一的前奏曲。当时挟天子以号令诸侯的霸主，便注意调整、协调各国在这方面的关系。比如，齐桓公大会诸侯于葵丘，与各路诸侯签订的盟约中，已经规定了"无曲防，无遏籴"[1]。到战国时，各国相互"曲防"，破坏水利的情况更为严重，致使后人有"盖堤坊之设，近起战国，壅防百川，各以自利"[2] 之叹。相互"遏籴"，实行经济封锁，给当时经济社会生活造成了严重后果。孟子针对这种情况，提出了"关市讥而不征，泽梁无禁"[3] 的主张。可见，孟子思想中的有些具体主张，就是针对当时社会现实弊病而提出的。他提出这些主张的目的，也是为了解决紧迫的现实问题，调节日益尖锐紧张的社会矛盾。

总之，战国中期的经济和政治变革，为孟子思想的产生提供了必要的社会历史条件，同时也给孟子思想的出现提出了历史课题。就经济变革言，人们迫切希望找到一种符合新兴地主阶级利益的学说；而对政治变革及其政治斗争，不管是新兴封建地主阶级，还是被压迫、被剥削的农民和小生产者，

---

① 《孟子·告子下》。

② 《汉书》卷二九《沟洫志》。

③ 《孟子·梁惠王下》。

都希望找到国家治理的正确方法，维护社会稳定，而且可以结束诸侯国的割据局面，建立一个统一的国家。孟子思想的产生，正是为满足以上的要求而出现的。他提出"仁政""井田制"以及"定于一""王天下"等思想，正可谓孟子诊治当时社会沉疴，对症下药而开具的理论良方。

第三节　思想渊源

以孔子为代表的早期儒家思想，是孟子思想的主要渊源。孟子曾感慨说：

> 由尧、舜至于汤，五百有余岁。若禹、皋陶，则见而知之。若汤，则闻而知之。由汤至于文王，五百有余岁。若伊尹、莱朱，则见而知之。若文王，则闻而知之。由文王至于孔子，五百有余岁。若太公望、散宜生，则见而知之。若孔子，则闻而知之。由孔子而来，至于今，百有余岁。去圣人之世，若此其未远也。近圣人之居，若此其甚也。然而无有乎尔，则亦无有乎尔。[①]

在这里，孟子开列出"尧、舜——汤——文王——孔子"的主流思想（或"道统"）发展线索，指出当时对孔子的学说已经没有"见而知之"或"闻而知之"的人了。最后"无有乎尔"的感叹，适足以表示孟子本人，希望接着孔子思想继续讲下去。

从今《孟子》一书看，在六经中，孟子引《诗》30次、《书》16次、《礼》1次，表明孟子对六经最有研究的是《诗》《书》。在引用学者的语言或事迹中，引用孔子及其后学的话和事迹最多，突出体现了孟子思想的直接渊源。

———

① 《孟子·尽心下》。

其中，引用孔子所言 22 次，引孔子事迹 12 次。可见，孔子确实是孟子思想的主要渊源。在孔子的学生中，引用曾子之言 4 次、曾子及其家族人员事迹 5 次，为最多，而引用子贡之语 2 次，宰我和有若之语各 1 次，但所征引者，皆为赞扬孔子之言。此外，在孔子的三传弟子中，引用子思的话 1 次（《中庸》除外），引用子思的事迹 5 次。这些材料，充分证明了曾子、子思在孟子思想渊源中的突出地位。理学家认为的"孔子——→曾子——→子思——→孟子"的思想发展线索，是有其道理，而难以推翻的。

孔子开创儒学，是他对夏、商、周三代历史文化进行思想总结的结果。孔子希望他提供的这一学说，既解决人的理论问题，又解决人的现实问题，特别是能解决社会秩序混乱的问题，实现社会和谐稳定。但是，孔子的思想一直没有进入社会生活的实践程序中。战国中期以后，社会经济和政治进一步发生巨变，人生的意义和价值问题，人成为人的问题更加尖锐、急迫地考验着每一位有识之士。同时，新的社会历史主题也现实地摆在了政治家、思想家们的面前，那就是"定于一"，即实现天下统一的问题。这就使孟子的思想，一方面要接过孔子的人学旗帜，继续往前走，开掘儒学思想到新深度；另一方面，又与孔子不同，提出了许多具体的政治、经济等主张，丰富发展了儒学的社会思想内容。

孟子作为孔子儒学的继承者，在孔孟之间必然存在着历史过渡的环节。具体而言，孔子的思想是通过哪些人的传承，一步步过渡到孟子思想的呢？

一、孔子重视人性及其主体性

孔子为了延续历史文化，解决社会稳定的问题，他抓住人这一中心问题，提供了一个人学的系统方案。在孔子看来，在现实生产生活基础上，人通过学习，反思自我，不断提高自己的修养水平，觉悟人之所以为人的共性或本性，使自己逐渐成为真正的、理想的人，然后，用以治理国家，教育后代，使社会成员变得更加文明，使整个社会变成更加文明的社会，推动人类历史的文明化进程。在孔子的人学思想中，探讨人的共性或本性的人性论是重要内容。如前已述，孔子人性论中，关于人性的意义有事实（如"人"）、本性（如"仁""德"等）、主体或精神（如"我""己""心""欲"等）三方面的意义；三义综合，构成完整人性。但孔子对事实的人性不满意，追求克服、超越、包容之，他更加重视本性的、主体的人性，讨论也较多一些。孔子人性论已有重视人的内在本性和主体性的倾向。

比如，孔子认为，一个人实行"仁"并不难，关键在于他是否真想实行"仁"；如果他真想行仁，则人人皆可行仁。他明确说："有能一日用其力于仁矣乎？我未见力不足者。盖有之矣，我未之见也。"① 又说："仁远乎哉？我欲仁，斯仁至矣。"② 人人都能修养"仁"。人之所以不仁，并非能力不足，而是有能力但自己不用功罢了。这就明确地肯定了"仁"对于人的重要性和人们实行"仁"的主体性。

关于孔子重视人的主体性，特别体现为他对于"修己"的重视。在孔子三答子路问"君子"中，孔子认为"君子"必须"修己以敬""修己以安人""修己以安百姓"③，其中都以"修己"作为君子实现理想必不可少的前提条件。在孔子那里，"修己"包含学习上进，反省自己，提高修养，使自己成为真正自己之意，也包含"君子求诸己""不怨天，不尤人""下学而上达"等意思。尽管其中某些关键范畴，比如"己""我"与"君子"的关系，与"仁"德的关系，还不很清楚；但孔子提出"修己"说，重视"己"在现实的人成为真正的、理想的人过程中的关键作用，却为儒家人学进一步发展，指明了一种可能的方向，即重视内在心性修养的方向。

孔子人学思想含有深刻而合理的成分，比如站在现实基础上，而不是非现实的基础上，依靠人的理性能力，而不是非理性甚至反理性的因素，通过学习、实践等途径，而不是直觉想象、跪拜祈祷等途径，抓住人的共性或本性这一关键，努力追求全面、根本、动态地看人和成人，而不是局限在某一个或几个方面，孤立、表象、静止地看人而不成人，等等，这些合理内核，

---

① 《论语·里仁》。

② 《论语·述而》。

③ 《论语·宪问》。

成为后来儒学关于人的问题讨论的源头活水。像孔子的后学曾子、子思、孟子等人都从孔子这里吸取了丰厚滋养。而孔子思想中尚未稳定的概念或范畴、不很明确的命题、不很清晰的思想环节，也为孔子的后学提供了发挥自己创造性的广阔空间。

二、子游"学道"为本

孔子死后，儒学发生了分化，《韩非子·显学》篇认为儒家分化为八派。这八派，涉及孔子弟子，再传弟子，以及第四代、第五代弟子。其中的"子思之儒""孟氏之儒""乐正氏之儒"可划归为一系，这一系正是荀子所称的思、孟学派。关于孟子的师承关系，前面已述，孟子可能是子思的再传弟子。但是，学界对这一系的师承关系看法并不一致。比如康有为说：

> 子游受孔子大同之道，传之子思，而孟子受业于子思之门。[①]

也就是说，思、孟之学师承于子游。郭沫若同样也持这个观点，他指出："这一系，事实上也就是子游氏之儒。"[②] 他们的论据是《荀子》中批评子思、孟子学说的一段话：

> 略法先王而不知其统，犹然而材剧志大，闻见杂博。案往旧造说，谓之五行，甚避违而无类，幽隐而无说，闭约而无解。案饰其词而祗敬之曰：此真先君子之言也。子思唱之，孟轲和之，世俗之沟犹瞀儒嚾嚾然不知其所非也，遂受而传之，以为仲尼、子游为兹厚于后世。是则子思、孟轲之罪也。[③]

---

① 康有为：《孟子微》，中华书局 1987 年版，第 1 页。

② 《郭沫若全集·历史编》第二卷，人民出版社 1982 年版，第 131 页。

③ 《荀子·非十二子》。

但有的学者把思、孟学派归为曾子的传统，也不无道理。如说："曾子与思、孟的思想的确是在一条线上发展的。"① 其论据是《孟子》引曾子者九处，引子思者六处，而且都是赞许推崇之词。《孟子外书》记孟子之言："鲁有圣人曰孔子，曾子学于孔子，子思学于曾子。子思，孔子之孙，伯鱼之子也。子思之子曰子上，轲尝学焉；是以得圣人之传也。"② 这里，"孟子师从于子上"的这一观点，前面已经进行了论证，知道它是不成立的。但却可以知道孟子与子思在思想上是有渊源的，二者的源头则为曾子。

那么，到底如何看思、孟学派思想的来源呢？有学者认为："不能固执一端。思、孟学派的思想虽然来源曾子，但也不能与子游无关。"③ 思、孟学派与子游的关系，主要表现为思、孟学派"仁政"思想的形成与子游的"学道"之"本"有联系。子游是孔门高足之一，在文学一科中名列第一。他的气概和作风，确是"犹然而材剧志大"的。比如，子游为武城宰时，和他的老师孔子有一段对话，也说明这一点。《论语》记载：

> 子之武城，闻弦歌之声。夫子莞尔而笑，曰："割鸡焉用牛刀？"子游对曰："昔者偃也闻诸夫子曰：'君子学道则爱人，小人学道则易使也。'"子曰："二三子！偃之言是也。前言戏之耳。"④

孔子和子游开玩笑，说他在这么一个小地方也努力实践"德治"主张，"割鸡焉用牛刀"。子游则"当仁不让于师"，运用孔子的"学道"之语，回答孔子的玩笑。孔子见子游认了真，也肯定子游的做法是对的。"学道"虽然是孔子的话，但却成了子游一派的宗旨所在。子游批评"子夏氏之儒"，就曾提出"本"与"末"的概念：以"学道"为"本"，以礼仪为"末"。这种"本""末"之分，与孔子以"仁"为"礼"之本的思想一致。子游认识

---

① 侯外庐、赵纪彬、杜国庠：《中国思想通史》第一卷，人民出版社 1957 年版，第 364 页。

② 《孟子外书·性善辨》。

③ 张岂之主编：《中国儒学思想史》，陕西人民出版社 1990 年版，第 57 页。

④ 《论语·阳货》。

到，"学道"为孔子思想的核心，只要抓住了"学道"之本，然后外推，把"仁"的素养扩充开去，才能解决"礼"制等问题。比如"学道"后知"仁"，而"仁"思想的产生又直接萌发了"德治"思想。孟子后来可以说直接吸收了子游对孔子思想发挥的这一逻辑思维，把"仁"引入人心，说"仁，人心也"①，指出"仁"是人天生固有的"良知"内容，所以，人性善。人性善说，进一步为孟子的"仁政"思想提供了形而上根据。可见子游的思路，上承孔子的体用或本末辩证法，下启思、孟学派的主体辩证法思想，与思、孟学派的思想，是很有关系的。

那么，孟子到底继承了曾子和子思的什么思想呢？曾子和子思是如何把孔子的思想一步步地向孟子思想转化的呢？这个问题，必须要在深入了解曾子和子思的思想以后，将孟子的思想与他们相比较，才能得出结论。

三、曾子重视反省

由于资料缺乏及其可靠性问题，对曾子的研究一直是学术界的疑难问题。相传曾子著《大学》，由于其归属问题众说纷纭，这里暂不归为曾子的手笔。这里，我们仅以《论语》《孟子》所记有关曾子的材料，讨论曾子的思想。

曾子的父亲曾皙，名点，也是孔子的弟子之一。《论语》中有一长段文字，记载了他在孔门中与众不同的特点。现摘引如下：

> 子路、曾皙、冉有、公西华侍坐。子曰："以吾一日长乎尔，毋吾以也。居则曰：'不吾知也！'如或知尔，则何以哉？"子路率尔而对曰："千乘之国……由也为之……"夫子哂之。"求，尔何如？"对曰："方六七十，如五六十，求也为之……""赤，尔何如？"对曰："非曰能之，愿学焉。宗庙之事……""点！尔何如？"鼓瑟希，铿尔，

---

① 《孟子·告子上》。

舍瑟而作。对曰："异乎三子者之撰。"子曰："何伤乎？亦各言其志
也。"曰："莫春者，春服既成。冠者五六人，童子六七人，浴乎沂，
风乎舞雩，咏而归。"夫子喟然叹曰："吾与点也！"三子者出，曾
皙后。曾皙曰："夫三子者之言何如？"子曰："亦各言其志也已矣。"
曰："夫子何哂由也？"曰："为国以礼，其言不让，是故哂之。""唯
求则非邦也与？""安见方六七十如五六十而非邦也者？""唯赤则非
邦也与？""宗庙会同，非诸侯而何？赤也为之小，孰能为之大？"①

　　孔子的弟子子路、冉有、公西华等，都有志于"千乘之国"，或"方
六七十，如五六十"的小国，或"宗庙之事"等政治活动，只有曾皙没有政
治抱负，而追求一种"从容"②、安乐、清悠、闲适，与天地万物一体的人生
气象。这种追求，深得孔子赞许。曾皙最后追问老师如何评价其他几位同门
的志向，显示出他面对问题，还有不弄清楚决不罢休的学术执着精神。从
几位弟子的志向看，曾皙有传承孔子学问天人合一精神的旨趣。曾子和他
父亲一同师事孔子，日用间常受其父亲影响，稍加用功，即学问有成，可
以理解。

　　曾子是在孔子周游列国返鲁之后，开始跟随孔子学"道"的。这事件本
身也说明，曾皙对于孔子思想，如非特别尊崇，很难让自己下一代再次投身
孔子门下。

　　孔子去世后，门下弟子在思想上开始发生分化。一些弟子希望整顿孔
门，"以所事孔子者事有若"。曾子对于这件事情，明确表示不同意。据孟子
叙述说：

---

　　①　《论语·先进》。

　　②　朱熹注解曾皙的志向说："曾点之学，盖有以见夫人欲尽处，天理流行，随处充满，无少欠
缺，故其动静之际，从容如此。而其言志，则又不过即其所居之位，乐其日用之常，初无舍己为人
之意。而其胸次悠然，直与天地上下同流，各得其所之妙，隐然自见于言外。视三子之规规于事为
之末者，其气象不侔矣，故夫子叹息而深许之。而门人记其本末独加详焉，盖亦有以识此矣。"（朱
熹：《论语集注》卷六，载《四书章句集注》，新编诸子集成第一辑，中华书局 1983 年版，第 130 页）

昔者，孔子没……子夏、子张、子游以有若似圣人，欲以所事
孔子事之；强曾子。曾子曰："不可！江、汉以濯之，秋阳以暴之，
皜皜乎不可尚已。"①

在曾子看来，谁也比不上他老师；孔子纯洁皓白，犹如倾长江、汉水清
洗过，用盛夏烈日曝晒过，真是圣洁，无以复加。曾子对孔子非常推崇和尊
敬，而且其推崇和尊敬，与现实世界中的功利欲望等无关，完全是学问与人
格的推崇和尊敬。这个例子说明曾子观察人，他所特别关心的，和他父亲曾
皙一样，主要在一个人的内在修养方面。从《论语》看，曾子的言论也确实
如此。《论语》载：

曾子曰："士不可以不弘毅，任重而道远。仁以为己任，不亦
重乎？死而后已，不亦远乎？"②

曾子强调一个人（主要是"士"）必须要有"弘毅"的品质，才可能担
当起追求真理（"道"），传承儒学的历史重任。曾子本人也继承和发扬孔子
学说，树立了追求"道"的宏伟抱负，具有求道弘道的决心和自信心。曾子
曾经谈到什么是真正的"勇"。孟子叙述说：

昔者曾子谓子襄曰："子好勇乎？吾尝闻大勇于夫子矣：自反而
不缩，虽褐宽博，吾不惴焉；自反而缩，虽千万人，吾往矣。"③

依照曾子看来，真正的"勇"并不在于表面上是否害怕（"惴"）谁

① 《孟子·滕文公上》。
② 《论语·泰伯》。
③ 《孟子·公孙丑上》。朱熹注解说："此言曾子之勇也。子襄，曾子弟子也。夫子，孔子也。
缩，直也。……惴，恐惧之也。往，往而敌之也。……※言施孟舍虽似曾子，然其所守乃一身之气，
又不如曾子之反身循理，所守尤得其要也。"（朱熹：《孟子集注》卷三，载《四书章句集注》，新编
诸子集成第一辑，中华书局1983年版，第230页）

（"褐宽博"的普通百姓或"万乘之君"），而在于反思自我，自己是否真正直（"缩"），是否真正有理（知理、行理、守理、占理）。如果自我反思，自己不直（"自反而不缩"），那么，即使面对一普通百姓，也不免要恐惧害怕（"惴"）；如果自我反思，自己直（"自反而缩"），那么，有理走遍天下，即使面对千万敌人，也能够慷慨赴之。可见，在曾子看来，真正的"勇"是以自己内在修养为基础的。若是缺乏应有的修养，即使勇，也只是小勇或假勇，而不是真正的大勇。

总的看，曾子的人学思想，在孔子基础上，更强调从内省出发，注重自我精神修养的基础性和决定性作用。《论语》记载：

> 子曰："参乎！吾道一以贯之。"曾子曰："唯。"子出。门人问曰："何谓也？"曾子曰："夫子之道，忠恕而已矣。"[1]

孔子只说自己思想"一贯"，或者说他思想中有"一"贯穿其中。但这"一"或"一贯"者究竟是什么呢？孔子自己没有明言。曾子首次将孔子的"一"或"一贯"理解为"忠恕之道"。"忠恕之道"是什么意思呢？曾子没有解释。南宋大儒朱熹注解说："尽己之谓忠，推己之谓恕。而已矣者，竭尽而无余之词也。"[2] 按照朱熹理解，"忠恕"包含两方面意义：一是"尽己"，二是"推己"。"忠恕之道"则是"尽己"之道与"推己"之道的统一体，而孔子关于"忠恕之道"的人学思想，也就是"尽己"之学与"推己"之学的统一。曾子的理解、朱熹的注解是否符合孔子的意思呢？我们根据《论语》中记载的孔子的有关"为己""求诸己"等言论，不难得出肯定的结论。

现在，我们可以清理孔子与曾子之间的思想发展线索了。孔子人学思想中，本就有重视"己"（自己、真我或真人）甚于重视"人"（他人、表

---

[1]　《论语·里仁》。

[2]　参见朱熹：《论语集注》卷二，载《四书章句集注》，新编诸子集成第一辑，中华书局1983年版，第72页。

象的人）的倾向，是曾子第一次将孔子思想中的这一倾向明确提示或突出起来。他的这一人学思想特点，在他的其他言论中，也有表现。《论语》记载：

> 曾子曰："可以托六尺之孤，可以寄百里之命，临大节而不可夺也，君子人与? 君子人也。"①
>
> 曾子曰："君子思不出其位。"②
>
> 曾子曰："士不可以不弘毅，任重而道远。仁以为己任，不亦重乎? 死而后已，不亦远乎?"③
>
> 曾子曰："以能问于不能，以多问于寡；有若无，实若虚，犯而不校。昔者吾友尝从事于斯矣。"④

这些都是曾子讨论"君子""士"或颜回等人理想人格特征的材料。曾子所强调的理想人格，概括地说，有这样几点：一是具有强烈的责任感与使命感。一个人如果有"仁以为己任"的使命感，有为之献身、"死而后已"的责任感，那么，这个人一定让人觉得非常可信，当然也就可以"托六尺之孤""寄百里之命"了；二是有谦虚好学、虚怀若谷的学习精神和广阔胸怀。如此，这个人的素养将不断提高，是不可阻挡的；三是将自己的"思"与自己的"位"相结合，按照自己修养水平的实际状况，反思自己不足，寻找进一步提高自己修养的突破口。如前已述，将"思"与"位"结合起来，体现出曾子反思辩证法的思路，而曾子的这一思路，突出了孔子思想重视主体问题的特点。

曾子对于"君子""士"或颜回等理想人格特征的讨论，都围绕人自身

---

① 《论语·泰伯》。

② 《论语·宪问》。

③ 《论语·泰伯》。

④ 《论语·泰伯》。朱熹注解说："校，计较也。友，马氏以为颜渊，是也。颜子之心，唯知义理之无穷，不见物我之有间，故能如此。"（朱熹：《孟子集注》卷四，载《四书章句集注》，新编诸子集成第一辑，中华书局 1983 年版，第 104 页）

修养的提高而设计。他的思想，可以说专门注重人自己水平的提高方面，特别凸显了孔子人学思想中的主体思想部分。

此外，曾子也很重视"礼"。《论语》记载：

> 曾子曰："慎终追远，民德归厚矣。"①
> 曾子曰："吾闻诸夫子：人未有自致者也，必也亲丧乎！"②

"慎终""追远"，分别指丧、祭礼，后一句中的"亲丧"，也指丧礼。曾子重视丧、祭礼，认为人们实施丧、祭礼，就能培养"民德"，使"民德归厚"。因为人们实施丧祭礼，要洁净身心，调整心态，强占一段时间，跨越生死界限，沟通天人，以建立和强化祭祀者和祖灵之间的联系，或可瞬间圣化心灵，升华人格境界。在行礼过程中，人们按下现实繁忙生活的暂停键，停止利害争斗，斩断名利纠葛，搁置俗务，放下小我，便可为朗现真我扫除障碍。在复杂的社会现实中，人们不免掩饰自己，难以自然表达真性情；但在"亲丧"时却能真情流淌，豁然呈露。

曾子对此体会真切。他在另一处也说过类似的话，即"鸟之将死，其鸣也哀；人之将死，其言也善"③。曾子所言，或可归为两点：一是人善的本性或真我，在日常生活中或不会表达，但在生死存亡之际，在面临失去亲人的刹那间，在为亲人举行丧礼、葬礼时，就比较容易表现出来；二是人一旦表现其善的本性或真我，就能强烈感染观礼众人，焕发出众人内在善的本性或真我。孔子那里，礼被视为仁的表现形式。曾子也有这一思路，行礼活动被规定为人们表现或感染人们表现内在仁性的特殊机会或场合。比较孔子的"礼"论，曾子所谓"礼"已经完全视为"民德归厚"社会作用的准备，社会风俗教化意义更为凸显。

---

① 《论语·学而》。
② 《论语·子张》。朱熹注解说："致，尽其极也。盖人之真情所不能自已者。"（朱熹：《论语集注》卷一〇，载《四书章句集注》，新编诸子集成第一辑，中华书局1983年版，第191页）
③ 《论语·泰伯》。

曾子本人常常反思自己，自我反省可谓曾子为学的特点。《论语》载：

> 曾子曰："吾日三省吾身：为人谋而不忠乎？与朋友交而不信乎？传不习乎？"①

他反省自己主要有三，其实就两个方面：一是自己内在修养（"忠""信"等）提高情况，二是自己学习情况。而两个方面结合，也就一点，即通过学习，自己内在修养究竟提高了没有，如果有提高，那么，究竟提高了多少，还有哪些不足等。反省自我，在自己修养上寻不足，找原因，决不怨天尤人，乃是曾子自我修养的基本方法。

孔子评价曾子说："参也鲁。"②"鲁"，鲁钝，表面看他似乎不聪明伶俐，但他诚恳、笃实，又有强烈使命感与责任感，这样一步一个脚印，坚持不懈，所得反比那些所谓聪明人为多。这种人其实是最聪明的，一点也不"鲁钝"。在学术思想上取得创造性成果，以及真正传承和发扬光大一种学术思想的人，往往是这种表面鲁钝而其实聪明绝顶的人。

在众多孔门弟子中，曾子准确理解、把握了孔子的思想，对孔子"学习"思想中重视"修己"、自我反省的倾向，有特别继承和发展。经过曾子努力，孔子人学思想中的人性论或主体论部分就更加突出了。

事实上，曾子在孔子去世后，的确在传述、发展孔子学说上，取得了一定成绩。比如，他广收门徒，建立起颇有影响的"洙泗学派"。根据《孟子·离娄下》记载，曾子在鲁国讲学，弟子曾多达70余人，其中有名可考者，有孟敬子、公明高、乐正子春、吴起等人。这个学派中，曾子为鲁费君所尊，其子曾申见重于鲁缪公，弟子吴起更是引领魏、楚改革变法事业。这些都说明曾子的思想，在当时有相当大的影响。

---

① 《论语·学而》。

② 《论语·先进》。

四、子思的中庸观

曾子的"反省"思想凸显了孔子人学中的主体观念，紧跟其后的子思，则沿着这条路径，进一步引导孔子人学思想向着"心性"论方向前进。

反映子思思想的资料，主要是《礼记》中的《中庸》篇。关于《中庸》产生的时间，过去学术界有争议。今本《中庸》中有"书同文，车同轨"之说，而这是秦始皇统一中国之后的措施，所以，不少学者反对宋明理学家将《中庸》定于孟子之前的看法，而主张《中庸》可能为汉人作品。从北宋欧阳修开始，已经有学者怀疑《中庸》到底是不是子思的著作，以及是否真正属于战国初年的思想。但是，我们认为，《中庸》这篇著作中虽然出现了一些不合时宜的话语，但这并不意味着就可以断定《中庸》完全为汉人所著。因为，如果比较一下《中庸》的思想与汉人的思想，就可以看出，两者迥然不同。它与曾子、孟子等人的思想，反倒非常接近。汉朝以经学为思潮，儒者思想，多讲宇宙论和象数《易》学，义理的发挥，则吸收阴阳五行思想，天命论、宿命论盛行，强调人自身修养的观念不突出。从汉代思想特点看，《中庸》与之有较大区别。将《中庸》断定为汉人作品，难以寻找到与两汉时代思潮的关联，以做历史背景支持。我们通常写秦汉思想，也不提《中庸》。反之，《中庸》的德性论、道德主体论、"诚"论、中庸思想等，既发挥了孔子未尽之意，又下启孟子，与孟子的良心、本心、良知思想，"人性善"说，"养心"论等，都紧密相关。将它看成是孟子的思想渊源，比将它看成是汉人的思想，更有说服力。所以，笔者认为，《中庸》是子思的作品，太史公明言"子思作《中庸》"，应予尊重。

我们认为，《中庸》的确是子思作品，表达了子思的思想，而且深刻影响了孟子。从学术传承看，曾子的思想、《中庸》的思想恰好在孔孟之间起过渡作用。理学家提出"孔子——曾子——子思——孟子"的"道统"[1]传授

---

[1]　参见朱熹：《中庸章句序》，载《四书章句集注》，新编诸子集成第一辑，中华书局1983年版，第14—15页。

次序，诚然难以割断，也难以否认。

根据《中庸》可见，比起曾子，子思更加重视内省，更加重视人的内在修养，他将人修养提高问题，分析成为互相不同但又有内在联系的几个人学问题。《中庸》开宗明义指出：

> 天命之谓性，率性之谓道，修道之谓教。道也者，不可须臾离也，可离非道也。是故君子戒慎乎其所不睹，恐惧乎其所不闻。莫见乎隐，莫显乎微，故君子慎其独也。喜、怒、哀、乐之未发，谓之中；发而皆中节，谓之和。中也者，天下之大本也；和也者，天下之达道也。致中和，天地位焉，万物育焉。①

子思明确将"天""命""性""道""教""隐微""中和"等孔子思想中已经有或逻辑上可能有的几个核心范畴，联系、统一起来谈论，可以说第一次和盘托出了孔子儒家的"一贯"思路，即天人合一（"天命"与人之"率性""修道"合一）、内外合一（人性、人道与现实人的活动合一）、体用合一（"道"与人合一、"隐微"与"显见"合一、"大本"之中与"达道"之和合一）、主客合一（"天命"之人性与"天地""万物"及其运动变化、生生不已、井然有序等合一）的人学辩证法思路。

根据这个思路，孔子人学问题，即现实的人通过学习而提高修养，成为真正理想的人的问题，获得了明确而清晰的、"一以贯之"的解决。具体说来，"天命"是现实的人之所以必须如此的本体论根据，四个合一则是人事实上可以如此的方法论原则或辩证法根据，从"天"经过人性、修道、教化，达到"中和"境界，则是现实的人成为理想的人的修养阶段，"中和"则是理想人格的基本特征。而且，人们通过努力得到的修养收获，也就是现实的

---

① 《中庸》第一章。朱熹注解说："子思……首明道之本原出于天而不可易，其实体备于己而不可离，次言存养省察之要，终言圣神功化之极。盖欲学者于此反求诸身而自得之，以去外诱之私，而充其本然之善，杨氏所谓一篇之体要也。"（参见朱熹：《中庸章句》，载《四书章句集注》，新编诸子集成第一辑，中华书局1983年版，第18页）

人与自己的真我统一了起来，或者说，现实的人不仅寻找到了真我，而且完全实现了真我。

子思这一段概括性言论，使孔子人学思想的本体论、方法论、主体论思想都突出清晰起来，《中庸》由此也成为孔孟儒学形而上学的代表作。它提出的许多对立性范畴，如天道与人道、未发与已发、隐微与显见、中与和、诚与明等，都成为后来宋明理学家反复讨论和发挥的概念。《中庸》第一次将孔孟儒学的本体论提示出来，有力展示了孔孟儒学理论思维水平可能达到的高度。在形而上学支持下，孔子人学思想由此就具有了非常明确的根据、出发点、准则、阶段、理想和主体。

具体说来，孔子人学思想的根据就是"天命"。这个"天命"，并不是上帝那样的命令，而是所谓"道"。而子思更多地将"天命"理解为一种"天道"。在子思看来，这种"道"的一个特点是，"语大，天下莫能载焉；语小，天下莫能破焉。"① 子思有以"道"为至大至小的意思。换言之，"道"其实不能用大或小这类空间概念加以形容、表达，它十分抽象，超越天下万事万物，具有"博也，厚也，高也，明也，悠也，久也"② 等特征。但同时，"道"并不是抽象得离开现实世界的孤寂之物，在《中庸》看来，真正的"道"就存在于现实世界（自然界、人类社会）中。它说：

> 故君子之道：本诸身，征诸庶民，考诸三王而不谬，建诸天地而不悖，质诸鬼神而无疑，百世以俟圣人而不惑。③

"道"在现实中，在历史上每一个人（自己、"庶民"、"三王"等）身心里，都存在着，而且在未来者（"圣人"为其代表）那里，也同样存在着，即使在自然界，在"天地""鬼神"处，也同样存在着。如果一个人真正认识、把握了道，那么，他决不会认为只有自己才是唯一正确的，而应该是不

---

① 《中庸》第十二章。
② 《中庸》第二十六章。
③ 《中庸》第二十九章。

仅自己能获体验，而且在"庶民""三王""天地""鬼神"以及以后的"圣人"那里，都能够获得经验的实证。这样的"道"，在现实而超现实，才是真正的"道"。《中庸》凝练概括了孔子人学思想中"道"的形而上特征，将先秦儒学的本体观念推进到历史新高度。

孔子人学思想在事实上的出发点就是现实的人、现实的问题。现实的人面临现实问题，从已经达到的"人"格地位——现实的人前往理想的人过程中的某一人格境界——出发，继续往上走，进一步成为真正理想的人。而《中庸》则进一步揭示出其逻辑的出发点，乃是"天"或"天道"，在人那里则是人性或"诚"这一真主体。《中庸》说：

> 惟天下至诚，为能尽其性；能尽其性，则能尽人之性；能尽人之性，则能尽物之性；能尽物之性，则可以赞天地之化育；可以赞天地之化育，则可以与天地参矣。①

"至诚"就是现实人的本性或"道"的实在性，实际上就是人性本体或"道"体，它是现实人的真我或大我。现实人与这个真我或大我统一的过程，现实人达到"至诚"的过程，现实人成为理想的人的过程，也就是现实主体与"至诚"这一本体主体统一的过程，是人的主体性实现的过程。在一以贯之的主体哲学看来，当然是"诚者自成也，而道自道也。诚者物之终始，不诚无物"②。关于"诚"或"至诚"的这个意义，后来的心学家，如孟子、陆九渊、王阳明等，直接称之为"良知"或"良心"或"本心"，简称为"心"。"不诚无物"，则直接演变为"心外无物"的著名心学命题了。

孔子人学思想的准则，可以说就是以天人、内外、体用、主客合一组合起来的人学朴素辩证法原则，"中庸"范畴则是对这一原则的集中表述。在《中庸》中，关于"中庸"辩证法，讨论更加集中和深入。一是作为人"至德"

---

① 《中庸》第二十二章。

② 《中庸》第二十五章。

的中庸，也称为"中道"①，以无过无不及为基本特征。二是表现在现实世界中的"时中"。在现实世界里，能够"随时而处中"②，这是时空范围以内的、人们凭借自己生活经验而体验到的中庸方法。历史上的圣王舜，"执其两端，用其中于民"③，就是能做到"时中"的典型。三是主体完全认识和把握中庸方法以后所达到的理想状态，即"中和"。这三种"中庸"，按照《中庸》作者的辩证法思想，也应该是辩证统一的。这种辩证法之间的辩证统一，就体现在天人、内外、体用、主客等的辩证统一中。

如果再细究一下，也可以说只有一种中庸，那就是本然、实然、应然统一的中庸。从孔子人学角度看，中庸也主要是人成为理想的人的最高准则，也是人"成己"而后"成物"，"合外内之道"④ 这一历程的抽象概括。人们"素其位而行""居易以俟命"⑤，既不怨天尤人，也不行险侥幸，只是自近及远，由低到高，循序渐进地提高自己的修养。至于是否最后成功，那就是"命"的事情了。这种"成人"的追求、态度、方法、精神，无不是"中庸"辩证法的表现。

孔子人学思想关于学习或修道的阶段，有经验的讨论，《中庸》则进行更加逻辑化的讨论，而不再局限于经验事实。它具体分为"天命"阶段、人性阶段、率性而修道阶段、教化阶段、个人的社会的自然的整个宇宙的理想实现的"中和"阶段。比如，孔子非常重视"学习"对于人成为理想的人的意义，《中庸》也是如此。而且《中庸》更将学习活动细化为更为抽象也更加具体的环节。它说：

> 诚者，天之道也；诚之者，人之道也。诚者不勉而中，不思而
> 得，从容中道，圣人也。诚之者，择善而固执之者也。博学之，审

---

① 《中庸》第二十章。

② 朱熹：《中庸章句》第六章，载《四书章句集注》，新编诸子集成第一辑，中华书局 1983 年版，第 20 页。

③ 《中庸》第六章。

④ 《中庸》第二十五章。

⑤ 《中庸》第十四、十五章。

问之，慎思之，明辨之，笃行之。①

孔子也讲过"生而知之"与"学而知之""困而学之""困而不学"诸问题。但他对于"生而知之"情况，没有进一步讨论。《中庸》就将这一点讲成一种达到圣人境界的"诚者"所具有的特征，而且内容更加丰富。在子思看来，"诚者不勉而中，不思而得，从容中道"，不用人为努力，不需要理性思考，自然符合"中道"。这当然是圣人，非普通人所能够通过学习而达到的。但是，《中庸》将孔子学习思想中的"生而知之"，也具体化为现实的人学习的先验根据。它提出"尊德性而道问学"②的主张。"尊德性"，就是要以先验的"德性"为基础，作为学习活动逻辑上的出发点、准则和理想；"道问学"则成为实现"尊德性"的经验过程。而且，《中庸》还将孔子学习的几个阶段，特别是其中具体的认识环节细化了。它对学习活动进行结构分析，分析为博学、审问、慎思、明辨、笃行五个方面，这就深化了孔子学习思想的内容。

孔子人学思想的理想，《中庸》将其抽象化，称之为"中和"。"中和"就是中庸辩证法在现实的人们身上完全实现时的理想状态。所以，《中庸》说："君子中庸"③。它不只是自己个人的理想，也是整个社会的理想，也是整个自然界的理想，还是整个宇宙的理想。这些理想之间是什么关系呢？它们不是矛盾对立的，不是相互孤立的原子，而是有内在联系的有机整体。其有机联系，可以用"天人合一"来概括。在现实中实现这一有机联系，则需要现实人的努力。现实人的努力活动，就包括人的学习、修养的提高等。按照孔子、子思、孟子等人的想法，具体的过程也许可以这样描述：先是一个人成为理想的人；然后这位先觉者或圣人，再去感染、教化众人，使社会上每一个人都成为理想的人；以此为基础，社会富庶，功利需要已经不是人们的主要需要，秩序井然，制度健全而且成为每一个社会成员的内在需要，发展顺畅，每一个人的生存和发展成为其他人生存和发展的条件，如此，社会

① 《中庸》第二十章。

② 《中庸》第二十七章。

③ 《中庸》第二章。

也能成为理想的社会；在这样的社会里，人的潜力、创造性都会得到充分发挥，自然界也能够按照人本性的要求而得到改造，完全成为人化的自然，人完全自觉、自主而且自由，与天命合一，又成为自然化的人。

此外，对于孔子人学思想中的理想人格特征论，《中庸》也站在平凡人的角度，进行了集中的描述。它说：

> 是故君子动而世为天下道，行而世为天下法，言而世为天下则。远之则有望，近之则不厌。①

意思是说，一个人成为真正的、理想的人时，他的一言一行（动），都是当时天下人效法的对象，足以成为天下所有人的准则，他的一切活动（行），也都是当时天下人效法的楷模，他所说的话（言），也被当时的天下人认同为真理，而成为天下人一切活动的指南。离他远的人仰慕他，相处近的人尽管能受到感染，学习到不少东西，但是还感到不满足。《中庸》的这一描述，极大地凸显和完善了孔子理想人格在众人心中的形象。

孔子人学思想的主体就是"道"或人性，在以"道"或人性为根据、准则、理想的基础上，现实的人实现与道或人性的有机统一。《中庸》的表述则更加具体，它将这个意思说成是"道不离人"，其原话是"道也者，不可须臾离也，可离非道也。"它也说成"道不远人"：

> 君子之道费（普遍——引者注）而隐（"深邃"——引者注）。夫妇之愚，可以与知焉；及其至也，虽圣人亦有所不知焉。夫妇之不肖，可以能行焉；及其至也，虽圣人亦有所不能焉。……君子之道，造端乎夫妇，及其至也，察乎天地。②
>
> 子曰："道不远人。人之为道而远人，不可以为道。《诗》云：'伐

---

① 《中庸》第二十九章。
② 《中庸》第十二章。

柯伐柯，其则不远。'执柯以伐柯，睨而视之，犹以为远。故君子
以人治人，改而止。"①

　　上述两段文字，都是从反面说"道"与人的关系，一说"不远"，一说
"不离"，并举手执斧头伐木以做斧柄的例子，说明斧柄的大小长短，都可用
自己手执斧柄为"法"，而不必远求，比喻人之为人，或现实的人要成为真
正的、理想的人，也就是以自己的本性或真我即"道"为法，也不必远求。
这些，都是从反面讲"道"与人的关系，反映出《中庸》对于这个问题的认
识，还并不是完全清楚的。后来理学家讲这个问题时，就更多也更抽象地从
正面讲"道"与人的关系了。比如，朱熹说"理在心中"，或说"理即是心"，
他所谓"理"就是"道"，"心"就是人的主体性的抽象物。又比如，陆九渊、
王阳明讲这个问题时，就直接讲"心即理"了。如果用《中庸》的话说，不
仅"道"不远人、不离人，而且真正的人之所以为真正的人之所在，就因为
他认识、觉悟和把握了"道"，甚至就可以说，真人就是"道"。这样，"道"
与人的关系，就完全形而上学地讲清楚了，这当然是对于《中庸》"道"与
人关系认识的发展。

　　由上可见，和孔子比较，子思将孔子的人学思想一方面抽象化了，提炼
出了"天之道""人之道""诚""明"等思想范畴，同时，也将孔子的人学
思想系统化了，明确提出了"天命之谓性，率性之谓道，修道之谓教"，以
及"道不远人""不诚无物""尊德性而道问学"等系列命题，使孔子的思想
明确地表现为一种思路清晰的形而上学体系。另一方面，子思的思想，又使
孔子的思想更加具体化了。比如，在学习思想方面，"尊德性而道问学"的

---

　　① 《中庸》第十三章。朱熹注解说："道者，率性而已，固众人之所以能知能行者也，故常
不远于人。若为道者厌其卑近，以为不足为，而反务为高远难行之事，则非所以为道矣。……※
《诗·豳风·伐柯》之篇。柯，斧柄。则，法也。睨，邪视也。言人执柯伐木以为柯者，彼柯长短
之法，在此柯耳。然犹有彼此之别，故伐者视之，犹以为远也。若以人治人，则所以为人之道，各
在当人之身，初无彼此之别。故君子之治人也，即以其人之道，还治其人之身。其人能改，即止不
治。盖责之以其能知能行，非欲其远人以为道也。"（朱熹：《中庸章句》，载《四书章句集注》，新编
诸子集成第一辑，中华书局1983年版，第23页）

说法，"博学之，审问之……"的说法，都比孔子的学习思想更加清楚而具体。这些，都可以看成是子思对于孔子人学思想的重要发展。

孟子思想的产生，除了相应历史条件之外，还有其思想渊源。一般而言，后来有巨大影响的儒家思想，不大可能完全脱离孔子儒学的具体问题、立场、方法、观点，甚至于范畴、命题，来单独发展。它们只有在前人思想成果基础上，既吸收前人的思想成果，又根据时代问题的不同，而丰富和改造前人的思想成果，以解决新的时代问题，才有可能取得真正的历史进步。孔子的思想无疑是孟子思想的源头。然而，在许多具体问题上，孟子不可能直接吸收孔子的思想，因为他们两人生活的经济、政治等环境已经发生了天翻地覆的变化。在这种情况下，孔子的后学，特别是与孟子联系比较多的曾子和子思的思想就特别重要。曾子突出了孔子思想中内含的主体思想部分，子思则将这种主体思想与形而上学联系起来，开掘和丰富了孔子思想中潜藏的人学本体论、主体论、方法论等内容，极大提升了儒学思想的理论思维水平。曾子和子思通过努力，深入发展了孔子的人学思想，成为孔子和孟子思想历史发展之间不可缺少的逻辑环节。

第四节　郭店楚简《性自命出》篇的地位

随着湖北荆门郭店楚简的发掘问世，不少学者都断定，楚简中的儒家思想，可能甚至就是子思的思想，并将它们与《中庸》联系起来考察。仅就《性自命出》一篇看，李学勤先生推测它是《子思子》的一部分，代表了子思到孟子之间儒学发展的链环[①]。庞朴先生则认为，《性自命出》篇的心性论，和《中庸》有"相同的思想"，只是在表达上不够洗练，应早于《中庸》，

① 李学勤：《郭店楚简与儒家经籍》，载《中国哲学》第二十辑《郭店楚简研究》，辽宁教育出版社 1999 年版，第 16—18 页。

为孔门弟子的著作，在思想史地位上，补足了孔、孟之间所曾失落的理论之环①。有学者赞成上述两位先生的看法，也有学者认为《性自命出》篇并不属于思、孟一派。在这里，笔者只从《性自命出》篇的心性论和《中庸》的心性论不同这一方面，就这个问题提出自己的看法。②

为了讨论方便，我们先假设《中庸》和《性自命出》篇的思想各自是一个整体。这里讲的整体，指一种文本在思想上的逻辑连贯性和学派倾向性。这一假设当然需要史料实证，但我们在这里讨论的前提是必须预先指出的。

笔者认为，《中庸》和《性自命出》篇在心性论上根本不同。从以下几个方面，可以比较清楚地看出来。

首先，在"心"或主体的意义上，《中庸》的"至诚"本心和《性自命出》篇的心理心不同。

《中庸》没有明确地讲"本心"，但从其整个"道"论系统看，"至诚"这一范畴，实际上蕴含了后来孟子所讲的"本心"或"良心"的意思在内。《中庸》的朴素辩证法思路，或许可以从三个层面来看：

一是现实修养活动中蕴含的必要条件形式，表现为"明善──诚身──顺亲──信友──获上──治民"。它说：

> 在下位不获乎上，民不可得而治矣；获乎上有道：不信乎朋友，
> 不获乎上矣；信乎朋友有道：不顺乎亲，不信乎朋友矣；顺乎亲
> 有道：反诸身不诚，不顺乎亲矣；诚乎身有道：不明乎善，不诚
> 乎身矣。③

---

① 庞朴：《古墓新知》，载《中国哲学》第二十辑《郭店楚简研究》，辽宁教育出版社1999年版，第8—9页。

② 参见张茂泽：《〈性自命出〉篇心性论大不同于〈中庸〉说》，《人文杂志》2000年第3期。笔者在此做了一些修改。

③ 《中庸》第二十章。这段文字，在《孟子》中有与《中庸》几乎完全相同的说法。孟子说："居下位而不获乎上，民不可得而治也。获乎上有道：不信于友，弗获于上矣。信于友有道：事亲弗悦，弗信于友矣。悦亲有道：反身不诚，不悦于亲矣。诚身有道：不明乎善，不诚其身矣。是故诚者，天之道。思诚者，人之道也。至诚而不动者，未之有也。不诚，未有能动者也。"（《孟子·离

这种线性进展的必要条件思路形式，是《中庸》作者以经验为基础，对于"道"的经验实在性（主要是运动历程形式）的理性直观。这一形式之所以能够成立，在逻辑上又依赖于下述的体用形式和"中道"形式的支持。

二是修养活动中蕴含的天道和人道关系的体用形式，这是孔孟儒学体用辩证法的典型形式。"体用"是中国形而上学后来才提出的范畴，但这一对范畴所表示的意义，在《中庸》那里已经有了。它说："诚者，天之道也；诚之者，人之道也。"①"诚"和"诚之"、天道和人道统一的形式，就是体用形式。这是《中庸》作者对于"道"的内在本性形式的直观猜测。早在孔子那里，体用形式作为儒学思路，已经潜在地蕴藏在他天人、内外、本末、仁礼诸关系讨论的思路中，《中庸》则将它更明确地显示出来，使它成为孔孟儒学思想的朴素辩证法形式之一。《中庸》开篇即说："天命之谓性，率性之谓道，修道之谓教"，正是其体用思路形式的运用和体现。其中，"天——命——性——道——教"的线索，既是天道展开为人道的过程，也是人道上达、回归天道的过程，其实质就是天道和人道、抽象和具体、体和用的辩证统一过程。

三是"道"体本身的"中道"形式，这是孔孟儒学主体辩证法的典型形式。《中庸》说："诚者不勉而中，不思而得，从容中道，圣人也。"②这里，《中庸》将"中道"形式当作圣人的境界来讲。圣人境界，就是现实的人通过学习，提高修养，认识或觉悟"道"，并在现实的生活实践中自觉地、纯熟地遵循和运用"道"，使自己与"道"为一，从而达到的最高境界。"不勉而中，不思而得，从容中道"，乃是《中庸》作者对于"道"的主体性直观猜测。意思是说，它没有人为痕迹，从容自然；没有过或不及，完全符合"中道"；它就是"中道"本身的样子，如果"中道"有样子的话。《中庸》思路的"中道"形式，乃是其"道"论系统的基础和核心，也是它朴素辩证法的主体内容，

娄上》）由此可见孟子熟悉《中庸》思想的一般情况。

①　《中庸》第二十章。

②　《中庸》第二十章。

即主体辩证法。体用形式、必要条件形式，都以"中道"形式为前提、根据、准则和理想，"中道"形式则进一步具体展开为体用形式和必要条件形式。

总的说来，《中庸》的"道"论思想系统，实质上就是"天"的内在形式，是对于"天"运动历程的逻辑概括。根据这个思路，现实人的修养提高，成为真正的、理想的人，无非就是人本性（人性中的"天"）的发挥，无非是天道或至诚之道的呈现。天道或至诚之道，则是"天命"的具体内容。《中庸》里的"天"，是运动的最高主体，它的运动，有起点、准则、阶段和方向。一句话，它是有精神的，或者说，"天"不只是经验实在（"气"）或理性实在（"天道"），而且是精神实在，它也是"天心"。

从"天"是"天心"说，《中庸》又称之为"诚明"，而"诚"则是其中的核心。《中庸》说"不诚无物"①，和后来心学家讲的"心外无物"的意义实际上相近。

《中庸》说"诚则明矣，明则诚矣"②，意思之一是说，人的本性（"德"）本是光明的，《大学》称之为"明德"，它是实在而光明的。它不随现实世界变化而变化，故为实在；它可以照耀人们前进的道路，故为光明。意思之二是说，现实的人以"明德"为基础，不断提高修养，使自己也成为与"明德"为一的真我或真精神，则真我或真精神也是实在而光明的。就其为实在说，称为"诚"，就其为光明说，称为"明"。就"诚"为"明"的本体而言，"诚则明"，就人的认识或觉悟以及修养的终极目的而言，"明则诚"。后来孟子用"良知"一词，高度凝练地概括了《中庸》的这个意思。

《中庸》还说"惟天下至诚"，才可以尽性，可以赞天地之化育，可以与天地参。③后来的孟子又用"良能"一词，概括"天"的这一权能。

由此可见，《中庸》的"诚""天"等，都包含了"天心"的意义在内。而且，"天心"范畴的意义，只能是心学所讲的"本心"，具有本体主体的意义，和

---

① 《中庸》第二十五章。

② 《中庸》第二十一章。

③ 《中庸》第二十二章。

心理心、经验心根本不同。但《性自命出》篇多处谈到的"心",却恰恰是心理心或经验心。

《性自命出》篇中的"心",均没有独立自在的性质,实际上就是人的心理活动,是人的心理主体,也就是心理心。严格说来,心理心是经验对象,是事实或物,是心理学研究的对象。《性自命出》篇说:"心无定志,待物而后作,待悦而后行,待习而后定。"① 根据它的看法,"心"受到外"物"影响以后才产生出来,受到"悦"这类情感影响而后产生运动作用,而且在受到"习"惯等支持以后而变得相对稳定。这些看法,都是说"心"不是独立自在的实在,而是受到外物、情感、习惯等影响而后才出现的他在之物。这样的"心",显然只是经验的或心理的主体,而不是逻辑的本体主体。所以,《性自命出》篇还说:"凡学者求其心为难。从其所为,近得之矣,不如以乐之速也。虽能其事,不能其心,不贵。求其心有伪也,弗得之矣。人之不能以伪也,可知也。[其过]十举,其心必在焉。察其见者,情焉失哉?"② 这里讲知人心是有难度的,怎么办呢? 它提出可以从人的"所为""乐之""见者"等方面去"求其心"。也就是说,一个人的心理状况如何,在他的行为或意志(所为)、情感("乐之")、认识("见者")中会表现出来,我们可以从后者去研究前者,从而认识人心。《性自命出》篇在这里讲的"求其心"方法,颇有早期心理学思想的色彩。

"心"作为心理活动,《性自命出》篇最强调的是其中的意志(志)和情感成分。它说:"凡心有志也,无与不[可]。"这是明确地以意志活动为"心"。它又说:

> 身欲静而毋慑,虑欲渊而毋伪,行欲勇而必至,貌欲庄而毋
> 拔,[心]欲柔齐而泊,喜欲智而无末,乐欲怿而有志,忧欲敛而
> 毋惛,怒欲盈而毋希,进欲逊而毋巧,退欲寻而毋轻,欲皆度而

---

① 引自李零:《郭店楚简校读记》,载《道家文化研究》第十七辑,生活·读书·新知三联书店 1999 年版,第 504 页。以下简称《楚简》,只注明所载《道家文化研究》杂志的页码。

② 李零:《楚简》,第 506 页。

伪。君子执志必有夫广广之心……君子身以为主心。①

这段文字中，有些字句意义的解释还尚待澄清，但仅就可以弄清楚的意义看，也有这样三点意思：一是将"心"和身、虑、行、貌、喜、怒、忧、乐、进、退、欲对举，表示"心"和它们既不同，又有联系。二是"[心]欲柔齐而泊"和"欲皆度而毋伪"两句的意义有相近处，前者从正面说要"柔齐而泊"，后者从反面说要"度而毋伪"，都讲"心"要自然、"柔齐"、淡泊，有节制，毋人为。如果这样理解是正确的话，那么，在这里，"心"的意义，和"欲"的意义就有相似处。三是讲"心"为身之主。在另一处，《性自命出》篇说："凡道，心术为主"②，而"道生于情"，"情生于性"，"道"是"心"活动的规范。所以，心主身，乃是"心术主道"的具体表现。在此，"主"是主宰、制约的意思，意志的意义很明显。

此外，在《性自命出》篇看来，"心"也是情。它说："未刑而民畏，有心畏者也。""畏"是一种情绪、情感。因为"心"是情，所以哭能"动心"，乐也"动心"，"心变"通过"声变"表现出来，"其声变，则［其心变］。其心变，则其声亦然。"

上述材料都充分说明，在《性自命出》篇中的"心"，或指"志"（意志、欲望等），或指情感，或指认识，或者三者兼举。不论怎么说，这些都只是人心理活动的一部分，或者就是人的心理活动。根本就没有《中庸》中"天心"或"至诚"那样的本体、主体的意义。

其次，在人性论上，《中庸》中的"德性"论与《性自命出》篇中的"气"性论不同。

《中庸》在讲学习时提出"尊德性而道问学"的主张，明确地将人性断定为"德性"。这一思想，和孔子以"道""德""仁""义""信"等作为人的共性或本性的思想一致；用"德性"指称人性，则更加概括、凝练。

---

① 李零：《楚简》，第507页。

② 李零：《楚简》，第505页。

"道""德""仁""义""信"等皆属善的价值，总括这些善价值的"德"性，自然也是善的，而且还是儒家性善论的思想基础。而《性自命出》篇则以自然的"气"理解人性，明确提出"喜、怒、哀、悲之气，性也"①的命题。从这个命题看，《性自命出》篇的人性论，可以归入"气性"论，即在人性概念的外延上，以"气"理解人性的材料、内容和性质、作用和功能的人性论，和《中庸》以"德"理解人性的实质、内容和作用的人性论明显不同。在中国古代儒家人性论史上，人性有善有恶论（世硕、漆雕开等为代表）、人性无善无恶论或可善可恶论（告子等为代表）、人性恶说（荀子为代表）、人性三品说（董仲舒等为代表）、人性善恶混说（扬雄为代表）等，都是气性论的展开。

《中庸》说"天命之谓性"，《性自命出》篇说"性自命出，命自天降"，两者所讲的"天——命——性"的人性来源论、天人关系论等，在思路上、内容上似乎相同。但是，如果我们从《中庸》和《性自命出》篇的人性论具体思想内容看，两者虽然都说"天命性"，但关于"天"和"性"的内涵意义和外延意义，两者的理解却有很大不同；这种不同，充分体现了德性论和气性论的不同。

从"天"的内涵看，《中庸》将"天"理解为以"道""德"为核心的天道、至诚之道。换言之，在《中庸》那里，"命性"的天，乃是"道""德"本体，是以人的认识真理、道德真理、审美真理等为外延的天，是人心中源于自然但又克服、超越、包容了自然在内的、人化的天。《性自命出》篇则将"天"理解为以"气"为核心的天，这是自然的天，表现在人身上，就是以人的认识、意志、情感等心理活动为外延的天，是人心中的自然成分。

从"性"的内涵和是否为善这一点来看，两者也有很大的不同。《中庸》说："自诚明谓之性。"②它强调"道""德"在人性中的先天根据；"性"虽然为天之所命，有先天性，但在后天又有表现，能够成己成物。《中庸》说："性之

---

①　李零：《楚简》，第504页。

②　《中庸》第二十一章。

德也，合外内之道也，故时措之宜也。"①从这句话的上下文看，"外"指成物，即"知"；"内"指成己，即"仁"。而"合外内之道"则是成己与成物合一、仁与知合一的，这就是"性之德"，或者说这是"性"的逻辑结构。现实的人能够做到这一点，自然可以在言行活动中无不合宜。《中庸》作者希望用这种先验人性论，为现实的人们通过学习而不断提高自己的修养，提供理论基础。根据它的思路，我们如果只从"外"、后天方面，从自然、社会方面，从人能够认识和改造世界方面，看人性，讲人性，那是远远不够的。我们还必须在此基础上，进一步从"内"的先天方面，从人的本性、本心、最高理想、终极价值等方面，来讲人性。当然，如果我们讲内而遗外，只说先天而不说后天，那也是不对的。但《中庸》"合外内之道"的说法，看来主要是针对前一种情况而立论的。先天论所谓的先天之物，总是属于积极价值的东西，如真、善、美、用之类。从这个意义上说，《中庸》的人性先天论，潜在断定了人性是真、善、美的，是善的、好的，有无限可能性，这就在事实上蕴含了人性善的意义在内。后来，《孟子》将"人之性善"②一语点破，可谓一脉相传，水到渠成。

《性自命出》篇则以自然的"气"理解人性，所以，在它那里，人性本身无所谓善，也无所谓恶，可以说无善无恶，但从其可能性而言，则也可以说人性可以善，可以恶。善或不善，只是"教"以后出现的两种可能性。它说："善不［善，性也］。"又说："未教而民恒，性善者也。"人性究竟是无善无恶呢？还是有善有恶（后一句可证）呢？还是可善可恶（前一句可证）呢？《性自命出》篇的作者似乎有些游移不定。也许他们认为这个问题的解决，需要人们在后天的现实实践活动中，处理好情感、习惯、教育等的关系。所以，它说："道始于情，情生于性"，"惟性爱，为近仁"。又说："习也者，有以习其性也"。又说："四海之内，其性一也，其用心各异，教使然也"，"教所以生德于中者也"。③按照它的意思，应该用"爱"等情感进行感化，以良

---

① 《中庸》第二十五章。

② 《孟子·告子上》载："人之性善也，犹水之就下也。人无有不善，水无有不下。"

③ 李零：《楚简》，第506页。

好的习惯进行熏陶，再结合教育等活动，共同使人们"生德于中"，使人们自然的人性演变成为善的人性。

由此可见，在《性自命出》篇中，人的"德"性，人性的善，乃是后天社会教化的结果，并不能将它们看成是人天生如此的本性。换言之，在它看来，人性乃是先天如此的性质，但人先天如此的东西并不是"德性"，而是以人的情感、意志、认识等心理活动为表现的自然的"气"，"德性"反而是后天教化、习惯等的产物。这个说法，限制了"德性"内容的范围（只是道德），降低了"德性"的地位（只是后天才出现的东西），与《中庸》将"德性"理解为人的整个性质（真、善、美、用等的统一体，道德只是其一），并断定为"天命"的结果，具有先天性等大不相同。

比如，在《中庸》那里，人修养水平的提高，乃是人将自己先天"德性"在后天经验世界中发挥出来的过程，后天的学习、教育、习惯、情操陶冶等，只起次要的辅助作用，这就是它的"率性""尽性""尊德性"论。它说："率性之谓道。"又说：

> 惟天下至诚，为能尽其性；能尽其性，则能尽人之性；能尽人之性，则能尽物之性；能尽物之性，则可以赞天地之化育；可以赞天地之化育，则可以与天地参矣。①

"率性"，应即"尽性"之义。朱熹解释"率性"说：

> 率，循也。道，犹路也。人物各循其性之自然，则其日用事物之间，莫不各有当行之路，是则所谓道也。②

有学者不同意朱熹的这一解释，认为"率当训领、长，意为统率、率

① 《中庸》第二十二章。

② 朱熹：《中庸章句》，载《四书章句集注》，新编诸子集成第一辑，中华书局1983年版，第17页。

领"①, 语义也通。但这个解释, 可能和《中庸》的"尽性"论不合, 而和《性自命出》篇"心术主道"之说相近, 流于荀子一派人性论的解释了。比较起来, 以《孟子》理解《中庸》, 比以猛烈批评思、孟的《荀子》来理解, 可能更符合《中庸》原义。我们赞成朱熹以"循"释"率"之说, 则"率性", 就是"尽性""尊德性", 就是人们将自己的先天"德性"(非心理活动、本能欲望等)发挥、发扬、实现出来, 这就是道。《中庸》里面讲的"慎独"、五达道、三达德等, 都是率性、尽性、尊德性的内容。而从"天下至诚", 经过"尽性", 达到"与天地参", 则说明了人的"德性"修养, 在整个天人之学中的核心地位。

可见, 《中庸》"尽性"论与《性自命出》篇"教生德于中"说不同, 是《中庸》"德性"论与《性自命出》篇气性论不同的第二个方面。

从上述两个方面看, 《性自命出》篇的心性论, 大不同于《中庸》, 也不同于《孟子》。那么, 在先秦儒家中, 它应该属于哪一个派别呢? 我们认为, 它应该是孔子思想发展到荀子思想的历史环节之一。换言之, 它的思想, 可能并不是孔、孟之间的理论环节, 而是孔荀之间的理论环节。

为什么认为它应该在孔子思想之后呢? 因为《性自命出》篇谈心性论, 非常鲜明而突出, 远较《论语》所言为具体。总的看, 《论语》讲心性还比较抽象。具体而言, 《论语》中的"心", 既有心理心的意义, 如"其心三月不违仁""无所用心"等, 所说的"心"都是心理心, 同时, 也有克服、超越而又包容了心理心在内的"本性"的意义潜藏着。比如"我欲仁, 斯仁至矣""当仁, 不让于师""人能弘道""为仁由己""古之学者为己"等, 其中的"己""我""人"等, 如果没有"本心"意义在其中, 只是心理的自己和小我, 那么, 无论我在这里怎么"欲仁", "仁"还是"至"不出来的, 而"古之学者为己"正好变成学习以成就小我的论调, "为仁由己"则演变成自己任意胡作非为了。而且, 《论语》倡导的人性论, 毫无疑问, 主要是一种

---

① 廖名春:《荆门郭店楚简与先秦儒学》, 载《中国哲学》第二十辑《郭店楚简研究》, 辽宁教育出版社 1999 年版, 第 60 页。

"德性"论，但它也谈到了"性相近也，习相远也"的气性问题。由此看来，在孔子那里，本心与心理心的区别、德性与气性的区别还没有明晰、突出起来。《中庸》突出了《论语》中的本心论和德性论，而与《中庸》相对，《性自命出》篇则突出了《论语》中的心理学思想和气性论因素。《性自命出》篇和《中庸》分别从两个相互对立的方面，发挥了孔子的思想，所以，在时间上当在孔子之后。

那为什么说《性自命出》篇当在荀子之前呢？且不说楚简的历史时间，学者们断定为不晚于战国中期，当在荀子之前；这里只就思想说，《荀子》中的心性论也要比《性自命出》篇的心性论具体而系统。荀子所讲的心是心理心，但是更加具体化，而且更多地指认识和思维活动。比如，荀子说："辩说也者，心之象道也。心也者，道之工宰也。道也者，治之经理也。心合于道，说合于心。"这一说法无疑比《性自命出》篇所谓"心术主道"说更完善。而且，荀子也明确地以"气"解性。他说：

> 生之所以然者谓之性，性之合所生，精合感应，不事而自然，谓之性。性之好恶喜怒哀乐，谓之情；情然而心为之择，谓之虑；心虑而能为之动，谓之伪；虑积焉能习焉而后成，谓之伪。①

仅仅从这一段文字看，荀子不仅以"气"（"和"即阴阳冲和，"精合感应"即气之运动）解性，而且对性与气、情、虑、伪、习等的关系——这些关系正是《性自命出》篇所关心的问题——作了比《性自命出》篇更清楚的界定。照荀子看，人的自然生命、自然元气、自然情感欲望，都属于性；这应是生之谓性说的细化理解。人的"心虑能为"，即价值选择（"情然而心为之择"）、知行活动、知识积累、社会习俗等，皆属于"伪"。荀子言"人之性恶"，只是说人性自然变化趋势，可能走向恶；这不是对人本性下的判断，也不是有关所有人的人性伦理性能的全称判断，更不是所有人的人性变化的

---

① 《荀子·正名》。

必然趋势。荀子所言只是某些人的人性恶化到某种极端特殊境地时的一种结局而已。"其善者伪",人们借助学习、修养,遵循礼法等,走向善的社会,这不属于人性,而是"伪",是人类文化的品性,不能归因于人性。故照荀子的意思,人类社会必须实施修养和教化,针对的就是人性;换言之,人性必须"化",化性才能起伪,止恶而后兴善。荀子"化性"说和孟子存养、扩充至善本性的"知性""养性"说针锋相对。更不用说,荀子还对气性的道德特征作了明确的揭示,那就是他说的那一句名言:"人之性恶,其善者伪也。"① 如此,我们可以说,荀子本着他的气性论,深化而且系统化了《性自命出》篇的心性论,将它发展成为一个系统。反过来说,《性自命出》篇心性论,或许正是荀子心性论比较直接的学术思想渊源。

从《易》的产生看,气论在先秦有久远的历史。以"气"解性,使人性论具有经验实在论的根据。从中国古代思想历史发展的逻辑上说,这种解释方法应该早于为人性论提供理性实在根据的"德性"论。由此,我们猜测,《性自命出》篇的历史时间,很可能也早于《中庸》。气性论一问世,由于它的解释既符合早已经盛行的气的宇宙论,也很接近人们的日常生活经验和常识,所以,理论易形成,人们易理解。我们甚或可以推测,《性自命出》篇那样的心性论,在先秦具有广泛的影响。比如,世硕、宓子贱、漆雕开、公孙尼子、告子等人的人性论,与《性自命出》篇人性论在根本上都属于气性论,理论性质实为一家,故不说两家话。《中庸》只说"德性",已经拉开了"德性"论问世的序幕。孟子出,辟告子"生之谓性"之说。按照孟子说,自己批评他,并非好辩,实不得已,表明气性论影响大。告子以"生"解性,和气性论是一家,都属于朴素的科学派。孟子批评告子,看来并不是只针对告子一人,而且还针对着与告子类似的《性自命出》篇那样的气性论。孟子提出"良心""本心""良知"等范畴,又明确讲"人之性善",确实继承和发展了《中庸》的心性论,批评气性论等,也确实有"不得已"之处。因为有这一段历史公案,所以,继承和发展《性自命出》篇心性论的荀子一

———————————

① 《荀子·性恶》。

出来，就猛批思、孟，甚于道、墨，也显然可以理解。至于荀子进一步提出"人之性恶，其善者伪也"之说，那更是明摆着要和孟子的人性善说相对抗了。

笔者不成熟的看法是，郭店楚简中，至少有些篇章，比如《性自命出》篇，在思想上与《中庸》不类，而更接近告子和荀子的思想系统。我们恐怕不能仅仅依据楚简的字面意义，就断定它属于子思的作品，并将它们与《中庸》相提并论。

第五节　批判诸子学

孟子思想的产生，除了与时代的需要、与孔子人学思想的进一步发展等密不可分外，还有另外的背景，那就是"百家争鸣"的学术思想新局面。进入战国中期以后，列国并立，应该如何治理国家，才能引导社会成为理想的社会，更成为大家关注的重要问题；同时，结束诸侯割据，让国家走向统一，也成为许多人的共同愿望。那么，一个国家应该怎样治理才好呢？一个诸侯国怎样才能"王天下"呢？对这个问题，当时出现了许多不同的看法；儒家、道家、墨家、法家、农家等，都有自己的一套治国主张；他们互相批评，形成了"百家争鸣"的局面。孟子的思想，也正是孟子站在孔子儒家人学立场，继承和发扬孔子、曾子、子思等思考和解决问题的思路，批判诸子各派思想或主张的产物。

一、以儒家"王道"批判法家"霸道"

所谓"王道"，本指先王所行无党无偏的正道①，但在孟子那里，特指国

---

① 《尚书·洪范》："无偏无党，王道荡荡；无党无偏，王道平平；无反无侧，王道正直。"

君以"仁义"治天下而"王天下"①(以仁义道德统一天下)之道；所谓"霸道"，则指国君凭借武力、刑罚、权势等进行统治而称霸天下之道。孟子认为"仁政"就是以善养人，以德服人，能让民众发自内心敬服，能长治久安、统一天下，所以，"仁政"乃是真正的"王道"，而法家的主张则是以力服人，民众不是心服，但也能在短期内称霸诸侯，所以叫做"霸道"。孟子批判法家，主要就是以儒家的"王道"批判法家的"霸道"。

春秋以来，对现实社会政治活动产生直接影响的，首推法家。法家是一批在位实际推行变法革新的人物，前期有战国初年魏国李悝等，战国中期则以秦国商鞅（前390—前338）为代表，战国末年的韩非（前280—前233）是法家思想的总结者。他们的学说，偏重于政治改革以解决富国强兵问题，在各国先后推行实践，取得了明显成效，对中国古代政治产生了巨大影响。法家认为，只有经过战争较量，强者战胜弱者，才能使天下统一，建立起中央集权的国家。即胜者为王，败者为寇，不可能再有别的道路。商鞅说："名尊地广，以至于王者，何故？战胜者也；名卑地削，以至于亡者，何故？战罢（败）者也。不胜而王，不败而亡者，自古及今，未尝有也。"② 这正是法家"霸道"治国主张很好的体现。

我们都知道，孔子是主张"德治"，反对严酷刑罚，也反对"不教而战"的。法家的武力"战胜"说，与儒家文明"教化"（"不战而屈人之兵""仁者无敌于天下"）主张可谓针锋相对。所以，孟子提倡"仁政"，首先批判的就是法家。孟子对法家"霸道"的批判，主要集中在治国道路和君臣关系、君民关系等具体方面。

在治国道路问题上，法家鼓吹暴力，主张抛弃仁义，专任刑罚，用军事武力统一各国。他们公开批评儒家德治或仁政主张，认为其迂阔而不可行。他们指责儒家的仁义、孝悌、礼乐等是"淫佚之征"和"过之母"③，断定"仁义不足以治天下"，而理想的政治领袖，即"圣王者，不贵义而

---

① 《孟子·梁惠王上》："养生丧死无憾，王道之始也。"

② 《商君书·画策》。

③ 《商君书·说民》。

贵法。法必明，令必行"。①强调君主要严刑峻法，"不别亲疏，不殊贵贱，一断于法"②。对卿相、将军、大夫、庶人等不执行国君法令的人，"罪死不赦，刑及三族"③。而他们所谓"法"，只是君主个人私意，并不一定代表天下所有人的公意或民心。所以，他们特别害怕儒家所讲的人人共具的、有人文精神的"道"或"德"，而暗中将"道"改造成为君主个人意志的代名词。

与法家不同，儒家主张治国要实行"王道"，实行"德治"（孔子）或"仁政"（孟子），实行有人性基础的政治统治。孟子就主张施行"仁政"，猛烈抨击法家的霸道、力政。他说：

> 以力假仁者霸，霸必有大国；以德行仁者王……以力服人者，非心服也，力不赡也。以德服人者，中心悦而诚服也，如七十子之服孔子也。④

孟子说，法家奉行霸道，依仗土地、甲兵等实力，如果还假仁假义的话，基本上就可以称霸诸侯了。而以统治者自己较高修养为基础，施行"仁政"，推行"德治"，则可使天下人心归服，这样统一天下才能固本培元，国泰民安。这是因为霸道以强大物质实力碾压制服，王道则以精神感染，使民心归服；霸道使人屈服于压力而非心服，王道获得民心而使人心悦诚服。孟子通过比较王道与霸道、德教与力政在治国手段、基础和结果等方面的不同，揭示了二者的根本对立。

孟子对法家的具体批判，特别集中在法家关于君与臣、君与民关系问题上。

就君臣关系言，法家反对儒家君仁臣忠的道德观，主张君主极端专制独

---

①　《商君书·画策》。

②　《商君书·定分》。

③　《商君书·赏刑》。

④　《孟子·公孙丑上》。

裁，卿相大臣必须绝对服从君主。比如慎到认为君主要实行独裁而不能尊贤，"立君而尊贤，是贤与君争，其乱甚于无君"①。申不害则主张君主要以权术驾驭、防范臣下，胸藏心机，不露声色。商鞅则强调国君以法律、刑罚约束控制和惩治卿相，"有不从王令、犯国禁、乱上制者，罪死不赦"②。法家建议，君主应该借助法、术、势，建立君主专制集权；在这种集权制度里，君王完全包揽大权，臣下只能俯首听命，充当君主行使权力的工具。儒家坚决反对法家这种君臣相互利用的赤裸裸关系。孔子主张"君使臣以礼，臣事君以忠"③。孟子则提出君仁臣义，各尽其道。在孟子看来，君尽君道，为臣表率，以仁义、礼节对待臣下，臣则忠君、敬君，"做到不令而行"；"臣事君以忠"，是以"君仁""君义""君正"为前提的。臣忠于君，不是愚忠和盲从，而是"务引其君以当道"④；对君主过失，臣要犯颜谏诤，敦促其摒弃邪说偏见。孟子还从"民本"思想出发，提出了对危害国家、残害百姓、反复谏之而不改的诸侯、国君，或变置，或易位，或诛之，充分肯定了撤换、诛杀暴君的革命正义性及合理性。孟子在君臣关系上的态度，无疑是他"仁政"思想在君臣关系上的延伸。

在君民关系上，法家站在君主专制立场，极力反对儒家重民、爱民、教民、富民等主张，强调极端尊君，鄙视、利用、愚弄和虐待百姓。商鞅强调国君视百姓为奸民，"以良民治，必乱至削；以奸民治，必治至强"⑤。后来的韩非也认为人民愚昧无知，只能做供国君驱使的工具，抨击儒家"得民心"的主张是"乱之端"和"恣奸之行"，反对向人民施行仁义，对百姓只能施行残酷镇压，认为哀怜百姓"不忍诛罚，则暴乱不止"⑥，指责儒家减轻刑罚的主张是乱亡之术。在如何认识和对待民众问题上，儒家爱民重民，与法家刻薄寡恩恰恰相反。孔子主张国君要施行德政，宽猛相济，使民以时，富民

---

① 《慎子·佚文》。

② 《商君书·赏刑》。

③ 《论语·八佾》。

④ 《孟子·告子下》。

⑤ 《商君书·说民》。

⑥ 《韩非子·奸劫弑臣》。

利民，争取"天下之民归心焉"①。孟子则强调国君要施行"仁政"，制民之产，省刑罚，薄赋敛，与民同乐，以民为本，以民为宝，首次明确提出"民为贵，社稷次之，君为轻。是故得乎丘民而为天子"②"得天下有道，得其民，斯得天下矣。得其民有道，得其心，斯得民矣"③ 等至理名言，将民众在国家中的地位和作用提到空前的政治高度，即民众决定国家治乱、影响天下得失、珍贵过于君主的高度。孟子"民贵君轻"思想成为古代儒家民本思想的典型，影响深远。

孟子在君臣、君民关系上与法家的针锋相对，并不是孟子的主观臆断，而有其君臣关系的客观认识基础。他认识到，要巩固统治地位，君主必须认真协调君臣、君民关系，使相互支持配合，达到和谐程度，决不能让君王处于孤家寡人、孤立无援境地；虽然君主为主，但贤明君主应该充分重视臣下和民众的地位，发挥臣下和民众的作用，实现君臣共治、君民同乐。这些政治主张，当然也和他人性本善的人性论立场有密切关联。由于人人都有善端，只要稍加引导，人们就提高自己，并仁爱他人，推己及人，从而建立起和谐的家国天下人际关系和稳定的社会政治秩序。

儒家与法家的分歧，还表现在用人方面。法家反对儒家的"尚贤"主张，强调法治，夸大法治的作用，并把它推向极端，提出了尚法不尚贤的主张。他们提出，君主应以法、术、势控制臣民，认为君主选用人才而希望得到贤智，办理政事而希望迎合民众，都是祸乱的根源，不能这样治国。而对儒家来说，则反对法家尚法不尚贤的主张，认为是否任用贤才，关系国家的安危治乱和天下得失。比如孔子主张"举贤才"④、任用正直的人和罢免不正派的人。孟子则强调"尊贤使能，俊杰在位"⑤，相信"不信仁贤，则国空虚"⑥，和打破常规、不拘一格选用人才。

---

① 《论语·尧曰》。

② 《孟子·尽心下》。

③ 《孟子·离娄上》。

④ 《论语·子路》。

⑤ 《孟子·公孙丑上》。

⑥ 《孟子·尽心下》。

比较法、儒二家观点，可以发现，为了维护社会和谐、稳定，法度和贤能都不可缺少。而法家片面强调法度，追求法治，反对将"德"作为选拔人才的标准，主张选拔忠实于君主和为君主控制使用的人，而不顾其他方面的道德品质和能力。尚法不尚贤，这种主张往往为历史上那些玩弄权术的阴谋家所利用。后来的儒家代表人物荀子就对法家的代表人物慎到和申不害进行了批判，认为法与势固然重要，但礼和贤、智，比法、势更为重要，任用贤才方可视为奉行"先王之道"①，这就重申了选用贤能对于治理国家的重要性。

孟子对法家治国主张的批判，主要应源于孔子的"德治"思想。孟子以孔子主张为准则，坚决反对法家的霸道和严刑峻法，多次批评当时诸侯国君严刑峻法的严酷统治。孟子还结合当时的社会现实，希望各国统治者能关怀民生休戚，舒缓百姓痛苦，将更多注意力转移到帮助老百姓安居乐业上来，从而，将孔子"德治"思想进一步发展为更加重视民众利益和民众心理（"民心"）的"仁政"学说。比如，孟子主张治理国家，要施行"仁政"，在"制民之产"、减刑薄赋的基础上，加强道德教化。从这个意义上说，孟子批判法家的第一个方面，实际上是以"仁政"的人文精神批判法家"法治"所要树立和维护的君主专制，是以"民本"思想批判法家的专制统治，用现代语言说，是以文明政治统治批判野蛮政治统治。这个主张，其人文的进步意义是难以抹杀的。

另一方面，诸侯国之间连绵不断的战争，极大破坏了生产，特别是农业生产，以致"大军之后，必有凶年"，成为时人经验之谈。战争与水、旱等灾害，接踵而来，首当其冲的是广大农民和手工业者。这就给孟子宣传"仁政"思想，反对兼并战争，提供了社会现实材料。孟子亲眼看到，"争城以战，杀人盈城；争地以战，杀人盈野"②；侥幸在战争中没有送命的百姓，也只落得背井离乡，甚或冻馁而亡，"老者转乎沟壑，壮者散而之四方"③的悲惨结局。"仰不足以事父母，俯不足以畜妻子；乐岁终身苦，凶年不免于死

---

① 《荀子·君子》。

② 《孟子·离娄上》。

③ 《孟子·梁惠王下》。

亡"①，是当时常见社会现象。而驱使民众相互残杀的诸侯、国君们，却"庖有肥肉，厩有肥马"②，"仓廪实，府库充。"③孟子认为这类人间惨剧，不断上演，正可谓"率兽而食人"。如果统治者不实行"仁政"，总是通过战争满足个人私欲，谋取个人私利，最后必然会导致人民忍无可忍，铤而走险，出现"出乎尔者反乎尔者"的意料之外结局。可见，孟子反对法家主张的第二个方面，就是站在保障人民生活的角度，提倡和平，反对战争。

孟子猛烈批判法家治国主张，还有深层次的理论原因。在人性问题上，孟子遵循孔子强调仁义道德的思路，明确提出"人之性善"说，并以此和主张人性无善无恶的告子进行反复辩论；而法家则关注人人好逸恶劳、趋利避害等现象，相信人性恶。人性论上的不同主张，根本上决定了孟子必然对法家持批判的态度。有人正确地指出："儒法斗争，从表层讲是方法、方略之争，从理论深层讲，则是人性善恶之争。"④法家主张君主对民众进行严酷无情统治，其理论基础就是荀子的人性恶说。他们为了突出君主地位，有意识地极端蔑视人民群众，污蔑说人们本性都是"恶"的，以便为君主罔顾百姓利益、践踏民众尊严而实行个人专制独裁，提供人性论根据。这种庸俗主张，完全是为君主专制服务的谬说。这种谬说不只是法家才有，也不只是法家才发现这个"真理"。其实，历代专制君主都瞧不起人民群众，不相信人民群众自己也能治理好国家，在治理国家时甚至以人民群众为国家负担；一朝权在手，就自以为是，贪天功为己力，误以为只有君主个人才多么多么伟大。污蔑老百姓没有治理好国家的能力，是任何专制统治者的共同借口；而老百姓不能充分发挥他们的潜力或作为人的可能性，不能充分展示他们作为人的尊严和价值，则是任何专制社会所共同具有的弱点。其实，按照后来早期启蒙思想家们如黄宗羲等人的尖锐看法，专制君主们除了比普通百姓更自私、更无耻、更愚蠢之外，并无别的什么长处。但是，专制君主们长期掌握

① 《孟子·梁惠王上》。
② 《孟子·梁惠王上》。
③ 《孟子·梁惠王下》。
④ 马中：《中国哲人的大思路》，陕西人民出版社1993年版，第744页。

了整个国家的资源，同时也自然地有一种维护自己权力的理论需要。法家在初期主张改革，在政治上还有一些进步意义，但越到后期，就越演变成为君主专制的理论帮凶，成为诸子学中最庸俗的学说。

孟子坚信人性善，他认为，人们，包括普通百姓，每一个人本性都是至善的，每个人的人生都有无限潜力，借助学习、教育，人们完全能扩充善性，发挥潜力，成为真正理想的人；在此基础上，人人成为理想的人，社会就足以成为理想社会。治国者若简单粗暴，只知道以私天下观念治国，不尊重人，不相信人，直将百姓当坏人，防范控制加镇压，专用刑罚恐吓民众，习用暴力压服百姓，结果势必遏制国民的善性，限制国民潜力的发掘和发挥，民众只能自发学习时君世主，泯灭良知，随波逐流，甚至沉沦堕落，成为非人，乃是自然而然的结局。在孟子看来，人们只要有恒产，又有基本文明修养，而且社会各种规范比较合理，人们自能遵守和维护这些制度。在这种情况下，孟子在理论上用人性善说批判法家人性恶论调，在治国理政修养上，以人性修养批判法家权势手腕，在社会教化上，用治国者以身作则、垂范天下的带动方式，批判法家强制灌输压服的暴力方式，用公天下的道理法则批判法家君主私天下的庸俗念头，用民本公心批判君本私心，对于树立中国古代优秀政治传统，维护民众利益和人的尊严，无疑具有非常重大的意义。

从这个意义上说，孔孟儒学，作为人学，实际上是先秦时期唯一能维护和代表广大人民群众利益或权益的学术思想，在后来中国历史上产生的积极作用，是广泛而深远的；而法家庸俗学说为专制君主个人私利服务，在后来中国历史上的消极影响也难以估量。

孟子抨击法家的霸道、力政等主张，但并不否认"法"的意义。他赞成"徒善不足以为政，徒法不能以自行"①的说法，认为治国不可无"法守"，但他强调百姓要有"法守"，必须以统治者先有"道揆"为条件。所谓"道揆"，就是以"道"或真理来制定法度，实际上就是孟子的一套"仁政"理

---

① 《孟子·离娄上》。

论。同时，孟子也主张发展生产，"深耕易耨"，使国家"土地辟，田野治"。①
由此看来，在增强国家经济实力的意义上，孟子的主张与法家的耕战政策也
有某些相通之处。孟子并不反对一切"法"，也不反对一切发展生产的主张，
只不过，孟子认为统治者应该首先提高自己的道德修养和治国水平，打好自
己治理国家的修养基础，时刻发挥仁爱民众之心而已。

孟子思想的产生，在一定程度上，可以说就是在批判法家的"霸道"主
张中，逐步形成和完善的。

二、以"仁爱"说批判墨子"兼爱"说为"无父"

孟子生活的战国中期，是一个百家争鸣的时代。除了与儒家针锋相对的
法家外，还有墨家、道家以及农家等。孟子批判诸子学，其重点并不在法
家，而在墨家、道家。为什么呢？孟子引孔子的话说：

> 恶似而非者：恶莠，恐其乱苗也……恶紫，恐其乱朱也；恶乡
> 原，恐其乱德也。②

孟子也像孔子一样，认为似是而非的东西，比显然不正确（"非"）的东
西更可恶。因为在不明道理的人那里，它容易同正确（"是"）的东西相混淆，
让人混淆黑白，难分是非。"莠"是长得很像庄稼苗的杂草，这种草比别的
草更可恶。紫色似乎是红而不是红，容易同红相混。"乡原"是一种表面有
"德"而其实无"德"的人，因为看起来似乎是有"德"，很能够欺骗人，将
人带坏了，所以是"德之贼"。道家主张"为我"，而墨家主张"兼爱"，表
面上看，似乎也有些道理，一个讲"我"，与儒家的真我（"己"）论似乎相像，
一个讲"爱"，与儒家的"仁爱"说似乎接近。但是，它们的主张，却必然

---

① 《孟子·告子下》。

② 《孟子·尽心下》。

导致"无父""无君"的结果，这就完全违反了人的本性（"德性"），助长了当时"臣弑其君，子弑其父"的"大乱"现象。所以，孟子认为，道家与墨家的主张，都是"似是而非"的东西，必须从理论上重点批判它们。

而且，墨、道两家的学说，在当时社会上有相当的影响。孟子说：

> 世衰道微，邪说暴行有作，臣弑其君者有之，子弑其父者有之……圣王不作，诸侯放恣，处士横议，杨朱、墨翟之言盈天下。天下之言不归杨，则归墨。①

在孟子看来，杨朱、墨翟的学说在当时社会上成为时髦的流行话语，无形占据了人们头脑，误导了人们思想，对于现实的人成为理想的人特别不利。所以，孟子直截了当指出：

> 杨、墨之道不息，孔子之道不著，是邪说诬民，充塞仁义也。仁义充塞，则率兽食人，人将相食。②

杨朱、墨子的思想在当时社会上的影响很大，以致一般人"逃墨必归于杨，逃杨必归于墨"。儒家也受影响，出现了一批"与杨、墨辩"③的人物。在这种背景下，孟子以"正人心""息邪说""距诐行""放淫辞"为己任，勇敢地承担起捍卫、维护和发展儒家学说的重任。

其实，从历史上看，儒家与墨家的思想冲突由来已久。自从墨子学儒不成，而创立墨家学派以来，就不断批评儒家，挑起和儒家的冲突。墨子是战国时期地位和声望仅次于孔子，而有巨大社会影响的思想家。法家的韩非子评述当时学术思想界的形势说："世之显学，儒、墨也。儒之所至，孔子也；

---

① 《孟子·滕文公下》。

② 《孟子·滕文公下》。

③ 《孟子·尽心下》。

墨之所至，墨翟也。"① 这说明墨子及其所创立的墨家学派的影响是巨大的，而且墨家创立伊始，就是作为儒家的对立面出现的。

墨家与儒家的思想冲突，涉及的思想内容很多，归纳起来大概有以下几点："兼爱"与"仁爱"之争、"节葬"与"非乐"之争以及关于"天命"问题的论争等。

就"爱人"主张看，它的提出是儒、墨两家在春秋战国之交，面对诸侯国之间的相互兼并征战、大夫之间互相杀伐的现状，而提出的拯救社会时弊的不同方案。孔子创立了以"仁"为核心的思想体系。他的"仁"渗透于政治、经济、文化、教育等若干方面，其基本的含义是"爱人"。但这种"爱"的情感是"有差等"的，是以宗法血缘为基础的亲情，在亲疏尊卑之间，还有差别和等级次序（"礼"）作规范。在人学上，它属于孔子"推己"之学的一部分。它根据"己欲立而立人，己欲达而达人"的原则，由近及远、由亲及疏地推己及人，将自己的"爱"或"仁德"推扩及于全社会，以至整个宇宙。墨子猛烈抨击孔子"爱有等差"的"仁爱"观念，而主张"爱无差等""兼以易别"，把社会各种祸乱产生的根本原因，归结为人们"不相爱"，主张以"兼"代替儒家的"别"。而且在墨子看来，只有"兼爱"才是真正的爱，而"别爱"实质上等于不爱。墨子提出"使天下兼相爱，爱人若爱其身"② 的主张，要求人们"为彼犹为己也"③，比如，"视人之国若视其国，视人之家若视其家，视人之身若视其身"④。墨子的"兼爱"思想，乃是一种直接地视人如己故爱人如己的主张。

在"兼爱"与"仁爱"之争的初期，即孔、墨时代，两派之争主要表现为墨子对儒家学说的批判。到了战国中期孟子的时代，则表现为儒家对墨家的全面反攻。孟子公开提出"距杨、墨"，高举起儒家批判墨家学说的旗帜。

在"爱人"思想上，孟子继承和发展了孔子的"仁学"思想。他指出：

① 《韩非子·显学》。

② 《墨子·兼爱上》。

③ 《墨子·兼爱下》。

④ 《墨子·兼爱中》。

"仁之实，事亲是也；义之实，从兄是也。"又说："事孰为大？事亲为大。"①
孟子显然和孔子一样，突出了仁爱感情的血缘宗法色彩，并进一步由"亲亲"
出发，运用"推"的方法，把仁爱普及于"民"乃至于"物"，这就是他所
说的"亲亲而仁民，仁民而爱物"②。孟子笔下的仁爱以血缘宗法关系为基础，
则仁爱自然也是有差等的。在亲疏贵贱之间，爱也是有差别、有先后次序
的。但是，墨子主张没有差别次序的"兼爱"。孟子说：

> 墨子兼爱，摩顶放踵利天下，为之。③

墨子的"兼爱"主张，与杨朱的"为我"主张正好相反。孟子将这两家
学说放在一起，一并进行批评，从而显示出孔、孟在"爱"的主张上的"中
庸"辩证色彩。

此时孟子对墨者的批判，主要表现为孟子同墨者夷之的辩论。夷之认
为："爱无差等，施由亲始。"④夷之的这个说法，继承了墨子爱无亲疏远近的
思想。但夷之又主张，在施爱时，要从父母开始，事实上又悄悄承认了儒家
血缘亲情说。承认血缘亲情，则必然承认爱有差等，而且承认"施由亲始"，
但夷之又主张爱无差等，这当然是一个矛盾。所以孟子批评夷之的看法是
"二本"。孟子本着爱有差等的立场，反问夷之说："夫夷子信以为人之亲其
兄之子，为若亲其邻之赤子乎？"孟子指出，人本来爱他自己的父母胜于他
爱别人的父母，爱他自己的子女胜于爱别人的子女。如果"爱无差等"，那
就要爱别人等于爱其亲，或爱其亲等于爱别人，那么必然把爱别人的父亲等
于爱自己的父亲；但事实上，人们并不爱别人的父亲，以此不爱之情爱自己
父亲，当然就是不爱自己父亲。结果，兼相爱用于爱父亲，爱自己父亲的感
情、礼仪、礼义也就不存在了。所以孟子指斥墨家"兼爱"是"无父"。

---

① 《孟子·离娄上》。

② 《孟子·尽心上》。

③ 《孟子·尽心上》。

④ 《孟子·滕文公上》。

在"节葬"与"非乐"问题上，儒家和墨家也有论争，孟子在这些方面也多有建树。在丧葬问题上，墨家概括儒家的主张，是厚葬久丧。儒家的这一主张，立足于父母与子女的血缘情感，是当时以血缘为基础的宗法制度在丧葬问题上的反映。孔子突出强调"三年之丧"是满足子女报答父母养育之恩的心理情感需要。墨子则从"节用"的立场出发，极力抨击儒家的这一主张，认为"厚葬久丧"，"重为棺椁，多为衣衾，送死若徙，三年哭泣，扶后起，杖后行。耳无闻，目不见，此足以丧天下。"① 也就是说，厚葬久丧是一种巨大的浪费，它的严重后果是耽误民事，浪费财力，破坏生产，危害国家。而且在居丧期间，限制人民的饮食起居，毁坏人们的形体，结果将导致国家贫，人民寡，刑政乱。墨子同时提出自己的主张，认为不分亲疏贵贱，死后一律实行薄葬短丧，"棺三寸，足以朽骨；衣三领，足以朽肉"，"不失死生之利者。"② 墨子同时也提出"非乐"的主张。他指责儒家"繁饰礼乐以淫人"③，等等。这里，墨子批评了当时礼制实践中的繁文缛节，具有一定的合理性。但是也应看到，墨家强调小生产者狭隘的功利主义"非乐"，也在一定程度上否定了艺术的文化功能及其积极意义，这就太过了，暴露了小生产者局限于功利思维的不足。

孟子批判墨家思想，并非全盘否定墨子所有的思想主张。比如，墨家"摩顶放踵以利天下"的宗教精神，墨子"尚贤"的主张等，孟子就没有批评过。这说明，儒家和墨家之间可能存在着某些共同的思想内容，显示出墨子受到儒家影响的方面。比如，关于"尚贤"主张，儒、墨基本上是相同的。孔子曾经说过："先进于礼乐，野人也；后进于礼乐，君子也。如用之，则吾从先进。"④ 在孔子看来，没有世袭特权的野人是先学习礼乐而后做官，享有世袭特权的君子是先做官而后学习礼乐。如果要选用人才，那我就要选用先学习礼乐的野人。由此看来，孔子的人才选拔观，要求注重选拔那些通过学

---

① 《墨子·公孟》。

② 《墨子·节葬下》。

③ 《墨子·公孟》。

④ 《论语·先进》。

习掌握了礼乐的贤才，而不是看他有没有世袭特权，不是看这个人政治身份或政治地位的高低贵贱。孔子显然是主张举贤能的。墨子则将孔子举贤能的主张，进一步发展成为"尚贤"说。他主张不论人的出身贵贱、血缘亲疏，应唯贤是举。孟子则继承了孔子举贤能的思想，主张诸侯、国君要效法古圣先贤，不拘一格选拔、任用贤才，"贵德而尊士，贤者在位，能者在职"①，"使卑逾尊，疏逾戚"②。可见，儒、墨两家在人才选用问题上，是有共同看法的。

又如，在关于战争问题上，儒、墨也有不矛盾的地方。孔子对于战争问题，并没有明确的主张，但从他批评"季氏将伐颛臾"是策划在国内打内战这件事可以看出，孔子是反对非正义战争的。墨子则明确主张"非攻"，反对"攻伐无罪之国"的不义之战。他将战争区分为"诛"与"攻"，即正义战争和非正义战争。这同孔子反战的意思可以相通。孟子则吸收了墨了反对非正义战争的思想，认为如果战争是为了抵抗侵略和征伐不仁之国而兴的，那么，这就是正义战争；反之，侵略、掠夺别国的土地、人口的战争则是非正义战争。孟子赞成"义战"，同时主张"善战者服上刑"③，要求对那些炫耀武力、从事兼并战争的人要处以重刑。由此看来，孟子抨击不义之战，赞成正义战争的思想，同墨家又是相通和一致的。

三、以"良知"说批判杨朱"为我"说为"无君"

孟子还对杨朱的"为我"思想进行了批判。

在春秋战国时期的"百家争鸣"中，道家是与儒家进行激烈争辩的又一个重要学派。司马迁指出："世之学老子者则绌儒学，儒学亦绌老子。'道不同，不相为谋'，岂谓是邪？"④ 儒家和道家互相批评，是先秦时期"百家争

---

① 《孟子·公孙丑上》。

② 《孟子·梁惠王下》。

③ 《孟子·离娄上》。

④ 《史记》卷六三《老庄申韩列传》。

鸣"中的重要部分，在整个中国古代思想史上都有十分重要的影响。

道家的创始人为老子，其后学比较有名的是约与孟子同时期的庄子，此外在老、庄之间还有一个道家人物杨朱。道家与儒家争辩，主要围绕人性内涵（是否是"仁""义""道""德"等）、治国方法以及理想社会的特征等方面展开。在仁、义、道、德方面，道家从自然无为的根本观点出发，崇尚个体生命的自由发展，极力抨击儒家的仁、义、礼、智，老子就说过："大道废，有仁义；智慧出，有大伪；六亲不和，有孝慈。"① 又说："失道而后德，失德而后仁，失仁而后义，失义而后礼。失礼者，忠信之薄，而乱之首也。"② 老子将儒家提倡的仁、义、礼、智视为桎梏人自然本性的束缚，看成导致社会政治祸乱的根源。老子认为仁、义、礼、智都是人为的、虚伪的，是为"有国有家"者服务的工具，只有抛弃仁、义等，才能恢复人自然无为的天性。而在治国方法上，孔、孟儒家突出强调了以仁、义治国平天下的积极作用，主张推行贤能政治。道家则激烈抨击儒家的这个治国方法。老子说："以智治国，国之贼；不以智治国，国之福。"③ 后来的庄子也指出："道、德不废，安取仁、义！性、情不离，安用礼、乐！……毁道、德以为仁、义，圣人之过也。"④ 老、庄都指出了仁、义、道、德束缚毁坏人类自然本性、导致社会祸乱昏暗等不良后果。

在道家的批判中，他们一方面看到了现实社会中仁、义、道、德等方面的不足，这无疑是正确的；但另一方面，道家又没有看到人类社会为调节人际关系而派生出来的仁、义、道、德等道德规范、价值观念，对社会产生的积极作用。至于他们将儒家思想限定到仁、义、道、德等伦理方面，而不及天命、天道本原，也不及认识真理、审美欣赏、政治经济功利等内容，如斯小视、贬斥儒家，缺乏同情理解其矣，而其所误解的儒学思想，则和后来儒学发展的历史实际全不符合。

---

① 《老子》第十八章。

② 《老子》第三十八章。

③ 《老子》第六十五章。

④ 《庄子·马蹄》。

儒家面对道家的嘲讽、讥刺，也对道家进行了反批评。就孔子而言，他站在使人从自然中觉醒、独立起来的人学立场，主要批评道家人学强调天道自然，没有凸显人有别于鸟兽的性能，而总是表现为隐士们"与鸟兽同群"的生活方式。根据《史记》记载，老子曾经教训前来"问礼"的孔子①，孔子没有反驳，而只是背后对弟子们说：

> 鸟，吾知其能飞；鱼，吾知其能游；兽，吾知其能走。走者可以为网，游者可以为纶，飞者可以为矰。至于龙，吾不能知，其乘风云而上天。吾今日见老子，其犹龙邪！②

孔子似乎尊老子为"龙"，其实是将老子暗贬为和"鸟兽"同类的异兽。在孔子看来，对于一般鸟兽，人们可以用"网""纶""矰"等（暗喻儒家的礼义等）规范它们，但老子乃是一种常人难见而孔子"不能知"的异兽，他完全超越了"礼义"等规范，用一般的"网""纶""矰"等社会工具，当然也抓不住他。同时也可以看出，老子学说确有"乘风云而上天"的高远特点，孔子除了说自己对它"不能知"，说"礼义"等不能规范它外，对于其思想本身，并没有明确进行批评。孔子在周游列国期间，也多次遭受隐士们的讥讽，有时候，他也作一些辩解；从这些辩解，可见到孔子对这些过道家人生的隐士们之含蓄批评态度。按照孔子的意思，隐士们的不足或弱点在于，他们与"鸟兽"为群，而没有实现人之所以超越"鸟兽"③而为人的意义与价值（学道求道，闻道行道，让天下有道）。孔子着重在思想上立，而不在于破，着重在建立自己的学说，而不在于批评别人的学说。这种为人处世态度，与他自

---

① 《史记》卷六三《老庄申韩列传》记载老子教训孔子说："子所言者，其人与骨皆已朽矣，独其言在耳。且君子得其时则驾，不得其时则蓬累而行。吾闻之，良贾深藏若虚，君子盛德，容貌若愚。去子之骄气与多欲，态色与淫志，是皆无益于子之身。吾所以告子，若是而已矣。"

② 《史记》卷六三《老庄申韩列传》。

③ 隐士长沮、桀溺讥讽劝子路说："滔滔者，天下皆是也，而谁以易之？且而与其从辟人之士也，岂若从辟世之士哉？"子路将这些话告诉了孔子，孔子说："鸟兽不可与同群，吾非斯人之徒与而谁与？天下有道，丘不与易也。"（《论语·微子》）

己 "温" 的作风，与他一向提倡的 "恭宽" 以及 "礼让" 等品德是一致的。

孟子继承和发展了孔子的思想，他主要从人学思想角度批评了杨朱的 "为我" 论，而丝毫没有提及同时代的庄子。为什么孟子不批评庄子，这是一个到现在还没有解决的疑问。也许跟当时学术思想信息的传播不畅通、不迅捷有关，也可能由于庄子隐居不出，只和惠施等极少数学者有交往，所以信息来源较少，不知世界上竟然有孟子其人，而且自己的思想在当时影响面不宽，也可能为孟子所不知。不管是哪一种情况，当时并世而生的儒、道两大思想家，都是各自学派的领袖，在思想上又都非常重视主体的地位和作用，却没有机会互相交流讨论，给我们后学上演一场精彩绝伦的 "孟庄之辩"，毕竟是中国学术思想历史上的一大遗憾。

杨朱是战国初期的道家学者。他将道家尊重自然人性的思想，形象地概括为 "为我" 说。根据现在我们所能见到的材料，杨朱的中心思想有 "为我" "贵己" 和 "轻物重生" 几个方面。他强调自爱，珍视自己的身体，重视人的自然生命，认为 "耳不乐声，目不乐色，口不甘味，与死无择"①，肯定了耳、目、口等感官欲望对人生的重要意义；但他又认为："圣人之于声色滋味也，利于性则取之，害于性则舍之，此全性之道也。"② 这又说人的感官欲望必须有利于自然或天然生命的发展，不利于自然或天然生命发展的欲望，就应坚决舍弃它。总之，杨朱一方面重视耳目等感官欲望对于人生的重要意义，另一方面，又主张对 "声色滋味" 的取舍要看其是否有利于保全自己的生命（全性、重生）。他站在维护、保全、实现自然生命价值（"道"）的超然立场，漠视外在的富贵利禄（"轻物"），也提升了 "声色滋味" 等感官欲望的人学意义。

根据上述材料，我们还可以发现杨朱所谓 "道" 的意义，比起老子而言，已经有所变化。老子的 "道"，既是无与有的统一，还是世界的根源和根据，它的基本特征，似可用西汉大史学家司马迁的概括，就是 "无为自化，清

---

① 《吕氏春秋·情欲》。

② 《吕氏春秋·本生》。

静自正"①。现实的人们，则要致虚守静、尚柔守弱等，追求无欲、无知、无为、无忧等，与"道"一致，既使自己"长生久视"，也能治理好天下国家。在老子那里，"道"还有最高主体的意义。杨朱则着重发挥了老子"道"的主体意义，而且将"道"主体性能具体化为"为我"的"我"、"贵己"的"己"和"重生"的"生"等意义。这意味着，在杨朱那里，"我"就是"己"，杨朱强调"我"，突出了老子"道"的现实主体性，为庄子"逍遥"主体的出现开了先路，杨朱的"为我"论，也成为老、庄思想之间的一个理论环节；同时，他所谓"我"的内涵就是"生"，而"生"则主要指人的天然或自然的生命，这不仅凸显了老子"道"的生命内涵，而且还突出了老子思想的养生学意义。

孟子批评杨朱，并不是批评杨朱的所有思想，比如他的道家思想或养生学思想等，而是重点批判杨朱的"为我"论。

在关于"我"的问题上，孟子区分出人的两个"我"，一是现实自然的生物生命"我"，孟子称之为"生"，另一个是现实人的本性或精神生命"我"，孟子称之为"义"（"良知""本心""良心"等）。孟子在承认声色欲望合理的基础上，突出强调了人们内在仁义道德的主体意识或精神生命，具有高于自己自然的生物生命的价值。他提出，当"生"（自然生物生命）与"义"（精神生命）二者不可兼得时，则应"舍生而取义"②。孟子认为，富贵利禄如果符合仁义忠信之"天爵"，那么人们就可以接受它，如果不合乎"天爵"则去之。也就是说，对富贵利禄的取舍，看其是否符合人的本性或精神。而杨朱则非常重视人自己的自然生命，将自己的身体或自然生命看成具有高于现实一切功利的价值。《孟子》记载：

孟子曰："杨子取为我，拔一毛而利天下，不为也。"③

---

① 《史记》卷六三《老庄申韩列传》说："李耳无为自化，清静自正。"以此语概括老子"道"的特征，我们认为也是恰当的。

② 《孟子·告子上》。

③ 《孟子·尽心上》。

韩非也记载说，在杨朱那里，"不以天下大利，易其胫之一毛"①。看来，孟子所说的话是准确的。按照孟子的说法，杨朱这个主张，本来也是超越世俗功利意识的高洁见解，用于人生实践，也属于超越世俗功利目标的高远追求。杨朱这个人是有操守的人，远非流俗可比。但是，在孟子看来，他的"为我"论，将"我"与"天下"对立起来，将自己个人的自然生命与社会的功利对立起来，同时也将自己自然的生物生命与自己自然的精神生命对立起来，导致了只"为我"而不为人，不为天下苍生，不为自己的真本性、真精神的结果。这样，在事实上，杨朱"为我"的"我"，只是小我，而非真我或大我。这对于专门提倡人们觉悟真我或大我（"良知"等），在现实生活中追求做真我、大我的孟子来说，当然是难以容忍的。因此孟子抨击杨朱的"为我"说，乃是"无君"，是"禽兽"。其实，按照杨朱的主张，他何止"无君"，而且无"人"，因为无人，所以与"禽兽"近；他何止无人，而且无我，则他的"为我"，就变成只顾自己小我而不管其他的代名词。

此外，孟子的"寡欲"说可能和老子有关系。老子提出"少私寡欲"②主张，孟子也提出了"养心莫善于寡欲"③说。两人都讲"寡欲"，在概念的引用上，孟子可能受到了老子的影响。不过，老子讲的"寡欲"，其目的在于"无欲"，即完全与自然无为的"道"相符合。而孟子只讲"寡欲"，不讲"无欲"，因为现实的人们成为真正的、理想的人的欲望，怎么能够没有呢？正好相反，"寡欲"的目的，正在于为实现成为真正的、理想的人的欲望提供必要的保障。可见，在"寡欲"问题上，孟子的"寡欲"说，用语与老子相同，而意思大不相同；两者都是现实的人成为理想的人的修养环节，但修养的出发点、准则、理想等又全然不同。所以，两人的"寡欲"说，有表面相似之处，但不能相提并论。

---

① 《韩非子·显学》。
② 《老子》第十九章。
③ 《孟子·尽心下》。

四、以社会分工思想批判农家的理论

孟子提出社会分工理论，主要是在他对许行的农家批判的过程中形成的。

农家是战国时期兴起的一个学派，信奉"神农之言"，主张"贤者与民并耕而食"。孟子与许行的辩论，借助陈相进行。陈相是儒门后学，他因为推崇许行的学说，而弃儒从农。据《孟子》记载：

> 有为神农之言者许行，自楚之滕，踵门而告文公曰："远方之人，闻君行仁政，愿受一廛而为氓。"文公与之处。其徒数十人，皆衣褐，捆屦、织席以为食。陈良之徒陈相与其弟辛，负耒耜而自宋之滕……陈相见许行而大悦，尽弃其学而学焉。陈相见孟子，道许行之言曰："滕君则诚贤君也，虽然，未闻道也。贤者与民并耕而食，饔飧而治。今也滕有仓廪府库，则是厉民而自养也，恶得贤？"[①]

这段文字记载了以许行为代表的农家学派观点。许行认为，真正贤明的君主，应该与百姓共同耕种，亲自生产自己所需要的粮食，亲自动手做饭吃，同时还要亲自治理国家。许行的这个观点在客观上只承认农业与手工业生产的分工，而反对和否认国家的管理者与被管理者、脑力劳动和体力劳动之间的分工。这个思想之所以产生，是因为许行理解不了由社会文明、分工的进步而产生的一系列纷繁复杂的社会现象，尤其不能容忍由社会分工而分化出来的一部分脑力劳动者，可以不耕而食，不织而衣，坐享其成，于是便迁怒于社会分工，强烈要求取消脑力劳动与体力劳动之间的分工。在许行看来，一个国家的君主，如果不亲自耕田，而依靠向百姓征收粮食赋税，来建立自己的"仓廪府库"，那就不能算是贤明的君主。孟子针对许行这一观点，

---

① 《孟子·滕文公上》。

给予了有力的反驳。《孟子》记载：

> 孟子曰："许子必种粟而后食乎？"曰："然。""许子必织布而后衣乎？"曰："否。许子衣褐。""许子冠乎？"曰："冠。"曰："奚冠？"曰"冠素。"曰："自织之与？"曰："否。以粟易之。"曰："许子奚为不自织？"曰："害于耕。"曰："许子以釜甑爨，以铁耕乎？"曰："然。""自为之与？"曰："否。以粟易之。""以粟易械器者，不为厉陶冶？陶冶亦以其械器易粟者，岂为厉农夫哉？且许子何不为陶冶，舍皆取诸其宫中而用之？何为纷纷然与百工交易？何许子之不惮烦？"曰："百工之事，固不可耕且为也。""然则治天下独可耕且为与？有大人之事，有小人之事。且一人之身，而百工之所为备，如必自为而后用之，是率天下而路也。故曰：或劳心，或劳力。'劳心者治人，劳力者治于人。治于人者食人，治人者食于人'，天下之通义也。"①

在这里，孟子用反问法，首先让陈相在回答中发现，许行自己都不能贯彻"贤者与民并耕而食"的主张，然后指出许行这个主张可能导致的社会恶果，就是让天下人整天奔走于道路，而无暇从事生产活动。最后，孟子阐述了自己脑力劳动与体力劳动分工的思想。前后一气呵成，很有说服力。紧接着，孟子还举出了禹、后稷、契等历史上著名的"圣君贤相"例子，认为他们虽然没有直接参加耕种，但他们对治理天下的贡献，却是任何人都无法比拟的。但也需要注意，孟子并没有将所有统治者都称为"劳心者"，他将桀、纣、幽、厉这些历史上有名的暴君，坚决排斥于"劳心者"行列之外，称他们为"残贼之人"，认为他们才真正是不劳而获的独夫、民贼。

孟子和农家的另一个分歧，就是"士"的"劳心"算不算劳动的问题。许行既然反对一切人脱离生产劳动，当然也包括反对"士"阶层的人脱离生

---

① 《孟子·滕文公上》。

产劳动。许行和他的门徒之所以身体力行，亲自种田维持生活，其用意恐怕也是以此相标榜。孟子坚决反对许行这一观点，这在他与其弟子彭更的对话中可以清楚看到。彭更问孟子："（先生）后车数十乘，从者数百人，以传食于诸侯，不以泰乎？"在这里，"泰"是奢侈的意思。彭更的问题是，孟子整天带着数百人游说诸侯各国，不直接从事生产劳动，却能"传食于诸侯"，这样是否有些奢侈呢？孟子回答说："非其道，则一箪食不可受于人；如其道，则舜受尧之天下，不以为泰。子以为泰乎？"在孟子看来，不合乎道义，别人的一点点东西都不可以接受；但如果合乎道义，就是接受别人的"天下"也不算过分。孟子还针对彭更的"士无事而食，不可也"①的观点，指出知识分子尽管不直接参加生产劳动，但他们的贡献同样是很大的。因为这些知识分子讲孝悌，守仁义，把古先圣王仁义治国的思想，一代一代传下去，他们对于人类精神文明的贡献，远比木匠、车工等体力劳动者作出的物质文明贡献大得多。

孟子在和陈相的对话中，还批驳了许行"市贾不贰"的观点，提出了商品等价交换的原则。陈相对孟子说：

> 从许子之道，则市贾不贰，国中无伪。虽使五尺之童适市，莫之或欺。布帛长短同，则贾相若；麻缕丝絮轻重同，则贾相若；五谷多寡同，则贾相若；屦大小同，则贾相若。②

也就是说，按照农家许行的主张，无论布帛之长短，麻缕丝絮之轻重，五谷之多寡，鞋子之大小，都应该定相同的价格。孟子对这种观点是坚决反对的，认为这是一种错误的价格观。孟子指出：

> 夫物之不齐，物之情也；或相倍蓰，或相什百，或相千万。子

---

① 《孟子·滕文公下》。

② 《孟子·滕文公上》。

比而同之，是乱天下也。巨屦小屦同贾，人岂为之哉？从许子之道，相率而为伪者也，恶能治国家？①

孟子认为，由于商品质量、数量等不同，所以其价格也不能整齐划一，而会相差几倍、几十倍、几百倍，甚至成千上万倍。只有在按质按量论价的基础上，才能进行正常的商品交换。许行主张"市贾不贰"，显然不符合商品等价交换原则，如果同类商品全部实行一个价格，那么只能使人争相作伪。孟子对许行的反驳，体现出孟子已经意识到，商品价格是否合理，是发展商品生产和商品交换的重要因素。

孟子生活在百家争鸣的战国时期，各个国家具体情况不同，国家如何治理，才是理想的，也成为大家关心的重要问题。诸子百家为此展开了激烈论争，都希望从思想或理论上，为现实各国的治理实践提供及时指导，发挥学术思想应有的价值。其间孟子也为实现治国平天下的抱负，一方面到处游说各诸侯王，另一方面对各家学说进行了批判，为孟子思想的最终形成和完善，做了必要的准备。

---

① 《孟子·滕文公上》。

第二章　孟子思想的内容

孟子的思想，是对孔子、曾子、子思等人思想的进一步发展。他富有新意的儒学思想内容，包括"天命"论、"道"论、"人性善"说、"养心"说、"仁政"思想等，其中性善论、良知说、仁政主张的影响最为巨大而深远。

第一节　"天命"论

天人关系，是中国古代思想家探讨的中心问题之一，不只是哲学家或思想家如此，几乎所有有影响的学者都是如此的。比如，西汉学者司马迁就把"究天人之际，通古今之变，成一家之言"① 作为自己治学的终身理想和最高境界。

就儒家来说，孔子的"天命"论，将"天命"一分为二：一是决定人们生死寿夭、富贵贫贱的命运。对于这种外在的命运，孔子尊重它，但又几乎不提它，也不去研究、探讨它，只是承认它的威力。二是"天命"赋予人的"仁""德"，即人的使命或天职。对于这种天命，孔子主张要认识或觉悟它，追求实现它。后一种"天命"论，实际上是孔子人学思想的核心内容。可见，孔子的"天命"论，事实上主要不是讲"天命"，而是在讲现实人的"天道"，讲宇宙、人何以如此又应该如何的道理。孔子"天命"论其实暗含

① 《史记》卷一三〇《太史公自序》。

着他的"天道"观。他关于人的天道观，主要以解决人之成为真正的、理想的人这个问题为中心，事实上表现为他的人道观或人学思想。在孔子那里，天道观和人道观浑融统一，没有截然分开。但在天与人之间，孔子已经将天人关系问题的思考重心，转移到人学思想上来。孔子天道观主要是人文天道观。它从人做人成人的角度，从现实的人成为理想的人角度观察天，阐发天的人学内涵，发掘天的人文意义和价值，为现实的人成为人进行天命论的说明和论证。孔子天道观所研究的天，主要是人文天，发掘出来的，主要是天的义理意义、主宰意义，而非天的自然意义。后来曾子、子思也延续了这一思想倾向，他们都把天道和人道紧密结合起来进行研究，把"人"看成是"天"的产物和逻辑延续，看成是整个宇宙的有机组成部分。以此认识为基点，着重探讨人在宇宙中究竟处于什么位置，人的命运和宇宙的发展变化的关系是什么，人的本性是什么，人生的意义和价值在哪里，等等；这些问题，成为孔、孟儒学一以贯之的中心问题。

在孟子那里，孔子的人文天道观被完全继承下来。同时，孟子还吸收了《中庸》的形而上学思路，对于天命、天道本身，也进行了讨论，形成了其"天命"论和"道"论。其中，天、天命、命、道、良知、良心、本心等，都是孟子思想中的重要范畴。孟子的"道"论，在《中庸》的基础上，进一步突出了孔子思想中的形而上学因素，为孔子思想向着形而上学的方向进一步发展，开辟了重要方向，即重视人的主体性能或理想主义的方向。

具体来说，在《孟子》一书中，"天"的含义到底有哪些？我们可以从宗教、哲学两方面来看。换言之，我们可以将孟子所谓"天"划分为两个方面的含义，即宗教的天（孟子称之为"天命"或"命"）、哲学的天（孟子称之为"道"、良心、本心、良知等）。① 其中，孟子讲哲学的天最多，但宗教的天在思想中的地位并不比哲学的天低。

---

① 孟子也说"天时不如地利，地利不如人和"（《孟子·公孙丑下》），"天之高也，星辰之远也"（《孟子·离娄下》）等话，但是，这些话，只是很普通的看法，在他的思想体系中，并没有什么逻辑地位。所以，我们在这里不进行专门讨论。

孟子所讲的"天"，有时指有意志、有人格的、主宰的"天"，即上帝，这是商周宗教思想在孟子那里留下的残迹。比如，孟子说："虽有恶人，斋戒沐浴，则可以祀上帝。"①"上帝"一词，完全是照抄商周宗教信仰的习语，对于孟子自己的思想而言，并没有什么特别意义。在孟子思想中具有形而上学意义的是他的"天命"论及其"道"或"良知"论。

关于天命，孔子将它一分为二，一是命运，二是使命，这些想法已经比较成形。孟子几乎完全继承了孔子将"天命"一分为二的思路，同时，对于这种思路作了更加细致的发挥。孟子的发挥，集中表现在两个方面：一是对于命运的内涵意义，论述更丰富；二是对于人可以努力的那一部分，即使命问题，论述尤其有创造性。

这里，我们先看孟子对于命运的论述。《孟子》记载：

> 孟子曰："……天也，非人之所能为也。莫之为而为者，天也。莫之致而至者，命也。"②

首先，什么是命运呢？孔子没有界定，甚至没有作出概括性解释。与此不同，孟子将命运放到天与人的关系中，给予了明确界定。按照孟子的理解，"人之所能为"以外的，叫做"天"。而在"天"中，又可以分为两个方面：没有人推动，但它在运动，这是自然的"天"；没有人努力，但它导致了一种结果，或者说人虽然努力了，但所得结果与人努力的方向并无必然联系，这就是"命"或命运。命运是非人力所能主宰或改变的。

关于"命运"论中包含的这一思想意义，孟子与孔子是一致的，只是孟子论述得更清楚而已。比如，关于命运的有效范围，孟子做了比孔子更清楚的界说。《孟子》记载：

---

① 《孟子·离娄下》。朱熹注解说："恶人，丑貌者也。"（朱熹：《孟子集注》卷八，载《四书章句集注》，新编诸子集成第一辑，中华书局 1983 年版，第 297 页）

② 《孟子·万章上》。

孟子曰："……若夫成功，则天也。"①

孟子曰："求则得之，舍则失之，是求有益于得也，求在我者
也。求之有道，得之有命，是求无益于得也，求在外者也。"②

在孔子那里，命运决定的是人的生死寿夭、富贵贫贱等。到孟子那里，命运决定的范围有所扩大。在孟子看来，除了生死寿夭、富贵贫贱等由命运决定之外，人事的最终结果也是由命运决定的。孟子认为，比如，一个人干一件事情能否成功，一个人在学习和修养中能否有"得"，都是命运决定了的事情。又比如，鲁平公原有起用孟子的打算，但在听信别人谗言后，打消了重用孟子的念头。孟子知道这件事后说："行或使之，止或尼之。行、止，非人所能也。吾之不遇鲁侯，天也。臧氏之子，焉能使予不遇哉？"③按照一般人的看法，自己没有能够受到重用，难免要怪罪进谗言的人。但孟子并不这样看。因为，即使有人进谗言，国君也可以不听这个谗言。事实是一当有人进谗言，国君就听信了。所以，孟子认为，自己能否在政治上获得实践机会，实际上是天意，是由命运决定了的。而命运决定了的事情，不是某个人是否进谗言或者国君是否听信谗言所能改变的。将个人政治际遇归诸天命，是我国古代政治家的常见思路，是"富贵在天"信念的现实表现。富贵在天肆意蔓延，在民间长期储藏、发酵，意味着偶然、外在的天命便如狂风肆虐，个人在现实政治生活中完全无奈、彻底无力，这不正是民众不能健全参与政治生活，以致政治地位低下，政治能力低幼，当然更不能当家作主的曲折反映吗？不能现实经验地提高人做人成人地位，便抽象思辨提高之，这正是孔孟之道的追求。

人不能凭借自己的努力改变命运，那么，人对待天命应该怎么办呢？难

---

① 《孟子·梁惠王下》。

② 《孟子·尽心上》。朱熹注解说："在我者，谓仁、义、礼、智，凡性之所有者。※ 有道，言不可妄求。有命，则不可必得。在外者，谓富、贵、利、达，凡外物皆是。赵氏曰：'言为仁由己，富贵在天，如不可求，从吾所好。'"（朱熹：《孟子集注》卷一三，载《四书章句集注》，新编诸子集成第一辑，中华书局 1983 年版，第 350 页）

③ 《孟子·梁惠王下》。

道就没有一点办法了吗？在孟子看来，并不是如此。人对待天命，实际上有两种办法，一是"俟命"，二是"立命""正命"。

孟子认为，对于命运，人只能等待，真正无能为力。在人那里，人无论怎样努力，也不能制约或改变命运，命运实在是只能等待。孟子说：

> 君子行法以俟命而已矣。①

"行法"是人为的努力。从"行法"的结果上来说，人只能"俟命"，就是等待命运的决定。社会生产力水平不够高、人的能力不够强时，在大自然面前，人们对于未来结局不能完全把握，无力而又无奈，理论表现出来，就是天命观。但从"行法以俟命"说，从既有人为努力，又等待天命的决定说，这是"立命"。《孟子》记载：

> 孟子曰："尽其心者，知其性也。知其性，则知天矣。存其心，养其性，所以事天也。夭寿不贰，修身以俟之，所以立命也。"②

尽心知性知天、存心养性事天是人在后天进行的修养努力，相当于前述的"行法"。一边努力修养，使自己成为真正的、理想的人，一边等待天命的决定，这就可以"立命"。不管命运如何安排自己，自己只是努力修养，尽人事而已。在修养过程中，不管修养的最终结果如何，也不管自己生或死、寿或夭、贫或富、贵或贱，只是努力修养，在人的努力中等待天命的决定，这就是"立命"。

"立命"的意思就是指人们通过自己后天的努力，使先天的天命在自己的经验生活中挺立起来，确立自己作为人在宇宙中的地位，树立起自己的理想人格，变抽象的、先验的天命为具体的、经验的做人使命。要能够"立

---

① 《孟子·尽心下》。

② 《孟子·尽心上》。

命"，当然离不开学习等修养活动。或者说，人们后天学习、寡欲等修养活动，既是"立命"的前提条件，其本身也属于"立命"修养的一部分。人们后天学习等修养活动，孟子又称为"正命"。所以，孟子的"立命"论与他的"正命"论有密切的思想联系。《孟子》记载：

> 孟子曰："莫非命也，顺受其正；是故知命者不立乎岩墙之下。尽其道而死者，正命也，桎梏死者，非正命也。"①

"天命"是"莫之致而至者"，乃是纯粹的天命。我们知道，在孔子和孟子那里，纯粹的天命被一分为二，一是命运，二是自己从上天那里获得的使命。对于外在必然的命运，人完全无能为力，只能等待（"俟命"）；而对于天命于自己的使命，则人们就应该通过人性修养、文明教化等努力实现它。通过修养努力实现自己的使命，就是"正命"。现实的人们通过学习和修养，认识到"天命"，"顺受"自己获得的这一天命，而且通过尽到后天的一切努力（"尽其道而死"），来实现自己获得的这一天命，都是"正命"。"正命"实际上是纯粹天命在人生中的实现，所以，孟子称之为"顺受"天命。从人们"立命"终极的意义上说，只是"顺受"天命；但从经验世界而言，人们通过学习等修养努力，极大改进了现实，创造了人类文明，提高了自己的人格，推进了人类历史的发展和进步，又不只是"顺受"而已。

显然，在孟子看来，在现实世界之外，还存在一个"天命"世界。比如，在现实世界里有"人爵"，而在"天命"世界里就有"天爵"②。在现实世界

---

① 《孟子·尽心上》。朱熹注解说："人物之生，吉凶祸福，皆天所命。然惟莫之致而至者，乃为正命，故君子修身以俟之，所以顺受乎此也。※ 命，谓正命。岩墙，墙之将覆者。知正命，则不处危地以取覆压之祸。※ 尽其道，则所值之吉凶，皆莫之致而至者矣。※ 桎梏，所以拘罪人者。言犯罪而死，与立岩墙之下者同，皆人所取，非天所为也。"（朱熹：《孟子集注》卷一三，载《四书章句集注》，新编诸子集成第一辑，中华书局 1983 年版，第 349—350 页）

② 《孟子·告子上》："孟子曰：'有天爵者，有人爵者。仁、义、忠、信，乐善不倦，此天爵也。公卿大夫，此人爵也。古之人修其天爵，而人爵从之。今之人修其天爵，以要人爵；既得人爵而弃其天爵，则惑之甚者也，终亦必亡而已矣。'"

里有官吏，在"天命"世界里就有"天吏"①。在现实世界里有人民，在"天命"世界里就有"天民"②。"立命""正命"就是人们通过在现实世界中的努力，而使天命和现实两个世界统一起来的过程，也是"天命"世界在现实世界中实现自己的过程。

本来，在孟子看来，现实世界的万事万物无不是"天命"的产物，现实世界的万事万物都可以称为"天"的万事万物。比如，现实的官吏可以称为"天吏"，现实的人民可以称为"天民"等。不过，这样的称谓，仍然只是可能的。意思是说，现实的官吏、人民有成为"天吏""天民"的可能性。要使其可能性变成现实，还需要人们后天的努力，进行"立命""正命"的修养和教化。

那么，具体来看，"天命"世界如何才能在现实世界中实现自己呢？换言之，人们要如何努力才能"立命""正命"呢？这就需要首先对于"天命"的内涵有理性的认识或了解。

按照孟子的理解，除了人不可认识、不可控制、不可改变的命运之外，天命的内涵，或者说天给予人的使命就是"道"；而人们对于"道"则可以认识、可以遵循、也可以掌握和利用。当现实的"民"认识了"道"、遵循着"道"时，他就是现实的"天民"；当现实的官吏认识了"道"、遵循着"道"时，他们就是现实的"天吏"。

第二节 "道"论

关于"道"，孔子曾经提到过，但概念还不稳定，论述不很充分，内涵也欠清晰。与此不同，孟子对"道"进行了前所未有的讨论，由此形成了他

---

① 《孟子·公孙丑下》："为天吏，则可以伐之（燕）。"

② 《孟子·万章下》中，孟子借伊尹的话说："天之生斯民也，使先知觉后知，使先觉觉后觉。予，天民之先觉者也。予将以此道觉此民也。"又《孟子·尽心上》孟子说："有天民者，达可行于天下而后行之者也。"

的"道"论。孟子的"道"论是孟子思想的本体论，他的"人性善"说、"养心"论、"仁政"思想等，都建立在他的"道"论基础之上。

同时，孟子的"道"论又是从他的"天命"论中引申出来的理论；他的"道"论，不仅不排斥"天命"论，而且就是他广义的"天命"论的一部分。所以，孟子的"道"论，作为儒家的形而上学，具有突出的宗教功能。尽管如此，孟子的"道"论，毕竟是对于宇宙特别是人的根本问题进行的理性探讨，属于哲学或形而上学思想，而不是神学思想或宗教思想。所以，孟子的"道"论是对孔子思想中潜在的形而上学因素的发展，是对《中庸》形而上学思想的完善。从此，孔孟儒学作为一个思想体系，才可以说奠定了规模，厘定了框架，后来的理学思想才可能在此基础上进一步走向成熟。

关于"道"，孟子说了不少的话。比如，孟子说："夫道一而已矣。"① 他断定世界上的"道"只有一个。"道"只有一个，是孟子所谓的"道"的第一个特征。那么，我们如何来理解这个"一"呢？是数学上的意义呢，还是关系上的意义呢，或者是其他方面的意义呢？我们结合孟子的整个思想看，他所谓"道一"的"一"，主要不是数学上的意义，而是人与人关系上的意义。"一"的意义主要是"同"或"同一"，指人与人之间拥有同一的性质或共性，所以人与人之间是一类。"一"的这个意义，孟子又称之为"同道"。

要说明孟子关于"道一"的意义，我们还得从孟子关于"道"与人的关系上说起。孟子说："仁也者，人也。合而言之，道也。"② 南宋理学大家朱熹注解这句话说：

> 仁者，人之所以为人之理也。然仁，理也；人，物也。以仁之理，合于人之身而言之，乃所谓道者也。程子曰："《中庸》所谓'率性之谓道'是也。"③

---

① 《孟子·滕文公上》。

② 《孟子·尽心下》。

③ 朱熹：《孟子集注》卷一四，载《四书章句集注》，新编诸子集成第一辑，中华书局1983年版，第367页。

依据朱熹的理解，孟子所谓"合而言之"，就是将"仁"与"人"合而言之。如此，则"道"不是离开了现实的人，与人没有关系的"道"，而是与现实的人有不可分割联系的"道"。关于"道"与人之间不可分割的联系，孟子还有更具体的说法。《孟子》记载：

> 孟子曰："道在尔而求诸远，事在易而求诸难。人人亲其亲、长其长而天下平。"①
>
> 孟子曰："行之而不著焉，习矣而不察焉，终身由之而不知其道者，众矣。"②

"尔"即迩，近的意思。"道"就在人的近处，而不在远处；人们在日常生活中，在一生历程中都运用着"道"、实践着"道"、遵循着"道"，但许多人却不认识"道"，也没有充分发挥出"道"在现实生活中应有的威力。换言之，"道"离人不远，它就在人们的现实生活中存在着，并发挥着重要作用，只不过许多人没有认识、不知"道"而已。

如此看来，在孟子那里，"道"是不离开人的现实生产生活的。这是孟子所谓"道"的内涵之一。孟子还发现，圣人与圣人之间、圣人与凡人之间、人与人之间，都有"同道"，存在作为人这一类动物的一般共性。《孟子》记载：

> 孟子曰："舜生于诸冯，迁于负夏，卒于鸣条，东夷之人也。文王生于岐周，卒于毕郢，西夷之人也。地之相去也千有余里，世之相后也千有余岁，得志行乎中国，若合符节。先圣后圣，其揆一也。"③

---

① 《孟子·离娄上》。

② 《孟子·尽心上》。

③ 《孟子·离娄下》。朱熹注解说："揆，度也。'其揆一'者，言度之而其道无不同也。范氏曰：'言圣人之生，虽有先后远近之不同，然其道则一也。'"（朱熹：《孟子集注》卷八，载《四书章句集注》，新编诸子集成第一辑，中华书局 1983 年版，第 289 页）

禹、稷当平世，三过其门而不入，孔子贤之。颜子当乱世，居
于陋巷，一箪食，一瓢饮；人不堪其忧，颜子不改其乐，孔子贤
之。孟子曰："禹、稷、颜回同道。禹思天下有溺者，由己溺之也。
稷思天下有饥者，由己饥之也。是以如是其急也。禹、稷、颜子，
易地则皆然。"①

孟子曰："曾子、子思同道。……曾子、子思易地则皆然。"②

储子曰："王使人瞷夫子，果有以异于人乎？"孟子曰："何以异
于人哉？尧、舜与人同耳。"③

"揆"，度，法度，标准，本质。"其揆一"，指先圣后圣之间的"道"是
同一的。在孟子看来，先圣和后圣相同的地方，禹、稷、颜回和孔子相同的
地方，曾子和子思相同的地方，尧、舜等圣人和普通人相同的地方，就在于
大家都是人，属于同类，都具有人善的本性。人善的本性，就是"道"。从
所有的人都具有相同的善的本性说，"道一"，只有一个"道"，没有两个或
多个"道"。

孟子在讲"同道"时，运用了"类"的形式逻辑思维，体现出他"道"
论较高的逻辑思维水平。他发现，人作为一个统一的物类是有其共性的。他
引用孔子弟子有若的话说："麒麟之于走兽，凤凰之于飞鸟，泰山之与丘垤，
河海之于行潦，类也。圣人与民，亦类也。"④ 同时又说："圣人，与我同类
者。"⑤ 这里孟子将万物划分为几类，同时将圣人与一般的民众划归为同属于
人这一类。孟子还认为同类的万物，都具有同类的属性，即"同道"。

孟子在这里所说的"道"，是指在于人那里的"道"，其实质就是"天命"
赋予人而为人的本性的人之道，即人人所共有的善性。如此，以人的本性作

---

① 《孟子·离娄下》。

② 《孟子·离娄下》。

③ 《孟子·离娄下》。

④ 《孟子·公孙丑上》。

⑤ 《孟子·告子上》。

为"道"在人那里的表现，是孟子所谓"道"的内涵之二。

关于"道"的具体内容，在孟子看来，主要指"仁"和"义"。他说：

> 斯仁者天也，顺天者存，逆天者亡。①
>
> 夫仁，天之尊爵也，人之安宅也。……仁者如射，射者正己而后发，发而不中，不怨胜己者，反求诸身而已矣。②
>
> 仁、义、礼、智，非由外铄我也，我固有之也。③
>
> 民之归仁也，犹水之就下、兽之走圹也。④

在第一条材料中，孟子将"仁"直接看成"天"的内容。而"天"的内容就是"道"，所以，孟子有将"道"的内容限定为"仁"的倾向。将"天命"限定为"道"，进一步将"道"限定为"仁义"等人的素质内容，这是孟子讨论天人关系时思路进展的次序。由此，在孟子那里，"天"主要指"仁"的天、人的综合素养的天、人性的天。第二、三条材料中，孟子断定"仁义礼智"等修养是人先天"固有"的，也即是"天命"赋予人的；而且"仁"还是人们最高修养的境界（"尊爵"），是人们安身立命的精神家园（"安宅"）。换言之，"仁"是人内在固有的品德，是人们内在追求的理想。所以，人在修养中达到"仁"的境界，在治理国家时实行"仁政"，而普通百姓心服"仁爱"统治，便如水向下流、兽走旷野一样自然。

本来，在孔子那里，表示人之道的概念有许多，如"仁""义"

---

① 《孟子·离娄上》。

② 《孟子·公孙丑上》。朱熹注解说："仁、义、礼、智，皆天所与之良贵。而仁者，天地生物之心得之最先而兼统四者，所谓'元者善之长也'，故曰尊爵。在人则为本心全体之德，有天理自然之安，无人欲陷溺之危。人当常在其中，而不可须臾离者也，故曰安宅。"（朱熹：《孟子集注》卷三，载《四书章句集注》，新编诸子集成第一辑，中华书局1983年版，第239页）"尊爵"，犹人格；"安宅"，即人安身立命的精神家园；"役"，仆役。人之有"仁"，便如人有人格，有家园，为主人；人而无仁，则既无人格，又无精神家园，便如仆役。为主人荣，为仆役耻。

③ 《孟子·尽心上》。

④ 《孟子·离娄上》。

"道""德""信"等。这些概念在外延上的意义隐隐约约似乎是一致的，但孔子毕竟没有明确进行这样的断定。孟子则有将这些概念归类为一个或几个范畴的倾向。比如，孟子用"义"概念来统一"信"的意义。《孟子》记载：

孟子曰："大人者，言不必信，行不必果，惟义所在。"①

在孔子看来，言必信，行必果，乃是君子有"信"德的表现。孟子在这一句话中，却以"义"为标准理解"信"，实际上是将"信"统一到"义"概念中。在孔子那里，仁、义、道、德、信等，几个概念并用，在概念上还没有完全统一起来，孟子则有将表示人性或人道的"仁""义"概念统一起来的倾向。以"仁义"等作为"道"的具体内容，是孟子所谓"道"的内涵之三。

上述关于"道"的三个内涵，组合起来，构成孟子所谓"道一"的意义。总的看来，在孟子那里，"道一"，"道"与现实的人紧密相联，"道"就是人与人的共性，指的就是"仁义"等人的内在素养。这是孟子认为的关于"道"自身的特征之一。

关于"道"自身的特征之二：现实世界中的万事万物都处于不断的运动变化之中，无论是帝王将相、英雄豪杰，还是匹夫匹妇、贫苦百姓，在历史的潮流面前，都不可避免会成为过往烟云。而"道"则是最真实无伪、永恒不变的东西。从"道"与现实世界不同这一方面看，孟子继承《中庸》关于"诚"的看法，称之为"诚"。他说：

是故诚者，天之道也；思诚者，人之道也。至诚而不动者，未之有也；不诚，未有能动者也。②

---

① 《孟子·离娄下》。

② 《孟子·离娄上》。

这句话几乎与《中庸》第二十章"诚者，天之道也；诚之者，人之道也"一句话完全相同，充分表明孟子思想受到《中庸》影响的情况。但孟子用"思诚"代替《中庸》的"诚之"，则突出了"人之道"中"思"（反思）的地位；由于"思"的现实主体就是现实的人，从而也提高了"人之道"中人作为主体的地位。这是孟子发展《中庸》思想的一个表现。

就"诚"字而言，其意义如何理解呢？南宋朱熹注解说："诚者，实也。……诚者，理之在我者皆实而无伪，天道之本然也；思诚者，欲此理之在我者皆实而无伪，人道之当然也。"[①] 按照朱熹理解，"诚"就是"天理"的本性。《中庸》、孟子都还没有明确提出"天理"这个范畴。"天理"范畴是理学家明确提出来的，指称世界的根据、本质。用"天理"理解孟子和《中庸》的"诚"是否恰当，在诠释学上是值得探讨的问题。但我们抛开"天理"这个范畴的文字形式，只考虑它的本质特征，则我们会发现，在孟子那里，"诚"就是"天命"赋予人的、本然的、真实无伪者。用《中庸》的话说，"诚"就是"天命之谓性"中的"性"。更准确地说，"诚"就是"天命之谓性"之"性"的先天性、本然性、实在性、真实性。

而"思诚"则是《中庸》"率性之谓道，修道之谓教"中的"率性"和"修道"的总和。在孟子那里，"思诚"论的内容主要体现为他以"养心"为主的修养论。从"天命"的角度看，"思诚"就是人们通过后天的努力，使现实的自己完全符合"天命"人性的要求。而从"诚"的角度看，"思诚"就是人们通过后天努力，使现实的自己在不断变化的现实生活中能够留下一些真实无伪的东西，从而让自己的人生具有一定超越现实局限或历史局限的永恒意义。从"道"的角度看，"思诚"就是人们通过后天努力，在现实言行活动中实现"道"的力量，体现"道"的价值，使世界完全变成现实的"道"世界。而从人学角度看，"思诚"就是人们通过后天努力，使自己可能的真正理想的人成为现实的真正理想的人。所以，"思诚"可谓表征了"天命之谓性"

---

① 朱熹：《孟子集注》卷七，载《四书章句集注》，新编诸子集成第一辑，中华书局1983年版，第282页。

之"性"中的后天性、实然性、经验性、实证性。

这样，在孟子的"道"论中，"道""性""诚"在外延上具有相同的意义，都是指称世界的根据。"诚"是就"道"真实无伪的性质而言，"性"则就"道"之体现在现实事物和人之中而言，"道"则就"道"本身而言，也是就"性"的形而上学根据而言，当然也是就"诚"的实质而言。

而先天性和后天性、本然性和实然性统一起来所组成的整体，就是"道"或"性"或"诚"的内在结构。这种结构，在逻辑性质上，属于孔子以来的"体用"辩证法思路。换言之，孔子朴素的人学辩证法思路，如果说还更多地针对着现实的人问题而言，《中庸》已经发现并运用着"道"本体的"体用"辩证法形式，而孟子则将这种辩证法形式更充分地运用来分析"道"的内在结构。孔孟儒学思想的辩证法，就这样一步步地走向成熟或定型。

关于"道"自身的特征之三：现实世界中万事万物都受到各种各样的限制，不能自己决定自己，而"道"与它们不同，"道"具有主体性，它自己决定自己，而不受"非道"的决定，"道"自己是自己的主体，还是世界的最高主体，它不仅决定自己，还决定世界。对于"道"的这一地位和主体性，孟子称之为"良知"或"良心"或"本心"。《孟子》记载：

> 孟子曰："人之所不学而能者，其良能也；所不虑而知者，其良知也。孩提之童无不知爱其亲者，及其长也，无不知敬其兄也。亲亲，仁也；敬长，义也。无他，达之天下也。"[1]

人人都有"良知"。"良知"，人们不用考虑就知道，就像小孩天生知道爱亲敬长一样。究竟有没有孟子在这里所说的那种"良知"呢？用现代科学眼光看，小孩爱亲敬长，作为一种血缘亲情，并不是天生如此的，而是后天家庭生活和家庭教育的结果。如此，孟子的说法似乎有问题。他的问题在于，将"良知"看成是"实有物焉"的东西，而这个看法是不正确的。现在，

---

[1] 《孟子·尽心上》。

我们在科学和近现代哲学的支持下，对于"良知"不必再像孟子那样讲了，只是把它看成是作为世界主体的"道"体本身，看成是"道"体的主体性，看成是人之所以为人的主体性，看成人的真我或大我。孟子对于"良知"的讲法虽然有问题，但是，他关于"良知""不虑而知"的先天性、固有性的揭示，仍然是正确的。孟子又说：

> 虽存乎人者，岂无仁义之心哉？其所以放其良心者，亦犹斧斤
> 之于木也，旦旦而伐之，可以为美乎？①

这是说人人都有其"良心"。孟子还指出，舍生取义，不只是"贤者有是心也，人皆有之，贤者能勿丧耳。……乡为身死而不受，今为宫室之美为之；乡为身死而不受，今为妻妾之奉为之；乡为身死而不受，今为所识穷乏者得我而为之：是亦不可以已乎！此之谓失其本心"②。这又讲到了人的"本心"。

"良知""良心"两个概念，都说到"良"。"良"的意思就是美、善，是相对于人而言有积极价值的东西。而"知"和"心"均是就人的认识或心理而言的概念，所指向的是人的精神。如此，我们可以发现，"良知""良心"是指人的积极价值，是指人的精神内容。消极的价值如假、恶、丑等，现实的实在之物如心理活动、制度、器物等，都不能是"良知""良心"。而"本心"一范畴则强调"良知""良心"的本来、本然和根本的性质和地位。不论是"良知""良心"，还是"本心"，其外延都是指"仁义"之心等，都指"道"心。而就"良知""良心""本心"的内涵看，它是以"仁义"等为代表的、积极的、本然的精神主体。

孟子说："万物皆备于我矣。"③ 这句话怎么理解呢？朱熹注解说："此言理之本然也。大则君臣父子，小则事物细微，其当然之理，无一不具于性分

---

① 《孟子·告子上》。

② 《孟子·告子上》。

③ 《孟子·尽心上》。

之内也。"① 朱熹将"万物"理解为"万物之理"或"天理"。因为他认为"性即理"，所以每一个人都内在地具有"天理"。孟子没有提出"天理"范畴，但他提出了"道"。从"道"是世界、人的根据这个方面说，孟子的"道"与朱熹所谓的"天理"具有同样的性质和地位。如此，关于孟子所说"万物皆备于我矣"这句话，我们也许可以这样理解，那就是每一个人（"我"）不仅"同道"，而且每一个人都拥有与"万物"之道相近或相融的"道"。

这种说法，将"同道"的思路由社会延伸到自然界，使孟子的"道"不仅仅是人之道，而且是天之道；同时，由于任何一个作为人的主体的"我"都具有天地万物之"道"，这就使"我"不仅仅是我，而且是"万物之灵"，是在万物之中而又超然于万物之上的最高主体。如果说孔子人学发现了作为共性的人，从而讲出一套源于天命而又超越万物的人学思想的话，那么，孟子"万物皆备于我矣"的断定，则空前提高了人在自然界中的地位，极大地挺立了人作为人的主体性。换言之，孔子发现了人，而孟子则揭示出人之所以为人的道理或根据，极大提高了人的地位，扩展了人作为人所应发挥的作用范围，完全在理论上建构起人的世界，即孔孟儒学视野中的道德世界，或人文世界、文明世界。

说人人都有相同的"道"，而且具有与万物之道相近或相融的"道"，这是什么意思呢？用现代科学的眼光看这句话，也许我们可以这样理解：在人身上，无机物的道理、有机物的道理、生物的道理、动物的道理、人的道理、精神的道理等等宇宙万事万物的道理，都具备着，从这个角度说，人是最复杂的东西，必须运用所有的科学力量进行综合研究，才有可能研究清楚人的道理。即使在科学如此发达的今天，我们对于人的研究，也并不是就很有成就了。在这种情况下来讲人学，谈人性，不可避免地只能是形而上学地讲，形而上学地谈。孔子、孟子的一套人学思想，正是这样讲这样谈的一个中国古典式标本。

---

① 朱熹：《孟子集注》卷一三，载《四书章句集注》，新编诸子集成第一辑，中华书局 1983 年版，第 350 页。

断定人是主体，人是自己的主体，可以做自己的主人，而且是世界的主体，可以做世界的主人。在这个思想指导下，人生中的任何事情和结果，都可以理解为是我们自己导致的，而不能推诿卸责，归罪环境或他人。孔子已经有"不怨天，不尤人，下学而上达"的说法，初步体现出这种做人成人的主体性思想，而到孟子那里，这种思想则更加丰富和突出。《孟子》记载：

> 孟子曰："……祸福无不自己求之者。《诗》云：'永言配命，自求多福。'《太甲》曰：'天作孽，犹可违；自作孽，不可活。'"①

这是说人们如果遭遇祸殃或获得幸福，都是人们自己言行活动（"求"）的结果。这意味着，如果遭遇到祸殃，不必埋怨时代、环境、他人，最好是反省一下自己，自己是否尽了最大努力，在自己努力的过程中，是否都符合人或万物的道理等。俗语云：会怪人，怪自己；不会怪人，怪别人。而且孟子的这个意思，也不是没有渊源的，《诗经》《尚书》中，已经有这样的思想萌芽了。这说明，人有主体性这个思想，并不是孟子一个人才有的思想，而是有久远的历史渊源和丰厚的社会土壤的。只不过孟子把它提炼出来，总结成为理论形式而已。《孟子》还记载：

> 孟子曰："夫人必自侮，然后人侮之；家必自毁，而后人毁之；国必自伐，而后人伐之。《太甲》曰：'天作孽，犹可违；自作孽，不可活。'此之谓也。"②
>
> 孟子曰："自暴者，不可与有言也。自弃者，不可与有为也。言非礼义，谓之自暴也。'吾身不能居仁由义'，谓之自弃也。仁，人之安宅也。义，人之正路也。旷安宅而弗居，舍正路而弗由，哀哉！"③

---

① 《孟子·公孙丑上》。

② 《孟子·离娄上》。

③ 《孟子·离娄上》。

孟子曰："吾未闻枉己而正人者也，况辱己而以正天下者乎？圣人之行不同也，或远或近，或去或不去，归洁其身而已矣。"①

从第一条材料看，孟子断定，人受到侮辱，家庭或家族被毁灭，国家被敌国攻击，表面上是外力导致的结果，其实根本原因还在于自己。自己早已经侮辱了自己，才可能遭受他人的侮辱；自家早已经毁灭了自家，才可能遭受他家的毁灭；自己国家内部肯定存在着尖锐的、不可克服的矛盾，国人互相攻击，没有宁日，才会给敌国的攻击制造借口或机会。

从第二条材料看，有些人在现实生活中，"自暴自弃"，没有自信心，自己瞧不起自己，所作所为不是发自于人的内在本性，而是源于非人性的因素如本能等，而且也没有正确的人生理想，或者说其理想不是以"仁义"等人的本性为内容，不是以"仁义"等人的本性作为自己做人的安身立命之所或精神家园，不是以成为真正的、理想的人为人生的终极目标。在孟子看来，"仁义"是人道的根本，是现实的人安身立命的精神家园，也是人成为理想的人的必由之路。舍仁义，则人不成其为人。

从第三条材料看，自己不正（"枉己""辱己"），不可能使别人正；正己而后才可能正人。这是孔子所谓"古之学者为己"、《大学》所谓"自天子至于庶人，壹是皆以修身为本"说的进一步发挥。孟子的发挥在于，直接针对"己"而立言。他所谓的"己"，不能理解为只是现实中每一个人自己。真正说来，现实每一个人自己，不仅仅是自己一个人而已。他作为一个人，有人的共性，有人的主体性即"良知"。只有通过学习等修养努力，使自己身上具体体现出人的共性，实现"良知"的主体性，自己才能成为真正的自己，这是正己。正己意味着在现实生活中树立起真正的人的典型，自然能感染他人，积极影响他人。而"枉己""辱己"等，就是缺乏必要的学习等修养努力，没有在自己身上体现出人的共性，也没有实现"良知"的主体性，当然也不能感染他人，不能积极地影响他人。

① 《孟子·万章上》。

孟子的上述说法，以现实生活中的具体材料做实例，丰富了孟子的"良知"论，使他的"良知"论不仅是理论，而且有现实生活的基础和力量，为孔、孟人学高扬人的主体性，开辟了广阔的前景，值得充分注意。

第三节 "人性善"说

孔子的人性论，虽然在思想内容上接近于一种人性善的理论，但是，孔子毕竟没有明确提出人性善的说法。孟子才是第一次鲜明提出人"性善"说的学者。《孟子》记载：

> 滕文公为世子，将之楚，过宋而见孟子。孟子道性善，言必称尧、舜。世子自楚反，复见孟子。孟子曰："世子疑吾言乎？夫道一而已矣。成覸谓齐景公曰：'彼丈夫也，我丈夫也，吾何畏彼哉？'颜渊曰：'舜何人也？予何人也？有为者亦若是！'公明仪曰：'文王，我师也。周公岂欺我哉？'今滕绝长补短，将五十里也，犹可以为善国。"①

这里明确记载"孟子道性善"，而材料中所举出来的事例，也是讲人与人之间具有共同的善性的例子。从这一条材料看，孟子提出了"人性善"说，并且在当时大力宣讲他的这个思想。而在孟子与告子的辩论中，孟子更是明确指出："人之性善也，犹水之就下也。人无有不善，水无有不下。"②就像水总是往低处流一样，人性总是善的；从反面看，没有任何人的人性不是善的，就像没有水不是往低处流一样。

---

① 《孟子·滕文公上》。

② 《孟子·告子上》。

在这里，孟子用水向低处流比喻人性善，虽然让人容易理解，但有比喻是否恰当的问题，在理解上也容易给人造成误会。不过，他断定"人性善"是非常明确的。在《孟子》一书中，孟子说了许多有关"人性善"的话。

其实，在当时，对于人性是否善的问题，已经出现了几种看法，告子的人性论主张只是其一。《孟子》记载：

> 公都子曰："告子曰：'性无善无不善也。'或曰：'性可以为善，可以为不善。是故文、武兴则民好善，幽、厉兴则民好暴。'或曰：'有性善，有性不善。是故以尧为君而有象，以瞽瞍为父而有舜，以纣为兄之子，且以为君，而有微子启、王子比干。'今曰性善，然则彼皆非与？"

公都子知道孟子主张"人性善"，所以，他举出他所知道的三种非人性善的主张，向孟子请教：既然人性善，难道上述三种非人性善的说法都是不对的吗？从公都子的问题中，我们可以知道，当时，在人性论问题上，至少存在着三种观点：

一种是告子主张的"性无善无不善"论。告子认为人性没有什么善恶，人生下来，本能地知道饥渴寒暖、吃饭穿衣，长大后知道寻找异性，这就是人性。而善、恶乃是后天由外界的影响加之于人的。他比喻说，人性好比是软绵绵的柳条，至于柳条被人编成篮子、筐子，或者别的什么东西，那是人后天努力的结果，就好像人性本来"无善无不善"，但在不同环境影响下而变好或变坏一样。事实上人性是无所谓善恶的。

还有一种观点是"性可以为善，可以为不善"说。这种观点认为，在人性中本来就包含有善与恶双重可能性，所以在文王、武王那样好的时代，老百姓就好善，而在幽王、厉王那种恶劣的环境里，老百姓就好暴了。人性可以善，也可以恶，一个人究竟是向善的方面发展，还是向恶的方面堕落，要看外界的影响如何。真正说来，现实的人是善还是恶，主要是由于社会环境的治乱影响决定的。

第三种观点是"有性善，有性不善"。这种观点认为，人生下来就有善也有恶，血统和外界的影响都不能改变人性有善也有恶的状况。所以，在传说中，或在历史上，"以尧为君而有象，以瞽瞍为父而有舜，以纣为兄之子，且以为君，而有微子启、王子比干。"其中，尧为圣王时，既有舜那样的圣人，也有舜的异母弟象那样的恶人。舜为圣王，而其父亲瞽瞍却与恶人差不多。商朝的纣王是暴君、恶人，而同时有微子启、王子比干这样的贤臣。由此可见，人性有善有恶，在现实中是没有一定之规的。

孟子对这三种观点都持反对态度，特别对告子"生之谓性"的性无善恶论批驳尤力。在这种辩论中，阐发了孟子自己"人之性善"的具体主张。

比如，就人性是善或非善的问题，《孟子·告子上》记载了孟子和告子两人进行激烈辩论的情况。在辩论中，孟子和告子双方都运用比喻方法描绘各自理解的人性。通过观察他们的这种比喻和他们之间的辩论，我们能够比较清楚地了解孟子的"人性善"说。根据《孟子》书中记载的这些材料，我们可以发现，孟子与告子的争论大体涉及以下几个问题：

（一）人性究竟是材料还是材料的性质之争

《孟子》记载：

> 告子曰："性，犹杞柳也。义，犹桮棬也。以人性为仁义，犹以杞柳为桮棬。"孟子曰："子能顺杞柳之性而以为桮棬乎？将戕贼杞柳，而后以为桮棬也。如将戕贼杞柳而以为桮棬，则亦将戕贼人以为仁义与？率天下之人而祸仁义者，必子之言乎！"①

杞柳是一种柳树条，桮棬则是以杞柳编织成的一种器具。告子以作为材料的杞柳比喻性，孟子则以杞柳之性比喻性。告子认为人性就像杞柳，而仁义等善性则像桮棬，是人们在后天加工杞柳而成的东西，比喻人性善乃是后天教化（对人进行精神加工、编织等）的产物。在这一比喻中，告子以人性

---

① 《孟子·告子上》。

为材料，而善为对材料加工的结果。孟子则指出，当人们加工材料时，是顺着材料之性而加工呢，还是逆着材料之性而加工呢？如果是顺着材料之性而加工，则人性就不能说只是材料，而且它必须就是材料之性。如果是逆材料之性而加工，则对人们进行教育，就是戕贼人性的行为了；而这令人难以理解。孟子还按告子思路进一步推论，他以生物生命材料为人性内涵，导致天下人不见人的本性，而只是眼盯着人的身体、情感、欲望等，必将祸害仁义、残贼人性，加重和恶化人性异化状况。

从这一辩论看，告子看人性，完全是经验观察，而孟子看人性，则是在经验观察基础上对先于经验或超越经验的本性有进一步理解。

（二）人性究竟是人身本然状态的一般性质，还是本然状态的根本性质（"本性"）之争

《孟子》记载：

> 告子曰："性犹湍水也，决诸东方则东流，决诸西方则西流。人性之无分于善不善也，犹水之不分于东西也。"孟子曰："水信无分于东西，无分于上下乎？人性之善也，犹水之就下也。人无有不善，水无有不下。今夫水，搏而跃之，可使过颡；激而行之，可使在山，是岂水之性哉？其势则然也。人之可使为不善，其性亦犹是也。"[①]

告子用静止状态的水比喻人性，孟子则以运动状态的水比喻人性。在告子看来，对于山顶湍水而言，不管是东还是西，在哪一个方向决口，水就向着那一个方向流。告子或许可以说关注的是在静止状态下水的一般性质。而在孟子看来，水不管往哪个方向流，但总是往低处流。孟子所关注的是在运动或流动状态下水的根本性质。告子以性为本然静止状态，而善乃后天实然引导的结果之一。孟子指出，后天实然引导是顺着水（或事物或人）的本性而引导呢，还是逆着水（或事物或人）的本性而引导呢？如果是顺着水（或

---

① 《孟子·告子上》。

事物或人）的本性而引导，则性不只是本然静止的状态，而且是这种状态的先天本性；这种状态的先天本性在后天经验中要表现出来，便如水不论向东流，还是向西流，但总是向低处流一样。

如果我们运用科学的眼光看，可以发现，水向低处流的性质，不能说就是水的本性。性质不等于本性，本性只是性质之一，只不过是根本性质而已。孟子在这里用这个比喻所要说明的人性，却不是人的一般性质，而是人的本性。可见，孟子将水向低处流的性质潜在地视为水的本性，认识是不妥当的；他由此用水向下流这一性质比喻人的本性，也不妥当。

尽管如此，孟子想要真正说明的观点，也不能因为他表述时比喻不恰当而被抹杀。孟子所要真正说明的观点是，人，不论在现实中是善还是恶，他们都有其共同的本性，而且这个共同的本性就是善，就好像水不论向东流还是向西流，总要向低处流一样。

从这一辩论看，告子看人性，倾向于静止的对象性经验观察，而孟子看人性，则倾向于动态的主体性先验直觉。

（三）人性是人的自然生命还是不只是自然生命之争

《孟子》记载：

> 告子曰："生之谓性。"孟子曰："生之谓性也，犹白之谓白与？"曰："然。""白羽之白也，犹白雪之白；白雪之白犹白玉之白与？"曰："然。""然则犬之性犹牛之性，牛之性犹人之性与？"①

在这里，告子不再用比喻讲人性，而直接提出了一个重要的人性论命题，那就是"生之谓性"。意思是说，"人性"这个概念的外延就是指"生"。这个"生"，其意义如何，可惜我们见不到告子自己的论述。但根据《孟子》的记载，告子说过"食、色，性也"②的话。意思是说，吃饭、性爱是人的

---

① 《孟子·告子上》。
② 《孟子·告子上》。

自然天性，这些都与人生物生命的存在、延续有关。如此，告子所谓"生"，接近于人的自然生命或生物生命或与此相关的事物。

从孟子的理解看，告子所谓的"生"也是指人的自然生命。告子以自然生命为性，而自然生命本无善恶，所以，善只能是后天教育的结果之一。孟子则继续运用比喻的方法反驳告子的命题。孟子指出，不能只以自然生命作为人的本性。如果只以自然生命作为人的本性，那么，犬、牛等动物也有其自然生命，当然也就拥有与人一样的本性，如此，人的本性和犬、牛等动物的本性就区别不开。在这里，孟子虽然仍然运用比喻的方法反驳告子，但是，其中也包含了形式逻辑的三段论推理方法在内。其大前提是"生之谓性"；小前提是人有"生"，而且犬、牛也有"生"，故人与犬、牛一样有"生"；结论是，人之性犹如犬之性，犹如牛之性。孟子将告子"生之谓性"命题作为推论的前提，暗用逻辑学三段论推论方式，得出令人不能接受的结论，从而彰显出告子"生之谓性"命题作为大前提的错误。孟子的反驳，充满了逻辑性，这是儒家理论思维水平提高的表现。

从孟子对告子的反驳看，孟子没有明确讲性是什么，但明确地讲了人性不能只是人的自然生命（"生"），还应该有自然生命以外的东西。根据《孟子》书中其他的材料，在孟子看来，人性的外延不只是"生"，或者主要的不是"生"，而是"仁""义"等综合性精神修养，即"德"。

根据这一段辩论，孟子的人性论，或可径称为"德性"论，对于现实的人而言，这种"德性"是先验的、理想主义的；而告子的人性论，则是"气性"论①，对于现实的人而言，这种"气性"是经验的、现实主义的。

孟子不仅批驳了告子的人性无善无不善说，而且对于另外两种非人性善的主张，孟子站在人性善的立场，也不同意。前述关于公都子向孟子提出的

---

① 朱熹注解这段材料，评价告子的人性论说："告子不知性之为理，而以所谓气者当之，是以'杞柳''湍水'之喻，食、色、'无善无不善'之说，纵横缪戾，纷纭舛错，而此章之误乃其根本。所以然者，盖徒知知觉、运动之蠢然者人与物同，而不知仁、义、礼、智之粹然者人与物异也。孟子以是折之，其义精矣。"（朱熹：《孟子集注》卷一一，载《四书章句集注》，新编诸子集成第一辑，中华书局1983年版，第362页）

问题，孟子回答说：

> 乃若其情，则可以为善矣，乃所谓善也。若夫为不善，非才之罪也。恻隐之心，人皆有之。羞恶之心，人皆有之。恭敬之心，人皆有之。是非之心，人皆有之。恻隐之心，仁也。羞恶之心，义也。恭敬之心，礼也。是非之心，智也。仁、义、礼、智，非由外铄我也，我固有之也，弗思耳矣。故曰：求则得之，舍则失之。或相倍蓰而无算者，不能尽其才者也。①

现实生活中，人们说话做事，事实上就是有善有恶，而且也可以提供大量的事实，说明人可以为善也可以为恶。从这些事实我们似可推出人性"无善无不善"的结论。这样看来，告子等人的人性论也是有道理的。现在，孟子提出人性善说，那么，就必然面临着对这些大量的现实事实的解释问题。

孟子解释说，现实的人们可以为善这个事实，表明了人本性也是善的；而现实的人们可以为恶这个事实，并不表明人的本性是恶的，而只是说明人本性的善与现实事实的为善还有差距。现实的人性与人的本性不符合的原因，孟子认为并不在于"才"。孟子所谓"才"的意思，相当于他所说的实现人的善性的修养努力。人们作了这种努力，叫做"尽其才"，一旦"尽其才"，自然不会"为不善"；人们没有作这样的努力，叫做不"尽其才"，如果不"尽其才"，难免会"为不善"。孟子说："若夫为不善，非才之罪也。"意思是说，人性善，现实的不少人却做了许多"不善"的事，这并不是人没有善的本性，也不是人们在后天的学习、修养等努力本身有什么不对。解释只能是，人们虽然都有善的本性，但是，人们在现实中没有尽力地学习、修养，没有"尽其才"，所以也不能在现实生活中如实地表现出他们作为人所固有的善之本性。正因为如此，人们本性都是善的，

① 《孟子·告子上》。

但在现实世界中却出现了可善可恶、有善有恶等"或相倍蓰而无算"的不同情况。

那么，人性善，在现实人的身上有没有什么表现呢？孟子特别从人的心理方面提示了人性本善的实际情况。他指出，恻隐之心、羞恶之心、恭敬之心、是非之心，这些心理活动分别是仁、义、礼、智的表现。而仁、义、礼、智则是人性的基本内涵；这些内涵，是人性善的集中表现。而且人性善乃是人先天固有的东西，而决不是后天创造的产物。用我们现在的眼光看，孟子的这个说法，将人性的内涵限制为只是"德性"，而对于人性中理性、诗性智慧等内容，揭示得不很清楚。这种人性论所谓的"人性"概念，在外延上不免狭窄。但孟子指出人性善是先验如此的，是人人先验具有的性质，这种断定，在形而上学上看，无疑是深刻的。

在上述材料中，孟子提出"恻隐之心，仁也"等命题。他的意思是否就是说人的恻隐之心就是"仁"呢？这个问题，值得细究。关于人善的本性与人的心理活动的关系，在另一处，孟子有更准确的表述。《孟子》记载：

> 孟子曰："人皆有不忍人之心。先王有不忍人之心，斯有不忍人之政矣。以不忍人之心，行不忍人之政，治天下可运之掌上。所以谓'人皆有不忍人之心'者，今人乍见孺子将入于井，皆有怵惕恻隐之心，非所以内交于孺子之父母也，非所以要誉于乡党朋友也，非恶其声而然也。由是观之，无恻隐之心，非人也；无羞恶之心，非人也；无辞让之心，非人也；无是非之心，非人也。恻隐之心，仁之端也；羞恶之心，义之端也；辞让之心，礼之端也；是非之心，智之端也。人之有四端，犹其有四体也。有是四端而自谓不能者，自贼者也。谓其君不能者，贼其君者也。凡有四端于我者，知皆扩而充之矣，若火之始然，泉之始达。苟能充之，足以保四海；苟不充之，不足以事父母。"①

----

① 《孟子·公孙丑上》。

　　"不忍人之心"，指人们不忍见人或动物等痛苦的心理活动，相当于同情心或恻隐之心，是孟子所谓"仁义之心"或"良知""良心""本心"的表现。

　　在孟子看来，仁、义、礼、智等才是人性的真正内容，而分别表现仁、义、礼、智的几种心理活动，如恻隐之心、羞恶之心、辞让之心、是非之心等，则是仁、义、礼、智之"端"。"端"的意思，就是指它们是仁、义、礼、智在现实经验世界中的一点点表现。比如，每一个人都有仁民爱物的本性，但由于现实生活环境的限制、改造甚至逼迫，这种本性总是被掩饰、抑制住，不能自然而然地表现出来。孟子举例说，假设现在你恰好碰上一个小孩子将要掉到井里去，你自然会有一种恻隐之心或同情心，伸出你的援助之手，不让小孩掉下去。你这样做的目的，既不在于要去讨好小孩的父母，也不在于要博得好的名声，也不在于讨厌小孩的哭声，你的目的与个人的功利需要或追求毫无关系，与个人的审美情趣也毫无关系，而完全是出于自己建基于仁爱本性基础上而自发产生的同情心。所以说，恻隐之心是"仁之端"，意思就是说，同情心是仁爱本性在人的现实心理活动中的一点点表现。

　　需要指出的是，那种认为孟子直接将恻隐之心、羞恶之心、是非之心、辞让之心等心理活动当成是人性内容的看法，那种将孟子的人性论看成只是一种道德心理学的看法，看来是欠妥当的。因为孟子明确断定恻隐之心、羞恶之心、辞让之心、是非之心等心理活动只是仁、义、礼、智之"端"，而不就是仁、义、礼、智本身；孟子这样说的真正意思，也不在于讨论恻隐之心、羞恶之心、是非之心、辞让之心等心理活动本身，而在于借这些心理活动，直观人所"固有"的仁、义、礼、智等本性。

　　按照孟子人性善的主张，人性既然是善的，何以现实的人会为恶呢？换言之，人性本善，但为什么在现实世界中出现了许多不那么善的人甚至恶人呢？这是一个问题。孟子站在"人性善"说的立场，对于这个问题也给予了解答。

　　王国维先生曾经写有《论性》一文，认为这个问题是性善论者所难以回答清楚的。因为人性善是一种先验的形而上学的断定，而人可善可恶、有善有恶则是经验事实，要调解两者之间的矛盾，几乎是不可能的。王国维没有

解决好"可爱者"与"可信者"之间的矛盾问题，也由此认为性善论者如孟
子也不能解决好性本善与现实的人不那么善的矛盾问题。其实，这是不符合
事实的。对于这个问题，孟子是注意到的，并提出了他的解决办法。解决办
法之一，就是如上所述，他曾经提出学习、修养的"才"作为本善的性与不
那么善的现实的人之间统一的过渡。同时，孟子还本着性善说，对于现实生
活中不那么善的人等事实作了解释。《孟子》记载：

　　孟子曰："富岁子弟多赖，凶岁子弟多暴。非天之降才尔殊也，
其所以陷溺其心者然也。今夫麰麦，播种而耰之，其地同，树之时
又同，浡然而生，至于日至之时，皆熟矣。虽有不同，则地有肥
硗，雨露之养、人事之不齐也。故凡同类者，举相似也，何独至于
人而疑之？圣人与我同类者。……口之于味，有同耆也。易牙，先
得我口之耆者也。如使口之于味也，其性与人殊，若犬、马之与我
不同类也，则天下何耆皆从易牙之于味也？至于味，天下期于易
牙，是天下之口相似也。惟耳亦然。至于声，天下期于师旷，是天
下之耳相似也。惟目亦然。至于子都，天下莫不知其姣也。不知子
都之姣者，无目者也。故曰：口之于味也，有同耆焉；耳之于声也，
有同听焉；目之于色也，有同美焉。至于心，独无所同然乎？心之
所同然者何也？谓理也，义也，圣人先得我心之同然耳。故理、义
之悦我心，犹刍豢之悦我口。"①

----

　　① 《孟子·告子上》。朱熹注解说："富岁，丰年也。赖，借也。丰年衣食饶足，故有所赖借而
为善。凶年衣食不足，故有以陷溺其心而为暴。※麰，大麦也。耰，覆种也。日至之时，谓当成熟
之期也。硗，瘠薄也。※圣人亦人耳，其性之善，无不同也。※耆，与嗜同，下同。易牙，古之
知味者。言易牙所调之味，则天下皆以为美也。※师旷，能审音者也。言师旷所和之音，则天下
皆以为美也。※子都，古之美人也。姣，好也。※然，犹可也。草食曰刍，谷食曰豢，犬豕是也。
程子曰：'在物为理，处物为义，体用之谓也。孟子言人心无不悦理、义者，但圣人则先知先觉乎此
耳，非有以异于人也。'程子又曰：'理义之悦我心，犹刍豢之悦我口，此语亲切有味。须实体察得
理义之悦我心，真犹刍豢之悦口，始得。'"（朱熹：《孟子集注》卷一一，载《四书章句集注》，新编
诸子集成第一辑，中华书局1983年版，第329—330页）

在这一长段材料中，孟子指出，随着农业丰收或歉收，人们的生活条件不同，在好的生活条件下，人们容易为善，在恶劣的生活条件下，一些人容易为恶。这并不是他们天生的本性和后天努力的可能性（"才"）有什么差别，实在是因为为恶的人"陷溺"了他们本来固有的良心。这就好像种大麦一样，同时种，同地种，也会同样地生长和成熟。在收割时，如果有什么区别，一般也不会是麦种的问题，而很可能是土地有"肥硗"的不同，或者气候条件有别，或者是种地的人是否尽心尽力，这些不同，都是后天的条件、环境和主体努力等经验因素。人也是如此。本来大家都是善的，有善的本性，但是，由于自己学习等修养不同，加之生活环境有差异，所受教育也不同，各自认识和价值观等有差别，则其言语、行为等自然就会出现或善或恶的情况。

在这里，孟子从人性本善，讲到了现实的人如何变而为恶的问题，认为其根本原因不在于人的本性至善，而在于其至善本性的缺乏不显，在于后天自己努力学习修善、受教为善不够。现实有人即使为恶了，也不能说明其人性恶，而只能说他们"陷溺"了其良心。他们的良心依然存在，和圣人没有区别，只不过由于这些人专注于追求个人小利，这些个人小利没有帮助他们做人成人，反而异化为他们"成人"道路上的陷坑；其私欲汩汩流淌，积攒成为淹没他们理想人格的欲海。他们的良心就这样深陷其中，不能自拔，在现实的言行活动中表现不出来。

接着，孟子又从现实人们或善或恶的经验事实中，追寻人善的本性。他举例说，现实的人们各自口味、音域、审美情趣等都不相同，但是，大家对于真正的美味、美声、美色，却都能共同欣赏，同表赞叹，这就说明现实的人们，他们作为"同类"，是有共同的性质、共同的价值标准的。这些共同的性质或价值标准，不是像告子他们所说的那样。告子等人认为，人们之间有共同的欲望、生命、材料等经验实在之物，他们据此以为这些经验实在之物，就是人性。而在孟子看来，现实的人们之间存在的这些共同性质，指的是欲望、生命、材料等当中蕴含的内在本性，是真正的欲望、高级的精神生命以及材料之所以为材料的根据。用孟子的话说，这些共同性质，特别指现实的人们之间，圣人与凡人之间，古人和今人之间存在的"心之所同然者"，即"理义"。它们是人人本有的、固有的，是大家事实上都认可的、发自内心真正追求的东西。这些才能真正表现出人的真正本性。

这样，孟子通过举例，解释人性本善而何以在现实中为恶的问题，进一步阐明了他的"人性善"说。

第四节　"人性善"命题的意义

在现实中，不少人将"人性善"当作对象性事实的描述命题看，要求寻找经验材料加以证实，是常见现象。我们认为，将"人性善"命题看成经验归纳的科学命题，有待商榷。我们用经验实证科学的眼光、标准，衡量"人性善"命题的正确性，可谓标准误置，方法误用。坦率地说，将"人性善"这个形而上学的命题，看成是科学命题，是把它看低了，看小了。这样看的话，完全掩盖了这个命题所包含的思想内容和积极意义。

那么，"人性善"命题究竟包含什么思想内容呢？孟子解释"善"说："可欲之谓善。"可以满足人的欲望的，就是善。这当然不是逻辑的界定，而只是概念外延的举例说明。人们在对于对象认识不很清楚时，也有用举例进行界定的情况。如维特根斯坦在《哲学研究》中界定"游戏"，就是指下棋、打扑克等。由于伦理学的成就，我们现在不必再用列举外延的办法来界定"善"了。比如，我们可以将"人性善"命题中的"善"理解为伦理学上的至善。

如果我们将"人性善"命题中的"善"，理解为伦理学所谓至善，那么，这个命题断定了人的本质是善的。如果这个断定是真的，那么，这意味着人在现实世界中，行善求善，是符合人的本性的，是人文活动的重要组成部分。显然，历史上，现实中，各种社会伦理规范，以及道德、宗教等，是人们所普遍宝贵的文化部分。

站在21世纪的今天来看，仅仅断定人性善，又远远不够，人性的内容就有些干枯，有效范围难免狭窄。根据相同的思路，我们还必须断定人性真

（人的本质就是真理），断定人性美（人的本质就是美自身），也要断定人性用（人的本质就是有用，包含了功利在内）。断定人性真，在历史上是有渊源的，如亚里士多德说，人是理性的动物。康德则发掘了人能够认识真理的先验能力。这些都可以说是对人性真的潜在断定。断定人性美，在西方历史上，维柯著《新科学》，提出"诗性智慧"概念，指现实的人在形象思维方面的创造动力和能力，相当于主体审美情感。人的"诗性智慧"，在美学上看，正是人之所以为人的实质，即美的人性。朱光潜到80多岁高龄时，还亲自翻译维柯的《新科学》，撰文介绍维柯的"诗性智慧"① 概念，将它与马克思的实践观相结合，理解为人内在的实践创造美的能力。朱光潜的这些努力和理解，与他人性美的美学思想不能说没有丝毫关系。至于断定人性用，在中西历史上都是比较普遍的。认识到趋利避害是人的本能，可以说已经潜在断定了人性用。这样，关于人性的内涵，我们不仅要断定人性善，还要断定人性真、美、用。合而言之，人性包含了真、善、美、用等内涵在内，而不只是善而已。所以，在教化方面，我们不仅要像孟子说的那样"以善养人"，即用善的真理培养人，似乎还应该说以真的真理觉悟人，以美的真理感染人，同时不回避以用的真理引导人。

其次，我们对于"人性善"命题中的"善"，还可以理解为通常意义上的"好"，美好。断定"人性善"，说人的本质是好的或美好的，意味着人向着好或美好的方向的潜力是无限的，所指向的终点（如果有终点的话），就是好或美好本身。从这个意义上说，"人性善"命题的断定，为我们现实的人走向美好的未来，提供了形而上学的保证。如果一个人相信"人性善"，那么，他追求成功，追求有用，追求真、善、美等，就是内在的、自觉的、意志坚定的。不是其他什么人要他进步，是自己要自己进步；不是家长说，

---

① 参见朱光潜：《维柯的〈新科学〉及其对中西美学的影响》，载《朱光潜全集》第10卷，安徽教育出版社1993年版，第703—704页。朱光潜指出，维柯《新科学》的基本原理就是"人类世界是由人类自己创造出来的"。而"诗性智慧"概念，按照希腊原文poesis（诗）这个词的意义就是创造，所以，诗性智慧的本义，就是创造或构造的智慧，这种智慧是人类从野蛮进展到文明的内在动力，也是人创造美的动力。

或者老师说，或者书上说，人要进步，所以自己才追求进步，而是自己意识到，只有自己进步，才可能拥有一个比较好或美好的人生；在自己追求进步时，如果遇到了什么挫折、困难，自己也不会轻易消沉下去，而是充满了自信，发自生命本身，产生无穷的勇气、豪气，如孟子所说的"浩然之气"，最终克服困难，消除挫折，超越现实，向着自己的理想大踏步前进。

那么，"人性善"命题的积极意义在哪里呢？

孟子理解人性善的"善"说："可欲之谓善。"①"可欲"的意思就是能够满足人们的需要。换言之，能够满足人们需要的东西，就是善的东西。具体到人而言，也可以说就是指人性对于人而言是能够满足人之为人的所有需要的东西，故人性善。能够满足人之为人的所有需要，也就是能够为人之成为真正的、理想的人提供一切相关的先验可能性。

概括地说，"人性善"这个命题断定人的本性是善的。它之所以是善的，是因为先天的、先验的是善的。也就是说，人的本性是善的，这个思想，就为现实生活中，人在经验实践活动中，追求经验的善，提供了形而上学的根据。意思是说，如果没有对于人性善的先天或先验的断定，或者说这种先天或先验断定不成立，那么，现实世界中的人，要追求经验的善，就没有可能性。连可能都没有，怎么能成为现实呢？换言之，人们在现实世界中就不可能也不能做善事，成全人。"人性善"作为形而上学命题，它的意义就在于，为现实的人们做善事，成全人，追求至善，提供了深沉的根据；而且这种根据，不会因为经验、历史的变迁而改变。有这样一个命题作保证，人们在现实生活中，可以自信、大胆地做善事，成全人，坚持不懈，永不动摇。为现实人们的生产生活提供人文的理性的安身立命之所，正是科学发达的今天，古代形而上学依然有现实积极意义的关键所在。

孟子将这种形而上的可能性或根据，又称之为"故"。孟子说：

天下之言性者，故而已矣。故者以利为本。所恶于智者，为其

---

① 《孟子·尽心下》。

凿也。如智者若禹之行水也，则无恶于智矣。禹之行水也，行其所无事也。如智者亦行其所无事，则智亦大矣。天之高也，星辰之远也，苟求其故，千岁之日至，可坐而致也。[①]

依照朱熹的理解，"故"的意思是"已然之迹""自然之势"，是现实事物的"理"或"道"，也是现实人的根本性质，像"自然之故"等因果关系，也包含在其中，但又不只是自然的因果关系而已。也只有这样的"故"才能成为现实的人之所以为人的形而上根据；现实的人成为真正的、理想的人的过程，必须依靠这种"故"作支持，并致力于将这种"故"自然发挥出来而已。而"凿"则是只局限于现实的经验，没有全面地、联系地、内在地认识到这种"故"。可见，在孟子那里，"故"乃是他所谓"仁义"或"道"的又一个称谓。

那么，为什么要先验地断定"人性善"呢？如此断定，是否有必要呢？如果没有这样一个命题作保证，我们在现实中直接去行善求善，行不行呢？也许这个问题，可以这样问，即如果没有这样一个命题作保证，结果会怎么样呢？我们很容易想到的结果，就有这样几点：

第一，如果没有"人性善"命题作保证，人在自己经验的一生中，行善求善，就没有根据。有人也许会说，没有这样的根据，有什么大不了的。我们说，如果没有这样一个根据，在逻辑上说，没有 A 这种可能性，一定不会有 A 这种现实性。没有"人性善"这个命题，则人就没有可能做善事，成全人。没有这种可能性，也就不会有这一方面的需要、动力或想法。如此，怎么可能在事实上行善呢？

第二，如果没有"人性善"命题作保证，在现实中，即使有人做善事，

---

① 《孟子·离娄下》。朱熹注解说："性者，人、物所得以生之理也。故者，其已然之迹，若所谓天下之故者也。利，犹顺也，语其自然之势也。言事物之理，虽若无形而难知，然其发见之已然，则必有迹而易见。故天下之言性者，但言其故而理自明，犹所谓善言天者必有验于人也。然其所谓故者，又必本其自然之势，如人之善、水之下，非有所矫揉造作而然者也；若人之为恶、水之在山，则非自然之故矣。"（朱熹：《孟子集注》卷八，载《四书章句集注》，新编诸子集成第一辑，中华书局 1983 年版，第 297 页）

那也只是一种偶然现象，是不符合人的本性的。或者说，在经验世界中，一个人如果做善事，成全人，他肯定是不正常的，不是发疯，就是神经病。在哲学上说，这种情况，是人的异化。因为他做善事，成全人，与他的本性不符合。

第三，如果没有"人性善"命题作保证，在现实中，即使有人做善事，也不会将行善作为自己的根本理想、实践准则，也不会将行善作为自己做人的出发点。如此，他行善，就必然是短暂的、动摇的、前后矛盾的。而且，他行善，没有动机，没有自信，没有原则，没有目的。结果，他行善，必然也没有什么好的结果。比如，他行善，不会给现实的社会、现实的生活带来更多的善。

由此看来，提出"人性善"这一命题，似乎有其不能不如此的原因。现在，我们假设，这些原因都成立，那么，我们根据我们的生活经验，如何才能提得出"人性善"这个命题来呢？也许有这样几个途径：

第一，现实中有人事实上在行善求善(p)，则必然有先验的"人性善"(q)的可能性。其逻辑推论的形式是"$p \longrightarrow q$"。其中，p是这一充分条件的前件，q则是其后件。这个推论的必然性在于，经验，必然蕴含着先验；事实必然蕴含着可能；内容，必然蕴含着形式；形而下的"器"必然蕴含着形而上的"道"。

第二，有读者可能马上就会发现，现实世界中，也有人事实上在行恶，那么，是不是也可以必然地推出"人性恶"的形而上学命题来呢？如果在形式逻辑上说，这个推论没有什么问题。但是，得出"人性善"命题这一断定，并不只是上述第一点提到的形式逻辑的推论，更重要的是，这一推论中，还包含了现实人的价值或意义追求在内，包含了现实人的理想在内。这时候，逻辑推论的形式，已经超越了形式逻辑的范围，成为有内容的形式逻辑了，换言之，成为先验逻辑或辩证法了。按照先验逻辑或辩证法，还用前述的符号，结合人类文明历史进程说，之所以能够"$p \longrightarrow q$"，除非是因为"$q \longrightarrow p$"。如果没有"$q \longrightarrow p$"，则"$p \longrightarrow q$"为不可能。结合人性善与现实的人为善的关系看，首先，现实的人为善，形式逻辑地蕴含着人性本善；其次，之所以有这样的蕴含，除非人性本善先验地能够引申（康德称之为发挥先验能力，黑格尔称之为"外化"）出现实的人为善。在这一先验的或辩证的逻辑推论中，q 所指向的，总是形而上的、先验的、形式的、抽象的绝对精神之物，而且在价值上是人类一切积极价值的总和，如真、善、美、用等积极价值内涵；而 p 所指向的，总是 q 的"外化"之物，是形而下的、经验的、内容的、具体的现实世界。所以，现实世界有人为恶，不能推论出人性本恶的结论来。

通常说来，真、善、美、用，是人的理想追求。但是，孟子等因此就断定真、善、美、用等积极价值，是人的本性，是否就陷于武断呢？并不是如此。

我们可以提出一个问题，那就是，为什么人们，尤其是古今中外所有思想家们，没有一个人，将假、恶、丑、祸害等作为人的理想呢？我们自己也可以尝试一下，以假、恶、丑、祸害等为理想，看能否行得通。换言之，现实世界的人们，对于自己未来的设计，都是或者符合真理，或者符合善，或者符合美，或者有用，而自然地，甚至近乎本能地，决不会让自己的未来是虚假的、邪恶的、丑陋的、无用的甚至是祸害人类的。这是为什么呢？这说明，人的理想，决不是与人的内在需要无关的，也不是与人的终极价值追求无关的。孟子说，人性善。这就断定了善这种积极价值，是人本性中的固有内容。亚里士多德说，人是理性的动物。这是断定真这种积极价值，也是人的本性中的固有内容。也有艺术哲学家断定说，人是美的。这是断定美这种积极价值，是人的本性中的固有内容。我们古人已经发现，现实的人也都体会得到，经济学家们还以这一点作为自己讨论的出发点，这个道理就是，趋利避害是人的本能。追求有用的（比如功利）东西，也是人的本性中所固有的内容。

因为，人的理想，如真、善、美、用等积极价值，并不是凭空出现或产生的。它们有其出现的根据，这个根据就是人的本性中，先天就具备这样的东西，后天的经验，无非将这些先天的东西变成为经验现实的东西罢了。同时，一个理想，如果它是一个人的真正理想，而不是随意的想象，它如果能够实现，那么，在它被人实现之前，一定先就存在着它实现的可能性；如果没有这种先在的可能性，任何理想都不可能实现，而最终流于空想。其实，理想与空想的区别，就在于是出于一个人内在的本性，还是出于一个人私下的胡思乱想。一个真正的理想，对于现实一定有其超越性，它超越了现实，而又在现实的基础上成长起来。它之所以能够如此，不是因为它是理想，而是因为它作为理想，还有它自己不得不不断超越自己的内在动力。这个动力就在于主体自己与自己矛盾，我与我矛盾。消除这种矛盾，实现自己的真我，是每一个人的共同理想。而这个理想，恰恰就是人的本性的表现。

所以，断定人的本性是什么，决不只是一个经验实证的问题，而尤其是一个先验实践的问题。是理想地断定人性的内容，还是经验地描述人性的内容，涉及人自己要做一个什么样的人，评价标准如何，理想追求如何，基本原则如何等。人的本性是什么的问题，不是与我们断定者毫无关系的，而是就包括我们断定者在内，就是我们自己的问题；我们自己不过借这个问题，对于我们自己作为人的意义和价值，进行适时的反思而已。人的本性是什么，也不只是一个既成的事实，而尤其是一个远没有实现的应该。

所以，我们在考虑人的本性问题时，必须将人的理想，人的未来成长，人的内在心性，一言以蔽之，人的主体性能加进去，作为人本性的必要内容。一个完整的、健全的人，就一定是现实加上理想的人生，也是个人内在心性加上外表社会言行活动，更是自然生命加上主体的理性活动。不加入人的理想成分，则人只是现实的人，缺乏未来的成长空间；不加上内在心性，人便只有看得见摸得着的言行，而无内在抽象真理规定、心灵智慧支持；不计入人的主体性，则人只有自然生命冲动，而无主体有计划有目的的自由活动。对象性、现象、经验事实的人性，就是孔子所谓"性相近，习相远"的人性，只局限于暂时表象，肯定是不完整、不健全的人性。这样的人性论，肯定也是只是描述事实，不能揭示人之所以为人的本质，因而也绝难感动他人的人性论。

同时，"人性善"这种形而上学命题的证实或证明的方式，也与科学命题不同。科学命题的证实或证明，主体与证实或证明对象的关系，不是直接的，而是间接的，主体在进行证明（如进行逻辑推论）或证实（如证实唐太宗李世民为了当皇帝，曾经杀了他的兄弟）时，是旁观的。意味着，一个经验归纳的命题正确与否，与我们主体实际上并没有多大关系。在进行证明或证实的时候，我们是在证明或证实和我们关系不大的对象如何如何。它正确也好，错误也好，我们可以照常生活。所以，我们可以冷静地旁观，不必亲自参与进去。

而"人性善"这种命题，主体与证明或证实的对象，是统一的，我们在进行证明或证实时，就是在证明或证实我们自己能否如何如何，证明或证实的结论，直接影响到我们自己的现实生活估价和未来人生走向。比如，一个犯过错误的人，如J，他真心表示悔改了，自己暗自说："我一定要重新做人。"这一句话，只有证实的问题，那么，如何证实呢？我们和J无关的人，当然可以站在一边，冷静旁观。这个命题对不对呢？我们会很科学很客观地说，请J拿材料来！但假设J就是我们自己的亲人，我们还能否保持这样一份难得的冷静，说出"请拿材料来"这样客观科学的话来吗？又进一步假设，这位倒霉的J就是我们自己，我们还能很冷静客观地向我们自己伸手要证实的材料吗？当然不。我们要赶紧去认真生活，活出人生的意义与价值来，借助这样的活，提供可以对象性旁观的材料，向社会、向怀疑我们的人，证实自己确实能够重新做人，进而也为自己提供有力的材料，证实自己还能够做人成人。后一种证明或证实的情况，就很接近证明或证实"人性善"这一形而上学命题的情况。

在证明或证实"人性善"命题时，不可避免，我们要将自己投身到证明或证实的对象中去；我们的证明或证实，决不只是一种旁观，我们主体要参与进去，和对象共变，它就是我们自己一生的生活实践活动；命题的正确与否，也不是与我们的生活无关，而是直接就影响着我们的理想能否实现，我们做人的尊严能否维持。所以，我们必须全身心投入到这一生命的证明或证实当中，以求得我们做人的尊严。我们看这样的命题正确与否，不只看它是否有经验材料的证实，而且特别要依靠主体自身是否能够在生活实践中，亲自求证它。即主体可以尝试着，以它为信念，并在此信念的指导下，在现实生活实践基础上，通过自己的体悟，来求证它是否正确。

第五节 "养心"论

孟子认为，人人都有良知良能，所以人性本善。但是，为什么现实中不少人说话做事，似乎并没有体现出他们的良知或善性来呢？对此，孟子进行了解释。在他看来，现实中一些人之所以没有体现出他们的良知或善性，是因为他们没有"养心"。由于没有"养心"，缺乏必要的心性修养，良知或善性就受到抑制，而不能自然而正常地表现出来。《孟子》记载：

> 孟子曰："牛山之木尝美矣。以其郊于大国也，斧斤伐之，可以为美乎？是其日夜之所息，雨露之所润，非无萌蘖之生焉，牛羊又从而牧之，是以若彼濯濯也。人见其濯濯也，以为未尝有材焉，此岂山之性也哉？虽存乎人者，岂无仁义之心哉？其所以放其良心者，亦犹斧斤之于木也，旦旦而伐之，可以为美乎？其日夜之所息，平旦之气，其好恶与人相近也者几希，则其旦昼之所为，有梏亡之矣。梏之反复，则其夜气不足以存。夜气不足以存，则其违禽兽不远矣。人见其禽兽也，而以为未尝有才焉者，是岂人之情也哉？故苟得其养，无物不长；苟失其养，无物不消。"①

在这里，孟子以"牛山之木尝美"比喻人性本善，以人们用斧头到牛山伐木、在牛山放牧牛羊等，比喻人们在现实生活中种种小的功利追求对于人至善本性的戕害。牛山"美"的树木遭到破坏，自然就变成光秃秃的（濯濯）。这时，如果有人看见牛山光秃秃的，没有什么"美"的树木，就以为原来也没有"美"的树木，那是错了；如果他由此还进一步断定说没有"美"的树木，乃是牛山的本性，那更是错上加错。同理，人性本来是善的，由于在现

---

① 《孟子·告子上》。

实生活中，人们普遍地局限于小我私利追求，不能自拔，就像人们在牛山伐木、放牧而不断破坏牛山的树木一样，不断地戕害自己固有的至善本性。在人至善本性被戕害以后，人们也自然会做出种种不善的事情来，使自己成为不善的人甚至恶人。这时，如果有人看见现实的人们可善可恶、有善有恶等不同情况，就认为人原有本质也是不善的，那是错误；如果他由此还进一步断定，现实世界中人皆不善，这乃是人的本性，那更是错上加错了。

最后，孟子总结说："苟得其养，无物不长；苟失其养，无物不消。"意思是说，任何事物，包括人性在内，在现实世界中能否完全显示其本性，关键在于后天的"养"。对于生物如树木等而言，"养"就是指在现实经验世界里，人们要创造适当的条件，使其正常生长发育。对于人而言，"养"就是指学习和修养，为人成为真正理想的人，从而完全展示自己善的本性提供必要条件。这就显示出人们在现实生活中进行"养心"修养的必要性。

孟子批评现实中有些人，认识上不知轻重，追求时本末倒置，他说："拱把之桐、梓，人苟欲生之，皆知所以养之者。至于身，而不知所以养之者。岂爱身不若桐、梓哉？弗思甚也！"①他已经将"思"（反思）提到了人们修养非常重要的位置上来看。孟子说："万物皆备于我矣。反身而诚，乐莫大焉。强恕而行，求仁莫近焉。"②"反身而诚"，就是借助反思、反求方法，获得自己内在心性固有的天人合一实在性能。"强恕而行"，则是修养方法中的实践方法，是孟子"养心"说的一部分。在这里，我们着重介绍孟子的"养心"说。

孟子的"养心"说，包含以下几个部分：

（一）"自得"的认识目的

在孟子看来，"养心"的一个方面，是在认识上要认识或觉悟"道"，即对"道"（或良知、良心、本心）要有自得。"自得"指学习或修养者认识"道"，自觉其良知、良心。以"自得"为认识目的，就是要在认识上追求对于人之

---

① 《孟子·告子上》。
② 《孟子·尽心上》。

所以为人的道理有觉悟。《孟子》记载：

> 孟子曰："君子深造之以道，欲其自得之也。自得之，则居之安。居之安，则资之深。资之深，则取之左右逢其原。故君子欲其自得之也。"①
>
> 孟子说："心之官则思，思则得之，不思则不得也。此天之所与我者，先立乎其大者，则其小者弗能夺也。"②

上述两条材料，都言及"得"的问题。前一条材料中，直接讲对于"道"要追求"自得"。后一条材料只说"得"，但这个"得"，是"思则得之"的得，"思"则主要指人们对自己的反思，所以这个"思"而得的得，就只能是"自得"，而不可能是他得。孟子认为，人们进行人性修养，真正自得的东西，实际上是"天之所与我"者，是人们固有的先验之物，它相对于现实功利需要这些小者而言，也可以说就是"大者"，其实就是"道"（或良知、良心、本心），是人生之最根本、最关键所在。

孔子对学习问题曾有大量论述。关于学习目的，他也倾向于认为在于"为己"。孟子的"自得"说实际上是站在主体修养角度，对孔子"为己"学习目的论的再次强调和凝练概括。真正说来，"为己"的"己"还比较抽象。比如，在外延上，这个"己"可以是精神修养，也可以是身体修养或欲望满足等非精神方面的因素。自得则是自己在认识或觉悟上真有心得，突出了学习者通过学习在精神修养方面发生质的变化的新情况。比如，现实的人向理想的人前进时，在哪些方面会发生根本的变化呢？孟子的"自得"说，比孔子的"为己"说，能够更具体地回答这一问题，能够更准确地揭示出这种变化主要体现在精神方面，在理性认识的深切体认上，而不在身体等方面。可以断定，孟子"自得"说是孔子"学习"思想的进一步发展。

---

① 《孟子·离娄下》。
② 《孟子·告子上》。

(二)"专心致志"、坚持不懈的"养心"原则

在心理上,"养心"要求专心致志,持之以恒。《孟子》记载:

> 孟子曰:"无或乎王之不智也。虽有天下易生之物也,一日暴
> 之,十日寒之,未有能生者也。吾见亦罕矣,吾退而寒之者至矣,
> 吾如有萌焉何哉?今夫弈之为数,小数也。不专心致志,则不得
> 也。弈秋,通国之善弈者也。使弈秋诲二人弈。其一人专心致志,
> 惟弈秋之为听。一人虽听之,一心以为鸿鹄将至,思援弓缴而射
> 之。虽与之俱学,弗若之矣。为是其智弗若与?曰:非然也。"①

在孟子看来,如果一个人在修养过程中不专心致志,或不持之以恒,一暴十寒,既没有远大理想("志"),也没有尽心尽力,自然达不到"养心"目的。孟子的这个思想,一般人都很容易理解,所以在中国古代学习思想史上影响巨大。

孟子注意到,在"养心"过程中,修养具有艰巨性和长远性。在现实修养中,一些急性子总是想很快就能够见到修养的成效,以为凭借自己那一点修养,就可以在现实世界中如何如何,一旦发现不能如意,就动摇了修养的自信心。对此,孟子恳切指出:

> 仁之胜不仁也,犹水胜火。今之为仁者,犹以一杯水救一车薪
> 之火也;不熄,则谓之水不胜火,此又与于不仁之甚者也。亦终必

---

① 《孟子·告子上》。朱熹注解说:"或,与惑同,疑怪也。王,疑指齐王。※暴,温之也。我见王之时少,犹一日之暴;我退则谄谀杂进之日多,是十日之寒也。虽有萌蘖之生,我亦安能如之何哉?※弈,围棋也。数,技也。致,极也。弈秋,善弈者名秋也。缴,以绳系矢而射也。程子为讲官,言于上曰:'人主一日之闲,接贤士大夫之时多,亲宦官宫妾之时少;则可以涵养气质,而熏陶德性。'时不能用,识者恨之。范氏曰:'人君之心,惟在所养。君子养之以善则智,小人养之以恶则愚。然贤人易疏,小人易亲,是以寡不能胜众,正不能胜邪。自古国家治日常少,而乱日常多,盖以此也。'"(朱熹:《孟子集注》卷一一,载《四书章句集注》,新编诸子集成第一辑,中华书局 1983 年版,第 331—332 页)

亡而已矣。①

自己修养不高，就好比自己只有一小杯水，而现实中出现的"不仁"却普遍而顽固，就好像爆发了"一车薪之火"。现在却要人们用那一小杯水的修养，去救那"一车薪之火"般的"不仁"，当然不能扑灭大火。孟子在这里批评这种急性子人，他们企图在还没有完全修养到家时，就力图运用自己的那一点进步来改变现实，一旦不能成功，反过来又怀疑"仁"能否战胜"不仁"，实际上是帮助了（"与"）不仁者。而他自己通过修养已经获得的一点东西，也会由此消亡（"亡"）的。在这里，孟子用具体实例，有力地说明了人性修养不坚持到底、半途而废的危险性，发人深思。

（三）"养心"的结构

孟子还对"养心"修养活动进行了初步的结构分析。他发现，"养心"实际上有先天自然的"养心"与后天努力的"养心"两个层次。《孟子》记载：

> 孟子曰："尧、舜，性之也。汤、武，反之也。"②

朱熹注解说："性者，得全于天，无所污坏，不假修为，圣之至也。反之者，修为以复其性而至于圣人也。"③"性之"是不假修为，自然如此，或者说，尧、舜的"养心"是完全自然如此的，不是通过后天循序渐进一步步努力而成的；"反之"则是后天修养而成的。这意味着，孟子所讲的"养心"，也应该有两个层次：一是良心自然如此，尧、舜"性之"是表现，二是在经验世界里，通过学习和修养，逐渐提高自己的素养的过程。后一点，一般人可以学习仿效，所以，孟子讲得比较多。

孟子的"性之""反之"说，进一步凸显了《中庸》"天之道"与"人之

---

① 《孟子·告子上》。

② 《孟子·尽心下》。

③ 朱熹：《孟子集注》卷一四，载《四书章句集注》，新编诸子集成第一辑，中华书局1983年版，第373页。

道"关系的一个方面，即先验与经验的关系方面，为后来理学家修养论中的先验色彩提供了历史渊源。

孟子还发现，"养心"活动既涉及"知"，也涉及行。在他看来，"养心"活动是知行并重的。《孟子》记载：

> 孟子曰："尽其心者，知其性也。知其性，则知天矣。存其心，养其性，所以事天也。夭寿不贰，修身以俟之，所以立命也。"①

尽心知性知天，主要是对"道"的认识或觉悟；存心养性事天，主要是遵循"道"的实践活动。孟子强调，在实践中，不管生死寿夭，只是尽到自己的努力，不断学习，不断提高自己的修养，以等待命运的决定。知道和行道，两个方面也是并重的。孟子在这里事实上凸显了知、行关系问题，为后来人性修养和文明教化中的知行关系讨论提供了必要的准备，也为理学家们的知行关系说提供了基本思路。

孟子还发现，"养心"活动既要做正面努力，更要进行反面的限制。在"养心"中，正面如尽心知性知天、存心养性事天当然重要，但反面的如"寡欲"也应该同时进行。正、反并进，也是孟子所强调的"养心"原则。《孟子》记载：

> 孟子曰："养心莫善于寡欲。其为人也寡欲，虽有不存焉者，寡矣。其为人也多欲，虽有存焉者，寡矣。"②

"寡欲"，就是克制、减少或限制某些不符合人性要求的欲望。因为按照孟子的看法，人们之所以陷溺其良心，往往和他们欲望太多太盛有关；而他们的这些欲望，站在人性的高度看，又不完全是正当的、永恒的。对

---

① 《孟子·尽心上》。
② 《孟子·尽心下》。

于这样的欲望，当然应该克制、减少或限制（"寡"）。但人们还有成为真正理想的人等符合人性要求的欲望；这些欲望，即使站在人性的高度看，也是正当的、永恒的。对于这样的欲望，当然不能减少或限制（"寡"）它们。

那么，人们如何才能寡欲、又应该怎样寡欲呢？在孟子看来，寡欲修养的前提条件和方法，都在仁义修养。孟子强调指出，人们应该"饱乎仁义"，不要羡慕"人之膏粱之味"，不要羡慕"人之文绣"，意思也就是说一个人不要盲目羡慕别人的锦衣珍馐，而要追求仁义道德。这也正如他所说的"非其义也，非其道也，禄之以天下，弗顾也"①。"仁义"这种人性基本内容，才是人们真正所欲的东西；而且人们还应该以"仁义"为标准，衡量哪些欲望应该克制、减少或限制，哪些欲望提倡、培育或增加。

在孔子那里，通过学习以提高修养，主要讲正面努力，反面则讲"克己复礼为仁"②。孔子所要克制或克服的对象是"己"，这个"己"对于学习以成为真正的、理想的人而言，当是消极的东西。但他在另一处又说"古之学者为己"③，"为仁由己"④ 等，"己"对于学习而言应该又是积极的东西。孟子将克制或克服的对象明确化为"欲"，即欲望，使孔子"克己"之说更加准确，同时又将"己"从可能的消极境地中解脱出来，高扬"己"的积极内涵，进一步发挥成为良知、良心或本心，不仅减少了后人误会孔子思想的机会，而且促进了孔子思想的清晰化，极大地发展了孔子关于现实的人如何成为理想的人的过程或方法的思想。所以，"寡欲"说后来被理学家们继承下来，成为他们修养论的重要组成部分。

（四）"养心"的几个阶段

对于"养心"活动，孟子不仅进行了朴素的逻辑分析，而且还有历程阶段的划分。《孟子》记载：

---

① 《孟子·万章上》。
② 《论语·颜渊》。
③ 《论语·宪问》。
④ 《论语·颜渊》。

孟子曰："可欲之谓善。有诸己之谓信。充实之谓美。充实而有光辉之谓大。大而化之之谓圣。圣而不可知之谓神。"①

在孟子看来，现实人的修养，大体上有"善——→信——→美——→大——→圣——→神"六个阶段。其中，"善""信"是现实的人们进行修养的出发点。"善"指人性本善，此至善本性的主体性能，就是人的良知、良心或本心。对人而言，人人先天皆有至善本性，皆有良知或良心。"善"性是人们进行修养的逻辑出发点。"信"指现实的人们自己实有此人的善性或良知，自己因此而与众人在根本上相同，即都是人，都拥有成为真正的、理想的人的基础。实有善性或良知，是人们进行修养的现实出发点。这时候的人，人人相同，尧、舜与普通人完全一样。对于这两个阶段的情况，孟子用"人性善"命题进行综合的理论概括。

而"美""大""圣""神"则可谓现实的人进行人性修养所必经的四个阶段。"美"指通过扩充自己固有的人性善端，使良知充满于人的言行活动，自己综合素质有实实在在的提高。"大"指自己的修养收获在现实社会生活中对周围人们产生积极影响，放射出人性的光辉。这时候的人，可以称为"大人"或"大丈夫"。"圣"指自己获得从政机会，运用自己的修养治理国家，感化民众，使现实社会成为理想的社会。这时候的人，可以称为"圣人"。"神"则是现实的人们修养到达最高阶段，完全成为一种精神境界。达到这个阶段的人，用《中庸》的话说，已经"致中和""天地位""万物育"，与天合一，非一般人所能知，所以称为"神"。关于人性修养四个阶段，孟子还用尽心、知性、知天和存心、养性、事天进行理论概括。

孔子也讲过学习等修养的阶段，但和孔子的观点相比，在整个修养过程中，孟子更突出了修养阶段中的先验阶段；而在经验阶段中，孟子又更加突出了人性修养各具体阶段所到达的精神境界，并揭示了各个阶段的不同特征。孟子极大发展了孔子、《大学》、《中庸》的人性修养论，强调和凸显了

---

① 《孟子·尽心下》。

其先验性能，儒学的理想主义色彩、精神家园性能由此彰显且定型。

（五）"求放心"的宗旨

孟子认为，人性修养的前提条件，就是"求放心"。现实中人本来有良心，但由于修养不够，致使良心"陷溺"，使现实的人可能成为与本性不一因而不善的人，导致人性异化。所谓"陷溺"，孟子又用另外一个比喻的说法，叫做"放心"。"放心"的意思，就是良心走失，就像牛、羊走失一样。"求放心"，就是追求走失的良心，寻找失落的自己，重建人性的家园。《孟子》记载：

> 孟子曰："仁，人心也，义，人路也。舍其路而弗由，放其心而不知求，哀哉！人有鸡、犬放，则知求之；有放心而不知求。学问之道无他，求其放心而已矣。"①

在孟子那里，"心"或良心就是"道"。所以，"求放心"与"求道"的意义相近。孟子说："夫道，若大路然，岂难知哉？人病不求耳。"② 又说："形色，天性也。惟圣人然后可以践形。"③"圣人"是理想的、标准的、典型的人。他们之所以如此，是因为他们已经认识到人之所以为人的"道"，而且在现实生活中通过自己的言行活动（形、色），能够将"道"实现于自己的言行活动（践形）。就一般人而言，应该见贤思齐，反思自己，向圣人学习。而"求放心"是一个基本的方面。孟子还形象地批评说，现实的人们连鸡、犬走失了也知道寻找，但比鸡、犬更重要更根本的良心走失了，却不知追寻，真是本末倒置，不知轻重啊！最后，孟子总结说，学问之道没有其他什么内容，核心所在，就在于"求放心"。

在孟子那里，"求放心"是目的，专心致志、坚持不懈、先验经验并重、知行并重、正反并进等，是准则或规矩，这两者都不可缺少。孟子说："羿

① 《孟子·告子上》。

② 《孟子·告子下》。

③ 《孟子·尽心上》。

之教人射，必志于彀；学者亦必志于彀。大匠诲人，必以规矩；学者亦必以规矩。"①"学者"指学习的人，也是进行修养争取成为理想的人的人。"彀"是目的，"求放心"就是修养的"彀"，而规矩是保证，"专心致志"等就是修养的规矩。

（六）"养心"的境界

《孟子》记载：

> 孟子曰："尽其心者，知其性也。知其性，则知天矣。存其心，养其性，所以事天也。夭寿不贰，修身以俟之，所以立命也。"②

这里所言，都是孟子"尽己"之学所能达到的最高境界。"尽心"，本着自己的良知；"知性"，认识或觉悟到自己的本性或良知；"知天"，认识或觉悟到天命于人者，也是人性或良心，只不过意识到人性或良知与天的内在关联意义而已。尽心、知性、知天是讲"养心"的理性认识收获，而存心、养性、事天则是讲"养心"的修养实践过程。其中，"存心"指保存或保持自己的良心，使其不放失。孟子说："君子所以异于人者，以其存心也。君子以仁存心，以礼存心。"③存心的标准或主体就是孟子所强调的"仁"等人性内容。"养性"指养育自己的良心，"事天"则指奉承天命，不违天命，等待天命的决定。存心、养性这些修养活动，不仅具有使人成为理想的人的人学意义，而且有与天命发生关系的形而上学和宗教意义。

孟子的理想人格到底是什么呢？

如前所述，孔子追求的理想人格是"君子"，他认为"君子"是比较现实的，是社会中绝大多数成员可以共同向往、追求的人格。孔子也提出了圣人、仁者等其他人格范畴，而且以圣人为最高的理想人格，但孔子似乎认为圣人境界很高，一般人是难以达到的。"圣人"是以"修己"本位，具有崇

---

① 《孟子·告子上》。

② 《孟子·尽心上》。

③ 《孟子·离娄下》。

高的修养，且能"推己及人"，"博施于民而能济众"的人，这样的理想人格，即使尧、舜等圣王，也未必就完全达到了。孟子则明确认为，"圣人"并非普通人不可企及，圣人不过与我同"类"而已。他说："圣人之于民，亦类也。"①"尧舜与人同耳。"②同时，孟子又认为圣人与一般人有同样的善性，这就是"道"或"良知"。一般人只要努力修养，同样可以超凡入圣，成为真正理想的人。所以，孟子明确断定说："人皆可以为尧舜"③。

孟子除了提出"圣人"这种理想人格范畴外，他还提出了"君子""士""大丈夫"等理想人格范畴，而其中影响深远的，最能反映孟子本人气象的则是"大丈夫"。他所颂扬的大丈夫，正是对当时士阶层应该树立什么样的理想人格而提出的时代要求，很有现实针对性。那么何谓"大丈夫"呢？孟子说：

> 居天下之广居，立天下之正位，行天下之大道；得志，与民由之；不得志，独行其道。富贵不能淫，贫贱不能移，威武不能屈。此之谓大丈夫。④

按旧注，"广居"就是仁，"大道"就是义。"居天下之广居，行天下之大道"，就是居仁由义，而且即使面对富贵、贫贱、威武等社会压力，也不会改变原则，而是坚守底线，砥砺气节。

此外，孟子还提到"知言"和"养浩然之气"，它们和"养心"是什么关系呢？这个问题，值得探讨。孟子说："我知言，我善养吾浩然之气。"⑤就"知言"看，孟子说："诐辞知其所蔽，淫辞知其所陷，邪辞知其所离，遁辞知其所穷。生于其心，害于其政；发于其政，害于其事。"⑥孟子认为，听到片面言论，能知道它被什么所蒙蔽，面对过头的言论，能知道它陷溺于什

① 《孟子·公孙丑上》。
② 《孟子·离娄下》。
③ 《孟子·告子下》。
④ 《孟子·滕文公下》。
⑤ 《孟子·公孙丑上》。
⑥ 《孟子·公孙丑上》。

么，而对恶意邪辞，能指出它如何背离正道，对躲闪遁词，能指出它如何理屈词穷。如果一个人不能从思想上破除上述诸多偏见，最后就会给"政""事"造成危害。如此，人们进行的一切修养也将无济于事。孟子的"知言"，和他的"自得"说是有关系的。真正说来，"知言"只是"自得"在言语表达、理解和交流中的结果和必然表现。

我们将孟子的"知言"说、"自得"说等，都看成是孟子"养心"论的一部分，当然是为了叙述的方便而已。"知"与"养"当然存在着逻辑上的联系，但这种联系是什么，孟子说得还不很清楚。后来的理学家对这个问题讨论更加细致。比如，孟子将"知言"和"养气"放在一起讨论，朱熹分析其原因说：

> 先言知言，先知得许多说话，是否邪正，都无疑后，方能养此气也。①

意思也就是说"知言"与"养气"二者是相辅相成的，只有在"知言"后，即明道后，才能有效地"养气"。这就明显运用了朱熹自己的"知先行后"的主张在里面，不必就是孟子本人的意思。

那么，什么是"浩然之气"呢？孟子本人也说它"难言也"，即不容易讲明白。不过，孟子还是作了这样的解释：

> 其为气也，至大至刚，以直养而无害，则塞于天地之间。其为气也，配义与道；无是，馁也。是集义所生者，非义袭而取之也。行有不慊于心，则馁也。②

仔细分析这段话，可以明白"浩然之气"乃是一种精神之"气"，如志气、

---

① 《朱子语类》卷五三。

② 《孟子·公孙丑上》。

豪气、勇气等。"气"范畴可能主要有三种含义：一指客观存在的一种物质，这种气可以用来表述构成世界万物的最初元素。如阴阳二气、精气等，也可以是医学上的血气、邪气，等等。二指气运动的规律，即气之道。三指一种精神或心理状态，这也正是孟子所讲的那种"浩然之气"。此外，从这段话中还可发现，孟子认为"浩然之气"靠的是对"道"与"义"的正确体认与把握。无道义，则无"浩然之气"可言。

孟子还认为"浩然之气"的形式，并非一蹴而就，而要经过持久不懈的修养锻炼过程。因为浩然之气"是集义所生者，非义袭而取之也"。人要掌握"义"这个基本品德，并使之与"气"相结合，是一个渐进积累的过程。"浩然之气"必须一点一滴地集义而得，不是单凭感情用事，一时激于义愤做出一两件激动人心的事情给别人看，就可以培养出来。用现在的话说，从集义到浩然之气，要有一个由量变到质变的过程。"以直养而无害"，就是要用正义之道去培养这种浩然之气，而不能有任何非正义言行、环境危害它。培养的方法，既不能放任自流，也不能操之过急，这就是他所说的"必有事焉而勿正，心勿忘，勿助长也"。这就好像农民种庄稼，要经常培土、施肥、浇水、耘苗，不能一日曝之，十日寒之；要有恒心，不能急躁，更不能揠苗助长。这种"养气"方法，实际上是一种艰苦的意志锻炼。

而且，孟子的"气"又和人的"志"有密切关系。他指出："夫志，气之帅也；气，体之充也。夫志至焉，气次焉。故曰：持其志，无暴其气。"①在孟子看来，"志"是内心所固守的信念或理想，而"气"则是外在的精神显现。"志"是"气"的统帅；"气"充满全身要受"志"支配。"养气"的过程是一个培养坚强意志的过程，是一个"尚志"的过程。

孟子自己通过"明道""集义"和"尚志"，逐渐培养"浩然之气"，最终达到了"不动心"这一目的。"不动心"是浩然之气的主要内容。孟子发现，在现实中，人们"不动心"，通常有两种情况：一种是强制其心使它不动；而另一种则是心自然而然地不动。第一种办法是比较容易做的，但是那种"不

---

① 《孟子·公孙丑上》。

动心"并不是真正的"不动心"，其实那个心已经动了，不过被强制住不能表现于外而已。要达到第二种境界，比较困难一些。不过，只有这样达到的"不动心"，才是真正的"不动心"。一个人如果到达这样的精神境界，他自然而然地会体悟到富贵、贫贱、威武等，实在没有什么了不起，没有什么稀奇，从而，面对它们时，自然也就可以不淫、不移、不屈了。具备了第二种"不动心"境界的人，在精神上才可能至大至刚，无所畏惧，而独立于天地之间。这种自然而然的"不动心"，实际上就是人们善性或良心自然扩充的结果。

如此，我们似乎可以说，孟子的养"浩然之气"说，只是他"养心"论的另外一个说法。

"养心"论，如果用现代汉语表示，也许可以说是精神修养论。"心"即以人性为内涵的精神，"养"即培养、养育、修养。在现实的人成为理想的人问题上，孔子着重讲学习，曾子着重讲修身，子思"修道"论中已经有大量的关于人精神修养的内容，而孟子则将前人的成果统一到精神修养上面来，总称为"养心"。孟子的"养心"论，既包含了人通过学习而认识或觉悟"道"的内容，也包含理想的树立、欲望的克制、意志的锻炼、情感的陶冶、精神家园的建设等多方面的丰富内容。这当然是先秦儒家修养论重大发展的表现。

第六节 "仁政"思想

和孔子思想比较，如果说孟子的"天命"论、"道"论、"人性善"说、"养心"论等，是孟子的"尽己"之学的话，那么，"仁政"思想则可谓孟子"推己"之学的一部分。孟子说："夫君子所过者化，所存者神，上下与天地同流，岂曰小补之哉！"①"所存者神"，是君子"尽己"之学的收获和达到的

---

① 《孟子·尽心上》。

境界，"所过者化"，是君子"推己"之学的过程和作用。这个过程和作用，在政治领域又集中表现为"仁政"思想。

孟子的"仁政"思想内容非常丰富，既有"天命"论和天赋予人的至善（良知）人性论根据，有最一般"推己及人"人学原则，还有细化"推己及人"人学原则的几大根本思想，如君权"天受"论和君权"民受"论、国君"以善养人"和"以德服人"的治国原则、民贵君轻和以民为本的"民本"思想等，更有贯彻这些原则的政治、经济、军事、文化等方面的具体措施。

我们首先看看孟子"仁政"思想的最一般原则，即"推己及人"原则。

孟子仁政思想的建立，建立在他"人性善"说的基础上。在孟子看来，如果统治者将人的善性或良知运用到治理国家方面，就是"仁政"。他说：

> 人皆有不忍人之心。先王有不忍人之心，斯有不忍人之政矣。
> 以不忍人之心，行不忍人之政，治天下可运之掌上。①

在他看来，每个人都有同情人的心理。先王因为有同情人的心理，所以有同情人的政治。根据同情人的心理，实施同情人的政治，那么，治理天下就容易了。因而，他主张将"爱人"之"仁"作为施政的出发点，要求统治者"施仁政于民"②，明确提出了"仁政"说。

仔细分析孟子的这一段话，可以发现，孟子所谓"仁政"，实际上就是统治者根据自己的"不忍人之心"（或恻隐之心）"推己及人"的结果。比如，齐宣王认为自己好货、好色，恐怕不能实行"仁政"。孟子指出，"王如好货""王如好色"，"与百姓同之，于王何有？"③意思是说，齐宣王因为自己好货、好色，推而"与百姓同之"，即"举斯心加诸彼"，让老百姓与自己共享财物和美色。如果能够将自己这种与百姓共享的意识运用于政事，那么这种政治就是一种"仁政"。

---

① 《孟子·公孙丑上》。

② 《孟子·梁惠王上》。

③ 《孟子·梁惠王下》。

　　孟子认为，如果统治者丧失了"不忍人之心"，自己的良心丢掉了，不仅不能产生"仁政"，其统治地位也会动摇，甚至崩溃。他总结历史教训说："古之得天下也以仁，其失天下也以不仁。国之所以废兴存亡亦然。天子不仁，不保四海，诸侯不仁，不保社稷。"① 这里，孟子从"不忍人之心"与四海社稷的关系，再一次强调了"不忍人之心"的重要性，强调了"仁"的基础作用。

　　值得注意的是，孟子所谓"不忍人之心"，虽然是人的一种心理情感，但其实质内容却是人的善性或良知。所以，孟子的"仁政"思想是一种人性政治或良心政治，而不是心理政治或情感政治。但却有学者指出："孟子把他的整个'仁政王道'的经济政治纲领完全建立在心理的情感原则上。即是说，'仁政王道'之所以可能，并不在于任何外在条件，而只在于统治者的'一心'。"② 这是李泽厚先生说的一段话。笔者认为李先生的看法值得商榷。

　　第一，关键在于，孟子的"不忍人之心"，是否就完全等于李先生所谓"心理的情感"呢？我们知道，孟子讲的"心"，核心意义指的是良心、良知或本心，而其具体内容则是"仁义"等，它是人人所先验"固有"的东西。像恻隐之心等心理情感，孟子明确地说只是"仁之端"，是良心、善性等的一点点表现。如此看来，将孟子的"不忍人之心"，完全只理解为"心理的情感"，似乎没有抓住孟子的中心意思。这种看法，好像只见到孟子所举事例的表象，而没有见到其思想实质。

　　第二，孟子的"推己及人"原则，是否就等于李先生所谓"心理的情感原则"呢？这个问题的要害在于，孔孟"推己及人"原则中"己"的意义是什么。李先生将它理解为"心理的情感"，所以"推己及人"原则就成为"心理的情感原则"。我们认为，孟子所谓的"己"的意义，实际上是指人的真我或大我，是他常常讲的人的良心、良知或本心，也就是人的至善本性。所以，"推己及人"原则在认识上表现为同情地理解他人，在政治上表现为人

---

　　① 《孟子·离娄上》。

　　② 李泽厚：《中国思想史论》上册，安徽文艺出版社 1999 年版，第 47 页。

饥己饥、人溺己溺，与天下万民共患难同甘苦的责任感等。这个原则，如果用孔子的一句话说，就是"己欲立而立人，己欲达而达人"的原则。这样一个原则，仅仅运用所谓"心理的情感原则"加以解释，未免简单化。

在这里，还涉及对"心"范畴意义的理解问题。在孟子看来，"心"是人人先验固有的，在人的现实经验中也有一定表现。所以，孟子的"心"论是一种典型的先验论。孟子思想的这一理论特征，不必也没有什么必要忌讳。李先生在他的著作中，将先验的东西落实或改造为经验的历史的东西，说什么历史的心理积淀，显然有从"机械唯物论"（朱光潜批评李泽厚语）角度改造先验论思想的企图。我们不是说李先生不能做这样的改造，而是说如果他还要以他所谓的改造成果回头来理解孟子的"心"论，完全忽视其先验性，而只是理解为经验的心理或情感之物，可能是对孟子"心"论的极大误解。用这种误解来看孟子的思想，评价他的"心"论仅仅是一种道德心理学，则是完全不符合孟子的思想实际的。

在孟子"仁政"思想体系中，还有几个比较根本的思想，以贯彻他的"推己及人"原则。

首先，对于现实的人成为君王的条件，孟子特别给予了关注。关于君权的来源，孟子提出君权"天受"和"民受"的主张。君权"天受"论和君权"民受"论，可以看成是孟子"仁政"思想中的第一个根本思想。

孟子认为，由谁当君王，坐江山，这个问题是由天命决定的。但天命的决定，又不是死的，不是固定不变的。真正说来，"天不言"，只以其"行与事"（天的运行与物事）表示天的性能等意义；而天在政治上的意义，集中体现在"天受"与"民受"两个方面。"天受"指天接受某人做统治者，"民受"指民心向着此人，民众支持他做统治者。这样，孟子将天命具体化为人不可知不可为的"天受"与人可知可为可努力的"民受"两个方面，而他的"仁政"思想则着重对"民受"思想加以阐述。孟子的"仁政"思想或"民本"思想，虽然强调现实君主或普通民众意见，但并不与天命或天意相违背，反而将其视为天命或天意的具体实现。或可说，孟子的"仁政"思想，乃是他天命思想在政治问题上的表现和具体落实。《孟子》记载：

万章曰："尧以天下与舜，有诸？"孟子曰："否。天子不能以天下与人。""然则舜有天下也，孰与之？"曰："天与之。""天与之者，谆谆然命之乎？"曰："否。天不言，以行与事示之而已矣。"曰："以行与事示之者如之何？"曰："天子能荐人于天，不能使天与之天下。诸侯能荐人于天子，不能使天子与之诸侯。大夫能荐人于诸侯，不能使诸侯与之大夫。昔者尧荐舜于天而天受之，暴之于民而民受之，故曰：'天不言，以行与事示之而已矣。'"曰："敢问荐之于天而天受之，暴之于民而民受之，如何？"曰："使之主祭而百神享之，是天受之。使之主事而事治，百姓安之，是民受之也。天与之，人与之，故曰：'天子不能以天下与人。'舜相尧，二十有八载，非人之所能为也，天也。尧崩，三年之丧毕，舜避尧之子于南河之南。天下诸侯朝觐者，不之尧之子而之舜；讼狱者，不之尧之子而之舜；讴歌者，不讴歌尧之子而讴歌舜。故曰：'天也。'夫然后之中国，践天子位焉。而居尧之宫，逼尧之子，是篡也，非天与也。《太誓》曰：'天视自我民视，天听自我民听'，此之谓也。"①

在这里，孟子提出了一个非常重要的观点，那就是"天子不能以天下与人"。天子将天下让给谁，涉及君权转移的根据问题，进而也就牵扯君权的根据问题。孟子断定"天子不能以天下与人"，事实上否认了君主自身先天拥有君权的理论根据。君权的根据既然不在于君主自身的天赋，那么，君权的根据何在呢？孟子认为，君权的根据一方面在"天"，从这一方面说，君权"天受"；另一方面在民，从这一方面说，君权"民受"。不管君权在天，还是在民，还是既在天又在民，总之，君权肯定不在君主自身。这就从根本上抽掉了国君个人进行专制独裁的权力理论根据。

从孟子事实上的观点看，"天"给舜以君位，是因为舜既满足了现实的人不可认识、不可控制、不可努力的"天受"条件，也满足了现实的人可以

---

① 《孟子·万章上》。

认识、可以控制和努力的"民受"条件。关于这两个条件的具体内容，孟子还有进一步的举例说明。《孟子》记载：

> 万章问曰："人有言：'至于禹而德衰，不传于贤而传于子'，有诸？"孟子曰："否，不然也。天与贤，则与贤；天与子，则与子。昔者舜荐禹于天。十有七年，舜崩。三年之丧毕，禹避舜之子于阳城。天下之民从之，若尧崩之后不从尧之子而从舜也。禹荐益于天。七年，禹崩。三年之丧毕，益避禹之子于箕山之阴。朝觐讼狱者不之益而之启，曰：'吾君之子也。'讴歌者不讴歌益而讴歌启，曰：'吾君之子也。'丹朱之不肖，舜之子亦不肖；舜之相尧、禹之相舜也，历年多，施泽于民久。启贤，能敬承继禹之道；益之相禹也，历年少，施泽于民未久。舜、禹、益，相去久远。其子之贤不肖，皆天也，非人之所能为也。莫之为而为者，天也。莫之致而至者，命也。匹夫而有天下者，德必若舜、禹而又有天子荐之者，故仲尼不有天下。继世以有天下，天之所废，必若桀、纣者也，故益、伊尹、周公不有天下。……孔子曰：'唐、虞禅，夏后、殷、周继，其义一也。'"①

在孟子看来，"民受"的条件主要看现实个人修养的高或低，换言之，主要看这个人是否有"德"，这是现实的人们能够认识、控制和努力的。"天受"的条件，则包括是否能够获得天子推荐，自己的父亲是否就是天子从而有"继世"的血缘基因，天子的儿子是否贤能所以是否有可能传君位于外姓等。比如，在历史上，孔子有德，但没有天子推荐，所以孔子"不有天下"；益、伊尹、周公等虽然贤能，但不能"继世以有天下"，所以他们也"不有天下"。此外，像舜的儿子不肖，舜即使想传位给儿子，也不行，这是天命；益贤能，而且有天子推荐，但"历年少，施泽于民未久"，而且禹的儿子启

---

① 《孟子·万章上》。

又"能敬承继禹之道",所以，益未能继承天子之位，而禹的儿子启却继承了父亲的君位。这些皆为天命所决定，非人力所能为。

孟子认为，现实的人成为君王必须具备"天受"和"民受"两个条件。这两个必要条件之间，又有轻重。"天受"是成为君主的首要条件；没有"天受"条件，即使道德高尚的人也不能成为君王，孔子、益、伊尹、周公等就是例子；"民受"则是君王地位巩固的必要条件，桀、纣虽然有"天受"，但由于无德，统治不得民心，结果其君位终究要被上天废除。

可见，孟子比较关心现实的人成为一国之君的条件问题，并进行了理性探讨，这体现了儒家政治思想的具体发展。但由于科学还不够发达，理性思维的运用难以彻底，孟子将这个现实问题的解决在终极意义上又归于天命，使其政治思想为非理性因素留下了地盘。这是当时社会生产力和理论思维还不够发达的必然结果，倒不必怪罪孟子本人。和后来董仲舒利用学术为君权的合法性进行有神学色彩的证明根本不同，孟子能将当时人们习以为常的君位问题提出来，进行理性讨论，实际上已经将理性的有效范围扩展到君权来源及其根据这一领域，限制了非理性的作用范围，扩大了理性的时空世界。孟子勇敢地对君权来源问题进行理性探讨，而且在理性探讨君权问题时，他坚信民众的利益、意志、欲望、情感制约着君权的产生和转移，很早就透露出我国民权思想的曙光。从人类理性的发展历史看，从中国古代政治思想史看，这无疑是一个巨大进步。

同时，孟子将君位问题终究归于天命，但他并没有相应地发展出一套推测天命的理论来，而是以人能够认识、控制和努力的方面为主，着重讲出一套现实的人能够认识、控制和努力的"仁政"思想来。他的"仁政"思想虽然在逻辑上属于其天命论的一部分，但它毕竟不是天命论，不是神学，而是理性的政治思想，属于人学思想的一部分，只是它同时又不违背神学的"天命"而已。孟子这种在天与人之间，寻求辩证统一的天人合一思想，与孔子是完全一致的。

孟子"仁政"思想中的第二个根本思想，就是在国君与臣下、国君与民众的关系上，主张"以善养人""以德服人"。《孟子》记载：

孟子曰："以善服人者，未有能服人者也。以善养人者，然后能服天下。天下不心服而王者，未之有也。"①

孟子"仁政"思想中，在君臣、君民关系方面，"仁政"思想要求通过"以善养人"，使老百姓"心服"，这是孟子所谓"王道"政治。以善养人，主体在民，民众利益的满足、精神需要实现才是政治目的，君主只是为此服务的职业政治工作者而已；以善服人，主体在君，民众只是被利用、控制的政治工具而已。与王道相对的，是以力服人的"霸道"政治，与"以善养人"相对的，则是"以善服人"的君主功利政治。这一说法，包含了比孔子"德治"主张更为明确而清晰的政治思想内容。

孔子的"德治"主张，内含"导之以德，齐之以礼"的具体办法，祈请治国者"子帅以正，孰敢不正"，亲切提出了以身作则的教化垂范原则，更为治国者规划了"富而后教"的德治步骤；但是，人性内容如"德"等在治国中的地位，究竟如何，孔子毕竟没有明确论述。孔子之后，一些人很容易就将孔子讲的"德""礼"等，当作统治者治理国家，统率百姓的手段，而忽略其基础地位；在"德治"主张中，虽然包括"百姓足，君孰与不足"的百姓优先态度，但民众的国家根本地位，并不突出，反而在"重民""教民""使民"等主张中，民众作为治国者的对立面，始终处于被动地位。而孟子本着他的"人性善"说、良知或良心论、人人可以为尧舜等思想，不仅强调人人具有的"良知"是政治活动的逻辑起点、准则、主宰和理想，强调人性（"道""德"等）在政治活动中的基础地位，而非手段地位，而且还相应地更加重视百姓在治理国家中的重要地位，发展出明确而突出的"民本"思想来。

在孟子看来，统治者治理国家，首先要展示统治者作为典型的、标准的人的"德"，给百姓树立现实的学习榜样。孟子说：

惟大人为能格君心之非。君仁，莫不仁。君义，莫不义。君

---

① 《孟子·离娄下》。

正，莫不正。一正君而国定矣。①

在孟子看来，治理国家，如果国君率先"仁义"，那么天下百姓就会跟着"仁义"起来。孟子以上化下的思路，与孔子的"德治"思想以上化下的教化用力方向是完全一致的。

具体说来，统治者应该像舜一样，"明于庶物，察于人伦，由仁义行，非行仁义也"②，治理国家的主要工作，在于展示治国者自己的高水平修养，以感化、教化（"养"）老百姓，使他们"心服"，而不在于要求老百姓如何如何做，而自己却做不到。从这个主张可以看出，孟子要求以"德"作为治理国家的出发点，而不是手段，他比孔子更为强调至善人性在治理国家事务中的基础地位。孟子这一主张，突显了孔子"德治"思想的人性色彩。

其次，统治者治理国家，在对待老百姓的方式上，主要办法应该是教化，通过教育、引导、感染等，使老百姓认识或觉悟到人之所以为人的道理。孟子特引商朝贤臣伊尹的话说：

> "天之生此民也，使先知觉后知，使先觉觉后觉也。予，天民
> 之先觉者也。予将以斯道觉斯民也，非予觉之而谁为？"思天下之
> 民，匹夫匹妇有不被尧、舜之泽者，若己推而内之沟中，其自任以
> 天下之重如此。③

"以斯道觉斯民"，用关于人的鲜活真理教育、感化百姓，使民众在认识上有所觉悟，在综合修养上有所提高，乃是统治者治理国家的基本任务，也是统治者第一位的工作和目标。从理想角度看，如果还有一位普通百姓没有"被尧、舜之泽"，享受到"仁政"的经济、政治、教育、人学等方面的实惠，真有"仁政"之心者，就应将其看成自己工作的失职，好像自己将百姓推入

---

① 《孟子·离娄上》。

② 《孟子·离娄下》。

③ 《孟子·万章上》。

了困境，从而及时反省自身不足，改正自己缺点，而不能将其责任推给老百姓，以不了了之。

孟子的"仁政"主张，凸显了"仁政"的文明教化性能，而百姓（"民"）在治国理政中地位大大提高，民心民意的政治主体（"心"）地位也得以突出起来。这些都构成孟子"民本"思想的有机组成部分。

当时，已经有人怀疑孟子所说的"以善养人""以德服人"办法实施的心理基础。孟子批评这种怀疑说：

> 有是四端（指表现仁、义、礼、智等人性内涵的恻隐之心、羞恶之心、辞让之心、是非之心等心理情感——引者注）而自谓不能者，自贼者也。谓其君不能者，贼其君者也。凡有四端于我者，知皆扩而充之，若火之始然，泉之始达。苟能充之，足以保四海；苟不充之，不足以事父母。①

孟子批评说，自己拥有人的善性或良知，却自以为不能成为真正理想的人，这种人是"自贼"，意思是说，他们自己害了自己而不知；如果他们以此向他们的国君说，国君也不能实行"仁政"以"王天下"，那这就是"贼其君"，害了他们的国君，而国君还不知道。

具体而言，为了贯彻"以善养人""以德服人"的思想，孟子还提出了两个新的政治概念，即"王道"和"仁政"。他针对当时残酷的社会现实，明确主张实行"王道"，反对"霸道"。

"王道"可以说是儒家学派所追求的政治目标。它指以仁义治理天下的系列办法，孟子的"仁政"思想是其集中体现。王道方法是"以善养人""以德服人"，它的理论核心是"仁"德。《孟子》一书多次阐述了这些观点。比如，孟子说："不仁而得国者，有之矣；不仁而得天下，未之有也。"② 同时，孟子

---

① 《孟子·公孙丑上》。
② 《孟子·尽心下》。

在阐述"王道"时，还提出了与"王道"相对立，而在当时很流行的"霸道"。孟子对这两者加以比较说：

> 以力假仁者霸，霸必有大国；以德行仁者王，王不待大，汤以七十里，文王以百里。以力服人者，非心服也，力不赡也；以德服人者，中心悦而诚服也，如七十子之服孔子也。①

孟子认为，实行以"仁"德为核心的"王道"才能真正"王天下"，而"霸道"虽然凭借"力"量，可以成为大国，但是它以力服人，不能让人真正心服，也就不能真正"王"（统一）天下。孟子通过比较，还清楚警醒世人，治国者若推行霸道，以力服人，必然带来频仍战争，给社会造成不可估量的损失。根本上说，实行"霸道"政治，乃是逆民心而动，不会得到人民支持，反而会带来人民的抗争。孟子还针对当时各国当权者纷纷逐利的实际情况，主张实行"仁政"，反对实行以个人或部分人暂时利益为中心的"利政"。

义、利关系是孔子以来儒学的中心问题。"义者宜也"②，"义"指应该。而利，显然是指私利、小的功利等。孔子讲"君子喻于义，小人喻于利"③，把"喻于义"和"喻于利"作为区分君子与小人的标准，孔子本人重视"义"，观点十分鲜明。孟子继承了孔子的这一观点，并将孔子关于义、利关系问题的思想运用到政治上，形成他反对"利政"的"仁政"主张。在孟子看来，与"仁政"思想相对立的主张，就是"利政"。孟子说：

> 为人臣者，怀利以事其君；为人子者，怀利以事其父；为人弟者，怀利以事其兄：是君臣、父子、兄弟终去仁义，怀利以相接；然而不亡者，未之有也。④

---

① 《孟子·公孙丑上》。
② 《礼记·中庸》。
③ 《论语·里仁》。
④ 《孟子·告子下》。

在孟子看来，"仁政"是"王天下"的办法，而"利政"则是亡天下的办法。但孟子并不完全排斥"利"。他认为统治者应该重"义"。如果统治者只以自己的私利为终极目标，必然会带来连年的战争，甚至毁家灭国。反之，如果统治者能"去利怀义"，君臣父子能以仁义相处，就能创造出可贵的王道局面，乃至于在不言利之中实现大利——"王天下"。对于"民"来讲，孟子则认为他们在获得实际利益后，也能讲仁义。因为，就一般人来看，只要他们"有恒产"，他们就会"有恒心"。所以，统治者在治理国家时，如果认识到这一点，就应该努力满足人民对"利"的正当要求，用看得见、摸得着的物质利益满足人民群众的正当生活需要，并在此基础上教化、晓谕人民，才能真正赢得"民心"。

孟子"仁政"思想中的第三个根本思想，是"民本"思想。孟子的"民本"思想，可以说是早期"民本"思想发展的结果。

中国古代"民本"思想源远流长，这是中华优秀政治传统。所谓"民本"，即治理国家以"民"为本。这种思想的萌发，可以上溯到商、周时。比如，《尚书·盘庚》说："重我民，无尽刘。"意思是说，统治者对"民"要重视，别杀戮殆尽。《尚书》明确提出了"重民"概念。春秋时期，一些先进思想家们为了抬高"民"的地位，限制一下"君"的专横，也婉转讨论神和民的关系，曲折表达此意。在这种表达中，一个副产品就是"重民"思想的宣传。比如季梁说："夫民，神之主也。是以圣王先成民而后致力于神。"[1]这是用拐弯抹角的办法宣扬民本思想。《管子》一书两次提到"以人为本"。一次见于《霸形》篇："桓公变躬迁席拱手而问曰：'敢问何谓其本？'管子对曰：'齐国百姓，公之本也。'"另一次见于《霸言》篇："夫霸王之所始也，以人为本。本理则国固，本乱则国危。"这里的"人"字，可能为唐写本避太宗讳所改，"以人为本"即"以民为本"。民本思想，在当时是统治阶级当中一些头脑较清醒、政治上有远见的政治家的看法，说明统治者中的一部分人已经充分注意到民的政治力量了。

---

[1]　《左传》桓公六年。

到春秋末期，孔子继承西周以来"敬天保民"的思想，将"重民"作为政治生活中的头等大事。他改变了天人关系的内涵，进一步加大对"民"重视的力度。他很明确地提出"庶民""富民""教民""利民"等主张。孔子在言辞上虽然没有明白提出"民为邦本"的话，但孔子的"以民为本"、重民的思想是十分突出的。

孟子的仁政思想把"民本"思想推进了一大步。比如，在他提出的"仁政"措施中，"尊贤使能"以及"禅让制"，都以民意为标准；统治者对人民的让利，也表现了孟子重视"得民心"的问题。除了这些之外，孟子的民本思想还体现在以下几个方面：

首先，孟子提出了"民贵君轻"的口号。他说："民为贵，社稷次之，君为轻。"①"民"与"君"相对而言，指平民百姓。"贵"，不是"尊贵"的"贵"，而是"贵重"之义；"轻"也不是"轻贱"的轻，乃是"次要"之义。因而"民为贵"，是说百姓乃国家之本。在孟子看来，对任一国家而言，国君可换，社稷可变，唯有从事劳动生产的人民大众不可失去。在君主政治里，君主作为国家领导人，掌握国家最高权力，掌控了国家的所有资源，很大程度上决定了国家的废兴存亡；但真正开疆辟土，建设国家，守卫国土，抵御敌人的是民众，民众才是国家的主体力量，是国家存在和巩固最重要、最根本的力量。国家的废兴存亡，民众比君主更重要，所以说"民贵君轻"，这是第一层含义。

"民贵君轻"还有一层意义，是说君主治国的个人努力固然十分重要，但归根结底，只有民心民意才是国家治乱盛衰的关键。国君得失天下的关键在于能否获得民心，取得百姓的拥护。所谓"得乎丘民而为天子"，就是说能够取得百姓的拥护才能做天子。否则，即使做了天子也会身败国亡的。孟子说："暴其其民，则身弑其国；不甚，则身危国削，名之曰'幽''厉'，虽孝子慈孙，百世不能改也。"② 意思是说，天子如果暴虐平民百姓，轻则"身

---

① 《孟子·尽心下》。

② 《孟子·离娄上》。

危国削"，重则"身弑国亡"。而且他们死后的谥号也被称为"幽""厉"，纵使其有孝子孝孙，百世也是更改不了的。又如，孟子说："桀、纣之失天下也，失其民也；失其民者，失其心也。得天下有道：得其民，斯得天下矣；得其民有道：得其心，斯得民矣；得其心有道：所欲与之聚之，所恶勿施尔也。"① 这里，孟子也把国君得天下的关键归结于得民心。他认为夏桀和殷纣之所以丧失天下，是由于他们失去了百姓的拥护；他们之所以失去百姓拥护，则是因为他们失去了民心。

归纳起来，有国者应该如何来获得天下、如何治理天下呢？答案是：必须争取获得百姓的拥护。治国者怎样才能获得百姓拥护呢？答案是：他必须获得民心。那么，治国者又怎样才能得民心呢？他必须实行有利于百姓的政策，比如，百姓盼望、需要的，替他们聚积起来，民众急难愁盼问题，治国者帮助解决；百姓厌恶、鄙弃的，绝对不要强加在他们头上。可见，孟子通过比较"民""社稷""君"三者的重要性，指出了"民"是国家政治生活的基础，从而提出了"民贵君轻"说，充分体现了孟子"民本"思想十分重民的特点。

此外，爱惜民力，也是"民贵"说的应有之义。孟子说："不教民而用之，谓之殃民。殃民者，不容于尧、舜之世。"② 这与孔子批评的"以不教民战，是谓弃之"③"不教而杀谓之虐"④ 是一个意思。

此外，孟子还从百姓与土地、政事的关系方面，阐发他的"民本"思想。孟子说："诸侯之宝三：土地，百姓，政事。宝珠玉者，殃及其身。"⑤ 意思是说，对于诸侯来说，珠宝是没有土地、百姓、政事宝贵的。但在土地、百姓、政事这三样中，哪一种最宝贵呢？孟子认为是百姓。他强烈遣责"争地以战，杀人盈野；争城以战，杀人盈城"实为"率土地而食人肉"⑥，痛斥"梁

① 《孟子·离娄上》。
② 《孟子·告子下》。
③ 《论语·子路》。
④ 《论语·尧曰》。
⑤ 《孟子·尽心下》。
⑥ 《孟子·离娄上》。

惠王以土地之故，糜烂其民而战之"①。孟子的这些言论，都表现出他对于百姓利益的关心。在他看来，国君应该意识到，百姓是比土地更可宝贵的。至于政事，如选贤、罢官、杀人等，孟子也认为应该尊重民意，按民众的意见办事。孟子的这些主张，都突出了"民"在国家政治活动中应有的地位，有古代民主政治色彩。

孟子在谈到天时、地利、人和的重要性时，提出"天时不如地利，地利不如人和"②的观点，进一步丰富了他的民本思想。"天时"具体指什么而言？孟子讲得不具体。历代注解者多以阴阳五行家所谓的"时日干支"等来解释，也有人认为，这可能指的是天气时令，如寒暑、风雨和阴阳之类。关于"地利"，孟子讲得比较详细些，如山川之险、高城深池、兵革之利、粮草辎重等。"人和"的意思，在字面上指人的团结，实际上指民心所向，百姓支持。在上述三个因素中，"天时"与"地利"是客观条件，而"人和"则是主体条件。孟子认为，客观条件是重要的，但相比之下，主体因素更为重要。也就是说，在人们言行做事中，在做人成人中，"人和"的地位比"天时""地利"更高，作用更大。因为人和中包含了人的主体性能在内，而人有成长性，可剧烈变化，是最大的可变量。孟子认为，对于一个政权来说，"封疆之界""山溪之险""兵革之利"固然重要，但要真正能使老百姓在城内定居，使国防得到巩固，在天下树立威信，却不能仅仅依靠这些，而必须实施"仁政"以争取民心，得到民众的支持。那么，为什么"人和"在战争和治国中最重要的呢？孟子为这是由于"得道者多助，失道者寡助"的原因。他所谓"道"，有"正义"之义，是政治的基础、权力的源泉之一。所以，实行"仁政"，意味着治国者可以在社会政治领域实现"正义"，这当然可以争取民心，获得广大民众拥护，达到"天下顺之"的良治美政局面；反之，则将失去人民拥护，陷入"亲戚畔之"的"寡助"困境。

此外，和孔子的"德治"思想不同，孟子还在经济、政治、军事、文化

---

① 《孟子·尽心下》。

② 《孟子·公孙丑下》。

等方面提出了许多关于"仁政"的具体措施。概言之，主要有以下几个方面：

第一，在经济上，孟子提出正经界，行井田，薄税敛的主张。在人的自我修养问题上，孟子本来是强调义利之辨的，但在政治问题上，关于如何对待老百姓，实施什么政策，采取什么措施，孟子又明确提出，统治者首先要认识到，老百姓逐利是正常的。统治者实行的政策，必须满足民众对"利"的基本要求，即首先解决人们生存所必需的衣、食、住、行等问题，让民众有"恒产"，有自己耕种的土地。只有这样，统治者才能真正赢得老百姓的支持。为此，孟子认为，在经济方面，应该首先采取措施，实行"正经界"的土地制度改革，以便均井地、平谷禄，为施行"仁政"提供经济基础。孟子说：

夫仁政，必自经界始。经界不正，井地不均，谷禄不平，是故暴君污吏必慢其经界。经界既正，分田制禄可坐而定也。①

意思是说，实行"仁政"，划分整理田界是开始。如果田界的划分不正确，井田的大小不均匀，作为俸禄的田租收入也就不会公平合理。所以，暴虐的君王和贪官污吏总是企图打乱现有田间限界，以便自己从中谋取私利。田间限界正确了，将田地分配给人民群众，像制定官吏的俸禄等问题，就可以毫不费力作出决定。孟子认为，经界既正，就可以实行井田制了。按照孟子设想，井田制的大略是：

方里而井，井九百亩，其中为公田。八家皆私百亩，同养公田；公事毕，然后敢治私事。②

孟子的井田制已不同于历史上已经实行过的井田制。孟子主张实行井田

---

① 《孟子·滕文公上》。

② 《孟子·滕文公上》。

制，一方面是为了限制出现新的土地兼并，抑制当时官民收入分配不均衡现象的进一步蔓延；另一方面是为了制民恒产，维护、坚守农民生活底线，满足广大民众生存之"利"的正当要求，从而稳定社会秩序。因为人民只有在足以维持一家人生活的土地上，才能安居乐业，否则就会铤而走险。孟子指出："民之为道也，有恒产者有恒心，无恒产者无恒心。苟无恒心，放辟邪侈，无不为已。"①孟子注意到"恒产"对稳定社会的作用。此外，在孟子看来，实行井田制，还可以使民众牢牢附着于土地，"死徙无出乡"，限制农民离开土地，保证农业生产正常进行。为了满足人民对"利"的正当要求，孟子还主张采取薄税敛的制度。比如，他认为，"有布缕之征，粟米之征，力役之征"②，赋敛太苛，会带来人民群众流离失所，导致社会不稳定。所以，官府的赋敛等必须定制，不能随意更改或增加。在孟子看来，当时统治者实行"什一而税"和耕者"九一而助"的赋敛政策，是比较合理的。

第二，在政治上，孟子推崇历史上曾经实行过的君位禅让制，在君臣方面主张统治者要尊贤使能，在君民方面主张统治者要省刑罚。

就禅让制而言，孟子认为它是最理想的政权转移制度。在孟子眼中，"天子"只是社会分工中的一个职位。一个在天子职位上的"圣人"，在他年老的时候就应该选择一个年少的"圣人"，并把他推荐给"天"，让他尝试着接替自己的职务。"天受"和"民受"都是衡量"天"是否接受这个推荐的标志。

在用人方面，孟子主张，当时的统治者应"贵德尊士""尊贤使能"，使"俊杰在位""能者在职"。那什么样的人才算是"贤能""俊杰"呢？孟子提倡的标准和当时诸侯国君用人的实际标准大相径庭。诸侯国君们主要看这些人才能否助力富国强兵，更具体地说，比如能否搜刮更多民脂民膏，以充实军饷，给养更多兵丁，补充兵源等。孟子极力反对的，正是这些"以顺为正"的所谓人才，他们实为国家蠹贼。他指出，当时的诸侯国君、大臣们所实行

---

① 《孟子·滕文公上》。
② 《孟子·尽心下》。

的是霸道，而不是王道，并痛斥这些人是应该服上刑的"民贼"。孟子所认为的"贤能"，则指实行王道之人。这些人具有很高修养，是人之所以为人的典型、模范。

贤能的本质内涵是人的道德修养，表现为恻隐羞恶辞让是非心理等，已经很清楚，没有疑问了。但在人才培养使用的实践中，治国者选用贤能，有没有程序标准呢？孟子的答案是肯定的。他说：

> 左右皆曰贤，未可也。诸大夫皆曰贤，未可也。国人皆曰贤，然后察之；见贤焉，然后用之。左右皆曰不可，勿听。诸大夫皆曰不可，勿听。国人皆曰不可，然后察之；见不可焉，然后去之……如此然后可以为民父母。①

治国理政，治国者务必尊贤使能。而所谓贤能，绝不是治国者自己亲近、熟悉的人。在孟子看来，确定人才贤能与否，不能只看国君的个人意见；必须征求左右、诸大夫、国人的意见，而后实践执行之。孟子的尊贤主张，在贤能标准的认识和实践上，非常重视一般"国人"的意见，超越国君个人或左右的狭小圈子，这可谓对孔子"举贤才"思想在实践程序上的继承和丰富。孟子还特别注重从下层社会中选拔人才。他对出身贫贱的舜、胶鬲、傅说等人，给予高度的评价。

总之，不管是禅让制，还是尊贤使能，孟子都趋向于以"民意"为标准。这体现出孟子在人才观上也贯彻了他的"民本"思想。

第三，在军事上，孟子反对争霸和兼并战争，而主张在迫不得已时才兴仁义之师，进行"义战"。他认为，"春秋无义战"，同时也认为战国的兼并战争和春秋争霸战争一样，都是残害人民群众的。例如："梁惠王以土地之故，糜烂其民而战之"②，就是这类战争的典型表现。不过，孟子并不一概反

---

① 《孟子·梁惠王下》。
② 《孟子·尽心下》。

对战争，而是认为，仁君只有在必要时，才能用战争方式讨伐异国残暴的国君。如他对齐宣王所说的"今燕虐其民，王往而征之，民以将拯己于水火之中也，箪食壶浆以迎王师"。

孟子还认为，"贼仁者谓之贼，贼义者谓之残，残贼之人谓之一夫。闻诛一夫纣矣，未闻弑君也"①。意思是说，周武王率兵剪灭商朝，杀死商纣王，这不能说成弑君。因为商纣王践踏仁义，已经不合乎"为君之道"，虽然事实上还居于君位，但他已经演变成为一个等待历史审判的有罪之人。同时，孟子还认为，文王、武王兴义师，把无道昏君杀了，实现了政权的转移，这种战争被孟子称为"义战"。在孟子心中，他希望没有战争当然最好，但迫不得已时，进行"义战"，也是必需的。总的说来，孟子一直苦苦追求的是一种"不嗜杀人者能一之"②的国家天下一统形式，而非暴力战争。

第四，在文化教育上，孟子非常重视道德教化，主张国君等统治者要"与民同乐"，"设为庠序学校以教"民。具体来说，孟子认为，"善政不如善教之得民也。善政，民畏之；善教，民爱之。善政得民财，善教得民心"。③在这里，孟子继承了孔子"富而后教"的主张，认为"德治"胜于"政刑"。他说："上无礼，下无学，贼民兴，丧无日矣。"④教化是统治者施行仁政，争得民心的重要条件。对于如何施教，孟子主张，政府的重点工作应在提倡和兴起礼乐文化，社会的重点工作则应在"谨庠序之教，申之以孝悌之义"⑤。在孟子看来，人因为有"良心"，而与其他动物等有本质的不同。他说："人之道也，饱食暖衣，逸居而效，则近于禽兽。"⑥如果没有教化，一个人只知吃穿享乐，这和禽兽就没有什么差别了。在孟子眼中，教化的目的是使人"明人伦"，做到"父子有亲，君臣有义，夫妇有别，长幼有序，朋友有

---

① 《孟子·梁惠王下》。
② 《孟子·梁惠王上》。
③ 《孟子·尽心上》。
④ 《孟子·离娄上》。
⑤ 《孟子·梁惠王上》。
⑥ 《孟子·滕文公上》。

信"①，"人人亲其亲，长其长"②。孟子相信，如果君王等统治者能做到与人民同乐，那就可以得民心而"王"天下了。

孟子"仁政"思想包含的上述具体措施，充分体现出他的"仁"论是其"仁政"学说的指导思想。不管是经济上，还是政治上、军事上、文化教育上，这些具体措施都体现了孟子要求统治者从"不忍人之心"出发，关心和爱护广大民众这一"推己及人"的"仁政"原则。孟子借助研究历史，汲取历史经验，认识到"仁"与"不仁"给国家乃至个人带来的影响，有治乱兴衰或生死存亡的巨大差别。比如他说："三代之得天下也以仁，其失天下也以不仁。国之所以废兴存亡亦然。天子不仁，不保四海；诸侯不仁，不保社稷；卿大夫不仁，不保宗庙；士庶人不仁，不保四体。"③ 也就是说，夏、商、周获得天下是由于"仁"，他们丧失天下由于"不仁"。一个王朝如果"不仁"，便不能保住天下；诸侯如果"不仁"，便不能保住国家；卿大夫如果"不仁"，便不能保全身体。那么如何来避免"不仁"状况的出现呢？当然要加强人心修养、文明教化，国君"养心"对于治国理政、施行仁政则特别重要。

孟子的"仁政"思想是为治国者设计的治国方案，其直接政治目的是希望"保民而王"，其间接的、终极的人学目的，则是使天下人都成为真正的、理想的人。仅仅从前一目的看，为了让"仁政"主张付诸实践，孟子奔走于各诸侯国之间，游说各国，席不暇暖。然而，当时诸侯争战正酣，急功近利是当时各国统治者的普遍心态。当孟子津津乐道于"仁政"理论的时候，"王顾左右而言他"，甚或斥之为"迂远而阔于事情"，也是可以想见的遭遇。结果，孟子的"仁政"理论，只能成为孟子自己人学思想的一部分，他个人的一种美好愿望，而终于未能付诸实践。

有学者研究指出："孟子的仁政设想是带有理想色彩的超前方案。"④ 的

---

① 《孟子·梁惠王上》。

② 《孟子·离娄上》。

③ 《孟子·离娄上》。

④ 瞿廷晋：《孟子思想的评析与探源》，上海人民出版社 1992 年版，第 188 页。

确，孟子的仁政方案，在当时诸侯国君的眼里，与商鞅、吴起、孙膑、田忌等人富国强兵的方案比较起来，就显得有点"迂远而阔于事情"了。战国时期，各诸侯国迫切希望的是如何让自己的国家在攻伐战争中立于不败之地，进而才有可能追求实现"王天下"的理想。他们希望得到的是立竿见影、"多快好省"而富有实效的方案，当时严峻的形势也不允许他们从从容容、慢条斯理地去正经界，划井田，使老百姓都能安居乐业，老年人都能衣帛食肉，对他们的子弟"谨庠序之教，申之以孝悌之义"，然后再率领他们去打败敌国的百万大军。当时各国的国君们，谁也没有这个兴趣和胆量去尝试实行孟子的仁政方案。只有一个夹在齐、楚两大国之间的滕国，好像一度对此很感兴趣，但又担心齐、楚两国的军队打进来。其国君滕文公就曾带着这一问题请教孟子，孟子回答说："是谋非吾所能及也。与民守之，效死而民弗去，则是可为也。"① 这里，也可以看出，关于国家的兴亡问题，在孟子看来，在一定程度上，在最终成败利钝上，那是天命决定的事情，人为努力是有限的。但如果实行"仁政"，可以肯定的是，一定能够赢得民心，使君民上下一条心，与国家社稷共存亡。

孟子的"仁政"思想，在实现国家统一方面，由于没有获得实践的机会，我们现在难以断定其有效性如何。但是，有一点孟子是清楚看到的，如果不实行他的"仁政"方案，而采用"为君辟土地，充府库"和"为君约与国，战必克"的法家、兵家和纵横家的方案，即使一时能够建立统一的国家，也将是难以巩固维持。因为当时政治黑暗到了极点，"由今之道，无变今俗，虽与之天下不能一朝居也。"② 孟子肯定地认为，离开"仁政"，即使能够得天下，也"不能一朝居"。这一点，确实被他不幸而言中了。秦王朝建立以后，按照法家的那一套治国，实行暴政，严刑峻法，引起陈胜、吴广起义，仅至秦二世，就迅速灭亡。这是一个很好的例证。但后来历代王朝，那么多统治者，仍然没有哪怕一位君主真认同、实践孟子的"仁政"

---

① 《孟子·梁惠王上》。

② 《孟子·告子下》。

思想。那些自私自利的"大人"们瞧不起孟子的学说，或者说害怕孟子的思想，暗贬孟子之说为"迂阔"，而孟子则当仁不让，根本藐视这些所谓的"大人"们。

以今人眼光看，孟子"仁政"思想中，一些关于经济、政治等具体主张，可能会随着历史条件的变化而变化，但其中包含的三个根本思想，即君权天受和君权民受说、以善养人以德服人的主张、民贵君轻思想，以及他以"人性善"说为基础的推己及人的治国原则，是具有相对普遍的意义的。让政治完全成为符合人性的政治，而不是成为使人异化的媒介、原因，可以说是人类政治活动的最高理想。孟子的远大政治理想，虽然从来没有获得过实践的历史条件，但其思想内容，依然可以启发后来无数政治家、政治学家，成为他们向往理想政治，改造现实政治，建设文明政治的历史源泉。

在孟子看来，他"仁政"思想的出现，是有其历史根据的，这个根据就是历史上的"先王之政"。"先王之政"当然不是指历史上的所有政治，而是指一些圣王或贤王实行基于人性或良知的政策，这些政策在思想上满足了当时的人追求成为真正的、理想的人的需要，符合大家普遍的"不忍人之心"的需要，在实际效果上也给老百姓带来了经济上的实惠，使当时的人活得更像人的样子，享有人的尊严。

孟子自己"言必称尧舜"，他也像其他思想家一样，运用历史思维，把自己思想的渊源追溯于三代圣王。就"仁政"学说而言，他常常在讲话中征引《诗》《书》，依托"先王"。他说"先王有不忍人之心，斯有不忍人之政"，就是一个明证。那么，孟子的"先王"是指谁而言呢？孟子说："以德行仁者王，王不待大，汤以七十里，文王以百里。"① 由此可见，在孟子眼中，商汤和周文王就是实行过"仁政"的先王。比如，孟子认为，周文王在治理岐时就实行了"仁政"，他特别称之为"文王之政"。他大胆断定说："诸侯有行文王之政者，七年之内，必为政于天下矣。"② 孟子还追忆"文王之政"的

---

① 《孟子·公孙丑上》。

② 《孟子·离娄上》。

具体情况说：

> 昔者文王之治岐也，耕者九一，仕者世禄，关市讥而不征，泽梁无禁，罪人不孥。老而无妻曰鳏，老而无夫曰寡，老而无子曰独，幼而无父曰孤。此四者，天下之穷民而无告者。文王发政施仁，必先斯四者。①

这些都表明，周文王在治理岐时，从"不忍人之心"出发，对可怜的"穷民而无告者"实施了"仁政"措施。比如，对农民收税九分抽一；在关口和市场上，只检查，不征税；任何人到湖泊捕鱼，都不加禁止；犯罪的人，刑罚只及于本人，不牵连他的妻室儿女。文王在实行"仁政"时，首先考虑到的是鳏寡孤独这些弱势群体。孟子所谓"先王之政"的这些具体内容，充分体现出他理想政治的人性色彩和人情味。这种政治，确实令人神往。

在这里，孟子所说"先王之政"，是否是历史事实呢？值得进一步研究。但在思想上，孟子这一说法，我们认为可以体现孟子自己的"仁政"理想。"先王之政"作为历史事实被孟子述说，应是为孟子"仁政"思想提供历史依据而已。

孟子仁政思想的出现，具有当时特殊的社会基础。当时各国之间战争频仍，攻伐激烈，人民生活在水深火热之中。孟子对当时的这种社会现象有着深刻的认识，并进行了尖锐揭露。他说：

> 争地以战，杀人盈野；争城以战，杀人盈城。此所谓率土地而食人肉，罪不容于死。②

孟子批判说，诸侯争地争城之战，给人民大众带来深重灾难。他们为争

---

① 《孟子·梁惠王下》。

② 《孟子·离娄上》。

夺土地而杀人，简直就是以土地吃人；他们为争夺权势利益而杀人，直可谓以权力吃人。当时民众不仅备受兼并战争之苦，而且还深受"虐政"之害。他说："民之憔悴于虐政，未有甚于此时也！"①当时，梁惠王自以为梁国政治好于邻国。孟子讽刺他是"以五十步笑百步"，因为当时梁国"狗彘食人而不知检，涂有饿莩而不知发；人死，则曰：'非我也，岁也。'是何异于刺人而杀之，曰：'非我也，兵也。'"，这无异于当众给了梁惠王这位当权者一记响亮的耳光。孟子甚至当面谴责梁惠王，说他"庖有肥肉，厩有肥马，民有饥色，野有饿莩，此率兽而食人也"②。

　　孟子对当时社会普通百姓悲惨景象的揭露，反映了孟子对人民生活苦难有强烈的同情心。这种同情心，正是孟子自己仁爱善心的表现，是他恻隐之心逻辑推出的结果，故可以充当其"仁政"思想的心理基础。或者也可以说，孟子的"仁政"思想就是建立在当时悲惨的社会现实基础上的，是当时百姓摆脱痛苦现实生活的理论诉求表现。

　　从先秦儒学史发展看，孟子的"仁政"思想，当然是孔子"德治"思想的新发展。孔子以"仁"为核心，提出"仁者，爱人"的思想，在人与人的关系上，在治理国家时，都讲求尽己、推己的"忠恕之道"。他要求治国者以自己的德性修养为基础，关爱他人、民众，这是一种人性真情的流露。但孔子"德治"思想的丰富内容，有许多还只是潜在的可能，并没有完全展示出来，孔子提出的具体治国措施也比较少。孔子从"仁"到"德治"思想的过渡，体现了他一面强调"修己"，一面将"修己"的目的落实为"安人""安百姓"的社会政治实践，实际上已经初步奠定了儒家"内圣外王"这一理想的治国模式的思维基础。孟子沿袭了孔子的这一思维模式，并与他的"人性善"说相结合，更为强调人"养心"修养的重要性，更为侧重"内圣"，把"外王"看成是"内圣"在现实世界的践履或实践。

　　孟子继承了孔子"德治"思想推己及人的思路，将孔子的"德治"思想

---

① 《孟子·公孙丑上》。
② 《孟子·梁惠王上》。

发挥成为建基于"天命"论、"道"或良知论、"人性善"说、"养心"论等之上的政治思想体系。在孟子"仁政"思想体系中，既有一般的推己及人原则，也有好几个根本的具体思想，还有不少的具体措施。可以说，孟子的"仁政"思想，标志着孔子以来儒家人学政治思想的成熟和定型。

第三章　孟子思想的历史地位

　　孟子思想的内容，主要包括"天命"论、"道"或良知论、"人性善"说、"养心"论以及"仁政"思想等部分。孟子的"天命"论，是他对孔子"天命"论的继承和发展，它指示了孔子和孟子人学思想所共同具有的形而上学基础，和可能具有的精神家园性能。对天命进行的理性讨论，就是孔孟的"道"或良知论，构成了孔子和孟子人学形而上学的本体论；"人性善"说则可谓孔子和孟子可以共同赞成的人学本体论。"学习"论和"养心"论则是孔子、孟子思想所能共融的人性修养论，而其核心则是人学方法论或朴素的主体辩证法。"德治"或"仁政"思想则是孔子和孟子的文明教化论，也可以将其视为一种人学政治思想。

　　笔者认为，如果说孔子的思想奠定了儒家思想基本规模的话，那么，孟子的思想则使孔子思想的这个规模更清楚，内容更丰富，理论思维水平更高，而且现实意义更显著，主体性更强，一句话，个性更加鲜明突出。

　　但是，孟子思想在后来的影响，却耐人寻味。这也许可以从两个方面来看。一是从《孟子》一书的地位看，二是从思想史看。

　　《孟子》一书在汉唐时期地位不高。《汉书·艺文志》将《孟子》列入诸子类，反映出汉人对《孟子》的基本态度。西汉学者董仲舒提出人性三品说，东汉学者扬雄则有人性善恶混之论，王充甚至有《刺孟》之作，均与孟子之说不类。到《隋书·经籍志》才开始将《孟子》列入经部。唐朝时，著名学者韩愈著《原道》，说"孔子传之孟轲"，孟子道统地位得以确立。北宋时，王安石、司马光等对于孟子的"人性善"说还有议论，但张载已经开始重视《孟子》。而真正重视《孟子》一书的，是理学家二程、朱熹。朱熹花数十年工夫，著《四书章句集注》，收录《论语》《孟子》《大学》《中庸》，为之进行义理阐发，成为朱熹理学思想的代表作。朱熹的这部书后来被尊为科举考试的内容和标准，延续统治地位达 700 多年之久。

那么，为什么《孟子》一书在汉唐之间地位不高呢？这是一个重大的历史问题，值得深入研究。汉唐间荀学地位高，学者们深受荀子思想影响；而荀子批评孟子思想非常激烈，非常厉害，基本上是全盘否定。同情理解汉唐儒者，他们不能准确而深入理解孟子的人性善、良知等思想，应该是主要原因。

孟子思想与孔子思想不同的核心内容，在于他的先验良知论和形而上学色彩浓厚的"人性善"说。关于先验论，经验论者是不能理解也不能赞成的，局限于经验认识的现实的人们，对于先验论也难以理解。关于"人性善"说，其中的人性，不只是先于经验的，而且是本质的；其中的善不仅是和恶相对而言的善，尤其是至善。人性善，即人本性至善。这说明，孟子的性善说，既有先验论成分在其中，又有形而上学成分在其中，令习惯于经验思维的人们更加难以理解。况且，汉唐之际，在哲学思想领域，关于世界问题，流行的是宇宙论，主要是宇宙生成论，在精神家园里，则主要是天命鬼神论、道教、佛教等宗教思想。在这种思想氛围中，理性的形而上学难有生存土壤，发展困难，也难有助人理解深刻思想的学术氛围。同时，关于认识问题，汉唐间则流行经验论，主要是朴素的知识实在论，以感性经验为知识来源，荀子、王充、范缜等都是代表人物。在这种思想氛围中，先验认识论是难以寻找到知音的。同时，汉唐儒学沉溺于经学、训诂、名教等枝节问题，孔子、孟子人学关于人成为真正的、理想的人这一儒学核心问题，他们基本上忽略不计了。再加之道教、佛教的冲击和挑战，汉、唐儒家学者有限的理性世界，更没有心思钻研细究孟子思想中的先验论或形而上学问题了。现在看来，形而上学、先验论等思想，在佛学、道教思想中，反倒有丰富的内容。这就让不少汉、唐学者误以为佛、道高妙，而儒家浅陋，孔孟思想不足以作为人安身立命的精神家园。

理学家认为，孟子之后，"绝学失传"，至少在先验论和形而上学本体论上，此论断符合历史事实。当然，这个问题，还需要进一步研究。不过，如果理学家的说法属实的话，则孔、孟的绝学在汉、唐之间失传，孟子思想的历史影响，几乎可以说有上千年的空白。这是中国古代儒学思想发展历史上的一个重大损失。直到北宋张载、二程出来，孟子的"人性善"说才被后人真正理解；直到南宋陆九渊等学者出来，对于孟子的良知论才有真正的理解和发挥。而这已经在孟子之后 1000 多年了。

第三编　孔孟之道总论

　　孔子和孟子的思想，合起来看，有其共同之处。在历史上，曾以"孔孟之道"一词表示之。"孔孟之道"一词，可能最早出于元朝时。当时有一位叫做董文忠的人，于至元八年（1271 年）对元世祖说："士不治经讲孔孟之道，而为诗赋，何关修身，何益治国！"[①] 这位董先生所说的话，表达的完全是宋朝理学家的思想。由此可见，"孔孟之道"一词的出现，是理学的产物。它所表示的意义，是孔子和孟子两人思想中的共同的思想内容、思想方法和基本精神。

　　本来，反映孔子思想的著作《论语》，和反映孟子思想的著作《孟子》，今天我们用科学的眼光看，其思想内容、思想方法并不完全相同。比如，在治国思想方面，孔子讲"德治"，要求治国者以客观的德性修养为基础，显发于治国理政，"道之以德，齐之以礼"[②]，仁礼结合，修己以安人，庶富而教民，使近者悦而远者来；而孟子讲"仁政"，主张统治者要以自己固有的仁、义、道、德等"良心"觉醒为前提，推己及人，爱民如子，保障百姓正常健康的生活，从而"王天下"。孟子的思想，比孔子的思想更加深刻，更加具体，更加接近现实实际情况。但是，他们两人的思想，又有共同之处。

---

① 《元史》卷一四八《董文忠传》。
② 《论语·为政》。

而且这种共同之处，经过理学家的发挥，成为儒家的根本思想。仅仅就上述治国思想而言，孔子和孟子两人，都强调统治者治理国家，要以自己的人性修养为基础，以帮助现实民众成为真正的、理想的人之文明教化为目的，以身作则，垂范他人，用自己的道德言行，感化熏习，以善养人，以德服人，反对依靠武力，以力服人；同时，非常重视搞好生产，保证老百姓正常生产生活，并认为这是实行人性修养、文明教化的条件。不同只在于，孔子提出应该怎么办，而孟子进一步指出这么办的具体步骤，并阐明相关的原则性思想及形而上根据罢了。

但是，从中国古代思想史看，后儒对于孔子和孟子思想中共同之处的发现和发挥，有一个历史过程。宋明时期的理学家已经开始发现和发挥了孔孟思想的共同处，在此基础上，明末清初的思想家又有新的发现和发挥。后儒通过这种发现和发挥，推动了孔孟儒学思想的不断丰富和发展。

第一章　中国古代儒学思想的历史发展

就总体看，孔孟人学思想，只是中国古代儒学思想的一个部分，当然它是其中最为重要的组成部分。从中国古代儒学史角度看，也的确如此。孔孟思想，在中国古代儒学历史上，占有主导地位，起着决定性的作用；但在事实上，它只是中国古代儒学史的一个阶段，是中国古代儒学历史发展规律的一个环节。

第一节　中国古代儒学发展的历史过程

中国古代儒学的发展，经历了以下几个历史阶段：一是先秦儒学，以孔子、孟子、《易传》、荀子为代表。二是汉唐儒学，以经学为代表。三是宋明儒学，以宋明理学为代表。四是明末及清朝前期的儒学，以所谓"实学"为代表。

这样看，有以朝代不同来划分儒学历史阶段的痕迹，儒学自身发展的内在必然性，似乎不明显。换言之，这样划分历史阶段，对于中国古代儒学发展的历史规律，我们不容易总结出来。不妨换一视角，或许获得别开生面的感觉。

从孔孟人学思想的历史发展过程看，有三个方面值得特别重视：天道观，即孔孟人学的形而上学思想；人性论，即孔孟的人学思想；理解观，即孔孟人学的诠释思想。这三个方面分别有自己的发展线索。这三个方面的思想，对中国古代儒学思想的影响都很大。将这三条不同线索结合起来，在一定程度上，我们对于孔孟人学思想的历史发展过程，就可以比较清晰地描述出来，而且对整个中国古代儒学思想历史发展历程的认识，也会有所启发。

天道观是孔孟儒家对于宇宙或世界根本问题的看法，人性论是孔孟儒家对于人的根本问题的看法。由于都是根本问题，所以当然有其共同之处存在；又由于人只是宇宙或世界的一部分，所以，从天道如何，可以推论出人性如何。这就使孔孟的天道观与他们的人性论在逻辑上成为一个有机整体，互相不可分割。① 孔孟儒学之所以能将天道与人性理解成为一个内在的有机整体，与他们的理解观或诠释思想有密切关系。在孔孟那里，理解活动，完全成为人们成圣成贤的工具。这就使他们的诠释思想，既属于他们人学思想的一部分，又成为统一"性"与"天道"的桥梁。

先秦儒学，在孔子、孟子和荀子等的努力下，儒家的天道观、人性论和诠释思想，都奠定了后来发展的基本规模。如《周易》和荀子的"气"宇宙论，孔子和孟子的人性论，《周易·系辞》提出的"天生神物，圣人则之"等诠

---

① 在这一点上，以《易传》和荀子为代表的先秦儒家气学一派，在天道观与人性论的内在联系上，就缺乏这种内在有机一体的逻辑联系。换言之，他们从浑融的"气"，就推不出秩序井然的"礼"或道德规范等制度来，从运动不已的"气"就难以顺利地推出相对稳定的社会秩序来。从这一点来看，孔、孟二人被尊为圣人，而荀子等不被尊为圣人，还是有古人的道理的。不过，逻辑上"推不出"，只能说明思想的演绎性不强，对于强调经验认识的气学家而言，这可能并不是什么缺点。比如，与他们相近的西方经验论学者，英国的培根对此就有清醒的认识。他认为，如果有人"不满足于停留在和仅仅使用已经发现的知识，而渴欲进一步有所钻掘；渴欲不是在辩论中征服敌人而是在行动中征服自然；渴欲寻求不是那美妙的、或然的揣测而是准确的、可以论证的知识"，那么，他就要追求"对自然的解释"，而不是急于建立思想体系。逻辑演绎，比如三段论推理的弱点在于，它"只就命题迫人同意，而不抓住事物本身"。正确的认识道路似乎应该是，通过归纳，"从感官和特殊的东西引出一些原理，经由逐步而无间断的上升，直至最后才达到最普通的原理"。经验认识的基本原则，或许可以这样概括："人作为自然界的臣相和解释者，他所能做、所能懂的，只是如他在事实中或思想中对自然进程所已观察到的那么多，也仅仅那样多；在此以外，他是既无所知，亦不能有所作为。"（参见培根：《新工具》的《序言》和《语录》第一卷，许宝骙译，商务印书馆1997年版，第5、10、12、7页）如果我们按照经验认识的原则来认识世界，推不推得出，就不是什么重要问题，也不能说，推不出就一定是弱点了。不过，我们也可以反过来说，从经验认识的原则看，推不出确实不是什么大的弱点；但从一个思想体系说，命题之间缺乏推得出的逻辑联系，毕竟是思想体系在逻辑上还不够圆满的表现。

释思路，孔子提出的"述而不作"的诠释观，孟子提出的"以意逆志"的诠释观等，对中国古代儒家经典诠释思想都产生了深远影响。

比如，在形而上学思想上，《周易》是儒家"气"宇宙论思想的源泉，孔子的德性论则对于后来程朱理学"理"本体论的建立启发尤多，孟子的"良知良能"思想则是后来陆王心学的重要思想渊源。

又如，在人性论上，以春秋末期孔子为代表的人性论，是一种综合德性和气性，而又倾向于以德性为主的人性论。战国中期，孟子则提出"人性善"说，成为先秦儒家德性论的典型代表。战国末期，荀子提出"人性恶"说，成为气性论的典型。后来，宋明理学的人性论，基本上是以孟子"人性善"说为主，而又吸收了荀子人性恶的说法作为补充，以便解释人性本善，而现实世界何以会出现恶的问题。结果，宋明理学的人性论，融合孟、荀，归于一种类似于孔子人性论的平和、中正。

而在诠释思想上，《周易·系辞》提出"天生神物，圣人则之。天地变化，圣人效之。天垂象，……圣人象之"①。其中，"则""效""象"，皆为圣人对"天"的诠释。荀子则提出"虚壹而静"的理解方法，从认识论方面具体化了《周易·系辞》提出的"则""效""象"等诠释思想范畴。在《周易》和荀子那里，关于诠释主体（如作者、读者、圣人等）和文本（诠释对象，如天、著作等）之间的关系问题，实际上蕴含着一种诠释对象如何，我们就如何诠释的思路。这种思路，潜在断定了诠释对象有意义，断定了诠释对象的意义可以得到诠释主体的理解，而且还潜在断定了诠释出来的新意义，从根本上说，来源于诠释对象的意义；诠释主体在理解活动中所起的作用，只在于将诠释对象所蕴藏着的意义，虚心、客观地再现或反映出来。这是中国古代实在论诠释观的代表性言论。后来的汉、唐经学注疏、明末清初的实学思潮，属于这一派的典型代表。而孔子则提出"述而不作"的诠释主张。"述而不作"，从字面意义看，它与《周易·系辞》中的实在论诠释观相似。但其实，孔子自己在理解活动中，并非"不作"，而是"作"（创造）出了许多新的思想。

---

① 《周易·系辞上》。

孔子是述中有作的。孔子"述中有作"的这种理解态度和诠释思想，事实上开启了后来程朱理学"心与理一"这一诠释思想命题的先河。同时，孔子的"述而不作"，在他的诠释实践中还表现为以述为作，述就是作。这种潜在的理解态度和相关的诠释思想，是孟子主体论诠释观的渊源。和《周易》、孔子都不同，孟子则明确提出了"以意逆志"的诠释思想命题。在理解实践中，孟子还明确提出不要"尽信书"，反对诠释主体完全被诠释对象占据的主张。他的思想倾向表明，孟子实际上是中国古代以陆王心学为代表的主体论诠释观的开山祖师。

从汉唐时期的思想看，除了在宇宙论上学者们普遍倾向于"气"论外，在人学思想上，董仲舒、扬雄等学人，或讲人性三品，或讲人性善恶混，他们在人性论上完全继承了荀子的气性论（视"气"为人性概念的外延）思路。同时，他们也都十分注意研究学术思想与现实政权的联系，努力运用学术思想为现政权服务；在处理学术思想与现政权的关系这一点上，也继承了荀子的思路。大体上说，汉唐之间儒学思想的思路和框架，基本上不出荀子思想的范围。但同时，在魏晋玄学中，已经开始出现超越两汉经学思想的新因素。比如郭象在《庄子注》中提出"君臣上下，手足内外，乃天理自然"①，并认为这种"天理自然"乃是每一个人"天性所受，各有本分，不可逃，亦不可加"②。这种天理，仅仅凭借经验认识是把握不到的，因为它是先验或超验的形而上学的东西。而且，在唐朝少数儒家学者的思想中，也已经出现了超越荀子思想的因素。比如，唐朝韩愈提出儒家"道统"说，认为儒家学者对"道"（儒家真理）的认识和把握，有一个传统，或者说儒家精神的传承有自己的统绪，即"尧──舜──禹──汤──文武周公──孔子──孟子"。与韩愈同时的李翱，则以《中庸》为基础，提出了"复性"说。他认为人性本来是善的，但由于受到喜、怒、哀、乐等情感的限制，导致产生了恶。所

---

① 郭象注，成玄英疏：《南华真经注疏》卷一《内篇·齐物论第二》，道教典籍选刊，中华书局1998年版，第29页。

② 郭象注，成玄英疏：《南华真经注疏》卷二《内篇·养生主第三》，道教典籍选刊，中华书局1998年版，第71页。

以，人们进行修养和教化，努力的办法和方向就是恢复人的本性。韩愈和李翱的说法，超越了秦汉以来儒家学者的认识，一定程度上把儒学的航向拨回到了孟子的先验或超验的形而上学思路上去。

汉唐儒学，以经学为主。汉唐经学，在儒家经典诠释学方面，进行了前所未有的探索。归纳起来看，儒者解经，出现了两种诠释经典的模式。这两种诠释经典的模式包括：（一）"汉学"的诠释模式，这是主要的模式。以文字语言的注疏为主，遵循"疏不破注，注不破经"的原则，力求经典的本来意义。所谓"七经""九经""十一经"，以及宋以后定型的"十三经"等，是体现这种解经模式的代表作。在汉唐经学中，这种诠释经典的模式占据了主导的地位。（二）"义理"的诠释模式，当时还只是萌芽。以文本的意义为对象，以读者理解时的主体状态为基础，理解经典的活动，便成为读者的主体状态与经典意义的统一过程。董仲舒的比附式解释，魏晋玄学有义理色彩的理解，韩愈、李翱对儒家思想中义理的发掘式理解，可以作为这种解经模式在不成熟时期的代表。

在宋朝到明朝期间，儒学以理学为代表。理学各派的学者继承了孟子思想的先验或超验的形而上学思想倾向，但也吸收了荀子开创的汉唐儒家思想的宇宙论、人性论，以及经典注疏成果，形成了超越前儒思想水平的儒学思想体系。比如，就人性论而言，他们将孔子思想中潜藏的、子思和孟子明确化的德性论，和与德性论对立的气性论统一了起来，提出天命之性和气质之性的概念，认为天命之性纯善，而气质之性有善有恶，但人以天命之性为根据，可以"变化气质"，改变自己气质之性中包含的非善成分，在经验中实现自己先验的、全善的天命之性。他们的这种思路，事实上是以孟子思想为主，吸收了荀子的一些思想，而形成的新儒学人性论。

从天道观看，在这一时期，形而上与形而下的对立更加尖锐突出。在天道观方面，出现了理论倾向比较突出，分化比较自觉的三大派别。

（一）"气"学派。宋明理学思潮中的气学一派，最早产生。宋初的气学，以张载、周敦颐、邵雍、王安石、司马光等人为代表，张载的《正蒙》、周敦颐的《太极图说》可以作为他们思想的代表作。他们的宇宙论，都以"气"

为根源。同时，他们又都想从"气"的宇宙论出发，进而为儒家的人学思想寻求形而上学的根据。一般而言，根据总是形式的东西，但"气"并不是一种纯粹形式，而是一种浑融的实在。从这种浑融的、不可分析的实在，如何能够推论出清晰的形式呢？这是气学思想内在的逻辑矛盾，似乎难以克服。气学是理学思潮中最有现实主义色彩的学派。

（二）理学派。最理性的一派，当属宋明理学思潮中的理学一派。它以二程（程颢、程颐）、朱熹为代表，《四书章句集注》是其思想的代表作。他们也承认"气"的宇宙论，承认"气"的世界根源地位。但他们进一步认为，"气"之所以能够如此，实因为有"理"，而且"理"是"气"的根据，也是世界的根据，也是人之所以为人的根据。他们还断定，"理"是绝对的、融贯的一，是抽象的形式。他们提出了"理气不离""理先气后""理一分殊""性即理""心与理一"等命题，建立起空前严密的儒学思想体系。他们思想的问题是，相对的人，何以可能去把握这样绝对的"理"呢？二程和朱熹自己，始终没有解决好这个问题。结果，理论上虽然说得天花乱坠，但现实世界的人们毕竟不能以此就可以成圣成贤，成为真正的、理想的人。

（三）心学派。宋明理学中的心学一派，以陆九渊、王阳明为代表，王阳明的《传习录》可以作为其代表作。他们承认程朱理学的"理"有本体地位，但同时发掘出"理"的主体意义，并将这种"主体"名为"本心"或"良知"；他们围绕"本心"或"良知"讨论一系列问题。他们提出"心即理""心外无物""致良知"等命题，建立起以"心"为核心的思想体系。他们认为，"心"是世界的主体，也是人的主体，是唯一的、真正的"我"，它的实质内容就是"理"；但这种"理"由于与人的实践活动有紧密联系，甚至它本身就是人实践活动的根据、法则、理想，所以，它是活的灵魂，而不再是死的形式。这种活的"理"正是人之可以成为人的根据；但它又并不在人心之外，而就是人心的本质。人对世界的认识，归根结底，只是自己对自己本心的觉悟，这可谓最深刻的自觉；人成圣成贤的历程，根本上说，也就是人自己本心呈现的过程，是为"致良知"的过程。他们最是激情澎湃，理想主义色彩最为浓郁；他们思想的问题是，对坚硬的"气"实在，对与主体相对立的外物的实在性，对自己"致良知"活动具有的现实经验实在性，始终不能作出符合我们日常经验的解释。

在形而下领域，南宋时期出现了功利学派，以陈亮、叶适为代表。他们强调形而上的"道"与形而下的"器"不离，形而上的"理"与形而下的"欲"不离，以"生民之利"为标准，推崇汉、唐王朝的盛世功业，主张做实事，立实功，解决现实问题。明朝中后期，以罗钦顺、王廷相等为代表，这种思想倾向进一步发展成为批评或具体化宋明理学的实学思潮。

在诠释思想方面，气学、理学、心学根据他们不同的形而上学，也各自发展出一套诠释观，推动中国古代儒家经典诠释思想达到理论高峰。气学在逻辑上应该倾向于实在论的诠释观；但事实上并不如此，像张载的诠释思想是典型的"心解"理论，属于主体论的诠释观。这种情况的出现，暴露出气学思想家在逻辑思维方面有不严密之处。理学家则提出了"心与理一"来，作为他们规范论诠释观的经典命题。心学家也有"致良知"作为他们主体论诠释观的基本命题。

明末到清代前期，儒家学者既批评理学的抽象性或形而上学色彩，又运用理学思想成就，具体研究现实社会中的具体问题，将宋明理学的学术思想具体化，形成所谓"实学"思潮。所谓"实"，不是指它的研究对象是实，而是指这种学术思想有"实"的风格。具体说来，在本体论上，他们重视经验实在；在认识论和方法论上，他们强调经验的实践、实证；在价值论上，他们强调经验的实效或实用。在人性论上，强调气性的基础地位。在诠释观上，则对于理解活动的经验过程，做了前所未有的清晰描述。

比如，程朱理学讲的"理"，更倾向于形而上抽象性能的分析和描述，突出了"理"永恒不变、静止不动、纯粹形式、先验或先天的性质。而深受程朱理学影响的顾炎武，则强调"理"的经验实在性质，即不离开现实事物的所谓实理。顾炎武自己从事学术研究，也非常重视实地调查和文字音韵的考证，充分体现了重视经验实理的学术风格。

又如，陆九渊和王阳明的心学，强调人的"本心"或"良知"的本体主体地位，更突出了主体先验的、根本的、理想的方面。但深受心学影响的黄宗羲，则在《明儒学案·序》中，提出"心无本体，工夫所至，即其本体"的看法，强调"心"经验的、历程的、现实的方面。黄宗羲自己治学穷理，就着重于"穷此心之万殊"。在政治思想上，他猛烈抨击专制君主以自己的私心，充当天下公心的危害。在撰写宋明儒学的历史时，他也力图通过对不同学者学术思想进行比较，而揭示出其学术思想的宗旨，揭示出各个学者学术思想的"得力处"，即其学术思想的基本精神。

此外，张载讲"太虚即气"，"太虚"范畴是抽象的，还有形而上学色彩。[①] 王夫之将张载的"气"论具体化为以经验为基础的"气"论，肯定"气"的经验实在性，主张"道"不离"气"，以他为代表的学术思想，也就成为"实学"的典型代表。王夫之自己治学，范围非常广泛，涉及儒、道、佛等多方面，对儒家经典中的《周易》《尚书》《四书》，以至诸子百家、佛道典籍，过去流传下来的历史著作等，都有精深研究和批评。特别是在学术思想研究方法方面，他的见解很有科学性，今天我们从诠释学角度看，也有非常重要的意义。

第二节　中国古代形而上学思想的历史发展

中国古代儒学思想，作为中国古代思想史的一部分，它的历史发展，与中国古代其他学派，如道家、佛学的思想发展，有密切关系。这表明，我们讨论儒学思想发展的规律性因素，不能将儒家单独割裂出来，必须将它放在整个中国古代思想历史发展的历程中加以考察。仅从中国古代形而上学思想

---

① 如张载在《正蒙·太和篇》中说："太虚无形，气之本体。其聚其散，变化之客形尔。"又说："太虚不能无气，气不能不聚而为万物，万物不能不散而为太虚。"其中，"太虚"究竟是气呢？还是非气的"理"或"心"？还是气、理、心的某种统一体呢？张载对这个问题说得并不很清楚。也就是说，张载的气论，还有抽象的形而上学色彩。

的历史过程看，是存在着一定的周期性因素的。儒家形而上学思想①的历史发展过程，则是这种发展周期的一个有机组成部分。而孔孟人学形而上学思想的发展，则是儒家形而上学思想的两个重要环节，也在整个中国古代儒家形而上学历程中占有主流地位，起着主导作用。

注意观察，我们会发现，中国古代形而上学思想的历史演变有周期性现象。从其成熟形态看，中国古代儒家的形而上学思想有气学、理学、心学三大派别，它们分别面临着不同的人类基本问题或普遍问题。对于人生而言，这些问题的出现有先有后，所以，从形而上学角度思考解决这些问题也有先有后；这就可以理解，在思想史上，三者登场表演，顺序是"气学──理学──心学"，出场有历史先后次序。又由于这些问题对于人类而言具有深刻性和普遍性，所以"气学──理学──心学"的次序又呈现出循环发展的周期性。到近现代与西方学术思想接触之后，这一周期现象又出现了新的变化。

在中外思想史上，所谓形而上学，约有三层含义：

---

① 台湾著名学者罗光先生的《中国哲学的形上结构论》《朱熹的形上结构论》等文章，将中国古代哲学中的宇宙论和本体论，都称为形上结构论。在另外一处，罗先生又提出"儒家形上学的结构"问题。他说："形上学为哲学的基础，儒家形上学的结构，即是整体儒家哲学的体系，这种体系由《易经》开端，汉代易学家加以扩充，宋朝周敦颐予以架构化而造太极图，南宋朱熹和清初王夫之稍加修改；儒家形上学的体系就这样决定了。从形上学到伦理学，由伦理学到精神修养论，中间的联系和体系，则在《中国哲学的贯通之道》和《朱熹的形上结构论》两文中扼要地讲述。儒家形上学由'成'（按照罗先生的看法，"成"可能应该是"生"，疑有印刷错误）即变异方面讨论宇宙万有，宇宙是一个整体，由太极为起点，而有阴阳两气，两气运行不息，运行的目标在于化生万物。《易经》说：'生生之谓易。'（系辞上，第五章）每一个物体由阴阳两气相合而成，在物以内，继续运行，每一物体都是动的，而且是内在的动，儒家称为生物。……人的精神生命，儒家用一句话来代表，即是'仁'。'仁'和'生'相配。天地的变易之目标是'生'，人生命之目标为'仁'；'仁'是爱自己和宇宙万物的生命。儒家的伦理学以'仁'为基础，也是孔子所讲的'一贯之道'。'仁'是精神生命，精神生命需要发扬，发扬之道在于'诚'。'诚'是'率性之谓道'（中庸，第一章）人要按照人性而生活，渐次予以发扬，到了极点，乃能和天地合德，'赞天地之化育。'（中庸，第二十二章）"（参见《罗光全书》十七册"自序"，台湾学生书局1996年版，第1—3页）罗光先生的看法，有他生命哲学的理论基础。他提出"儒家形上学的结构"问题，笔者认为很有学术意义。比如，我们强调要进行中西哲学比较。但是，要使这种比较能够顺利进行，在知识准备上，在思维水平上，我们如果不上达形而上学层次，那么，这种比较基本上就是不可能的。有见于此，笔者着重从形而上学思想发展历程的历史角度，来看中国儒家形而上学的思想结构，与罗光先生的视角有所不同。

一指研究抽象的"道"的学问。大约在战国时期出现的《易传》，是一种解释《周易》的著作，其中就有"形而上者谓之道，形而下者谓之器"①的说法。这里的"形而上"，主要指没有形象的抽象世界，它认为抽象世界就是"道"的世界，而有形有象的是现实"器"世界。根据这种对世界的划分方法，那么，研究抽象的"道"世界的，就是形而上学。古希腊时期，哲学家亚里士多德所谓的形而上学，指相对于研究现实世界的物理学而言的一种"后物理学"，这种"后物理学"的研究对象，仍然是非感知的、非现象的抽象世界。这个意义的形而上学相当于哲学，我们不能否认它。

二指以德国古典哲学为代表的思辨哲学，与经验实证科学不同，但与生活实践是有关系的，与所谓本体、人性、良知、理想等密切相关。它们追求为经验实证科学提供理论根据，为现实的人生提供安身立命的精神家园。这样的形而上学，庄严而神圣，用王国维先生的话说，那是"可爱而不可信"的学问。这个意义的形而上学，虽然不如经验实证科学那样可信，但比非理性、反理性的东西可信，它理性地解决人终极关怀问题的积极意义，不能完全否认。

三指一种与辩证思维方法相对立的思维方式或思路，即形而上学思维方式。这种思维方式的特点，毛泽东曾经予以总结，那就是静止地、片面地、孤立地看问题。按照康德和黑格尔的意见，认识主体扩大了自己知性能力的运用范围，就陷入了形而上学。用我们现在的话来说，任何一门自然科学，都有其研究范围以及相关的方法。如果将自己知识和方法的有效范围任意扩大，那就会出现某种主义，比如，社会生物主义，就是将生物学的结论扩展到社会历史的领域而形成的，这就是一种非具体问题具体分析的形而上学。这个意义的形而上学，完全是一种贬义。对这种意义上的形而上学，我们不能不否认它。

我国古代形而上学思想，在思想内容、思想方法、思想风格等方面，事实上是上述三种形而上学的统一。对中国古代的形而上学思想，我们当然要

---

① 《周易·系辞上》。

进行客观分析，在此基础上来批判继承它们。这里着重从思想史角度，揭示中国古代形而上学思想演变的历史线索，为我们探讨中国思想史的发展规律，进而为思考中国哲学的走向，提供思想史的材料。

如果我们进一步追根究底，追问中国人所谓形而上的"道"究竟是什么，那么，形而上的世界将成为我们关注的对象；我们可以将中国历史上出现的形而上学各派别，看成是国人对形而上的"道"给出的一种理解，这些丰富而互相不同的解答，也都有它们特定的学术思想史意义，其中甚至包含有不可磨灭的学术思想史的价值。

比如，就中国古代形而上学思想史而言，《老子》的"道"，孔子的"道"，《易传》提出的形而上的"道"，以及后来中国思想家所谓"道"，其意义是浑融的。它可以是《易传》所理解的以"气"为主，作为宇宙根源的"太极"，也可以是《老子》一书所理解的作为宇宙根源的"道"和作为宇宙根据的"道"的统一体，可以是孔子所理解的作为世界的根据或规范的"道"，以及作为宇宙主体的"天命"和人学主体的"仁"德，还可以是孟子所理解的作为宇宙主体的"良知良能"，是庄子所理解的"无待"的"逍遥"境界。形而上的"道"的这些意义，到宋明理学那里，几乎被完全揭示出来，形成了在理论思维方面比较成熟的三大形而上学思想流派。这三大形而上学思想流派是：

（一）"气"学派：以张载、王夫之为代表，他们所理解的"道"，是以"气"为世界根源的"道"。

（二）"理"学派：以程颢、程颐、朱熹为代表，他们所理解的"道"，是以"理"为世界根据的"道"。

（三）"心"学派：以陆九渊、王阳明为代表，他们所理解的"道"，是以"心"为世界主体的"道"。

这三大思想流派所揭示的"道"，都是形而上的抽象物，它们所讲的学问，也都属于形而上学。

一般来说，形而上学的学术思想，总是产生于现实生活的土壤中，总有其特定历史背景，受一定历史条件制约。譬如，历史发展给思想家提出历史性的课题，历史条件给思想家的思维给予支持和限制，历史状况给思想家提供思想素材，历史趋势给思想家提供足够的想象空间等，思想当然受着历史发展阶段的制约。但是，在另一方面，思想之所以是思想，总是包含了人的理想追求在其中，因为有理想的指引和推动，人们总是要追求，要努力，其中，力图突破历史条件的限制，力图突破现实状况的限制，就是人们发自于内在本性的一种主要的追求或努力。形而上学思想，则是这种追求或努力在理性上的表现。

比如，对于历史课题，形而上学的思想家们可以从这些历史课题之中，进一步概括出他们所认为的人类时刻面临的最基本、最普遍的问题来，作为自己的研究重点。上述形而上学三大思想流派之所以有不同，当然有他们所面临的历史背景不同的原因。但同时，我认为，形而上学思想家们从历史课题中概括出来的基本问题或普遍问题不同，可能也是原因之一。换言之，不同的形而上学的思想家们，他们事实上针对着不同的普遍问题或基本问题，解决这些问题的思路当然也会有不同，从而得出不同的结论，这才形成不同的形而上学派别。

在这些形而上学思想家看来，这些基本问题或普遍问题，是宇宙的问题，是宇宙中万事万物的问题，也是每一个人内在的问题；这些问题之所以成为问题，不因为历史的发展而改变，它们是人类最基本的也是最普遍的问题。同时，这些基本问题或普遍问题之间的不同，似乎也是内在的、普遍的、基本的不同，这些不同，也不因为历史的发展而改变。唯其如此，它们才都是所谓最基本、最普遍的问题之间的不同。虽然它们都是最基本、最普遍的问题，但它们各自仍然可以是不同的最基本、最普遍的问题；思想家们面临或遭遇到的基本问题或普遍问题互不相同，可能正是他们理论上存在深刻差异甚至对立的原因之一。笔者根据上述思路，结合中国古代主要的形而上学思想家的思想情况，可以清理出中国古代形而上学思想历史发展的一些线索来。

那么，宋明理学三大思想流派，各自针对着什么样的基本问题或普遍问题呢？

"气"学派所针对的基本问题或普遍问题，主要是世界的根源问题，它力图解决现实世界是怎样来的，人是从哪里来的等问题。中国古代历史上的"气"学家们，运用追根溯源的历史思路，寻找宇宙的终极的根源，它们发现了"气"或"太极"，从而为现实的人类社会提供了一个可以经验到的实在，从历史根源上给人的生存发展以根深蒂固的信心。他们坚信宇宙的根源，乃是一种经验实在。这种实在是根源，也是动力，是生命，但它似乎又包含了规律、材料、主体等意义在内。宇宙中的一切，包括宇宙自身，都可以归结为这种经验实在；只要时间足够，宇宙中的一切都可以从这种经验实在中产生出来。这里所谓的"产生"，也是有机的，种子发芽式地自动呈现，而不是工人加工产品，母亲生产儿子那样的产生。这一派的思想，解决了像"杞人忧天"这一类问题。它让人们相信，由于有"太极"或"气"那样的经验实在，天不会随便坍塌下来，人的生物生命也不是随意就可以消亡的。有了"气"学，杞人从此可以不再忧虑上天会塌下来，人们从此可以不再担心自己的生命会随时消亡等。

"气"学思维有它的优点。在思想内容上，它创造和发展了宇宙论，特别是宇宙生成论；在逻辑思路上，它创建和发展了历史思维，创造和发展了"气"的辩证观，这种"气"的辩证观，乃是自然辩证法在古代的朴素形式；在学风上，则形成了重视经验实在的现实主义风格。先秦的《周易》及《易传》、荀子，两汉之际"气"的宇宙论，北宋的张载，明末清初的王夫之，都可以说是"气"学的代表。中国古代儒学思想中"经世致用"的追求，明末清初的"实学"思潮，在形而上学思想上，也可以说都以"气"学思想为主干。在中国古代思想史上，"气"的观念可谓影响最为广泛的思想观念。

在历史上，理学派总在"气"学派之后才出现。理学派首先承认"气"学思想的成就，承认"气"是宇宙的根源，承认历史思维的积极作用，承认现实主义的学术风格，但同时，理学家又发现"气"学思想还有不足，并且针对"气"学的不足，进一步才讲出自己的"理学"思想来。① 在理学家看

---

① 冯友兰先生在《中国哲学史新编》第五册（人民出版社 1988 年版，第 154—155 页）中，分析二程的理学超越张载的气学思想时，讲到了这一点。

来，"气"学思想的不足，主要表现在对形而上的"道"的结构分析不够；"道"在他们那里，还有些模糊混沌。对现实世界的规范之所以有效问题，关注不够；人们为什么要遵循"道"说话、办事，讲得不够深刻和清楚。"气"学的思想也不够系统，概念或命题的提出，往往没有提供逻辑的根据，更多的是经验判断，概念与概念之间，命题与命题之间，甚至有互相矛盾的地方。受"气"学思想影响的人，太现实化，不大思考在这个现实世界之外，还有其它可能世界的问题，以致于超越精神有所不足，有时甚至陷入宿命论等等。

理学要针对"气"学的这些不足，进一步探讨"道"的结构和性质，从而为现实世界的各种规范，为人类社会的各种准则，提供终极的"天理"根据。所以，理学所探讨的，主要是世界的根据或规范的问题。

换言之，理学家们所关注和解决的问题，是从形而上学角度，思考现实世界的规律何以是规律的问题，思考人类社会的秩序（道德、法律、习惯等）何以能成为秩序的问题，人类的各种方法、程序何以就能有效的问题。这些问题，归结起来，就是世界的根据或规范的问题。理学家们，主要运用逻辑分析（或者是朴素的逻辑分析方法），分析"道"体的形式结构，分析和追寻现实世界的逻辑根据——就是现实世界之所以为现实世界的前提条件或必要条件，由此发现了在形式上条理井然、融贯一体的"理"世界。并将这种"理"当作世界的本质。因为"理"是世界的最高本质，所以又可以叫做理本体。不用说，万事万物的本质，是理；即使"气"的本质，也是"理"。在"气"学家那里，"理"只是"气"的运动规律。而在理学家那里，"理"的地位空前提高了，变成了"气"之所以为"气"的本质或根据。理学家们这样来理解"理"和"气"的关系，所以，他们一方面讲"理"与"气"不离，没有时间上的先后，另一方面又强调"理"是"气"的本质，所以，"理"逻辑上先于"气"，意思就是说，"理"是"气"之为"气"的前提条件，没有"理"，则决不能有"气"。

理学的集大成者朱熹，对这个问题是讲得很清楚的。如果有人将"理"和"气"的这个关系，理解为是由"理"生出"气"来，将理学的理气关系论，理解成为一种宇宙生成论，那就完全是误解了。如果在这种误解的基础上，进一步去批评朱熹，说他的"理"实在生不出"气"来，那就是错上加错了。

理学所提供的"理"，我们现在可以广义地理解为一种绝对真理。在理学家看来，对现实世界而言，"理"是现实世界的根据、规范或标准和理想。从它是现实世界的根据来说，"理"是现实世界之所以为现实世界的前提条件。如果没有"理"，则现实世界不可能成为现实世界。从它是现实世界的规范或标准来说，"理"是现实世界各种规范（规律、道德、法、方法、程序、习惯等）的最高规范，是现实世界各种准则的最高准则，它就是现实世界的模型。从它是现实世界的理想来说，"理"又是现实世界所可能达到的终极的样式。所以，"理"也就成为理学家们安身立命的精神家园。理学也给人的现实生活的制度、秩序、准则、纪律、方法等各种规范提供终极证明，由此给人的现实生活提供信心。人们从此不用担心世界会无缘无故地胡乱运动，也不用担心社会秩序会无缘无故地混乱不堪，人也不会无缘无故地发神经，因为世界总是有理的，任何事物、事实、事情，都有它的道理。

理学思想有它的优点，那就是创建和发展了我国古代朴素的逻辑分析方法，并运用这种方法来探讨形而上的"道"的问题，明确地为人类发现了一个完全抽象的"理"世界。理学的思想，在概念、命题的意义方面，空前地清晰、明确，而且努力做到相互融贯，力争消除矛盾，成为一个比较严密的思想系统。在思想内容上，它主要是创造和发展了形而上学的本体论；在思路上，主要是创建和发展了抽象的逻辑思维，在辩证法方面，它主要发展了真理（"理"）辩证法，即"理"呈现于现实世界，从而实现自身的运动历程；在学风上则形成了偏好思辨的风格，理学的末流，则有僵化的本本主义和教条主义倾向；在思想体系方面，突出形式化、系统化等。老子作为世界根据的"道"，孔子作为"礼"的根据的"道"，魏晋时期玄学家"无本有末"论的"无"，都可以看成早期朴素的"理"论，程朱理学则对"理"做了更系统、深入的揭示。中国现代哲学史上的冯友兰的主张，则是这种理学思想的继续。①

在历史上，心学派也总是出现在理学派之后，它承认理学的思想成就，承认理学家所塑造"理"世界的本体地位，同时，又针对理学存在的问题，做了进一步思考和探索。

在心学家看来，理学派的思想也有它的不足。这些不足，仅仅在形而上学的层面看，那就是，理学所说的"理"世界，是那么绝对、无限、永恒、和谐，而现实世界却又这样地相对、有限、短暂、矛盾，形而上的世界与形而下的世界对立太盛，难于统一。理学思想系统，虽然形式上是很融贯的，但太抽象；它所讲的美好世界，离现实世界太远，人们凭借自己的经验，很难理解这种思想系统。理学当然要追求形而上与形而下这两个世界的统一，追求将他们的理论与现实的实践活动相统一；但是，理学所提供的统一方法，在现实世界里，却难以实施，而且没有能够保证这种方法的形而上学的根据。因为，"理"是静止不动的，人则处于不断运动当中。在这种情况下，"理"不能主动地呈现在人心中来；人要认识"理"，只能完全依靠认识主体自身的努力。但是，"理"那样绝对，而作为认识者的人，又是那样地相对，便如庄子所说："吾生也有涯，而知也无涯。以有涯随无涯，殆已"②，相对的现实的人，怎么能认识和把握那绝对的"理"呢？如果现实的人，根本就不能认识和把握那绝对的"理"，理学家们所说"天理"再好，说得天花乱坠，又有什么实际效用呢？

具体而言，朱熹讲"心与理一"，但是，有限而相对的人心，如何能够去和那无限而绝对的"理"相统一呢？这其实还是一个问题。在《大学章句》的"格物补传"中，朱熹讲了如何实现"心与理一"的方法。他说，通过不断学习，循序渐进，格物穷理，一旦豁然贯通，这时，就将万物的"理"和

---

① 冯友兰先生在他写的《中国现代哲学史》（广东人民出版社 1999 年版）中，将金岳霖也看成是"中国哲学现代化中的理学"的代表人物，是有他的道理的。不过，从金岳霖的逻辑哲学思想来看，由于有"式"做世界的根据，但又有"能"做质料和动力，而"式"与"能"的地位，似乎不分高低，根本不能说"式"是"能"的本质或根据。金岳霖的哲学，已经不是纯粹的理学了。参见张茂泽：《金岳霖逻辑哲学述评》，陕西人民出版社 2003 年版，第 18 页。

② 《庄子·养生主》。

主体的"理"完全认识了。① 最大的心学家，明代的王阳明就曾经按照朱熹说的这个办法，去"格竹子"，结果"格"得自己身体生了病，还是没有认识到竹子的道理。这就让王阳明对朱熹的说法起了怀疑。王阳明在开始的时候，当然不是怀疑朱熹说错了，而只是怀疑，朱熹所说的办法，可能只是圣人的办法，而不是普通百姓提高自己修养的办法。

理学思想中的这个问题，其实质就是形而上的"理"世界和形而下的现实世界如何统一的问题，这个问题，体现在思维上，就是所谓形而上的"体"，如何与形而下的"用"相统一的问题。由于"理"是静止不动的，"理"与现实世界的统一问题，也不可避免地联系着主体与客体如何统一的问题。理学思想中存在的这个问题，如果不解决，人们对于自己的未来，事实上就没有希望，而只能束缚在"理"的范围内，没有一点主体性或自由可言。所谓"天网恢恢，疏而不漏"，人总是被这张"理"的天网束缚着，哪有自己的主体性或个性呢？所以，在理学思想那里，人的主体性并没有真正高昂起来，人作为世界的主人的地位，还是没有真正地确立起来，人学思想中的宿命论，还没有被完全克服。

理学思想中存在的这个问题，就成为心学家们所思考，所力图解决的重点问题。换言之，"心"与"理"的关系问题，以及相关的"心"与"物"的关系问题，本心（良知）与现实人心的关系问题，就成为心学家思考的重点问题。换言之，心学所关注的，主要是世界的主体问题或者人的主体性② 问题。

心学家用主体与客体辩证统一的思路，同时也用"体"（本体以及主体）和"用"（现实世界以及客体）辩证统一的思路解决这些问题。他们提出"心即理"命题，以解决人类如何可能认识和把握真理的问题。他们认为，人性内在地本来就有"理"存在，只是先天或先验地、可能地潜在而已，人们后天的努力，只是将这种本有的、可能的、形式的"理"变成现实罢了。所

① 参见朱熹：《大学章句》，载《四书章句集注》，新编诸子集成第一辑，中华书局 1983 年版，第 6—7 页。

② 自在、自觉、自主、自由，应当是"主体性"的主要内容。

以，现实的人能够认识和把握真理。现实的人认识和把握真理，也只是真理自身在人那里呈现出来而已。这样，理学家完全静止不动的"理"，到心学家那里，就被改造成为在不断呈现自己的"理"。心学家进行如此改造的意义，倒不在于争辩"理"是静止还是运动的形而上学问题，关键在于，"理"自己的主体性，由此便突出和高昂起来。这样，"理"不仅是世界的根据和规范，而且是世界的主体，不仅是人的本质，而且就是每一个人的"大我"。"理"自己就在不断地运动着，呈现着自己，人们后天的经验实践，经验认识，只是为"理"在人心当中、人身实践中的呈现，提供了现实机遇而已。这样，在心学家看来，他们提出的"心即理"命题，就比较巧妙地解决了现实的人如何可能认识和把握绝对的"理"的问题。此外，心学家们，比如王阳明，又进一步提出了"心外无物"的命题，认为人们所谓"物"，总是人们自己"看"（或听、嗅、触、思考、实践创造等）出来的东西，所以，这种"物"对于人来说，总是有意义，有价值的东西。当人们没有去"看"（……）的时候，这"物"，以及看物的心，皆归于"寂"；意思是说，这个"物"没有呈现到人们的意识当中来。在这种情况下，人们当然也就不能武断地肯定这种"物"是存在还是不存在。同时，心学家还提出了"致良知"这个命题，处理"本心"与现实的人心之间的关系，解决现实的人心如何向着"本心"进展，使现实的人成为真正的人的问题。

通过心学家的这些努力，人能够认识和把握真理的形而上的根据，终于找到了，人能够追求真理，能够实行善，能够审美，能够趋利避害，能够实现理想，能够成为一个真正的人等等的形而上根据，终于都找到了。儒学的核心问题，即人如何可能成为圣贤的问题，由此才获得真正的解决，虽然这是形而上学的解决。在心学家看来，甚至包括佛学的核心问题，即人如何可能成佛的问题，包括其他宗教、学术、艺术、道德、生活等的与此类似的核心问题，无不可以采取类似于这样的形而上学思路来获得解决。通过这样的解决，人的主体性、个性、自由，都获得了形而上学的保证，庄子的"逍遥"，孟子的"舍我其谁"精神，由是才成为可能。这样，人就可以在现实中，一往无前，向着自己的理想前进了。一时没有实现，失败了，或者受到挫折，都没有关系，有先天的"大我"保驾护航，从头再来，总是会实现自己的理想的；只要自己的理想是真正的理想，是和真理一致的理想，是发自于内在本性的理想，经过坚持不懈的努力，终究会实现的。在心学的支持下，人类对自己的命运，就真正地变得乐观、自信起来。

心学思想也有它的优点，那就是思想讲得亲切感人，因为它很能结合现实的实际情况，从具体问题当中揭示人内在的本性，提醒人的"真我"。它不求思想在形式上的系统性，但它的思想其实有严密的系统。它的思想方法，主要是一种朴素的主体辩证法，一种主体之成为真主体的运动形式。历史思维，逻辑思维，都只是主体求证自己，实现自己的一个环节。在学风上，它特别注重主体的实践活动，认识与实践时刻统一着，在互相推动下，实现人的自觉、自主和自由。

心学思想当然也有它的不足，那就是抽象的"大我"的树立和理想主义色彩，在重视经验实在，强调现实主义的"气"学家看来，这种不足是特别难以容忍的。所以，荀子批评孟子，甚于批评诸子，王夫之批评陆王，甚于批评程朱。"气"学家也确实最能够抓住心学家的要害，击中心学家的痛处。在他们看来，心学思想的不足，就在于不重视现实的经验，不重视现实的实际情况，甚至于用主体吞并了客体，用理想代替了现实，总是倾向于从个人的理想出发，来看问题。心学的末流，更是主观、狂妄、空疏、无用。

"气"学家为了克服心学的不足，就必须重申经验实在的基础地位，重申经验的历史思维方法和现实主义的学风。于是，学术思想史又历史地走向了"气"学，开始了新的"气学──理学──心学"的形而上学思想发展周期。

单就"气学──理学──心学──气学……"的历史循环说，这可以作为一个假说，至少可以将它作为一个假设。从中国古代思想史看，我们可以以典型的形而上学思想家的思想为例，来看看"气学──理学──心学──气学……"这一历史循环的具体情况。

已经清楚的历史事实是，在先秦，最早出现的思想著作，应该是《周易》，它提供了最早的"气"学思想，虽然它的符号化程度很高，但它思想的系统化很不够，还难以称之为"学"，我们可以称之为"气"论。

紧跟着出现的形而上学思想是老子和孔子的思想，他们二人的思想，我认为可以看成是先秦"理"论的代表。老子的"道"主要的有两个方面的含义：一是作为宇宙根源，所谓"道生一，一生二，二生三，三生万物"，以及"有生于无"①等命题，都在讲"道"是宇宙生成的根源。这种讲法，可能继承了《周易》的"气"论思想成果在内；二是作为宇宙的根据。《老子》说："有之以为利，无之以为用。"②在老子看来，"道"的基本结构是"有"与"无"相统一，而其主要特征则是"无"，这里的"有"与"无"，联合起来可以指称"道"。这句话说，"道"是万事万物所"利用"以成为自身的东西，实际上有"道"是万事万物的根据的意思。如果真有这个意思，那么，这是老子的新创造、新发现，是超越《周易》思想的新思想。用后来的范畴说，这个新思想，可以称为"理"论。可见，老子的思想，是"气"论和"理"论思想的综合。两种思想综合在一起的情况，从历史进程角度看，可以看成是"气"论向着"理"论的转化。换言之，老子的思想，正处在先秦"气"论向"理"论转化的过程中，所以，包含了两家思想内容在内。过去中国哲学界曾经就老子思想是唯物主义还是唯心主义问题，展开过热烈争论。用这里的视角看，当时争论的双方，都各自注意到了老子"道"论中的一个含义，所以，都各有其道理，同时，似乎又没有充分重视另外的含义，所以，也都各有其不足。

至于孔子的思想，他先重视作为社会规范的"礼"，后来则重视主要是作为主体内在素养的"仁"，我们通常都认为这是孔子思想发展的表现。笔者理解，这种发展，决不只是因为在时间上，孔子先提出重视"礼"，而后重视"仁"，所以有发展。应该说，主要在逻辑上，从外在社会规范的"礼"，到内在主体素养的"仁"（即"礼"的心理基础、原则和精神），是孔子自己认识的进展；从孔子关注和解决社会规范问题，到他关注和解决主体自身的问题，则是学术思想进展在孔子思想中的具体表现。过去，学术界就孔子思

---

① 高明：《帛书老子甲本勘校复原·德经》第41、42章，第442页。

② 高明：《帛书老子甲本勘校复原·道经》第11章，第449页。

想是以"礼"为主还是以"仁"为主也进行过争论。争论的双方，也是见到了孔子思想的一个方面，所以各自有其道理，同时似乎又忽略或矮化了另外一个方面，所以各自有其不足。其实，孔子的思想，也是这两个方面的综合，这种综合，在思想历史进程上，体现了先秦的"理"论向着"心"论的历史过渡。

孟子和庄子的思想，则可谓先秦"心"论的代表。孟子的"良知良能"说，庄子的"逍遥"说，分别是表示儒家和道家主体思想的范畴。

以上是先秦时期"气学——理学——心学"的第一个历史周期。

战国中后期，"气"论思想开始抬头，《易传》、荀子、黄老之学是其代表。其中，荀子批评思孟学派的思想，可以看成是"气"论自觉批评"心"论的集中表现。两汉之际，在宇宙论领域，"气"论思想占主导地位。魏晋玄学"无本有末"思想，则是当时"理"论的表现。郭象将玄学家作为世界之"本"的"无"，讲成人内在、绝对的"至理"，已经开始突出"心"的地位。隋唐佛教思想，是当时的主要思潮。中国佛教思想的中心内容，是探讨人何以能、如何能成佛的问题。大乘空宗的思想，可以说是对此前中国各种"气"论或"理"论的革命性批评，以便为佛教思想从正面阐述人成佛的问题扫清障碍。唯识宗作为大乘有宗，论述了两个重要的佛学思想范畴，一个是"真如"，相当于佛家的"理"，一个是"识"，相当于佛家的"心"。在这两个范畴中，由于"识"的"种姓"因素和受到熏习的情况，制约了"识"在思想系统中的根本的地位。结果，只有"真如"才能充当唯识学思想系统中的最高范畴。如果我们这样看唯识宗，那么，唯识宗的思想，大约相当于佛学当中的"理"学，这种理论倾向，在中国佛学各派中，是比较另类的。华严宗和禅宗的思想，分别强调"如来藏自性清净心"和"即心即佛"，实际上相当于佛教思想中的"心"学。因为禅宗思想属于心学系统，所以，有学者发现它多处受到庄子思想的影响。在唐朝儒学思想方面，韩愈揭示出儒家的"道统"，这是"理"在历史上的表现，相当于一种"理学"思想；李翱讲"复性"问题，引《中庸》为根据，接近于一种"心学"思路；柳宗元、刘禹锡则探讨"天"的问题，坚持一种"气"的宇宙论思想，这就暗示了北宋"气"

学思想兴起的新趋势。

由上可见，汉、唐之际，是又一个"气学——理学——心学"的历史周期，这是中国思想史上的第二次循环。宋明理学时期，则是中国思想史上的第三次"气学——理学——心学"的历史周期。先有张载等人的气学，然后有程朱理学，最后有陆王心学的出现。明末清初，天崩地解，为中国古代思想史进入下一个思想史周期创造了历史条件。明末清初的思想家，普遍重视宇宙的经验实在；他们所理解的经验实在，或者是"气"（如王夫之），或者是经验的"实理"（如顾炎武），或者是经验的主体（如黄宗羲）。乾嘉考据学的学风，则是重视"实理"的具体表现。至于作为乾嘉考据学学者的戴震，既讲"实理"，还对这些"实理"进行"区以别"的分析，同时强调将人的情感与这些"实理"要统一起来，实际上蕴藏着心学家"心即理"的思路。或许可以说，这是又一个"气学——理学——心学"的思想史周期。

需要注意，这里所言形而上学思想的历史周期，只是从形而上学思想方面看，大体上如此；其他思想是否也如此，还需要具体研究。而且，即使在每一个大的思想历史周期之内，有可能还存在着更小的思想历史周期。这些更小的历史周期，是否就是大的历史周期的呈现呢？也需要做具体研究。要强调的是，思想史的发展历程，是非常复杂的，决不是像这里所说的思想历史周期那么简单。我在这里提出的中国形而上学思想史发展的历史周期说，作为一种假设或假说，即使成立，也只是管中窥豹，必然是见木而不见林。不过，所谓一叶知秋，我只是从形而上学思想发展的这一个侧面来看，发现是如此的。这也许是一个发现，也许不是；它如果真是一个可靠的发现，那么，对于我们进一步思考中国思想史的发展规律，或许会有一些意义。

侯外庐提出思想史与社会史相结合的方法。从社会史角度，揭示思想的历史根源、演变原因和历史地位，解释思想内容的历史意义；同时，还可从思想史侧面，观察历史整体面貌和精神特点。根据这一思路，侯老认为，中国氏族社会走向文明社会，在氏族血缘关系的基础上建立了国家组织，财产私人占有不发达，这种文明"早熟"特征，对中国古代社会和思想发生了重大影响。比如，封建宗法制度、宗族力量就从血缘土壤中源源不断滋生而出。以儒家为代表的中国古代思想，习于用家庭血缘关系理解天人关系，特别重视祭天祭祖和家庭伦理等，都和"早熟"文明的特点有关。中国古代形而上学思想，是中国古代思想的一部分。它所关注解决的人的基本问题或普遍问题，也有历史的血缘关系基础，只是在思考中把这种具体的历史因素抽象掉了。形而上学思想发展演变的历史周期，与社会史阶段间的具体联系是什么，值得进一步研究。比如，上述四个历史周期，与中国古代历史的几个主要阶段，如先秦时期、汉唐时期、宋元明时期、清朝时期，分别一一对应。形而上学思想史与社会史的这种对应关系，说明了什么问题呢？是否能从这种历史周期现象中，对于中国古代社会史分期的探讨，提供一些启示呢？这些问题，都值得我们进一步探讨。

同时，这里所说思想历史周期，决不是后来思想家对过去的思想进行简单的重复，而只能说是所要解决问题和思路的相近。如果从思想内容方面看，其中当然有进一步发展。这个发展趋势，或可这样概括。思想家面对的问题越来越清晰，解决问题的思路和方法越来越完整，解决问题的结论越来越丰富和充实，思想也就越来越有系统。换言之，中国思想历史的进展，就表现为从"气"论、"理"论、"心"论，逐渐地分别进展为"气"学、"理"学和"心"学。这是中国思想史发展在形而上学方面的表现。另外还有其他表现。比如，随着历史的推移，越到后来，每一个思想史周期经历的时间就越短，这说明人们思维水平在逐步提高，越来越清晰地意识到宇宙基本问题之所在，也越来越能发现前人思想中的不足，从思维方面解决宇宙基本问题的能力也越来越强。随着人们逻辑思维水平的提高，学者们也就越来越有可能将过去的思想史周期，概括、凝聚成为一种逻辑的周期。意思是说，后来的思想家，不必重复前人的思想过程，不必重复前人先批评，而后力求超越，一步一步进展的历程。他们完全可以总结前人的思想成果，将前人的思想作为自己思想的思维环节。比如，就金岳霖而言，他就将"气"学所重视的经验实在，作为自己知识的出发点，然后经过逻辑分析，揭示出一个以"式"为代表的"理"世界来。我们或许可以说，金岳霖的哲学思想，就是一种"气"学和"理学"思想的综合，这种综合，也许正表明了他的思想正处于某种从"气"学向"理学"的过渡环节中。

问题是，为什么在形而上学方面出现了上述历史周期现象呢？进一步追问，中国古代形而上学思想的历史发展，如果真有上述所说的历史周期的话，那么，这是一种偶然情况呢，还是体现了一种思想史发展的必然性呢？笔者的认识是，之所以有这样的历史周期，可能有多方面的原因。仅仅从它们所要解决的问题看，这种历史周期，是有它内在的逻辑原因的。

从中国古代形而上学所要解决的基本问题或普遍问题看，这些问题，总的看，是有逻辑的先后次序的。"气"代表的是宇宙及其万物的根源，是经验实在，是感性的有，是现实世界；落实于我们具体的人，"气"则主要代表人身，代表人的自然生命。这是国人认识"道"本体显现给人的第一个意义，即感性的实在或者自然。无论怎么说，这些都是人类进行任何活动的事实上的出发点。无疑，人们首先要感觉到"有"，然后才可能谈到"有"什么的问题。"道"也是首先要"有"才行，现实世界更是如此。如果是无"有"，那还有什么可说的呢？即使有可说的，是谁在对谁说呢？如果无"有"，则一切免谈。就具体的人而言，人首先要有生命，也就是首先要活着。死了的话，什么都没有了，哪能够谈到其他呢？所以，感性的"有"的问题，就人而言就是活着的问题，乃是形而上学所面临和要解决的第一个问题。"气"学思想率先诞生，并不是偶然的，它是人的实践能力提高在理论思维上的表现。

"理"所代表的则是世界及其万物的根据，是理性的实在，是形式，是可能世界；落实于我们具体的人，"理"则主要代表人性，代表人的理性生命。这是中国古人认识"道"本体显现于人的第二个意义，即理性的实在或者真理。换言之，"气"学追寻宇宙事实上的根源，理学则进而推论宇宙逻辑上的依据，"气"学讲感性实在，理学则进一步讲理性实在，"气"学提出浑融的"有"，理学则进一步讲清楚的"有"，"气"学重视具体的现实，理学则重视抽象的可能，"气"学揭示了宇宙丰富多彩的内容，理学则揭示宇宙固定不变的形式，"气"学证实人能够活着，理学则证明人能够活得明白。从"气"学转向理学，当然意味着人对"道"的认识更加形式化和系统化了，体现了人的理性能力在进一步提高。

"心"所代表的则是世界的主体，这种主体乃是理性与感性统一的一种实在，是形式与内容、可能与现实统一于人实践生活中的主体世界。落实于我们具体的人，"心"则主要代表人心，代表人的精神生命。这个意义，是中国古人认识"道"本体所发现的第三个意义，即主体或精神。在心学家那里，主体或"心"的基本意义，体现在"自在——自觉——自主——自由"这一历史过程中。"自在"是主体性的潜在，"自觉"是主体性的觉醒，"自主"是主体性呈现，"自由"则是主体性的实现。自己决定自己，是主体性的基本内容；保持自己，发展自己，扩散自己，实现自己，是主体性的几个主要表现。追求形而上世界和形而下世界的辩证统一，是主体的宗旨；辩证法，则是主体的内在结构和运动形式，也是主体实现自己的基本方法和活的灵魂。在心学家看来，这里所谓"自己"，当然是指现实每人当中的真正"大我"，而不是现实中每一个具体个体的人；但是，这个"大我"又就存在于现实中每一个具体个体的人当中。心学思想，从形而上学的角度，让大家在生活实践中，去求证人不仅能够活着，能够活得明白，而且还能够活得好。心学思想，给人类对待自己的生活和未来，提供了深刻的无限自信。从"理学"进一步转向"心学"，当然意味着人之作为人的综合素养的提高。

或许我们现在可以总结说，中国古代形而上学思想家们，认识"道"本体，主要揭示出"道"本体三个方面的意义，即感性实在或自然、理性实在或真理、主体实在或精神。我们可以对他们所理解"道"的诸义，尽皆承认。那么，在这种情况下，我们可以进一步断定，古人所理解的"道"的意义，只是"道"本体分别呈现在他们意识中的三个方面；这三个方面，分别透露了"道"本体结构中的三个部分，或者"道"本体运动的三个阶段，或者就是"道"本体的三种性质。"道"本体的性质、结构、阶段究竟如何，到目前为止，我们似乎并不比古代形而上学思想家们知道得更多一点；对我们而言，关于"道"的问题，其实还是疑问，需要现在和未来的哲学家或者形而上学家进行更加深入的探讨。

在中国近现代史上，伴随着中西文化的交流和冲突，中国古代学术思想发生了科学化的转型，传统形而上学遭受科学的重大冲击，"气学──理学──心学──气学……"的历史周期也被打断了。比如，科学的马克思主义学说完全超越甚而取代了传统朴素的气学思想；只有在非马克思主义的学术思想中，在那些有意识地要"接着（中国传统文化精神）讲"的哲学家那里，才保存了历史上的形而上学残余。在这些学者那里，部分地、片段地延续了"气学──理学──心学──气学……"的历史循环。

比如，作为"新心学"代表的熊十力、贺麟，就从根本上批评以冯友兰为代表的"新理学"，说他"离心言理"，所讲的"理"，和主体没有什么内在关系，结果，讲出来的"理"的系统，只是僵死的空架子。所以，冯友兰的"理"论和他的境界论，总是两橛，不能内在地打成一片。他们的批评，笔者个人认为是符合冯友兰思想的实际情况的，批评也犀利而有力，完全发挥了心学思想最能够批评理学思想的特长

同时，作为"新理学"代表的冯友兰，也极力站在理学的立场，为理学思想的正确性进行辩护，同时借批评陆九渊、王阳明的思想，含蓄地批评了"新心学"思想。笔者个人认为，冯友兰在批评心学思想的过程中，对于心学思想的某些理解，似乎是有问题的。比如，冯友兰认为，心学家"不承认"形而上世界与形而下世界的区别，这是不符合实际情况的。应该说，在心学家看来，理学只进行一般与特殊、共相与殊相这两个世界的区别，是很不够的，心学家们认为还有主体与客体、先天与后天、体与用、理想与现实等的区别。又比如，冯友兰用"人之理"来理解心学的"良知"（即心学的本心），本来是正确的，但他又说心学的"心"，只是"人的主观意识"[1]，"心即理"这一重要命题，则被冯友兰理解为"人心（或宇宙的心）创制""自然界的规律"[2]，这就又完全陷入误解了。冯友兰"新理学"所分析出来的"宇宙的心"，其实只是"一个逻辑底观念"，并非"实有物焉"[3] 的实在，这根本就不是心学家所谓的"心"，而是在消解心学的"心"。真正说来，心学家所谓

---

① 参见冯友兰：《中国哲学史新编》第五册，人民出版社 1988 年版，第 255—256 页。

② 参见冯友兰：《中国哲学简史》，涂又光译，北京大学出版社 1985 年版，第 323 页。

③ 参见冯友兰：《新理学》，载《贞元六书》上，华东师范大学出版社 1996 年版，第 113 页。

的"心"，并不完全是逻辑分析出来的东西。在这种有误解的基础上批评心学，当然就显得没有什么力量。这又从反面证实了心学超越理学，而不是理学超越心学的历史周期现象。

在中国近现代历史上，形而上学的另一个变化，是对一些专门领域的问题，比如文化问题、人的问题、精神问题、科学问题、道德问题、民主问题、教育问题、知识问题、逻辑问题等，进行形而上学的探讨，产生了形而上学的一些新分支。比如，贺麟的文化形而上学、金岳霖的逻辑形而上学，就是中国近现代形而上学的分支表现。这些形而上学，当然不是科学，我们如果站在经验实证科学角度，可以提出这样那样的批评，对它们评价也就不那么高。但是，和传统大而全的形而上学比较，这些形而上学的分支，毕竟讨论了更加具体而专门的问题，所说的模糊浑融的话自然也要少许多。况且，在新的学术历史背景下，在科学日兴的时代潮流下，从事这些形而上学分支的学者，在主观上未必不想建立起一套科学系统来；他们的学术思想，最终走向形而上学，是有各方面不得不如此的原因的。而对于这些具体的原因，不论是历史的，还是思想的，还是人生的、社会的、政治经济等原因，都需要从学术思想史的角度，进行科学研究以后，才可能有清楚的了解或理解。

第三节　中国古代儒家人性论的历史发展

唐代儒者李翱著《复性书》，开篇即言"人之所以为圣人者，性也"，揭示人性是现实的人做人成人、成为圣贤的内在依据。意思是说，人性修养是人做人成人的基础，也是人们希贤成圣的标准。故儒学作为人学，人性论理所当然成为重要而核心的思想内容。从中国古代儒学人性论的发展历史看，大体可以划分为以下几个阶段：

（一）先秦时期，关于人性概念的外延，即"人性"一词的所指对象究竟为何，提出了德性和气性两种截然对立的判断。孔子思想中浑融地包含了将德性作为人性根本内涵，作为人的本质属性（即"人性善"）的思想，和以气为人性外延的思想。孟子明确提出"人性善"说，而世硕、宓子贱、漆雕开、公孙尼子等人则主张人性有善有恶说，告子提出人性无善无恶说，荀子又提出人性恶说等，他们分别从德性和气性两方面，发挥了孔子的人性思想，将其中德性和气性的内在矛盾突出起来。

（二）汉唐时期，儒家人性论以荀子的气性论为主流，如董仲舒的人性三品说，如扬雄的人性善恶混说，如东汉的王充、南北朝时期范缜的神灭论思想，如唐代刘禹锡"天人交相胜"的思想，都是以气为人性外延的思想。同时，也有德性论思想存在，但不是主流。如唐朝时期李翱的"复性"说，直接继承孟子，肯定人性善。

（三）宋明时期，儒家人性论又力求以德性论为主，将德性论与气性论统一起来，形成融合孟子和荀子人性思想的新人性论。张载提出"天地之性"与"气质之性"两个互相联系而又辩证统一的人性论范畴，得到了二程、朱熹、陆九渊、王阳明等理学家的一致认同，成为宋明理学思潮人性论的典型代表。和后来人性论相比，理学家所说的人性，总体上看，是以静为主的。换言之，理学家强调人先天的、普遍的人性层次，所以他们突出了人性在根本上普遍必然、绝对统一、永恒不变的静止特征。这一时期的人性论，我们或可称之为综合的、静止的德性论。

（四）明末和清朝前期，儒家人性论则以气性论为主，融合孟荀，统一德性论与气性论，形成一种综合的、运动的新人性论。王夫之提出人性"日生日成"的观点，戴震提出情理结合的观点，都是这种人性论的代表。和理学家的人性论相比，这一时期的人性论，是以动为主的。也就是说，他们强调人后天经验的人性层次，所以，突出了人性在现实中不断变化，逐渐生成的动态特征。用马克思的话说，人性的充实和丰富、确证和实现，受到明清实学的更多关注和经验描述。这一时期的人性论，我们或可以称之为综合的、运动的气性论。

由上可见，在人性论上，孟子先验的德性论，与荀子经验的气性论的尖锐对立，是我们理解儒学人性论的关键问题，也是我们理解整个儒家思想历史发展历史的一条重要线索。

先秦儒学，是诸子学的一部分。在思想上，以孔子、孟子、《易传》和荀子为典型代表。围绕人之成为人的问题，孔子以学习为基础，以学习和克己为主要修养方法，以君子、圣人为理想人格，提出了系统的人学思想。孟子则以先验的形而上学思路，从孔子的思想出发，向前开掘，为孔子提出的现实的人向着理性人格的努力，进一步提供了先验的"良知良能"根据，提供了人性善的形而上学根据，提供了以"养心"说为代表的修养方法，同时，也为人提供了更加高远的终极理想，即"尽心知性知天"和"存心养性事天"相结合的圣人境界。荀子则以经验的、有科学性的认识为根据，推广和运用孔子的思想来讨论现实的礼制建设以及学习等问题，发展了儒家经验的宇宙论、认识论和为现实政权服务的政治思想。《易传》的宇宙论思想，在理论性质上，与荀子的"天人相分"论思想相近。

孟子认为，人性本善，用命题表示，就是"人性善"。在孟子看来，人的本性主要指道德性，可以简称为道德人性论或德性论。孟子的这一断定，在孔子那里已经有迹象了。孔子说："天生德于予"①，又说："人之生也直"②，这是讲人先天地有某种德性。孔子又说："谁能出不由户？何莫非斯道也？"③这是从人生历程上，肯定人生不能离开"道"。在孔子那里，这种"道"在人身上就表现为德性。孔子说："仁远乎哉？我欲仁，斯仁至矣。"④又说："为仁由己，而由人乎哉？"⑤这里肯定"仁"与人生追求有内在联系。孔子还说："朝闻道，夕死可矣。"⑥这是从人的理想角度说，人生根本追求在于"道"。孔子的这些思想，也可以看成有以道德为人本性的意思，属于一种有德性论倾向的人性思想。孟子则将这种有德性论倾向的思想，完全发展成为

---

① 《论语·述而》。
② 《论语·雍也》。
③ 《论语·雍也》。
④ 《论语·述而》。
⑤ 《论语·颜渊》。
⑥ 《论语·里仁》。

一种德性论的人性论。这种德性论属于对人性普遍本质的先验断定，而不是经验归纳的结论；"人性善"命题是形而上学命题，而不是科学命题。

但同时，孔子也说过："性相近也，习相远也。"① 这种"性相近"的人性，是现实的人性状况；对这种人性状况的认识，是对象性的旁观认识，是人们根据自己经验观察，归纳得出来的结论，当然有它的科学性。经验观察的对象，是一种经验实在。它是事实上的存在，而不是一个没有实现而希望实现的应当。所以，这个断定，既没有包含人的理想成分在内，也不是对现实人生发展可能性的断定，而只是客观既成事实的描述。它不考虑人不满足于现实，而希望超越现实的努力。所以，这个命题，是一个科学命题。我们随时可以在现实世界中，寻找到大量的经验材料，来证实这个命题的正确性。

孔子的人性观，是"性相近"的人性观，还是"人性善"的人性论呢？还是以某种人性论为主的统一的人性论呢？客观地说，从《论语》一书看，孔子的人性观，事实上包含了这两种人性思想在内；但我们也不得不指出，孔子的儒学思想，更多的是倾向于"人性善"的断定，而将"性相近"的事实作为一种既定的现实，希望通过人们自己内在的努力，如学习、自觉，以仁德为本，克己复礼等，来改变这种人性现状，使人成为更加美好的"君子"。

后来，告子继承了孔子的"性相近"说，认为人性"无善无不善"，而其所谓人性指的是人的"生"，即生命，自然生命，表现在"食、色"等方面，所以他说"食色，性也"，又说"生之谓性"。当时还有人认为，人性"可以为善，可以为恶"。也有人认为，"有性善，有性不善"②。他们都根据人的经验观察，将人性作为一种经验事实对象来看待。这种认识方法，有古代经验科学的性质。在中国古代哲学里，指称这种自然生命的范畴，主要的就是"气"。换言之，这一派的人性论所谓的人性，是以人身上的"气"作为人性外延。所以，我们可以将这种以"气"作为人性指称的理论，称为气性论，

① 《论语·阳货》。

② 《孟子·告子上》。

以便与以道德作为人本性的德性论区别开来。

这种以气为人性的看法，在中国古代人性论历史上，占有主导地位。战国末年的荀子说人性恶，西汉时期的董仲舒说人性有善、恶、中三品，东汉时期，扬雄讲人性善恶混合，理学开山，北宋的周敦颐，则主张人性五品，即刚善、柔善、中、柔恶、刚恶等①，都是一种气性论的说法。

气性论与德性论公开冲突了上千年，直到宋朝张载提出"天地之性"（纯善）和"气质之性"（有善有恶）两个范畴，这两派的冲突才转化为理学思想体系内部的冲突。理学家将两者统一到德性论中，明末清初的思想家们则倾向于将两者统一到气性论中。到近代，国学大师王国维所著《论性》，用康德的分析方法和物自身不可知的观点，试图消解两者的争论，但并不成功。这是因为，这个问题，牵扯面太大。至少涉及形而上与而下、先验与经验、形式与内容、可能与现实、理想与现实、终极信念与经验事实等等方面的矛盾。这个问题，似乎已经成为困扰中外古今思想家的哲学基本问题了。我们在这里重新将孔孟的人性论复述一遍，也无非是将这个问题再次提到读者的面前，供大家思考而已。

值得注意的是，先验德性论，或者说人性善说，在先秦时期，从孔子到孟子，基本上发展成熟起来。这一点，比较起中国古代儒家的"气"性论来说，很早就形成了自己有体系的成熟看法，而且在此后数千年中，基本上没有质的变化。下面我们以思想材料为主，看看先秦时期先验德性论形成的情况。

---

① 真正说来，人性五品说只是周敦颐人性论的一部分。他的人性论中，更重要的是"诚"。他在《易通·诚》中说："诚者，圣人之本……纯粹至善者也。"周敦颐是主张一般人要学习圣人的。如果一般人的人性只是那五品，如何可能去学成圣人呢？如果一般人的人性中，除了表面的五品，不再有更深刻内在的东西，缺乏与"圣人之本"完全相同的、"纯粹至善"的"诚"，那么，现实一般的人要学成圣人，是不可能的。因为在本质上互相不同的两个东西，怎么可能互相学习，变成为完全相同的东西呢？如果这个说法符合事实，那么，化解此前气性论与德性论之争，将气性论统一到德性论的旗帜之下，使儒家人性论回到孔孟本来的道路上去，周敦颐当然也是先驱者之一。这一点应该得到充分肯定，而不只是张载一个人在作这样的努力。注：几乎与周敦颐同时的张载，提出天地之性纯善，而气质之性有善有恶；但人要以自己的天地之性为基础，为准绳，为理想，变化气质，成圣成贤。张载努力将气性论统一到德性论中，是大家所熟知的。

孔子说:"天生德于予,桓魋其如予何?"① 这是讲人之善"德",乃是"天生"的。后来《中庸》第一句就说"天命之谓性",而这个"性",就是人本来的也是天赋的"德性",它当然是善的。孔子还说:"人之生也直,罔之生也幸而免。"② 这是从经验角度观察人性,断定人刚刚出生时,即有性善之基础。后来,孟子直接断定人人具有善的本性,这就是"良知良能"。而且他们发现,人善的本性,在人的整个一生中,从生到死,自幼至老,各个阶段都有表现,而在一个人的生死存亡之际,表现得更加充分。孟子说:

> 人之所不学而能者,其良能也;所不虑而知者,其良知也。孩提之童无不知爱其亲者,及其长也,无不知敬其兄也。亲亲,仁也;敬长,义也。无他,达之天下也。③

这是讲人小时候,"无不知爱其亲",长大以后,又"无不知敬其兄",人的善性通过家庭中的血缘亲情自然地表现出来。

孔子说:"岁寒,然后知松柏之后凋也。"这是讲只有当一个人处于艰难困苦、生死存亡之际,我们才比较容易看出他的本性。换言之,一个人只有经历了艰难困苦、生死存亡的考验,他对于人的本性,比如,对于人的意义与价值等,才可能有真正的反思与觉悟,从而也才可能比较容易战胜困难,不动摇。这是从反面讲,在现实世界里,人要觉悟到自己的善性,表现出自身的善性,是需要经受现实考验的。

孟子说:"人皆有不忍人这心……所以谓人皆有不忍人之心者,今人乍见孺子将入于井,皆有怵惕恻隐之心,非所以内交于孺子之父母也,非所以要善于乡党朋友也,非恶其声而然也。"④ 人们见小孩——一种与自己毫无利害冲突,甚至今生都不大可能有利害冲突的人——将有危险时,自然表现出

---

① 《论语·述而》。
② 《论语·雍也》。
③ 《孟子·尽心上》。
④ 《孟子·公孙丑上》。

自己的"恻隐之心"，即同情心，而同情心，乃是人善的本性在心理情感上的自然表现。

孔子的弟子曾子生病了，孟敬子前来探望。曾子说："鸟之将死，其鸣也哀；人之将死，其言也善。……"① 这是讲人将死时，人的善性自然表现出来。

孔子也注意到了人性在现实经验中的一面。他说："性相近也，习相远也。"② 又说："吾未见好德如好色者也。"③ 但孔子对于现实中人性的这一状况非常不满意，而大力提倡人要通过学习，反思自己的"德"性，提高自己的修养，最终使自己成为真正的、理想的人。

同时，先验的德性认识论，在孔子那里也明确提出来了。孔子说："生而知之者，上也；学而知之者，次也；困而学之，又其次也；困而不学，民斯为下矣。"④"生而知之"，是指人一出生，就对于人的本性有自觉或觉悟。后来孟子则直接称之为"良知"。"生而知之"说和"良知"论，是典型的先验德性认识论。

第四节　中国古代儒家经典诠释思想史论

在思想史研究中，怎么样的理解才是如实、合理而有效的呢？笔者也一直在思考和探索这个问题。

从我国诠释思想的发展史看，《老子》提出"道可道，非常道"⑤，断定诠释主体对于诠释对象是可以理解的，但这种理解并不就等于诠释对象本

---

① 《论语·泰伯》。
② 《论语·阳货》。
③ 《论语·子罕》。
④ 《论语·季氏》。
⑤ 《老子》第一章。

身，除非诠释主体在理解时以"道"观物，以物观物①，以诠释对象为基础和标准，理解诠释对象。《老子》的说法，已经触及理解的本原根据问题，这可以看成中国古代诠释思想萌芽的标志。② 后来，孔子提出"述而不作"，称述大化流行的"道"及其表现之一——历史文化，描述（"述"）中有创造（"作"），既描述又创造，而且他有时还直接将描述当创造，使描述过程成为创造过程。这就在诠释主体与诠释对象之间，架起了互相统一的桥梁，为意义的生长，提供了可靠的逻辑基础。孔子由此也成为中国古代儒家经典诠释学的开创人。

理解观，是人们对于理解活动的总看法，它包括理解的根据、准则、宗旨，理解活动的发展阶段等。理解的根据，主要是解决理解何以可能的问题。而理解何以可能，何以能够进行，又涉及几个更小的问题。

第一个问题，是理解对象，或诠释对象，何以可能又何以能够被理解的问题。诠释对象是文本，文本中有符号，符号有其意义，而且符号意义之外，还有其意义。断定诠释对象有意义，而且断定其意义能够为人所理解，是实在论诠释观解决理解的根据问题的主要办法。

《周易·系辞》的两段文字，可以作为实在论诠释观如此断定的代表。它说：

> 是故天生神物，圣人则之。天地变化，圣人效之。天垂象，见吉凶，圣人象之。③
>
> 古者庖牺氏之王天下也，仰则观象于天，俯则观法于地，观

---

① 《老子》说："故常无欲以观其妙，常有欲以观其徼。"（第一章）又说："故以身观身，以家观家，以乡观乡，以邦观邦，以天下观天下，吾何以知天下之然哉？以此。"（第五十四章）主张站在"道"的高度，照着对象本然的"道"，自然地使读者关于"道"的理解，与文本中关于"道"的理解，统一起来，并在生活中显示出"道"来。

② 关于《老子》思想出现的时间，是在孔子之前还是在孔子之后呢？学术界曾经有争议。笔者主要从中国古代形而上学思想发展历程的角度来考虑这个问题，所以倾向于《老子》思想在孔子之前说。

③ 《周易·系辞上》。

鸟兽之文，与地之宜。近取诸身，远取诸物。于是始作八卦，以
通神明之德，以类万物之情。作结绳而为罟，以田以鱼，盖取诸
《离》。……①

它的思路是，"天"如何如何，圣人效法"天"如何如何，这可谓"述"；
效法结果，是圣人"作八卦""作结绳而为罟，以田以鱼"，这可谓"作"；
而且这"作"在"述"之后出现，是根据和遵循圣人"述"天而得的道理，"取
诸《离》（卦）"才获得的。这些论断已经突出地显示了理解活动中"述"与
"作"的先后关系。但在《系辞》作者看来，不论是"述"还是"作"，还是
两者的统一，主体都只是虚心客观地理解和效法天或天道的意义而已。

本来，符号意义和文本意义是有距离的，中国古人所谓"言不尽意"②，
说的就有这个意思。但《系辞》的作者几乎不怎么考虑这个问题。或者说他
们并不重视这两个意义的区别，而倾向于将两者等同起来。后来，以汉代经
学（特别是古文经学）为代表的实在论诠释观，也是如此。它断定文本有意
义，断定文本的意义就存在于符号意义之中。其中，有些学者因缺乏反思而
走到极端，甚至在理解活动中将文本意义等同于符号意义。由于《老子》早
就说过"道可道，非常道"③，所以，后一种情况，在中国诠释学理论上比较
少见，但在诠释实践中却大量存在着。比如，一些汉代经学家在解经时，只
局限于符号意义的解释，而不求更深入、更全面的理解，就潜在地体现了这
种思想在内。但不管怎么说，实在论的诠释观，尝试运用诠释主体的经验常
识，对经验实在进行理解，为人们解决了诠释对象可以和能够被理解的理论
问题。而且他们在这种理性的诠释观指导下，进行了大量卓有成效的解经活
动，取得了非常可观的成绩。这些历史性成绩，成为后来的诠释思想进一步
发展的基础。

第二个问题，是读者与文本，诠释主体与诠释对象，必须统一起来，才

---

① 《周易·系辞下》。

② 《周易·系辞上》。

③ 《老子》第一章。

可能有理解活动出现。那么，这两者在什么基础上，才可能和能够统一起来，发生理解关系呢？

在中国古代儒家诠释思想史上，程朱理学的规范论诠释观，断定宇宙的本质就是"理"，称为"天理"，它是普遍、永恒、绝对的抽象形式，用朱熹的话说是"净洁空阔"。他们承认实在论诠释观的成绩，肯定对于文本符号意义进行理解的必要性和基础地位，但他们又不满足于此，而力图有所超越。在他们看来，诠释对象主要的不是文本的符号，而是借助符号体现出来的"天理"；诠释主体也不只是一种经验的心理活动，而是在理解之前已经认识或理解到的"理"。这种"理"由于在理解活动之前就内在于主体了，所以，伽达默尔称之为"前理解"。理解活动之所以可能和能够，就在于诠释对象中的"理"，与诠释主体前理解的"理"，在根本上只是一个"理"。我们在理解时，就完全有可能也能够将这两个在历史上，在现实中，总之在事实上分开的"理"，在认识上统一起来，产生真正的"理"解活动。所以，"理解"① 一词，在理学产生以后就出现了。它的意思，就是以"理"解之（金岳霖语），真理是理解的根据、准则和理想。理解对象的范围，空前广泛，书本、世界、社会、人生等，无不是理解的对象。② 在诠释实践中，理学家理解经典，力求超越对符号意义的解释，而力图透过符号解释，进一步理解文本中的"理"。如果文本符号意义与"理"不协，理学家在注解时，就可能怀疑经文，或者重新编订文本，甚至为经文作《补传》。如果我们站在实在论的诠释观的立场，来看理学家们对待文本的态度和行为，我们也许会像乾嘉学者以及一些现代学者如胡适、周予同等先生一样，批评他们主观狂妄，臆测附会，没有什么价值。但是，如果我们站在规范论诠释观的

---

① 《宋史》卷四三三《林光朝传》有言："未尝著书，惟口授学者，使之心通理解。"

② 孔子可谓我国历史上理性认识世界的第一人。超越书本，将整个宇宙作为诠释的对象，在孔子那里，已经很清楚地出现了。《论语·阳货》记载："子曰：'予欲无言。'子贡曰：'子如不言，则小子何述焉？'子曰：'天何言哉？四时行焉，百物生焉，天何言哉？'"在这里，"言"是对于宇宙的理解，而"述"是对于"言"的诠释。孔子在理解问题上，是主张"述而不作"（《论语·述而》）的。但在孔子看来，"述"与"言"又不能截然分开。这种诠释观，成为后来儒家学者超越书本限制，将书本意义与宇宙、社会、人生意义统一起来，进行超越性理解的前奏。

立场，我们的评价恐怕就大不相同了。事实上，理学家在规范论诠释观指导下，对传统儒家经典进行理解，注解了几乎所有的儒家经典，发掘出十分丰富的义理内涵，推动孔孟儒学思想进入崭新历史阶段。他们诠释思想的历史性成就，也是后来诠释思想进一步发展的基础，值得进一步深入研究，而不应简单否定了事。

第三个问题，是理解者，或读者，或诠释主体何以可能又何以能够理解文本意义的问题。

在中国古代诠释思想史上，陆王心学的主体论诠释观，断定"本心"或"良知"是世界的本体主体。在他们看来，"本心"在根本上说是唯一的，它的实质内容就是"理"。所以，主体论的诠释观完全承认规范论诠释观所树立的"理"的本体地位。只不过，他们特别发掘和强调了"理"的主体性而已。"理"既然是绝对、普遍、永恒的，那么，"本心"也就是绝对、普遍、永恒的。但是，程朱认为"理"是静止不动的抽象形式，陆王就不赞成这一点。他们强调"心"是抽象和具体的统一，强调"心"的实践意义。对于理解活动的根据，他们断定，根本上说，静止抽象的、纯粹形式的"理"，是不能充当动态历程的理解活动的根据的，只有"本心"这种精神实在，才能够充当理解活动的真正根据。"本心"作为精神实在，它当然也是文本意义的真精神，是诠释主体的真精神。精神与精神的自我融合、融契，为理解的进行提供了根本保证。而理解的实质，也就是读者运用自己的真精神，与文本意义中体现出来的作者真精神相结合，从了解文本的符号意义，进而理解文本意义中的"理"，最终达到对于作者本意，对于世界精神的体悟，并借这种理解的悟，而完成自我的觉悟。在诠释实践中，他们几乎不像程朱那样，疲精劳神，去注解文本。他们只是读书，实践，体悟，"心解"，在心解中不断觉悟，提升人之为人的意义和价值。

上述中国古代诠释思想的三派，可以说分别解决了理解活动何以可能和何以能够的问题。而对于理解活动历程的具体描述，则可以说是由明末清初的伟大学者王夫之完成的。

王夫之在《老子衍·自序》中指出，研究或批评学术思想，要"入其垒，袭其辐，暴其恃，而见其瑕矣"。他借用军事术语，准确而生动地描述了读者理解文本的理解活动过程。

"入其垒"是理解的第一阶段，指现实的诠释主体对文本符号意义的了解。"入其垒"，字面意义是要进入文本对象的堡垒中，借指读者要理解一种学术思想，必须深入到研究对象的思想体系内部去。如何深入得进去呢？我们初读一本书，首先要了解文本语言文字的意义，并在此基础上，对其段落的意义、文章整体的意义，有所把握。以对文本符号意义的了解为基础，才可能深入文本的思想营垒内部。

"袭其辐"是理解的第二阶段，指现实的诠释主体对文本作者思路有所了解。"袭其辐"，字面意义指因袭、借用对方的辐重、资源，为我所用等，借指读者在了解文本符号意义之后，进而借用文本作者原有概念、命题、立场、思路、目的等，像作者一样发现问题，思考问题，看能否得出与作者一样的结论。用冯友兰论述"同情的了解"时所说的话，就是按照作者的思路，重想一遍。在此，实际上至少包含三种可能的理解方法在内：

第一，资料整理与思想归纳：在了解符号意义的基础上，进一步了解符号所表达出来的思想意义。比如，可以先归纳出部分文本（如章句、段落等）的意义，在此基础上，对于这些部分的思想意义，再进行必要的整理和归纳，寻求它们之间的逻辑联系，以寻求文本的整体意义。这里，当然涉及部分意义与整体意义的矛盾问题，即所谓"诠释学循环"问题。意思是说，要了解部分的意义，必先了解整体的意义。只有对整体意义有把握以后，才可能真正了解部分意义。而对于整体意义的了解，又离不开对部分意义的了解。于是，面临着像鸡生蛋，还是蛋生鸡的问题。我们认为，这个问题的出现，是将理解活动当作静止的对象，进行单纯的分析而产生的。其实，理解活动是一个动态的过程，我们的理解方法也不仅仅依赖于静止的分析，而且还有辩证的综合。在辩证法指导下，所谓的"诠释学循环"问题，是可以得到克服的。通常说来，科学的理解历程是，诠释主体先有一定的"前理解"，在此基础上，虚心客观地收集对象的相关材料，然后整理和归纳这些材料的意义，实现"前理解"与材料意义的统一，克服"诠释学循环"问题。

第二，逻辑分析：对于文本意义中涉及的重要概念或范畴、命题、命题关系以及思想体系进行逻辑分析，以弄清楚其思想体系结构，进而揭示其思维的逻辑性。在中国现代学术史上，金岳霖、冯友兰两位学者，可以说是逻辑分析的代表人物。金岳霖尤其是中国逻辑分析的典型，而冯友兰则对于哲学史研究中的逻辑分析方法进行了有益的探索。

第三，熟读玩味，设身处地，切己体会：北宋理学家二程在讲如何读《论语》《孟子》时，就提到对于文本要"熟读玩味"，久而久之，自然意味深长；苏轼等人在讲读书时，也非常强调熟读深思的重要性。问题在于，要如何熟读玩味，如何熟读深思。我们认为，可能与两个方面不可缺少。一是设身处地。让读者投入对象之中，照着作者的思路重想一遍（冯友兰语），或者带着温情与敬意（钱穆语），像艺术家欣赏艺术品，发现文本意义、作者思路中包含的作者苦心孤诣之所在（陈寅恪语）。二是切己反思。结合自己人性修养的现实状况，体会文本意义和作者真意，进而或能"见贤思齐焉，见不贤而内自省也"（孔子语）。而后一点，与下一阶段的理解活动已经密切相关了。

"暴其恃"是理解的第三阶段，指对文本作者思路的立场或出发点、方法、根据或标准、理想或宗旨的揭示。"暴其恃"的字面意义，指暴露对象所借以成为思想营垒的深层依据，借指读者在了解了文本作者的思路之后，还要进一步理解他不得不如此思考的原因。这些原因，既有作者的立场、观点和方法，也有作者所认定的逻辑推论的前提、推论方式和如此推论的宗旨。文本作者的思路以及思想营垒，就建立在这些原因的基础上。

同时，现在我们更加清楚了，这些原因包括多方面的内容。比如文本作者所生活时代的历史背景，他所面临和体会到的历史任务，他个人的生平和遭遇，他的阶级属性等，这些社会史因素，当然是原因之一。这个原因，是我们进行思想史研究时，将社会史与思想史相结合的基础。又比如，文本作者生活的时代，总是限定在一定的科学文化水平内。他思考问题时，所借用的知识材料、推论方式等，都要由当时一定的科学文化来提供，他的思维方式、眼界等，同时也受到当时一定科学文化水平的限制。这些学术史因素，是我们研究思想史时，将学术史与思想史结合的基础。①

又比如，文本作者在一定历史时代的生活中，如果善于思考，他可能对于宇宙、社会、人生最普遍、最根本的问题，有自己的见解或体悟，对于本体论，他有自己的选择或断定，他可能是选择或断定"气"这样的经验实在，也可能选择或断定像"理"这样的理性实在，也可能选择或断定像"心"这样的精神实在。如果他做了其中任何一种本体论的断定或选择，那么，在他看来，这就是世界的根本所在。有此根本支持，他就有了安身立命之精神家园，人生有理想信念，言行活动有规矩准则；他就能够超越现实的阶级立场、知识眼界、个人或集团功利得失的限制，而上达社会历史的公共高度。同时，他所选择或断定的世界根本，也就是他思想营垒的"恃"，是他思想体系的终极根据。比如，"气"或"理"或"心"，这种实在本身，就可以是他逻辑思路的前提，或是他逻辑推论的标准，或是他逻辑进程的主体。

如果一个人以"气"这种经验实在作为他逻辑推论前提或根源，就有可能帮助作者思索世界最开始的源头。这种实在的内在结构或性质，就可以是他逻辑推论的方式和最高标准。同时，如果一个人以"理"这种理性实在作为推论方式的根据和最高标准，就有可能帮助他超越一定历史阶段价值标准的局限，而指向最终极的根据或绝对真理。这种实在的主体性，即自己保持自己，自己扩大或发展自己的功能，就可以成为他进行逻辑推论的最高宗旨。当然，也可能有人以"心"这种精神实在作为自己思想的宗旨，那么，这就有可能帮助他寻找到理解进程的逻辑主体，在这一主体的支持下，使他的理解，有可能超越一定历史阶段历史任务或个体目的的局限，而上升成为一种接近普遍目的或最高理想或终极关怀之类的东西，或者最后的归宿等。

从这个角度说，思想史的研究，不仅要和社会史研究、学术史研究结合起来，而且也要和本体论思想史或形而上学思想史的研究结合起来，和研究者自己对形而上本体的觉悟结合起来。从而，不仅揭示出文本作者的思想来

① 关于学术史与思想史的关系问题，可以参见张茂泽：《思想史与学术史关系简论》，载《中国思想史论集》第一辑，广西师范大学出版社 2000 年版。

自于经验世界的材料、条件、问题和限制，而且揭示出其思想来自于先验或超验世界的根源、根据和理想，真正做到像王夫之所说的那样"暴其恃"。

"见其瑕"，是王夫之所谓理解活动的最后阶段，指通过上述理解，暴露文本思想自身的长处或不足，从而进行客观的批评。"见其瑕"，其字面意义指发现对象营垒的弱点，借指诠释者认识到文本思想体系的不足。这些不足，从思想史上看，可能包括多个方面。

比如，可能是表达方面的问题，语言形式、语言意义，或所用的比喻，所举的实例，不能完全表达思想的意义，甚至可能造成误解。

比如，也有可能是作者思路方面的问题，逻辑问题。如概念与概念之间不相应，甚至互相矛盾，或者命题与命题之间不相应，甚至有些命题互相矛盾，或者是他推论的前提不成立，或前提不普遍，或者是其推论方式没有必然性，不能必然地推出作者的结论，等等。也有可能是作者思想根据方面的问题，如他所认定的根据或者不成立，或者虽然成立了，但没有普遍性，或者虽然成立而且又有普遍性了，但这些根据之间互相不能统一起来，不能形成一个整体，甚至各个根据之间互相矛盾，或者这些根据成立了，普遍了，不矛盾了，但与他的思想推论没有什么关系，甚至截然对立，等等。

当然，还有可能是学术思想历史的问题。文本作者的思想体系（A）自身可能没有矛盾了，表达也很准确清楚了①，但在与他同时代的思想家中，或者在与他不同时代的思想家中，一定存在着一种与他的思想不同，甚至对立的思想系统（B）。当我们用上述办法去理解思想 A，只发现其优点，而不能发现其"瑕"处或弱点时，我们不能由此径自断定思想 A 真就没有弱点了。有可能只是我们根据现在的眼光和水平，还不能发现其弱点而已。这时候，我们就有必要去看一看其他思想家对思想 A 的批评。我们特别要寻找到一个思想 B 来，再运用上述方法，"入其垒，袭其辎，暴其恃"，看能否发现思想 B 的"瑕"处或弱点；然后，回过头来，再将思想 B 和思想 A

---

① 一个思想体系要做到这一点，是极不容易的。在中外思想历史上，目前似乎还没有发现一个思想体系达到这一点。但在这里，笔者权且假设它达到了这一点。

进行比较，看看能否发现思想 A 的弱点；也有可能还不能发现出思想 A 的弱点，这时，我们还可以运用"入其垒，袭其辎，暴其恃"的方法，去理解思想 C、思想 D、思想 E 等，看看最终能否发现思想 A 的问题。如果一个人，下过这样的功夫，估计就不大容易局限在一两种思想系统中，也不大可能只运用这一两种思想体系做指导，研究中国哲学史或中国思想史，导致这种研究在诠释学上具有明显的"瑕"处或弱点。

王夫之提出理解活动的各个阶段，是一个有机联系的整体。四个阶段结合起来，构成一个连续的理解运动过程。各个理解阶段的这种连续性，在王夫之那里，是有他"气"运动的哲学思想作根据的。他认为，运动是"气"固有的特性，不仅经验的事物现象在不停地运动着，而且我们经验不到的事物的"质"也在不断地变迁，在气那里，运动是绝对的。而这种运动的方向，就是日新又日新，在新旧之间，具有历史先后的连续性和超越性。这些看法，就为理解活动阶段论提供了牢固的理论基础。王夫之的理解活动阶段论，是他整个学术思想体系的一个有机组成部分。

从中国儒家诠释思想史看，王夫之的理解活动阶段论，由于他自己具有十分丰厚的学术修养，所以，他能够将读者和文本，恰当地统一到现实经验的理解活动过程中，非常具体地解决了理解活动中读者与文本意义之间的矛盾。他的理解活动阶段论，符合认识辩证法，具有很高的理论思维水平。所以，我们认为，王夫之的理解活动阶段论，乃是具有科学性的诠释思想，值得进一步充分研究。

需要指出的是，上述中国古代儒家经典诠释思想史的成绩，都深受孔孟诠释思想的影响。

孔子在理解六经时，提出"述而不作"①的儒经诠释学命题，意思是说，主体（读者）只是尽力描述文本的意义，而不创造性地发挥自己的理解。表面看，这个命题要求将读者的意义，完全统一到文本意义中去，毫不掺杂主体自己的情感、认识、意志、欲望等。应该说，这个要求与《周易·系辞》

---

① 《论语·述而》。

中的实在论诠释观是很相近的。但是，从《论语》中"述"这个词的含义看，它并非指完全排除主体因素的所谓客观描述，而是先就包含了主体的创造性因素在内的。比如，《论语》中有这样一条材料：

> 原壤夷俟。子曰："幼而不孙弟，长而无述焉，老而不死，是为贼！"以杖叩其胫。①

朱熹在《论语集注》中注解说："述，犹称也。"将这里的"述"直接解释为称述的意思，正面描述的意义很明显。②像孔子"述"历史文化，他对于历史文化也是有感情甚至好感的，他在"述"之前，已经确立了发展历史文化的想法或使命感。所以，孔子在讲"述而不作"时，紧接着就说自己"信而好古"。又如，孔子要"述"天，其中也包含了他对于"天"的敬畏情绪在内的，决不能只是把"天"作为自然界，像现代自然科学家那样有一种旁观、冷静态度。在诠释活动中，或者说在理解过程中，上述那些正面意义，实际上来自于诠释主体的价值标准。可见，孔子的"述而不作"，并不完全是一种实在论的诠释方法，毋宁说更接近于规范论的诠释观。从孔子自己的学术思想理解活动看，他也并没有完全做到"述而不作"，而是"述"中有"作"的。比如，他不仅继承了前代传承下来的文化，而且"作"出了"仁"等重要思想范畴，创造了儒家学派等。

而且孔子的这些创造性的"作"，就是在他"述"历史文化中完成的，

---

① 《论语·宪问》，着重号为引者所加。

② 从价值哲学角度看，描述有几种：一是中性描述，如自然科学的研究。二是正面称扬性的描述，可简称为称述。如孔子称述历史文化，子贡想称述孔子之言，而孔子则想称述上天之无言。《论语·阳货》记载："子曰：'予欲无言。'子贡曰：'子如不言，则小子何述焉？'子曰：'天何言哉？四时行焉，百物生焉，天何言哉？'"在这里，孔子批评原壤"长而无述"，也就是说他人都长大了，但还没有做出什么可以让人称述的事情来，其人生价值之没有得到实现可知。三是反面暴露性的描述，如暴力、警匪、恐怖等通俗电影，抢劫、杀人、放火、强奸等所谓法制新闻，各种媒介，可谓"诸恶汇萃"。孔子所谓"述而不作"的"述"，当是第二种描述，即称述。在这种描述中，诠释主体的意义已经先在于其中了。已经在理解活动中突出诠释主体的地位和作用，这一点，也是孔子诠释思想与《易传》诠释思想的区别所在。

而不是完全脱离"述"而单独地进行"作"。这就在儒家诠释思想史上，确立了"述"与"作"不可分割的内在联系。

同时，孔子关于"述"与"作"交融难分的特点，与《周易·系辞》关于圣人法天而"述""作"的思想，也有区别。后者的模式是，"天"如何如何，而后圣人"述"之，把天象、天道等描述出来，其"述"的主体是圣人，"述"的对象是自然界，"述"的方法是仰观俯察和效法，"述"的结论成为后人效法的经典；圣人在"述"的基础上，进一步"作"，而创作出包括人类物质文明和精神文明在内的综合性文明成就。到孔子那里，"述"的对象虽然也有"天"，但已经具体化到了六经等历史文化上面来，"述"的主体不再只是圣人，也包括了一般的凡人，"述"的方法是"学而时习"①，"述"的结论只是个人的学习心得（当然，后来孔子的个人心得记录也成为儒家的经典了）；孔子也在"述"的基础上"作"，但他创"作"出来的不是人类综合性的文明成果，而主要只是精神文明成果。如果说，《周易·系辞》的诠释思想，可以说是一种专为圣王治理天下而创立的自然或宇宙诠释学的话，那么，孔子的诠释思想更倾向于一种为一般平民而创立的历史文化诠释学，或者就是儒家经典诠释学。从春秋末期的孔子，到战国中后期的《周易·系辞》，不仅是儒家诠释学由凡人而圣王的神圣化进展，而且是由社会文明而自然天命的形而上奠基。

但不管怎么说，后来的儒家学者，他们运用的表达语言可能与孔子不同，但基本上也总是围绕着"述"与"作"两种理解方式的关系，将"述"与"作"联系起来，进行反复讨论的。朱熹《论语集注》解释孔子"述而不作"命题说：

> 述，传旧而已。作，则创始也。故作非圣人不能，而述则贤者可及。……孔子删《诗》《书》，定《礼》《乐》，赞《周易》，修《春秋》，皆传先王之旧，而未尝有所作也。故其自言如此。盖不唯不敢当作者之圣，而亦不敢显然自附于古之贤人，盖其德愈盛而心愈下，不

① 《论语·学而》。

自知其辞之谦也。然当是时，作者略备，夫子盖集群圣之大成而折衷之。其事虽述，而功则倍于作矣，此又不可不知也。①

在这里，朱熹将"述"完全理解成为中性描述。根据朱熹这一理解，我们从诠释学角度看，则"述"是读者完全统一于文本，在诠释学理论性质上属于有经验科学性质的诠释学派别。在西方诠释学史上，有施奈尔马赫作为其代表，在中国古代诠释实践上，则有"汉学"作为其代表。它要求读者虚心客观地理解文本的意义，以求得对文本本来意义的把握。这一派，似可称之为实在论的诠释观。②

而"作"则是文本意义完全统一于读者，在诠释学理论性质上属于中国古代理学中"心学"那样的派别。根据心学的视角，文本的意义统一于读者理解的意义；读者理解的意义，就是文本的意义；认为读者理解的意义之外，还有其他什么文本的意义，那是一个矛盾。在中国古代诠释思想史上，有孟子、庄子、禅宗、理学中的陆王学派作为其代表，在西方诠释思想史上，则有实用主义诠释学者罗蒂作为其代表。这一派，因为强调理解中诠释主体的决定性地位和作用。

此外，在诠释思想史上，还有一派，主张在"述"与"作"之间，在文本意义和读者意义之间，寻求某种平衡和统一，这就是在西方以伽达默尔为代表，而在中国古代以二程、朱熹为代表的诠释学派别，主张读者的"心"与文本的"理"统一起来，在所谓的"视域融合"中求得对于意义的理解；

---

① 朱熹：《论语集注》卷四，载《四书章句集注》，新编诸子集成第一辑，中华书局1983年版，第93页。

② 意思指他们认定有一种实在性的意义存在于文本中，主体或读者理解的宗旨，只是虚心客观地将此实在性意义发掘出来即可。但是，另外的诠释学派别所认定的意义，何以就不是实在的呢？其实，他们认定的意义，在他们看来都是实在的。在这种情况下，只将这一派称为实在论的诠释观，似乎不大妥当。不过，我们必须将这个"实在"的意义限制为文本意义上的实在，才可行。换言之，因为这一派的学者认定文本中存在着不变的、实在的意义，我们理解的目的，就是最终发现其意义是什么。他们这一主张，事实上将文本意义当作一种客观实在，所以我们可称之为实在论的诠释观。

而且通过理解，读者和文本的意义都有新的丰富。这一派在理论上处于实在论诠释观与主体论诠释观之间。他们认为，在理解活动中，读者或诠释主体和文本或诠释对象，有同等重要的地位和作用。必须在某种规范或准则下，将双方统一到一起，理解才可能进行。

在目前国内的西方诠释学界，比较多的学者倾向于赞同规范论的诠释观，对其余两派不大注意或引用。对于中国古代的诠释学派别，我们过去只站在经验科学的角度，肯定实在论诠释观的科学性和合理性，而基本上完全否定其余两派的价值。如胡适、周予同等，批评理学的理解是主观附会、随意发挥等。现在，我们换一个角度看，即站在诠释学角度看，可能会有新的认识和评价了。

其实，上述三派诠释观是各有其理论根据，而又各有其诠释学价值的。

实在论的诠释观的理论根据，就是中国古代的"气"学思想。"气"作为一种经验实在，被认为是理解的根源，也是可能理解到的意义的内核。在这种情况下，理解的实质就是诠释主体通过诠释对象，对于"气"有一种感性的或经验的悟。比如，现在有人将"气"理解为一种能量，而能量中又包含了丰富的信息。这是这些人通过理解得出的结论。从理解的发展阶段来说，实在论诠释观应该是最先产生出来的诠释观。在经验的理解活动中，诠释主体在最初几乎是完全抽象的，读者的知识水平还比较低，要求虚心、客观地了解对象，认识对象，是很自然的事情。荀子提出的"虚壹而静"①的方法，是体现这种诠释观的典型诠释方法。一个没有读过《老子》的人，初读《老子》，当然要从语言文字的符号意义入手，虚心客观了解《老子》一书的意思，力争不被自己以前的理解，或对其他对象的理解，或自己的欲望和情感等所干扰。所以，实在论的诠释观，比较适宜于理解活动的初级阶段。在中国古代儒家比较成型的诠释思想史上，汉学"疏不破注，注不破经"原则可谓这种诠释观的落实。

规范论诠释观的理论根据，是中国古代的程朱理学思想。"理"作为一

---

① 《荀子·解蔽》。

种理性实在，被认为是理解的根据，也是理解活动所要把握的最高意义。在规范论诠释观看来，理解的实质就是诠释主体（朱熹称之为"心"）和诠释对象（即文本意义，朱熹称之为"理"）的统一，朱熹称之为"心与理一"①。主体理解活动的终极目的，就在于通过对文本符号意义的了解，进而对于文本整体的"理"有所把握，反过来，同时也就把握了读者作为人的人性本质。规范论的诠释观，是紧接着实在论的诠释观而兴起的，因为，在一定程度上，它就是针对实在论的诠释观和诠释实践中的问题而出现的。在诠释观上，实在论的诠释观所谓"气"，是有模糊混沌的色彩的，这就限制了理解的清晰性。在诠释实践中，虽然它认定文本只有一种本来意义，但在事实上，不同的读者对于同一文本会做出不同的理解，得出不同的结论，甚至形成不同的派别和"家法"。这就在本来意义的"一"与事实上理解到的意义的"多"之间形成了尖锐对立，从而，影响到诠释结论的有效性和权威性。同时，随着主体诠释活动的不断进行，主体对于意义的把握越来越丰富，主体自身的理解水平也越来越高。在这种情况下，主体要在理解活动中完全做到虚心、客观，事实上也越来越不可能。恰恰相反，主体的地位在理解活动中越来越重要，其作用也越来越大。规范论的诠释观代替实在论的诠释观，占据理解世界的主导地位，就具备了一定的必然性。可见，规范论的诠释观适宜于那些已经具有一定认识基础的读者，适宜于与文本意义所体现的思想水平不相上下的读者，也只有这样的读者，才可能在理解过程中，在事实上

---

① 朱熹在《四书章句集注》的《大学章句》"格物补传"中，对"心与理一"的过程，有一个描述。他说："盖人心之灵莫不有知，而天下之物莫不有理，惟于理有未穷，故其知有不尽也。是以大学始教，必使学者即凡天下之物，莫不因其已知之理而益穷之，以求致乎其极。至于用力之久，而一旦豁然贯通焉，则众物之表里精粗无不到，而吾心之全体大用无不明矣。"（朱熹：《大学章句》，载《四书章句集注》，新编诸子集成第一辑，中华书局1983年版，第6—7页）从诠释学角度看，其中，"人心之灵"是诠释主体，可以简称为"心"。"天下之物"以及其"理"，是诠释对象。理解之所以有必要，就在于诠释主体对于诠释对象还有不理解的东西存在。理解活动过程，就是读者用自己的"心"——其中包含了此前已经理解到的意义，即"已知之理"——去与诠释对象中的"理"相统一；如此不断理解，日积月累，主体所理解的意义越来越多，最后会出现"豁然贯通"的情况。至此，主体对于文本对象的意义尽皆理解，认识到"天下之理"，而且同时，主体对于自己的本性也会完全觉悟。这个理解活动过程，就是主体的意义与对象的意义，同时增长、丰富的过程。

与文本意义互相启发，实现理解上的"双赢"。

而主体论的诠释观，其理论根据主要是中国古代的陆王心学思想。"心"这种精神实在，被认为是理解活动的最高主体，也是理解所要真正体悟的精神实质。孟子则是这一流派的开创人。孟子在诠释思想历史上，提出了非常重要而且影响深远的新说，即"以意逆志"说。依照孟子意思，在理解活动中，并非读者完全被文本的意义所占据，而是读者的"意"与文本意义即"志"的某种统一；而且，在读者与文本的关系中，特别是在两者发生矛盾时，在理解活动中，读者应当占据主导的地位，起决定性作用。

比如，当读者的信念与文本的意义发生矛盾时，读者拥有诠释的主动性。孟子举例说：

> 尽信书，则不如无书。吾于《武成》，取二三策而已矣。仁人无敌于天下。以至仁伐至不仁，而何其血之流杵也？①

在这里，孟子以自己理解《尚书·武成》②篇为例子，说明读者在读书时应该有一种选择或决定文本意义的主体性。孟子自己相信周文王、周武王等是"仁人"，他们讨伐殷纣王这个"至不仁"的暴君，应该是义旗一举，天下归心，怎么可能出现死伤人数很多，以致"血流漂杵"的情况呢！所以，孟子认为，一定是《尚书·武成》篇的文献记载有问题。在孟子看来，当我们在理解时，如果读者经过多次考验的信念，与文本意义发生矛盾，而文本意义并不是非常可靠的话，那么，读者只能依照自己的信念为准，坚持自己原有的信念。在具体的理解过程中，可以只选"取"文本的一部分内容，作为理解对象，将不符合自己信念的部分，排除在理解对象之外。

但是，孟子这种以诠释主体为主的诠释思想，会不会导致解释者主观附会，胡乱解释呢？这就必须了解孟子这样主张的理论根据是什么。在孟子看

---

① 《孟子·尽心下》。

② 《尚书·周书·武成》载："甲子昧爽，受率其旅若林，会于牧野，有敌于我师，前徒倒戈，攻于后以北，血流漂杵。"

来，以主体为主理解对象，这个主体，并不是现实中的每一个读者本身，而是这些读者所共同具有的良知。良知是主体论诠释观的核心范畴。他们认为，良知只有一个，他就是孟子所谓"理"或"义"，就是朱熹们所谓的"天理"，用我们现在的范畴说，也就是真理。所以，不同读者之间的良知，是一样的；读者的良知，与文本对象的作者的良知，也是完全相同的。所以，读者能够读懂文本，理解作者的本意。正像孟子所说：

> 口之于味也，有同嗜焉；耳之于声也，有同听焉；目之于色也，有同美焉。至于心，独无所同然乎？心之所同然者何也？谓理也，义也，圣人先得我心之同然耳。故理、义之悦我心，犹刍豢之悦我口。①

在孟子看来，诠释对象，与诠释主体，在良知或"理""义"的基础上，完全可以统一起来，保证理解活动的正常进行。诠释对象即文本的意义，就是作者良知的呈现，也可以说就是读者良知预先表现了出来。对于这一点，孟子认为是作者"先得我（可以指读者——引者注）心之同然"。读者理解时，也只是运用读者的良知，去与文本作者的良知相交流、交融，直到读者自己完全按照良知的要求，将意义表达出来。表达出来的这个意义，既是读者理解出来的意义，当然也可以是文本作者的本意。孟子潜在的这个想法，非常准确地表达了主体论诠释观的基本思想。

孟子"以意逆志"的诠释思想，开辟了我国古代儒家经典诠释思想中"心解"派的先河。汉朝今文经学解经时的主观附会，是"心解"诠释思想不正确的运用，是"心解"派的末流。玄学中的郭象、佛教中的禅宗，都有"心解"倾向。北宋张载的儒家经典诠释思想，也是"心解"②派的一个代表。

---

① 《孟子·告子上》。

② 参见张茂泽：《"心解"：张载的诠释学思想》（提纲），载葛荣晋、赵馥洁、赵吉惠主编：《张载关学与实学》，西安地图出版社2000年版。全文见张茂泽：《"心解"：张载的儒家经典诠释学思想》，载［美］成中英主编：《本体与诠释》（三），上海社会科学院出版社2003年版。

理学中的陆王学派，当然是"心解"派的典型。这一派诠释思想的基本主张，概括说来，就是"六经注我"。理解活动中，文本的意义，将被认为就是读者理解的意义；而读者理解的意义，又在根本上只是读者前理解的延伸，同时也是文本作者本意的延伸，是文本意义的发展。换言之，在这种理解活动中，文本只是呈现读者意义的材料，读者借文本而说自己的话；同时也可以理解为，文本作者的本意，或者说文本的意义，在新的历史条件下，借读者的理解而表达或发展出了新的意义。两个说法完全是一样的，都是说，理解活动，整个说来，只是主体实现自己的历程而已。显然，这一派的诠释思想，最适合那种读者的素养水平已经高于文本意义所表现出来的思想水平时，发生的理解活动。

第二章　孔孟之道的思想内容

在本章中，我们将以《论语》和《孟子》二书为基础，援引宋明理学家对孔、孟思想的理解，勾勒出孔孟之道的逻辑体系。

要说明的是，宋明理学家当然不是孔、孟，笔者这样做，在理解途径上，是否有合理性呢？这是一个很大的问题。我们或可这样考虑。首先，宋明理学家们自己认为是接着孔子和孟子思想的。[①]他们这个自我认识，笔者认为有其道理。为什么呢？宋明理学的思想，总的看，基本上也继承和发扬了孔孟思想的真正精神，讲出了许多孔子、孟子思想中引而不发、言而未尽之意，比较符合孔孟思想的真正实际情况。所以，他们才反复说，孟子死后，孔孟的"绝学"失传，是北宋理学家才接上了这"学统"线索。事实上，他们也真正发挥了孔孟思想中的形而上学成分，使孔孟儒学思想进入了崭新时代。所以，看孔孟的思想，不结合宋明理学家的思想来看，不用这种历史发展的眼光来看，是不容易看清楚孔子和孟子思想的真正面目的。

其次，完全撇开宋明理学观察和评价孔孟思想，比如，单独就《论语》看孔子的思想，孤立地就《孟子》看孟子的思想，是否可行呢？是否合理

[①]　荀子也认为自己接着了孔子思想，他的这个自以为，是相对于孟子而言的。但我们可以很容易地发现，在人性论上，孔子只平正地说了"性相近也"这一句话，荀子却主张"人性恶"说。在学习问题上，孔子非常重视学习主体的作用，反复说过"为仁由己""我欲仁，斯仁至矣"的话，荀子则提倡一种"诵经""读礼"（《荀子·劝学》）的诵读之学。孔子重视"礼"，进而特别重视"礼"的内在基础——"仁"，说了许多关于"仁"的话，荀子却只重视"礼义法度"，不大讲"仁"。孔子一生栖栖惶惶，周游列国，虽然到处碰壁，但他仍然说"道不同，不相为谋。"荀子则主张"君出教，行有律"（《荀子·成相》），好像是在批评孔子的做法了。从这些具体的思想方面看，荀子是否真正接上了孔子为人为学的真精神，是令人生疑的。

呢？从理解途径说，这当然是一种符合经验科学的方法。不过，从诠释学角度看，如果读者仅仅局限于这种冷静旁观的态度和方法，恐怕难以体会到《论语》《孟子》文本意义的真精神。更有甚者，由于完全排除宋明理学的思想，只局限于《论语》与《孟子》，所以，思想视域方面的资料将严重受限，怎么办呢？结果，只好或者用汉唐人的注疏理解孔孟的思想，或者引诸子的叙述和评价认识孔孟的思想，就是偏偏不用理学家的思想理解之。这样的认识，很难说就是完全虚心、客观的，也很难说就是科学的；通过这种途径得到的认识，当然也难以被认为就是孔孟的思想本身。

所以，笔者认为，在对象的发展过程中看对象，通过宋明理学家对孔、孟思想的理解，来理解孔、孟的思想，通过孔、孟思想的成熟形态——宋明理学，来理解孔、孟的思想，并非没有一点道理。

第一节　思想内容的基本特征

在思想内容上，孔孟之道有历史性、理想主义、体系性等特点。

（一）孔孟之道具有历史性。它不仅有历史渊源，而且随着历史的变化而不断发展，产生了很大的历史影响，是中国古代思想史的有机组成部分。

我们现在处于分析的时代。所谓分析，主要指逻辑分析方法。逻辑分析方法，能够使问题、思路、结论清晰、准确、稳定，它对于中国学术思想而言，不一定真像冯友兰所说的是"点金术"，但对于中国传统学术思想的现代化而言，大家越来越清楚地意识到，它是必需的营养。但是，逻辑分析如果只是形式逻辑的逻辑分析，那么，它可能同时也有"还原"对象的弱点，在相关的理论倾向上，它也可能比较容易忘记历史，而对于研究者而言，则比较容易忘记自己的历史使命感。我们认为，逻辑与历史相结合，是克服单纯形式逻辑的逻辑分析方法弱点的出路。重温孔子、孟子思想具有历史性这一特点，对于我们反思逻辑和历史相结合，可以提供历史的借鉴。

孔孟之道，决不是无源之水，无本之木，而是孔孟对过去千年以上华夏文明历史的理论总结。孔孟在思想上进一步丰富了历史文化的内涵，使它成为一种相对稳定的理论形式。他们还发展教育事业，希望努力将这些文明成果传授下去。

历史文化本来就是孔孟儒学的主要研究对象，他们的思想，主要的也是一种历史文化的总结和提炼。他们非常关心人类历史进程，他们的学问，就是希望能够推动这个进程。只不过，他们眼中的历史，是人的历史，是人成为真正的、理想的人（如"圣人"等）的历史；当然，这一历史，也可以说就是人类文明的历史。所以，孔子、孟子在讲学时，常常举历史上的例子，比如举尧、舜、禹等传说中的圣王治国的例子。孔子自己一生志向之一，就是建立像西周初年那样天下太平的礼乐盛世，所以他常常梦见周公。孟子则讲"仁政"，多举商汤讨伐夏桀、周武王讨伐殷纣王等历史事例。在他们的政治思想中，效法古代先王的治国办法，使天下太平，人人安康，这种倾向非常明显。子思所作《中庸》中，已经明确提出："仲尼祖述尧舜，宪章文武。"[1] 班固在《汉书·艺文志》中总论儒家，其中有一句话就是"祖述尧舜禹，宪章文武，宗师仲尼"，肯定了儒家思想，以及孔孟之道的历史渊源，就在实施禅让的尧舜禹时期，建立西周王朝的文王、武王、周公，也是重要渊源。唐代韩愈提出"尧──舜──禹──汤──文、武、周公──孔子──→孟轲"的"道统"传授统绪。后来理学家完全赞成韩愈这个说法。这个"道统"说充分突出了孔孟之道的重要历史地位。就孔孟个人而言，孔子在生前就被尊为圣人，孟子到元朝时也升格成为"亚圣"。这就使孔孟之道成为中国古代儒学思想的主干，由此也成为中国古代深远影响人的精神生活、精神历史进程的学术思想体系。

孔孟之道影响了成千上万的古代中国人，推动着中华文明历史由小到大，连续不断地成长。反过来，现实的历史进程也不断地改变着它的生存形

_____

① 《礼记·中庸》第三十章。

式。但历史不论怎么变化，王朝不论怎么更替，它仍然坚强地生存了下来，并不断取得了发展。随着近现代中国文化受到西方文化的冲击，中国人的信念、价值观、人生观等面临着艰巨考验，孔孟儒学思想以及它的精神，越来越成为中华文化立足于世界文化之林的根据。所以，到今天，在许多外国朋友看来，孔孟之道就是中国思想文化的象征之一。

以孔、孟为代表的儒家，总结了华夏文明历史的精神，但他们并不能称为现代经验实证科学那种意义上的历史学家。他们承载了文明历史的精神，但他们不是政治领袖，不是富翁，也没有什么艺术作品流传后世。他们留下了不少关于文明史精神的思想或言论，但他们并不参与所有这些文明创造的具体实践创造。

现在，我们思考孔孟之道的历史性时，可以很容易地发现，尧、舜、禹、汤、文、武，都是圣王，而周公是贤相，只有孔子、孟子是没有政治职位的纯粹学者。孔子和孟子，作为一介书生，能够将历史文化中的优秀内容总结成为一种系统的思想体系，并创立儒家学派，使这种理论代代相传下去，持续不断感染后人，造福后辈，其功劳应该如何衡量呢？这是一个值得思考的问题。

韩愈以及后来的理学家们，充分肯定他们二人学术思想的文明史功绩，认为他们的思想完全接上了远古数千年传承下来的文化精神，并使其理论化。在韩愈等人看来，孔孟二人对于中华文明的贡献，完全可以与尧、舜、禹等圣王们相提并论，而远远超越了秦皇、汉武等专制君王。他们作为一般学者，没有政治权力、社会制度以及相关经济文化资源的有力支持，几乎完全靠自己个人的力量，完成这样重大的历史使命，这不仅令后来中国学者感到自豪和骄傲，而且也令后来的君王们——那些掌握了国家的各种资源，而对于人类文明的进步却没有作出什么贡献的君王们，感到羞愧。就像理学家批判秦始皇、汉武帝、唐太宗等自私自利、假仁假义一样，后来的儒家学者，不管是对于这些豪雄之帝，还是那些庸暗之君，站在人学的立场，本着人的本性或良知，根据民心的向背，进行不断的批判总结，是不可避免的。

（二）孔孟之道具有理想主义的特点。他们认识世界、人生、自己，看任何问题，都要从对象的理想或本性角度予以认识、看待，并从其理想或本性角度加以批评、引导。他们的思想，是一种典型的理想主义的思想。

站在现实生活实践立场，我们每一个人，即使是一个文盲，都能够对于这种理想主义说出许多批评的话来。比如，《孟子》中有一段师生对话：

> 公孙丑曰："道则高矣，美矣，宜若登天然，似不可及也。何不使彼为可几及而日孳孳也？"孟子曰："大匠不为拙工改废绳墨，羿不为拙射变其彀率。君子引而不发，跃如也。中道而立，能者从之。"①

公孙丑是孟子的学生。他平时当多次听孟子讲"道"，但他发现，对于当时一般人而言，孟子所谓"道"，虽然"高矣美矣"，但现实中许多人却多不能理解，或理解了也不能做到；如果一定要求现实的他们按照孟子所说的那样生活，那就会像登天一样困难。他把这个问题向孟子提出来，并请求孟子，能否将"道"讲得通俗一些，特别是将到达"道"的门槛设计得低一些，以便大家能懂，大众能行。孟子回答很干脆。他说，有些木工技术拙劣一些，有些射手水平差一些，但他们中的圣人或老师，决不会因此而将技术标准降低，以便适应这些人的。"道"本来如此，并不是你想怎么讲就怎么讲，也不是你能够随意将它拔高或降低的。对于有心人而言，"道"其实既不高来也不低。但要用通俗语言来表述它，那也不那么容易。不过，只要一个人下了功夫，作了真正的努力，他自然就能逼近它。孟子在这里提出的所谓"道"，就是人的理想、本性、良知、道德、义理等的代名词。

我们在现实生活中，会发现许多理想主义者，到处碰壁，或者归于失败，以致偌大的现实世界，竟然没有他的立足之地。绝大部分如你我他等，芸芸众生，从少年到老年，年轻的棱角被彻底磨平，青春的锐气渐渐减

---

① 《孟子·尽心上》。

弱，以致消失殆尽。人没有老，但暮气已深。老婆孩子，养家糊口，锅碗瓢盆……这是一个世界。上班，坐办公室，开不完的会，填不完的表，汇报不完的材料，干不完的工作……这是又一个世界。不现实些，行吗？于是，我们逐渐地，一个个都成了现实主义者。脚踏实地，勤勤恳恳，为生活，或者为权力，或者为财富，或者为其他看得见摸得着的东西，忙着，忙着。哪里还有心思去管他人的死活，又哪里还有闲心顾得上未来。慢慢地，这样的生活，成为了我们的习惯。这种习惯，又推着我们继续这样生活，进而滋长蔓延成为一种因果势理；这种势理又反过来规范、支持着这样的无道生活习性。理想，就这样悄悄离我们而去，越来越遥远，越来越缥缈，最后，消失在云端，不知所踪。如果有人这时不识时务，还在那里喋喋不休，对我们讲什么理想，我们当然厌恶至极，给他以白眼，算是轻饶了他。奋起批判他，反对他，那是看得起他。像公孙丑那样提问题，那是个别人的善意。

不过，在这时候，如果有人来问："我是谁？"我们可能就难以面对这个问题，难以让自己满意地回答这个问题。是啊！难道这样现实的、不断蠕动的一堆肉体，竟然就是我吗？

那么，难道孔子、孟子是生活在真空中吗？难道他们就真的不知道我们这些俗人的那点小心思吗？其实，他们也是人，是和我们大家一样吃穿住行生活过的人，只是他们没有像我们那样一直持续不断地"现实"下去而已。他们自己不断学习、克己，尽心知性，觉悟了，觉悟了人的本性，觉悟了人真正价值与意义之所在。他们发现了人的真正理想，竟然就是实现自己，实现自己的本性，实现自己的潜能。他们还围绕人的本性、人的价值与意义等，讲述出了一番人人适用的为人的道理。这就是孔孟之道的基本人学内容。

因为有孔孟之道存在，所以，后来越来越多的人成为那位向现实人们提问，发出警醒提示的人，也有更多的人，运用这种方式，在自我反思中，自己扪心自问着。在这样的提问、自问中，自己生活着，不可避免，也要调整着自己的生活方式，甚至调整着自己的生活方向，以便活出更多的人生意义，活出更多的人的尊严来。

理想，就这样引导着我们超越现实，向前进展。孔孟之道，则为我们的理想，提供了一套来自于中国古代的理论模式、精神家园。

这种模式、家园是否过时了呢？古人有古人的现实，今人有今人的现实。如果从现实出发，现实主义地思考人生问题，那么，古代的理论思维、精神家园显然不适合今人的生活。但好在孔孟儒学本就是一种从理想出发，以理想为准则衡量、引导、超越现实的理想主义学说，而且他们所提出来的人的理想，也不是什么现实的理想，而是一种出于人性、人人相同的终极的理想，所以，古人适用，今人也概莫能外。确实，难道今人就不反思自己的本性了吗？难道今人就不从这种反思中确定自己生活的意义与价值吗？难道今人就不通过这些反思，和反思的生活，来回答"我是谁"的问题了吗？当然需要，当然必需。这个问题，回答这个问题的方式方法，得出的结论，也都有前后一贯、中外相通处。

当然，我们现在已经很清楚了。如果用理想主义指导社会工程建设实践，解决社会实际生产生活问题，是注定要失败的。理想主义的积极价值，如果有的话，恐怕根本就不在这里。它的价值，甚至可以肯定地说，根本就不在于要成为一种社会工程的计划书。它只在于不断向现实的人们提问，以便让大家在现实化时，不忘扪心自问，不断争取，使每一个人，通过自己的努力，过上一种超越现实的生活。

理想主义总是给人一种内在精神上的自省、自警心理，促使人们进行自动而自觉的行动。如果遭遇困难，面临问题，理想主义者以天下为己任，故决不会推诿卸责，怨天尤人。他们清晰认识到，这些困难问题，与社会历史条件、环境、他人等等无关，而与自己的人生理想信念有关，和自己中道思维相关，总之只和自己有无修养或修养高低有密切联系。

（三）孔孟之道有它自身的体系。如果要用一句话来说，那就是，它是有"体"的。因为有真正的"体"，所以自然有"用"，还有其方法脉络。它是有思想体系的。

所谓"体"，可以指本体，但它的意义与西方哲学各种本体论中的"本体"可以相同，但不必相同。就内涵而言，它就是指世界的根本。就外延而言，就是他们的天命论、"道"论、气论、天理论、本心论等形而上学所指称的那个对象。不同学者对于这个对象认识、说法可以不同，从而形成不同的本体论；但这些不同的学者都在对这个对象说着什么，那诚然是共同的。

现代存在主义发现，本体是不可以作为对象说的。因为本体包含了说者在内，当你将本体作为对象说的时候，你所说的一定不是本体。正如《老子》所说："道可道，非常道。"① 你可以去说"道"，但你所说出来的"道"已经不是那本来的"道"了。这个道理，中国古人就已经懂了，不必到存在主义进来以后，中国人才觉悟起来。

我国当代一些西方哲学专家们已经发现，存在主义是针对过去西方主客对立的思维方式而讲的这些话。西方主客对立的思维方式，就是将本体作为对象，用感性直觉，或者用理智来分析，或者用理性来综合。但我们也必须指出，这种主客对立的思维方式，只是在西方一些哲学家存在着，西方哲学家并不都是如此的。而且，从西方宗教神学对人文学术思想影响很大这个角度看，占主流地位的恐怕也不是这种主客对立的思维方式。否则，所谓"上帝在我心中"，就不可理解了。

本体不可说，这话有它的道理。但也要指出，这得看你去怎么说本体。你离开生活实践，呆坐在那里分析，写运算公式，当然分析出来的不是本体。或者你在生活实践中不断反思，对于本体终于有所悟，还一定要用这有限的语言，清晰地表示成为一个逻辑性很强的命题系统，那么，这样的系统所说的，恐怕也不大可能是本体。怎么办呢？庄子的"卮言"，孔孟的描述，禅宗的"棒喝"，包括存在主义者的"理解"，也许都是一种有效的方式。但毕竟也有些区别。庄子的"卮言"，那是少数聪明人才用得来的方法。禅宗的"棒喝"，则要求有一定的认识基础，否则，对于一个毫无基础的人，你就敲他一百棒，喝他一百声，他也未必了然。存在主义者的"理解"，虽然也是结合了历史和生活的，但毕竟偏于主体认识或觉悟一面，有西方哲人"爱智"的痕迹在。

要依孔子的办法，对于本体，他说得很少，只是"述而不作"。我们有

---

① 《老子》第一章。

些学者就由此断定孔子没有本体论思想，甚至对于本体没有什么悟。这个断定肯定是不符合事实的。一个对于本体没有什么悟的人，能够创立影响这样大这样深远的儒家学派吗？一个对于本体没有什么悟的人，他也许可以创立一个科学流派，但决不能创立一个人文学科的学派。这个道理，对于有人文学术经验的人而言，稍微想想，是很容易清楚的。那么，孔子怎么表示他的本体观呢？他不跟你讲抽象的道理。你要问他："人是什么？"他也许就让你自己活去，也许给你讲一些圣人的例子，让你自己悟去。你要问他："自然是什么？"他也不给你下定义，只是把你拉出房间，指着天地万物，山川草木，鱼跃鸢飞等，说："天何言哉？四时行焉，百物生焉，天何言哉？"①他多次说"一以贯之"②，但就是不直接说那"一以贯之"的东西是什么，也不说他是用什么将他的各种说法，有些甚至是互相不一致的说法"一贯"起来的。他自己说自己"七十而从心所欲不逾矩"③，这是"心"（主）和"矩"（客）合一。可见，对于本体，他只是"述"，用生活实践去体现它，用生动活泼的事例来显现它。这未尝也不是一种办法。而且这个办法，还普遍地适宜于普通人。换言之，只要一个人活着，有实践能力，善于思考，又有理想，那么，照着孔子提供的这个办法，他自己也可以对于本体有所悟。正因为如此，孔子的思想才深远影响中国数千年，至今延绵不绝，方兴未艾。

第二节　孔孟儒学的思想结构

这一部分内容会涉及一些比较抽象的概念、命题以及命题关系。要讲清楚一个有"体"的思想家的思想，不分析他的概念意义，不分析由这些概念组合而成的命题意义，不分析这些命题关系，不分析由这些命题关系组成的

---

① 《论语·阳货》。

② 参见《论语·里仁》《论语·卫灵公》。

③ 《论语·为政》。

命题系统，不分析这个命题系统的逻辑性质及其思想内容，是不可能的。笔者希望尽量简要些，把孔孟儒学的思想结构描述出来。

笔者想将孔孟等的"体"用形式化的方式表述得清晰一些，可能不符合孔子"述而不作"的本体论表达方式。为此，我们更多的是抱着《庄子》的态度：我们本不想说；但既然大家都在说，我们也不妨说一说。但我们又没有达到庄子那样逍遥的境界，所以，我们的说，还尽量与众说相类，追求学术思想的准确、清晰和稳定，希望增加儒学思想在表达形式上的分析性。

（一）主要概念

1. 形而上学范畴

孔孟自己提出或引用的范畴有：天、天命、道或天道、理、义、本心、良知等。① 孔孟之外，后来儒学发展，提出新概念，但逻辑上可以附属于孔孟之道的则有：天行、天地、太极、阴阳、乾坤、鬼神、变化、动静、太和、气等。

2. 人学范畴

孔孟自己提出或引用的范畴有：人、（人）性、理②、心、良心、本心、良知（良能）、圣、仁、智、勇、乐、义、利等；孔孟之外，后来儒学思想发展，提出的新概念，但依然可以附属于孔孟之道系统则有：人道、明德、德性、情、诚、明、人欲、德性之知与见闻之知、敬、中和等。

3. 方法论范畴

孔孟自己提出或引用的范畴有：学习、克己复礼、中庸、中行、正心、存心、养心、寡欲等；孔孟之外，后来儒学发展，提出新名词，但还是可以

---

① 《孟子·告子上》说："心之所同然者何也？谓理也、义也，圣人先得我心之同然耳。"又说："虽存乎人者，岂无仁义之心哉？其所以放其良心者，亦犹斧斤之于木也，旦旦而伐之，可以为美乎？"又说："……此之谓失其本心。"《孟子·尽心上》则说："人之所不学而能者，其良能也。所不虑而知者，其良知也。"

② 孟子说："……口之于味也，有同嗜焉；耳之于声也，有同听焉；目之于色也，有同美焉。至于心，独无所同然乎？心之所同然者何也？谓理也，义也，圣人先得我心之同然耳。故理、义之悦我心，犹刍豢之悦我口。"（《孟子·告子上》）孟子提出"理"范畴，与他所谓人性善的本性、良知当有内在关系。换言之，"理"范畴在孟子那里已经具有了本体色彩，它就是"良知"的实质内涵。

附属于孔孟之道的范畴则有：尊德性而道问学、八条目①、诚明与明诚、形而上与形而下、一两、体用、化育流行、理一分殊、致良知等。

（二）主要命题

1. 关于"道"的直接命题

（1）有道（天）②；无极而太极③。

（2）道即太极；太虚即气；道即天理；道即良知；道是实在，是规定，是主体。④

（3）气有气之道；形尽神灭；理气不离，理先气后；心即理，心外无物，心物一体等。

（4）天人合一⑤；体用合一⑥。

2. "气"学命题

（1）道即太极；天行健；天地之大德曰生⑦；太虚即气；物者气也⑧；道器不离⑨。

（2）气有气之"道"或"理"（性质和运动规律等），气决定理⑩；物有其性，物为体性为用⑪。

---

① 指《礼记·大学》提出来的内圣外王的修养方法，即"格物——致知——诚意——正心——修身——齐家——治国——平天下"。

② 这是孔孟等儒家学者的共识共信。

③ 这是理学开山北宋周敦颐提出来的，按照金岳霖的理解，是讲"道"的运动历程。由于这个说法比"大化流行"的浑融说法清晰，所以，受到后来学者的重视和发挥。

④ 这是理学家们对"道"的直接断定，也没有什么证明。即气学家断定"道"就是气，理学家则断定"道"就是理，而心学家则断定"道"就是良知。我们在这里，将他们的断定合并起来一块说，表示对于他们的说法，我们可以尽皆承认。目的在于看看他们的思想，究竟说了些什么。

⑤ 此乃孔孟之道的最高理想，但并没有明确的论述。

⑥ 由现代哲学家贺麟明确提出来，但论述也不充分。

⑦ 《周易·系辞下》。

⑧ 此乃气学家一种基本的信念，并没有明确表述和说明。

⑨ 这一部分命题，可以与辩证唯物主义"世界是物质的"，而"物质是感性的客观实在"等命题比较。

⑩ 气学家张载在《正蒙·太和篇》说："由气化，有道之名。"

⑪ 这也是气学的基本思想，但并没有明确表述为命题。同时可以参见辩证唯物主义"物质运动是有规律的"这个命题。

（3）心为气之产物。①

（4）太极生两仪，两仪生四象，四象生八卦；生生之谓易②；物必有对③。

（5）人心有灵明知觉；虚壹而静④。

（6）一物两体；两不立则一不可见，一不可见则两之用息⑤。刚柔相摩，八卦相荡⑥；无阴则阳无以立，无阳则阴无以成⑦。

3."理"学命题

（1）道即天理；有一客观实在的"理"。

（2）理气不离，理先气后。

（3）物物有一太极；性即理；理一分殊。

（4）心有灵明觉知；心统性情；心与理一；合内外；格物致知；居敬穷理；知先行后。

（5）理即是心；心之全体大用无不明。

（6）体用一源；显微无间；贯精粗。⑧

4."心"学命题

（1）道即良知；人人都有其本心或良知；人心之所以为人心者，即其本心或良知。⑨

（2）心即理；心的本质就是理，心之所以为心者即是理，真正的心乃是理转化的结果⑩；心即性，性即心。

---

① 张载说："气有阴阳，推行有渐为化，合一不测为神。"（《横渠易说·系辞下》）也可与辩证唯物主义"精神为物质的产物，精神对物质有反作用"的命题相比较。

② 《周易·系辞上》。

③ 可以与辩证唯物主义"物质是运动的，世界是发展的"命题相比较。

④ 可以与辩证唯物主义"精神在物质实践基础上可以认识物质运动规律""实践出真知"等命题相比较。

⑤ 见张载：《横渠易说·说卦》。

⑥ 《周易·系辞上》。

⑦ 可以与辩证唯物主义的自然辩证法相比较。

⑧ 或许可以称之为真理辩证法。

⑨ 这是心学家的共同断定和信念，但古人表述这个意思并不是很清楚。

⑩ 这个意思，是现代哲学家贺麟先生提出来的。有学者称贺麟为"新心学"代表，看来是有道理的。

（3）意之本体是良知，意之所在便是物；心外无物；心物一体。

（4）致良知；知行合一。

（5）体用不二；体用合一。①

以上关于孔、孟儒学主要范畴、命题的罗列，非常不全面，概括也未必都很准确。笔者的意图，只是抛砖引玉而已。

（三）主要命题结构

我们或可这样描述孔孟之道的命题结构：

1.有现实世界，这就是我们生活实践的世界。现实世界中的万事万物是不断运动、不断变化的。但在万事万物的运动变化中，有不随万事万物而运动变化的东西，那就是"道"。

2.于是，现实世界就可以划分为两个层次：一是不断运动变化的层次，中国古人称之为"形而下者"，就是有形有象的具体世界，又叫做"器"②，西方学人则将它叫做现象世界。我们的现实生活、实践活动等，都属于这个层次；二是不像前一个世界那样运动变化的层次，我国古人称之为"形而上者"，就是无形无象的抽象世界，又叫做"道"③，与此近似的是西方学人所谓的本体世界。我们的知性分析能力、理性综合能力或者（理性）直觉等，根据有些学者说，是可以认识它的，也有学者说，仅仅凭借我们的知性能力、理性能力，不能认识它。但不管怎么说，大家都能赞同的意见是，对于"道"或本体世界，如果我们仅仅凭借我们的感性能力，如感觉、知觉能力、日常经验能力，是不能认识的。

现在我们不说西方，只看中国古代的情况。

3.关于形而上的"道"世界，中国古代学人进行了深细观察，有精深体悟，提出了不少今天看来也十分精到的观点。前一部分的主要命题，列举的就是中国古代儒家关于"道"的概念、命题之不完全排列。在这里，我们可

---

① 这两个命题分别是现代哲学家熊十力和贺麟两人提出来的，或许可以称之为主体辩证法。

② 《周易·系辞上》。

③ 《周易·系辞上》。

以将上述命题简单整理一下，以便看起来更方便醒目。我们可以将形而上的世界，按照其抽象程度，还可再划分为三个层次：

第一，我们从经验世界，可以看出，有事物，有事实，用古人的话说，是"有物"。而所有的事物或事实均有其性质或关系，用古人的话说，是"有则"或有性。而且所有的事物或事实均有其保持自己和扩展自己的功能和作用，也可以用古人的话说，是有心。这个心，在人那里，表现最突出，也就是我们通常所说的心理活动。总结起来，简单地说，有物有则，而且有其功能和作用。这些都是我们人的经验所及的，经验实证科学可以研究它们，建立起我们可靠可信的经验知识系统，这就是我们的科学世界。比如，研究心的科学，就是心理学。

从经验世界的上述情况，我们可以发现，事物或事实、性质或关系、功能或作用，是互相关联在一起的。从科学认识角度看，我们首先要抓住事实，然后认识其性质或关系，进而了解其功能和作用。这意味着，当我们随意面临一事实（其性质、功能等包含在其中），或性质（它当然依附于某个事物，并有其功能作用），或功能作用（当然是某个事物，并有其性质或关系为基础的）时，我们实际上面临三元组合的结构，或者说面临着一个三位一体式的对象。而且在这个结构中，至少从我们经验认识角度看，是有先后关系的。这种关系式就是"事物或事实——性质或关系——功能或作用"。

现在我们问，进一步追问，而不是经验科学的问：为什么经验对象是一种三位一体式的东西？是它本来如此，还是因为我们看它而看出来它是如此？它之所以如此，可能有更深刻的原因。而且这种有，是肯定有，因为我们发现世界通常是如此的；也是必须有，因为世界如果没有，则世界成为一种偶然如此的世界，对于理性的我们来说，实在难以接受；似乎也是应该有，因为这样的有，似乎符合我们主体的价值标准，不如此，我们将难以有安身立命之所。这个肯定有、必须有而又应该有的东西，中国古人名之为"道"，西方哲学家们则称之为本体。

当然，我们还可以运用我们经验科学的思路，进一步问这个问题。我们面对任一事物，比如，一辆汽车①。对汽车，我们使用者通常注意的是它的外型美观否，是名牌不，功能如何等，而这些，是建立在它的内部结构、运行机理，以及它与气候、路面的关系基础上的。这些问题，汽车制造商，会让制造汽车的专家很好地解决，直到顾客满意为止。

我们的问题是，这些东西都是会随着科技进步而变化的，那么，这一辆汽车中，有没有不会变化的东西呢？如果有，我们抓住这不变的东西，以不变应万变，那不省去多少力气吗！除了这些可变的东西之外，这一辆汽车，还剩余下什么来呢？一堆可以制造汽车的材料而已。我们假设，汽车科技高度发达，则我们也许把它们看成一堆垃圾，因为我们有性能更加优良的材料可供使用。这说明，剩余的材料，也是会变化的。用科学的眼光看，这些变化的东西，就是汽车的性能、结构、材料，一句话，就是汽车的功能、性质和这辆汽车这个事物。要说其中存在着一种不变的东西，那只能是抽象的、光秃秃的有。西方哲学家将这个有称之为存在，或本体。对于这个"有"的看法，就是存在论或本体论。若一定要用我们中国古人的话表示这种"有"或存在，应该是非"道"莫属。

当然，我们还可以用其他思路来思考这个问题。比如，追问世界的第一根源，追问因果链条的第一因，追问世界上万事万物运动的第一动力，追问世界运动的最高法则，追问世界运动的最终归宿等，结果，我们都可以发现"道"或本体。

由此可见，在经验的、具体的世界之外，可能还有一个先验的、抽象的形而上世界，那就是"道"或本体的世界。

第二，但是，中国古代孔孟以后的思想家们，对于"道"究竟是什么，却有很不相同的看法。

一种人认为，"道"就是气。它是世界的根源，它自己生生不息，运动不止，它的运动有其法则，它运动的目的就是"太和"。这一派，主张整个世界就是"气"的世界，所以，我们称之为"气"学派。

---

① 当然也可以是一块石头，或一棵树，或一个人，道理都一样。

关于"道"和"气"的关系，我国古人近乎直接断定，道就是气。关于事物或事实与气的关系，他们也近乎直接认为，事物或事实就是"气"。气是一种经验实在，即一种不变的经验对象。关于"气"和"理""心"的关系，开始他们还不大注意。当理学和心学出现以后，后来的气学家，又提出了一些补充命题。关于气和理的关系，他们认为理就是气的性质和运动规律，理从属于气；关于气与心的关系，他们认为，心就是气的功能和作用，是气的产物，所以，心也从属于气。这样，他们以"气"为核心，建立起思路一贯的思想体系。在历史上，《易传》、荀子、张载等人为代表，而王夫之集其大成。王夫之的学术思想，可以说是中国古代"气"学发展的高峰。

还有一派认为，"道"就是理。它是世界的根据，是世界的最高本质。理是一种理性实在，即一种不变的理性形式。它就像一张大网，给世界万物以秩序，给世界的运动以规律。它作为世界的最高规范，用它的天网，规范从而也主宰着世界的现在和未来。天网恢恢，疏而不漏。没有哪一件事情，不是有理的，没有哪一种事物，不是有理的，没有哪一种运动，不是有法则的，没有哪一个集体，不是有秩序的。这一派，由于以"理"为"道"，所以，我们可称之为"理"学家。

在中国古代，一般而言，"理"学总是在"气"学之后产生。所以，它的许多命题，都有继承"气"学的地方，也有一些命题，是专门针对"气"学而言的。比如，他们认为，"道"就是理，而不是气。关于理与气的关系，他们肯定理不离气，但又说理先于气，断定理是气的本质，是气之所以为气的逻辑根据。没有理，必然就没有气，所以，理在逻辑上先于气。关于理和事物的关系，他们肯定每一事物都有其理，即"物物有一太极"。关于性质或关系与理的关系，他们也断定"性即理"。此外，关于理与心的关系，他们也有断定，那就是通过格物穷理，使"心与理一"。只不过，对于心与理的关系，他们说得不很清楚而已，留下了问题。理学家朱熹，是理学的集大成者。冯友兰的"新理学"，他自己认为是理学在现代的发展。

第三派在"理"学之后出现，也继承了"理"学的一些说法，但同时又有针对"理"学的地方。他们认为，"道"既不是气，也不只是理，它尤其是良知。良知是一种精神实在，即一种不变的精神或主体。他们认为，良知或精神，才是世界运动的动力，是世界运动的真正主宰和归宿，也是世界的最高主体。良知或精神，又叫做本心，所以，我们可称之为"心"学。明朝的王阳明，是古代心学的集大成者，康有为、梁启超、严复、章太炎、王国维、梁漱溟、熊十力、贺麟、牟宗三、唐君毅等人，则可谓"心"学在中国近现代的代表。

在命题上，他们认为，"道"就是本心。关于心与理的关系，他们断定"心即理"。关于心与性的关系，他们认为心即性。关于心与事物的关系，他们认为物只是心看（或听，或嗅，或触，或说，或分析，或综合，或实践改造）出来的东西，所以，"心外无物""心物一体"。关于本心与人心的关系，他们断定人心中有本心，本心才是真正的人心，人心作为心理活动，只是物，而不是心。人努力的方向，就是从人心，上达本心，这叫做"致良知"。

上述三派学者对于"道"的看法，我们可以尽皆承认。但我们不能承认"道"只是他们所说的那样。"道"也许是他们所说的那样，但不只是那样，不全是那样。"道"有可能是他们所说那样的某种总和。怎么知道是如此的呢？这就是我们在前一章里介绍的，中国古人对于"道"的认识，或者认为它是气，或者认为它是理，或者认为它是心，而且在时间上，总是先认为它是气，然后认为它是理，最后认为它是心。再以后呢？大家又认为它是气，是理，是心。如此不断循环，形成中国古代形而上学思想发展的历史周期。从历史上看，"道"好像不是气、理、心都不行。所以，我们断定，中国古人所谓"道"，就是气、理、心的某种统一体。

第三，或许，现在我们可以说"道"了，但我们现在所能说的话，好像也不多。我们也许可以说，"道"处于最高层次，它是世界的根本。古人只是肯定或直接断定它的存在和有效性。用命题表示，我们也许只能像金岳霖一样，直接说："有道。"此外，就不能再说其他的什么话了。

可能有好学深思之士会问："道"是一种什么样的实在？它的性质或关系如何？它的功能和作用如何？如果有人这样问的话，我们也许可用古人的话，代为作答："道"是气那样的实在，其性质或关系就是理，其功能和作用就是心。至于这三者之间的关系，当然很重要。因为三者之间的关系，是三位一体的逻辑保证。思考这三者之间的关系，是对于"道"的内在结构的直接分析，其意义当然非常重大。只可惜，我们现在除了发现中国古人认识它们有时间上的先后关系之外，还没有发现更多的东西。

笔者认为，从辩证法角度，思考"道"的内在结构和运动历程，可能是一个途径。因为，气学有"气"运动的朴素自然辩证法模式，而理学给我们提供了"理"呈现自己的朴素真理辩证法模式，而心学为我们提供了"心"成为真正主体的朴素主体辩证法模式。我们对于辩证法，从逻辑学上研究实在很不够。目前看来，从这个途径解决"道"的结构问题，看来是十分迫切的。

第三节　孔孟之道的基本思路

对一位学者思想体系进行认识和理解，如王夫之所说，要经历"入其垒，袭其辎，暴其恃，而见其瑕矣"几个阶段。这是从逻辑分析的角度，就诠释主体总的理解过程说，应该如此。如果我们从逻辑分析的角度，就其他方面而言，我们所说的，不必与王夫之尽同。而且这种不同的存在，也不意味着其中必有一方错了，也许两者都有其道理，但又都没有把道理说尽。

比如，我们可以从逻辑分析角度，就诠释对象的结构说。如果我们这样说，那么，我们可以有概念意义的分析，还可以有命题意义的分析，在此基础上，我们还可以有命题关系的分析，最后，我们可以对整个思想系统的分析性进行评估。在前一节，我们对孔孟之道的部分概念、命题，进行了一些整理，其中含有少数分析，但对整个思想系统的分析性，没有进行评估。对其分析性进行评估，应该是理解一个思想体系的更高要求。我们现在还达不到这样的高度。因为，我们现在更多处于如实描述的研究阶段。在这个描述性的研究阶段，如实理解对象的意义，是第一位的。这就特别要求我们在理解对象时，不要断章取义，坚决不要阉割作为有机整体的思想对象，而要努力从整体上合理理解对象；力求不要表皮地了解对象，而要努力深入思想对象的内部去，如冯友兰所说，照着作者的思路重新再想一遍。

而且特别重要的是，在思想史研究中，我们特别要避免以下那种所谓"历史分析"方法的弊端，即表面上在运用历史方法，实际上却在静止地看待对象，戴着有色眼镜看待对象，并以此为满足。比如，我们常常只用分历史阶段，分政治、经济、文化等社会平面结构，分社会阶级或阶层等分析办法，将对象强行加入到某一个历史阶段，强行加入到某一个社会结构框架，强行加入到某一个社会阶级或阶层当中，并死死地钉在那里，让对象不能动弹，既不能和其他社会结果、其他社会要素有机结为一体，也不能自身内在发展，等等。而这些阶段论、结构论、阶级或阶层论，往往打上了我们理解者的理论修养和时代烙印，与研究对象的理论性质、时代条件格格不入。我们往往把我们自己从事研究的理论根据，看成是活的，而将研究对象看成是死的。这种历史分析，本来是符合经验实证科学原则的方法，是科学方法。但是，在研究思想史的时候，却不可避免地，悄悄塞进了与对象意义不完全相同或相类的指导思想、立场、方法等东西，导致在理解时，难以做到同情的理解，结果，也难以发现对象中包含的真正活的灵魂。用这种方法研究对象，将对象讲死，并非只在结论上如此。结论上的死，在研究刚刚开始之际，就已经预先注定。所以，这种方法，应该说是一种貌似历史分析的假分析，是一种貌似科学方法的伪方法。仅仅运用这种方法，而不求进一步超越，进行理解，无论在分析的出发点上，还是在分析历程中，还是在分析的结论中，都完全没有回到对象本身，也根本没有可能回到对象本身，所以，结果，事实上也回不到对象本身。"回到"对象本身，是使我们的理解活动具有最低合理性的基本保证，所以，它应该是我们进行思想史研究的基本原则。

所以，我们想，从一个思想家思想的思路方面，即从他思考问题时所走过的思维路径方面，把握其思想特点，是逻辑分析方法不可缺少的一个方面。对于孔孟之道，我们尝试运用这种方法，勾勒出孔孟思考问题时的思路走向。他们的这种思路，也许正好体现出他们的学术思想宗旨。了解了他们的思路以后，我们也可以用现在的眼光看看，能否还照着他们的思路思考现实问题。

我们发现，孔孟之道中，有这样几个思路，值得注意：一是天人合一的思路，二是内外合一的思路，三是体用合一的思路，四是主客合一的思路。根据这四种思路，我们也可以将孔孟儒学思想，相应地称为天人合一之学、内圣外王之学、明体达用之学、主客合一之学。

从思想历史的进程看，孔子儒学思想的思路，主要是一种天人合一的思路，但内外合一、体用合一、主客合一的思路已经隐约地内含在其中了。到孟子时，孔子天人合一的思路，则被进一步理解成为包含了内外合一、主体与客体合一思路在内的新思路，极大地丰富了孔子天人合一思路的内涵。到宋明时期，程朱理学特别发挥了体用合一的思路，陆王学派则特别发挥了主客合一的思路。

（一）天人合一之学：天人合一的思路

孔孟儒学，与荀子等的重视经验实在、现实支撑、礼教规范等特质的儒学相比，它首先是一种天人合一的儒学。天人合一，不仅是孔孟儒学，也是中国古代道家道教、佛学的命题，是中国古代哲学思想的最高命题。分析清楚这个命题，对于了解中国古代哲学，以及其他学术思想，无疑具有普遍意义。

1. 文字学说明

（1）天

在文字意义上，"天"有以下几种意义：

1）本指额头、脑袋、天体、天空，引申为自然、自然界，也指自然运动法则、规律等。荀子说："皆知其所以成，莫知其无形。"① 自然界乃人生存的基础，故天有人的生存基础之义，如"民以食为天"。

2）指自然性、天性、天然、本来或本然的性质。如《庄子·山木》有"天

---

① 《荀子·天论》。

年"之说。《吕氏春秋·本生》说："天子之动也，以全天为故者也。"高诱注："天，性也。""天"的这个意义，后来发展成为天道、天理、天真、天埴、天资、天足、天灾、天成、天生、天才、天分、天禀、天赋等词。

3）指天神、天帝、天命以及天神居住的世界——天堂。《尚书·泰誓》说："天视自我民视，天听自我民听。"《周易·系辞》有"乐天知命，故不忧"之说。《鹖冠子·度万》说："天者，神也。"此义有归天、天兵天将、天女散花、天使、天数、天授、天机、天条、天仙、天作之合、天意、天主等。

（2）人

1）指人类的人，也指个体的人，指人人、每人，还指一些人、别人、他人。

2）儒家学者指人性及其表现。孟子说："仁也者，人也。"① 也引申为人的品德、品行、素养、理想。孟子说："颂其诗，读其书，不知其人，可乎？"② 还指人情、事情、功利欲望、本能冲动。荀子批评庄子说："蔽于天而不知人。"道家学者指人为的。《庄子·秋水》："牛马四足，是谓天；落马首，穿牛鼻，是谓人。"

3）指自己。如文如其人。

（3）合一

1）合：有联合、闭合、符合、重合、聚合、结合等意义，在"天人合一"命题中，似乎应为联合、结合、聚合等意义。

2）一

一指数词，指最小正整数"一"。

二指统一。如《孟子》中记载："孰能一之？对曰：不嗜杀人者能一之。"③

三指道。《淮南子·诠言》："一也者，万物之本也，无敌之道也。"也指由"道"派生的实在、气。《老子》有"道生一，一生二，二生三，三生万物"之说。《列子·天瑞》说："一者，形变之始也。"

---

① 《孟子·尽心下》。

② 《孟子·万章下》。

③ 《孟子·梁惠王上》。

3）合一

由上可见，"天"与"人"是两个完全不同的概念。它们两者的合一，只能是不同的两者之间的合一，是分中之合，是对立的统一。

2.天人合一的逻辑形式

（1）天人合一命题中，"天""人"的几种可能意义

1）自然界与人类和谐相处。现在的环保运动，突出了这种环境思想。

2）先天与后天辩证统一：天性与人为的统一，是一种形式，可以老庄道家思想为代表；本然与事实的统一，是一种形式，可以金岳霖的思想为代表；先验与经验统一，是一种形式，可以康德先验学说为代表。

3）神与人、体与用、道与器、理与气、性与情、心与物、心与身等的对立统一，是又一种可能的意义统一。中国古代的气学、理学、心学的形而上学思想，包含或体现了上述两两相对的范畴统一的形式。

4）理想与现实、主体与客体、自由与必然、内与外、圣与王的对立统一形式。中国古代心学思想，体现这种形式很充分。

（2）天人合一命题中，"合一"的几种可能形式

按照黑格尔辩证法正、反、合的"三一公式"，可以将天人合一作为统一的运动过程，划分为前后相继的三种形式。

1）天、人相分前的直接同一：天等于人，人同于天。乃人没有自觉，处于蒙昧时期时的一种巫术观念。

2）天、人相分时的平行发展：天不等于人，人不同于天。这时，人已经自觉，意识到自己与自己的对立面不同，但还没有认识到自己对立面与自己发展的内在联系。荀子"天人相分"论，刘禹锡"天人交相胜"论，或可作为典型代表。

3）天、人相分以后的统一：天与人表面对立，实际上内在统一，这是一种对立统一。中国古代的老庄道家、孔孟儒学讲的天人合一，可以作为这种辩证统一的典型形式。

（3）天人合一命题中，合一主体的几种可能形式

1）人合于天的形式。天指天帝、神、天命、本体，人指现实的人。商

周宗教思想、孔孟的天命思想、《易传》的"气"学思想、理学家各派的思想，都属于这一类。

2）天人互合的形式。天指自然界，人指人类社会。荀子、王充、刘禹锡的思想，可以作为代表。

3）天合于人的形式。如果其中的人指人性，人性实际上就是天性，而天指自然界，则这实际上属于人合于天的形式；如果人指现实的人，而天指自然界，那么，这是人类中心主义，中国古代没有这样的思想。

孔孟之道的天人合一，是天人的辩证统一。天人辩证统一，有以下几层意义：首先，天指天命，"天命之谓性"①，这是一种人合于天的"天人合一"，即人性源于天赋。人性源于天赋，似可代表天；这时，人便只能指现实经验的人。现实的人本来就"固有"② 其本性。这是第二种人合于天的"天人合一"形式。但是，孔孟儒学认为，现实的人由于受到环境、条件、个人利益、主观认识、个人情感等的影响，会变得很现实，以致互相很不相同，甚至对立起来。在这种情况下，每一个人努力的方向，就是通过学习，提高自己的综合素养，向着人人所共有的本性方向前进，最终实现自己的本性。这是人合于天的第三种形式，即现实的人应该实现自己的理想，合于自己的本质。

于是，孔孟儒学天人合一的思路，就可概括为"天——人——天"这种天人对立统一的辩证法则。其中，第一个"天"，是正。如果它指天命，则这时"人"是反，它就是指人性。第一个"——"指天将人性赋予人的过程。第二个"天"则是合，表示天命与人性统一，或者说，人性努力的最终方向，就在于与天命为一。而第二个"——"则指人性返归天命的历程。《中庸》讲"致中和，天地位焉，万物育焉"，孟子强调"尽心知性知天""存心养性事天"的修养及其境界，他的"若夫成功，则天也"的心态，恰可作为人性与天命为一的代表。这一点，使孔孟之道很有宗教色彩。但是，这方面的内容，在孔孟儒学思想中，并没有突出起来，而是暗含在其中的。这就使孔孟之道与

---

① 《礼记·中庸》第一章。

② 比如，孟子说："仁、义、礼、智，非由外铄我也，我固有之也，弗思耳矣。"（《孟子·告子上》）

神学思想有了一些区别。

其实，孔孟更为重视发挥"天"的人性意义，使儒学再开端处，就自我标注为人学，而不是"天"学。如果第一个"天"（正）指人性，则"人"（反）便指现实的人；其中，第一个"——"指人性先验地存在于现实的人，为现实的人所"固有"。而第二个"天"（合）则指现实的人与自己本性合一的圣人境界；第二个"——"则指现实的人实现自己理想，完全成为标准的、理想的人的历程。这一人学思路，孔孟之道最为强调和突出。

用这种思路看，如果面临任一现实的个人，我们将观察这个人的言行活动，"视其所以，观其所由，察其所安"①，关心他先验人性在现实言行活动中实现的方面和程度。换言之，就是看他本性如何，良知呈现如何等；然后根据不同的情况，或者表示赞赏，或者提出忠告或劝告，或者表示批评，或者避而远之等。

（二）内圣外王之学：内外合一的思路

孔孟之道也是一种内圣外王之学，有内外合一的逻辑思路。学术界对于内圣与外王的关系，能否统一起来，一些现代新儒学的学者是有疑问的。这个疑问就是，断定的儒家内圣修养开不出民主、科学等新外王；这成为民国时期现代新儒学研究的基本问题。现代新儒学的思想究竟如何，究竟内圣能否开出外王，我们暂且不管。在这里，我们只是说，如果按照孔孟之道的思路，内圣是必然能够开出外王的，其逻辑形式便是"p —— q"那样的充分条件。p可以代表内圣，q可以代表外王；如果p，那么q，如果内圣，那么外王。今未能开出外王，则必然没有达到内圣境界。在逻辑上，完全不存在内圣开不出外王的问题。

下面，我们看看内外合一的思路，是一种什么样的思路。

我们还是遵循前面的办法，先弄清楚命题中几个关键概念的意义。

1.内、外

主要指逻辑上的内、外，以逻辑的内、外为基础，也在人身上表现为空

---

① 《论语·为政》。

间上的内、外。就现实的人而言，空间的内，指体内，如精神素养、内脏等，空间的外指体外，如外表的言行活动、外面的世界等。所谓一个人逻辑的内，指这个人的本性，有时候我们也将本性说成内在本性，将与本性相关的关系说成内在关系等。内，就是指内在。外，则相应地指外在，即一个人的非本性成分。内在便如一棵树的种子，而外在只是这棵树种子之开花结果。

比如，一个人与他人产生的关系，有些是发自于他的本性的，与其本性符合，与其真正的理想有关，与其本性的实现有关，则此关系就是他的内在关系。因为是内在关系，所以它比较能够持久。而有些关系，与其本性关系不大，或者是点头之交，或者是逢场作戏，则这种关系便可谓外在关系。外在关系，在人际关系中，当然难以持久，也难以深入。这些关系的有无，与他这个人之为人，关系不是很大。如果我们要认识或评价这个人，了解其内在关系，是非常重要而必要的。而就具体某个人而言，他真正的精神，可以称为内在精神，他的人文素质，可以称为内在素质，而他的言行活动，如果符合其本性，则可以称为内在的言行活动，否则，便如一个人的高矮胖瘦等，都只是外在的。

总的说来，内，总是偏向于本性的、先验或超验的、普遍必然的、可能的、理想的形而上的方面，而外，则偏向于现象的、经验的、特殊偶然的、现实的、形而下的方面。这两者是相对而言的。比如，儒家的"气"范畴，就经验世界的万事万物而言，"气"学家就可以认为它是内在的，而万事万物是外在的。但就形而上世界而论，理学家就可能认为理才是真正的内在者，而气反又成为外在者了。

2. 圣、王

圣，特指内在的理想境界，也就是人的本性实现的境界。王，特指以圣为基础，而实现的"王天下"理想社会。

3. 合一

由于是两个不同概念之间的关系，当然也只能是辩证统一。孔孟之道的内外合一关系，也可以划分为三个层次：

（1）内在先验逻辑形式

这种形式，可表述为："内——外——内"。其中，第一个"内"是正，指内在本性，"外"指其外表现象，则第一个"——"指先验逻辑。意思是说，一个人的内在本性，先于其经验的现象而存在，为其现象存在、性质、功能等的必要条件或根据。就"外"而言，它是反，它可以指现实经验的人。由于他有其先验的内在本性，则以此本性为准则，可以对于他自己"成人"①的方面与程度有所反思与认识，从而确定自己努力的方向。他现实努力的方向，就是在外面世界实现其内在本质，让他先验的本性在现实中完全体现出来，使自己成为真正的一个人。所以，在上述内外统一的逻辑形式中，第二个"内"则是合，是第一个"内"与"外"的统一，而第二个"——"符号的意义，则指现实经验的人向着其本性努力的过程。

总的说来，这个先验逻辑形式，表示的是人的内在本性呈现于外，完全实现自己价值与意义的历程。

（2）外化经验历史形式

这种形式，或许可以表述为："宇宙大化流行——人综合修养提高——大同世界实现"。

其中，"宇宙大化流行"指的是正，为第一环节，指现实宇宙之内在历程，"人综合修养提高"是反，指现实人的内在素养的提高历程。"宇宙大化流行"是"人综合修养提高"的来源，也是"人综合修养提高"过程的内在基础，第一个"——"符号表示"宇宙大化流行"向着"人综合修养提高"演化的过程。所以，"宇宙大化流行"是内，而"人综合修养提高"是外。"大同世界实现"是合，是"宇宙大化流行"在"人综合修养提高"过程中完全呈现出来，所以，是两者之合。第二个"——"符号表示"人综合修养提高"

---

① "成人"一词出于《论语·宪问》。原文曰："子路问成人。子曰：'若臧武仲之知，公绰之不欲，卞庄子之勇，冉求之艺，文之以礼乐，亦可以为成人矣。'曰：'今之成人者何必然？见利思义，见危授命，久要不忘平生之言，亦可以为成人矣。'"朱熹注解："成人，犹言全人。"（朱熹：《论语集注》卷七，载朱熹：《四书章句集注》，新编诸子集成第一辑，中华书局 1983 年版，第 151 页）相当于我们今天所谓全面发展的人。在孔孟等儒家看来，全面发展，也是有重点的，内在认识、道德等素养，外在的行为规范等，都要全面修养，而职业技能反倒只是次要的修养了。

进一步向理想社会迈进的努力过程。

外化经验历史形式，表示宇宙的内在实质，或宇宙实在在人类社会中完全实现的经验历史过程。

（3）内外合一的形式

这种逻辑形式，表示内在外化合一、先验与经验合一、逻辑与历史合一的历程。其完全表示形式，似乎应该是："内——→外（外在宇宙大化流行——→人综合修养提高——→大同世界实现）——→内"。

其中，第一个"内"为正，为第一环节，指内在本性，"外"指外在现象，则第一个"——→"指先验逻辑。意思是说，一个人的内在本性，先于其经验的现象而存在，为其现象存在、性质、功能等的必要条件或根据。就"外"而言，它是反，它可以指现实经验的人，也可以指现实社会历史进程。如果它指现实社会历史进程，则它本身又是一个"正——→反——→合"的辩证过程，其逻辑形式就是前述的外化经验历史形式。在这种情况下，第一个"——→"符号的意义，表示"内"与"外"之间的一种必然关系，比如，它可以指这样一种必然关系，即内圣乃外王的可能和根据，外王乃是内圣的呈现、现实。而这种必然关系，则是一种先验的、辩证的必然，它在"外"环节中，要具体地展示出来。

在"外"环节中，第一个"——→"符号，表示"宇宙大化流行"向着"人综合修养提高"演化的过程。老子所谓天生人，人法天的思想，是一个典型例子。而儒家思想中，《易传》也说："……天生神物，圣人则之。天地变化，圣人效之。天垂象……圣人象之。"① 这里包含的正是人效法天的一种思维形式。《中庸》讲："天命之谓性，率性之谓道，修道之谓教。"② 仍然是一种人效法天的形式。这三种人效法天的形式，是否有区别呢？当然有。老子所认定内在的天，是自然、无为，人效法天，也只是自然无为而已；《易传》所认定内在的天，是天道，则人效法天，只是遵循天道而行罢了；《中

---

① 《周易·系辞上》。

② 《礼记·中庸》第一章。

庸》所认定的天，则指天命的德性，故人效法天，所效法的乃是觉悟和实现天赋予人德性而已。如此，虽然他们都同讲人效法天，其实具体内容大不相同。如果见此相同，而不见其不同，当然不对。另外，荀子人法天的模式，与《易传》又不同。他提出"制天命而用之"，体现而且突出了人在天面前的主体能动作用，将孟子内在但抽象的先验必然性，具体化为现实的经验实践的必然因素，极大地丰富了"外"环节中第一个"──"符号的意义。

在"外"环节中，第二个"──"符号，表示内圣开出外王的必然性。这一必然形式，正是主体辩证法的形式，其中既有先验逻辑的形式，也有主体实现自己主体性历程的形式。《礼记·大学》中提出的八条目之间的关系，比如，格物致知、诚意正心与修身齐家之间的关系，修身齐家与治国平天下之间的关系，都可以看成是这种必然逻辑形式的代表。①

"外"充分地展示自己以后，最终要超越自己，实现自己的内在本性，回到"内"。这种回到"内"，决不是简单地回到第一个"内"，而是第一个"内"与"外"的统一，是第一个"内"在"外"那里完全体现出来，是第一个"内"在现实世界中的具体实现。如果说，在第一个"内"那里，内外合一还是抽象的，"外"还只是像王夫之所说的那样，只是"固有"或"必有"②，

① 贺麟先生曾经著文，提出《礼记·大学》中八条目之间，并没有逻辑上的必然关系。如果这里的逻辑是指形式逻辑中的三段论式法，那么，八条目前后之间的关系，决不能是三段论式的必然，贺麟先生的说法是没有问题的。但是，八条目之间的关系，是否可以是形式逻辑中必要条件式的一种必然关系呢？如我们能不能这样说：没有格物致知，决不能达到诚意正心，没有达到诚意正心，则决不能做到修好身，齐好家，治好国，当然更不能平天下了。同时，八条目之间的关系，是否可以是主体辩证法的必然关系（其中包含了先验逻辑、精神辩证法的思路在内）呢？如果是这种关系，则其中的逻辑必然，就是主体进展，成为真主体的辩证必然。如此，则不能简单地说它没有逻辑上的必然关系了。

② 关于张载提出的"太虚"或"太极"或"太和"与"气"的关系，王夫之做了进一步探讨，消除了张载气本论在气论中存在的摇摆和不彻底性，使中国古代"气"论达到空前严密程度。王夫之认为，从反面说，气只是"太极中所具足之阴阳也。……非太极为父，两仪为子之谓也。……太极非孤立于阴阳之上者也"（《周易内传》卷五）。从正面说，在"太虚"中，"固有"气的各种可能性。王夫之说："直言气有阴阳，以明太虚之中虽无形之可执，而温肃、生杀、清浊之体性俱于一气之中，同为固有之实也。"（《张子正蒙注》卷二）而在"太和"之中，气的规律也是"必有"的。王

那么，到第二个"内"时，内与外都具体地统一起来，内外合一也成为具体的、历史的合一过程了。这种内外合一的境界，孔子"从心所欲，不逾矩"①的说法，可以作为代表。

（三）明体达用之学：体用合一的思路

体用论，是孔孟儒学的核心思想。学者们认为，"体"和"用"两个范畴对举，出于玄学。如王弼在《老子注》第三十八章中说："虽盛业大富而有万物，犹各得其德；虽贵以无为用，不能舍无以为体也。"理学家二程已经明确提出"体用一源"，现代哲学家熊十力则说"体用不二"，贺麟说"体用合一"。其实，孔子和孟子思想中，是有他们的体用思路的，而且，体用合一，可谓孔孟之道区别于道家、佛学等的根本思路。

比如，在孔子那里，多处提到要将"仁"与"礼"统一起来。其中，"仁"是"礼"形式的真正内涵，也是礼文的内在心理基础，可谓"礼"之体，"礼"则是仁德、仁爱的外化形式表现，可谓"仁"之用。②可见，孔子虽然没有

夫之说："天地人物消长自然之数，皆太和必有之几。"（《张子正蒙注》卷一）在气学中，"太虚"或"太极"或"太和"与"气"的关系是非常重要的问题。张载对这个问题的解决思路，还是生成论的模式，王夫之的解决办法，已经具有逻辑性，这可能与他吸收宋明理学的思维成果是分不开的。我们认为，"固有"的说法，与孟子心学讲的"良知"为人人"固有"的先验逻辑思路，不能说毫无关系，可能就受到了孟子此说的启发。孟子说过："仁、义、礼、智，非由外铄我也，我固有之也，弗思耳矣。"（《孟子·告子上》）这种启发的存在，正是王夫之受到心学的影响，但又改造和超越了心学思想的有力证据。"必有"的说法，与程朱理学讲的"理在气先"之说可能也有关系。按照程朱的理解，理为气之"必有"，而且是理必然先于气而有，他们的理气关系论，包含了"必有"思想在内，也属于一种先验逻辑思路。但王夫之将心学和理学的这种先验思路，吸收进"气"学中，改造成为理解"气"这种客观实在的运动历程之一环节，将真理辩证法和主体辩证法融合起来，成为气的自然辩证法的一个部分。王夫之之成为中国古代"气"学的集大成者，确有其继承理学而又超越理学的地方。

① 《论语·为政》。

② 《论语·为政》载，"子游问孝。子曰：'今之孝者，是谓能养。至于犬马，皆能有养；不敬，何以别乎？'"其中，内心尊敬的品德、心理是孝敬的"体"，而"能养"只是孝敬的"用"。又如："子曰：'人而不仁，如礼何？人而不仁，如乐何？'"（《论语·八佾》）"子曰：'礼云礼云，玉帛云乎哉？乐云乐云，钟鼓云乎哉？'"（《论语·阳货》）认为"仁"是"礼"和"乐"的内在德行修养和心理基础，是礼乐之"体"，而"玉帛"这些礼物，只是"礼"的表现形式，"钟鼓"等乐器的打击或演奏，只是"乐"的表现形式，它们都只是礼乐之"用"。又说："子曰：'觚不觚，觚哉！觚哉！'"（《论语·雍也》）认为"觚"这种器物有其符合礼文的形制，这礼文形制，就是它的"体"，外形只是它的"用"。

明确提出体用问题，但在他的思想中，是潜藏着体用思维的，而且体用思维应是孔子思想的基本思路。孟子也是如此。他没有提出体用概念，但在他思想中，也运用了体用论的思路。比如，他讲人性善，而这至善本性，在人的心理活动中有表现，这就是恻隐之心、羞恶之心、辞让之心、是非之心等，这是至善本性之"端"，"端"就是一点点表现。善的人性就是"体"，其表现的"端"就是"用"。孟子的其他思想，如良知与仁政、诚与乐①、己与人（推己及人中，自己的本心是体，对待他人的态度、方式等是用）等，也包含了体用论的思路在其中。可见，孟子思想中，体用是基本思维方式，这一点，与孔子完全一致。

后来，理学家将体用思维发挥到极致，他们看任何问题，均离不开体用论的思路。如气学以"气"为体，而以世界为用，故称气学，其体用合一形式，反映"气"的运动历程，可以称为"气"的辩证法或自然辩证法；理学则以"理"为体，而以世界为用，故称理学，其体用合一形式，就是"理"的展示或呈现历程，可以称为"理"的辩证法或真理辩证法；心学则以"心"为体，而以世界为用，故称心学，其体用合一的形式，是"心"的实现历程，可以称为"心"的辩证法或主体辩证法。

孔孟之道中，体用合一的思路形式，可以表述为："体──用──体"

其中，第一个"体"是第一环节，为正，指本体，即现实世界万物的逻辑根据、基本准则、终极归宿等。第二个环节"用"是反，指体的表现，实际上就是现实经验的世界。第一个"──"表示先验逻辑形式，指本体在逻辑上先于经验世界而存在，是现实经验世界的必要条件，又是现实经验世界的本质，为现实经验世界的存在、运动或发展提供根据、标准和理想。所以，"用"是"体"之用，是"体"逻辑外化的产物。第二个"体"则表示"用"实现了自己的本质，到达了自己的理想。在内在结构上，第二个"体"是第一个"体"与"用"的统一，但已经以"用"克服了第一个"体"的抽象

一旦形制变了，"觚"还能否具有它本有的礼制文化意义，就很难讲，还能否称为"觚"，也很难说。

① 孟子说："反身而诚，乐莫大焉。"（《孟子·尽心上》）

性，使抽象的"体"成为具体的、有现实力量的"体"，而又以第一个"体"克服了"用"的现实经验的局限性，使"用"成为符合自己本性，又实现了自己本性的"用"。所以，第二个"体"是体用合一的完全实现。而第二个"——"则表示"用"实现自己的历程，是逻辑的回归，是到达自己终极理想历程的抽象形式概括。

就"体——用——体"的整个结构而言，第一个"体"并不只是光秃秃的"体"，它还内含或"固有""必有"着"用"，只是在这时"用"还只是潜在的；所以，这时的体用合一还是抽象的，没有现实的力量。在孔孟之道体用思维的思想史上，二程提出的"体用一源"，可谓对体用合一形式第一个环节的直观。在第二个环节"用"那里，也不是只有"用"，而没有"体"，"体"是永远都有的。不过，在这时，"体"只是潜藏在"用"中，没有完全表现于现实经验世界而已。所以，熊十力提出的"体用不二"，可以看成是对体用合一形式在"用"环节的直观。在第三个环节处，"体"也不是光秃秃的，而是"体"与"用"的统一。所以，贺麟提出"体用合一"，正好可以看成对于体用合一第三环节的直观。

总的说来，从孔孟之道体用合一辩证法的发现史看，孔子和孟子思想包含了这种辩证法因素在内，但作为一种逻辑思路，它的发现和概括，却主要是后来儒家学者的功劳。二程发现并总结出第一个环节，熊十力发现并总结出第二环节，贺麟则发现并总结出第三个环节。将他们发现和总结出来的内容，前后串联起来，恰恰可以勾勒出体用合一辩证形式的整体框架。这意味着，孔孟儒学思想，到这时，已经完全成熟，思维精微、深刻、细密、系统之处，悉数发掘出来，几无余蕴。

那么，这种体用合一形式的逻辑性质如何呢？从总的运动历程看，它包含了正、反、合三个环节在内，无疑它是一种辩证法，是"体"实现自己于现实经验世界的历程，是"体"的辩证法，或者称为体用辩证法。

而在体用辩证法的具体辩证历程中，比如，在第一个环节与第二个环节之间，又包含了先验逻辑形式在内，这就使先验逻辑成为辩证法的一个环节。它非常重视经验科学，但决不是简单利用了事，它还要为经验科学寻求形而上的先验根据。可见，体用辩证法具有先验色彩。

同时，在体用辩证法的具体辩证历程中，比如，在第二个环节与第三个环节之间，又包含了经验逻辑形式在内，这就使经验逻辑，比如自然的历史发展过程———一种自然辩证法的表现，成为"体"的辩证法的一个环节。所以，历史科学，以及其他经验科学，可以成为这种辩证法的学术基础或资料来源。它根本不排斥科学，而是利用科学成果，发现世界的根本及其运动规律。可见，体用辩证法又有科学基础，但它本身并不是一种经验科学。它不将自己定位为只是运用理智能力，总结世界现象特征的学问，而力图超越经验和现象的限制，建立起一种形而上学系统，为现实的人们提供安身立命的精神家园，起到一种类似宗教的作用。

而就体用辩证法的整个环节看，"体"作为本体，如果它指真理，则体用辩证法就成为真理实现于现实世界的历史过程。这时，它是真理辩证法。如果"体"还是主体或精神，则体用辩证法又是主体或精神实现自己主体性的历史过程。这时，它又是主体辩证法或精神辩证法。由于主体或精神的实质就是"体"或真理，所以，这两种辩证法是可以统一起来的。统一起来的辩证法，既是真理实现于人间的历史过程，又是主体实现自己主体性，人类奔向自由的历史过程。

（四）主客合一之学：主客统一的思路

作为主客合一之学，其中主客统一的思路，现代哲学家贺麟悉数发掘出来，几无余蕴，其功尤大。其表述形式为："主（体）——→客（体）——→主（体）"。我们可以从以下几个方面分析这一逻辑思维形式。

1.何谓主体

主体，作为语词、概念，往往与客体相对而言。但在主体哲学看来，在主客统一体中，主体才是根本，是主宰，是归宿；客体只是主体的产物，它受主体制约。就外延而言，主体通常指我们现实的人，而客体则指现实的人及其所面对的世界。主体便如主人，客体如客人。有主人，才可能有客人，而且客随主便。在主体与客体的关系中，主体何以能产生、制约或者说决定客体呢？这要从主体的内涵谈起。

事实上，人们对于主体的认识，经历了一个长期过程。在日常生活中，我们常常说"我"如何如何，"我"怎样怎样。但如果有人问："我是谁?"我们当然可以举出我们的姓名、穿着、发型等外表特征，这些感性符号，作为表面回答，也可以举出我们的种族、身高、体重、性别等生物因素，作为生物学的回答，还可以举出我们的国别、籍贯、职业、收入、家庭、单位、职称、社会等级等社会因素，作为社会学的回答。但是，上述这些因素，其实都是可变的。随着我们的年龄增长，职业变化，地域变迁，素养提高，上述那些可变因素，越来越不能概括"我"的情况，更不用说揭示出"我"的本质特征了。但在现实的经验世界里，除了举出上述可变因素之外，对于"我"，我们很难说出其他特征来。从社会实践领域看，在法学、医学、死亡学等领域，人们通常更多地以生物因素作为识别人的标准。但是，这些可变因素，合起来又确实不能是"我"这个人。随着生物遗传工程技术的发展，也许有一天，我们人体的各个部分都可以像机器零部件一样更换，甚至可能出现人体零部件超市。人们需要时，可到超市随意挑选、购买这些零部件，按照我们自己的意愿重新组装我们的身体。这种情况，是有可能出现的。到这时，再来回答"我是谁"的问题时，生物的因素，显然不能作为一个人的本质特征了。于是，我是谁，成为困扰人类最普遍的也是最基本的问题。

其实，"我是谁"的问题，决不因为是形而上学的问题，而与我们普通人没有关系。我们每一个人常常要自己反省自己，在反省中肯定或否定自己，赞赏或批评自己。比如，我可能得意忘形，也有可能追悔莫及。不管是哪一种情况，都意味着我对于过去的我有认识和评价。这种自我认识和评价，如果用具体例子和相关命题表示出来，可能更清楚一点。比如，一次工作计划的讨论中，我与朋友发生了在争论。争论结束以后，我反复想了想，仍然坚持我原来的看法，用命题表示为"我认为我是对的"。当然，完全有可能是另外一种情况，即经过反思以后，我不再坚持我原来的看法，而认为朋友的意见是对的，用命题表示为"我认为我错了"。

现在，我们只看这两个命题中的一个命题，如"我认为我是对的"①。该命题中有两个"我"。现在问：这两个"我"是一个我呢，还是两个不同的"我"呢？回答是，这两个我不能是同一个我。因为，如果两个我只是一个我，则两个我完全相等，其中任何一个我，不可能也没有条件对于另外一个我进行评价，说另一个我对还是不对。回答只能是，那是两个我。现在，我们可以将上述两个我做适当的区别了。

以"我认为我是对的"一命题为例，假设第一个"我"为 A1，第二个我为 A2，则 A1 是全句的主词，A2 是宾语中的主词，A1 评价 A2，A2 被 A1 评价。现在我们要指出，A1 与 A2 的区别，不只是语型的区别，而且是意义的不同。这种不同是什么呢？我们可以举例来说明这个问题。在前文中，我们已经清楚，A1 与 A2 不能相同，也不能相等。因为在这种情况下，不可能进行评价。那么，假设 A1 的水平比 A2 低，行不行呢？似乎也不行。因为，很显然，一个低水平的人，他可以对于一个高水平的人进行评价，但他的评价的价值，恐怕不会很高。比如，一个小孩子评价一位大学者，或者一个不知内情的普通百姓，评价一位政治家的一项政治措施，类似这样的评价，是不容易接近真理的。就我们自己而言，我们现在评价我们小时候的情况，比较自信，如果让小时候的我们，评价现在的我们，估计我们自己也不会赞成这样来评价吧！一句话，高水平评价低水平，是正常评价；如果反过来，低水平评价高水平，我们会觉得不正常。

为什么呢？因为有位西方学者，叫做斯宾诺莎，他发现了一个关于真理的真理，那就是：真理是真理的标准，它也是谬误的标准。我们不能反过来说，谬误自为标准，又充当真理的标准。与此类似的说法是，光明是光明的标准，也是黑暗的标准。反过来说，则是黑暗自为标准，也充当光明的标准。反过来的情况，在历史上，在现实中，是不少的。总有那么一些人，用黑暗的心理，来看待和评价光明，用谬误的看法和做法，来衡量、考验甚至打击真理性的认识和实践。这也没有什么。因为，历史支持的，总是前一种

---

① 以另外一个命题"我认为我错了"为例，也可以，结果是一样的。

情况，总是让真理扫荡谬误，让光明照亮黑暗。

所以，我们也要坚持，除非 A1 的水平高于 A2，否则他不能评价 A2。而 A2 就是现实的我，那么，水平可能高于现实的我的 A1，是一个什么样的我呢？我们说，这个我，似乎应该是真我。但是，当我们按照这个评价去生活，去实践后，我们还会发现有更新的我，比如，假设他是 Z，来评价这个 A。而照此类推，后面还会有 Y、X、W 等接连不断的新我，出来反省评价旧我。这个评价过程似乎在我们有生之年没有完结。换言之，不管我怎么评价自己，评价我自己的那个主体，永远不是现实的我，而是理想的、非现实的我。

这个我是谁呢？我们说，这个非现实的、理想的我，就是主体在现实的我那里的表现。或者说，他就是我的真我的表现。孟子则直接将这个真我，断定为"良知"，庄子则将它断定为"逍遥"的本心，佛教禅宗则断定它是佛心，理学家们则接着孟子，认为它就是人人同具的本心，西方哲学则将它称为真正的主体。认识到这个真我，可谓人类理性思维的重大成果。

而且，在孟子、陆王等心学家看来，这个本心或良知只有一个，世界上人人共有这样一个良知，彼此并没有什么区别。而这一个良知或本心，其实质的内涵就是真理，或者说就是像朱熹所讲的那个"天理"，他们的命题是"心即理"。用他们喜欢常说的话，就是中圣西圣，前圣后圣，心同理同。[①]用前述"真理是真理的标准，也是谬误的标准"衡量，也只有真理，才可能成为世界的真正主体。而真理主体，也就是本体主体。

2."思"：孔孟发现人性和主体的方法

孔孟儒学有它的人性论和主体思想，而且可以肯定，其人性论与主体思想之间具有内在联系。所以，说孔孟儒学自觉人性，说他们发现主体，实际上是说一件事情。而且他们之自觉人性，和发现主体，和他们充分重视反思——孔子称之为"思"，也有密切关系。

---

① 如孟子说，舜、文王之间，"地之相去也千有余里，世之相后也千有余岁，得志行乎中国，若合符节。先圣后圣，其揆一也。"（《孟子·离娄下》）

　　前辈学者对于《论语》中的"思"，有很重要的讨论。比如，侯外庐、赵纪彬、杜国庠著《中国思想通史》第一卷，在讨论孔子的知识论时，专门列出"孔子的能思与所思论"一节，讨论孔子关于"思"的思想在知识论上的意义。他们认为，"能思"即孔子所说的"思"，"所思"即孔子所说的"学"。学与思在孔子知识论中是重要的部分，又包含着唯心主义和唯物主义的二元论。孔子讲的"思"是"默思"，"是形而上学超乎感觉的体悟"，"它不是单指理智，而是理智与情操的统一"，是一种"复杂的行为"，属于"先天的范畴"。① 侯外庐等已经发现，孔子所谓"思"，有超乎寻常理智思维的意义。

　　根据《论语》的材料，我们认为，孔子所讲的"思"，其超乎寻常理智思维的意义，就是它不是指一般的思考、思维，而特别指人自己对自己的思考、思维，特别指人的自我反思。所谓反思，就是用理想的我衡量现实的我，用自己的本性批评自己现实的言行活动。这个过程，也同时就是现实的人发现人性和建立主体的过程。

　　我们当然也发现，《论语》中的"思"，至少有一处，不能是反思的意思。这条材料是，"子曰：'《诗》三百，一言以蔽之，曰"思无邪"。'"这里的"思"，当指《诗》的思想内容，是名词，不能是反思的意思。② 此外，其他地方的"思"，我们认为它们直接就是反思的意思，或者包含了反思的意义在内。试看《论语》中记载的以下材料：

　　　　子曰："学而不思则罔，思而不学则殆。"③
　　　　子曰："吾尝终日不食，终夜不寝，以思，无益，不如学也。"④

　　孔子提出，"学习"要和"思"结合。这里的"思"，当然可以理解为一

----

① 参见侯外庐、赵纪彬、杜国庠：《中国思想通史》第一卷，人民出版社 1957 年版，第 163—164 页。

② 《论语·为政》。这里的"思"，指《诗经》的思想内容，如《诗》言志"中的"志"，情志、情思，就是这里的"思"。它在这里是名词，没有反思的意义。

③ 《论语·为政》。

④ 《论语·卫灵公》。

般的思考、思维，则学习与思考、动脑筋相结合，很正确。但是，考虑到孔子讲的学习，更多的是学习做人"成人"，则他的学习除了书本学习之外，对于先进典型人物的模仿、仿效，也特别重要。那么，在这时，所谓"思"就不能只是一般思考或思维的意义，尤其具有或者说必须具有反思的意义。所以，《论语》还记载：

> 子曰："见贤思齐焉，见不贤而内自省也。"①
>
> 子曰："已矣乎！吾未见能见其过而内自讼者也。"②
>
> 司马牛问君子。子曰："君子不忧不惧。"曰："不忧不惧，斯谓之君子矣乎？"子曰："内省不疚，夫何忧何惧？"③

这里的"思"，与"内自省""内自讼"相对而言，其反思意义一目了然。而"内自省""内自讼"，和"内省"几乎就是一个意思，都是指一个人自己在内心反省自己、评价自己。如果分开说，自己反省自己，可以叫做"内自省"，而自己评价自己、批评自己，可以叫做"内自讼"。如果合而言之，也可以说就是"内省"或反思。此外，以下材料中，孔子讲的"思"，几乎都可以理解为是反思的意义。

> "唐棣之华，偏其反而。岂不尔思？室是远而。"子曰："未之思也。夫何远之有。"④

---

① 《论语·里仁》。

② 《论语·公冶长》。

③ 《论语·颜渊》。

④ 《论语·子罕》。朱熹注解此句曰："唐棣，郁李也。偏，《晋书》作翩。然则反亦当与翻同，言华之摇动也。而，语助也。此逸诗也。与文义属兴。上两句无意义，但以起下两句之辞尔。其所谓'尔'，亦不知其何所指也。…夫子借其言而反之，盖前篇'仁远乎哉'之意。程子曰：'圣人未尝言易以骄人之志，亦未尝言难以阻人之进。但曰："未之思也，夫何远之有？"此言极有涵蓄，意思深远。'"（朱熹：《论语集注》卷五，载《四书章句集注》，新编诸子集成第一辑，中华书局1983年版，第116页）

> 子路问成人。……曰："今之成人者何必然？见利思义，见危
> 授命，久要不忘平生之言，亦可以为成人矣。"①
>
> 孔子曰："君子有九思：视思明，听思聪，色思温，貌思恭，言
> 思忠，事思敬，疑思问，忿思难，见得思义。"②

在"未之思也。夫何远之有"一句中，如果不将其中的"思"理解为反思，则将难以理解其句意。思考、思维与人格高低、理想远近有什么关系呢？但如理解为反思，则孔子在这里的意思就非常清楚了。即是说，一个人不反思自己，他怎么能实现其远大的理想，成为远超现实的人呢！

"见利思义"的"思"，也不好仅仅理解为一般的思考、考虑。比如，一个人在街上捡到一个装满钱的皮包，这时，他在那里反复想：自己能不能占有呢？如果他只是这样想，这样思，则其"思"的境界不免就低了。依孔子的意思，这时候想的根本就不应该是能否自己占有的问题，而是应该反思自己要做一个什么样的人，根据自己的这个做人理想，可以引申出一系列的道义原则，然后根据这些道义原则，来衡量自己能否占有这个钱包。和"见利思义"相近，还有"见得思义"。《论语》载，子张曰："士见危致命，见得思义，祭思敬，丧思哀，其可已矣。"③得失、祭礼、丧礼活动中的"思"，都是根据自己分位而发出的自我反思。得失中，据分位而反思自己是否该得，而发义心，生道义感；祭祀中，反思自己，因思先祖恩德而生尊敬之心；丧礼中，反思自己，因报本感恩不得而生悲悯哀思。

"九思"中的"思"，如果理解为一般的思考、思维④，则"视思明"等

---

① 《论语·宪问》。南宋时曾经有学者认为："'今之成人'以下，乃子路之言。"朱熹对此不敢断定。我们从"思"词的意义等方面考虑，觉得这一句话仍然应该是孔子的话。"见利思义"中的"思"，不能只是一般思考、思维的思，而有根本地反思之意义。这个意思，与上述所举《论语》中其他"思"的反思意义，是相近的。如此语为子路所说，则思想、作风等与《论语》中所载之子路不侔。

② 《论语·季氏》。

③ 《论语·子张》。

④ 杨伯峻著《论语译注》解释这里的"思"为"考虑"，而"视思明"的意思就是"看的时候，考虑看明白了没有"（参见杨伯峻：《论语译注》，中华书局1980年版，第177页）。通常，我们看的

命题的意义将难以理解。在日常经验中，我们看见一个对象，自然就明白清楚该对象的部分性质和关系，即"视"自然就"明"了，何以还要通过"思"的环节才能"明"呢？令人难懂。其实，如果我们将其中的"思"理解为反思，则"视思明"等命题的意义，就清晰明白了。我们经验地看见一物，已经"明"了，但我们何以就能"视""明"白，却是需要思考或反思的。所以，孔子说："君子求诸己，小人求诸人。"① 反"求"自己，是学习和修养的重要环节。这也涉及知识论的重要问题。现在我们已经比较清楚了。我们看的主体有能看明白的先验能力，我们看的对象，存在着让我们看明白的性质或关系，我们的先验能力和对象的性质和关系，能够在我们看的过程中结合起来，实现"视"的能力，让主体认识到光明的真理。其他八思的意思，与此相近。即我们要反思我们视、听、色（表情）、貌（礼貌）、言（言语和语言）、事（做事）、疑（疑问）、忿（情感）、见得（意志）等的内在本性和主体能力的根据，并根据这些反思而调整我们主体努力的方向，使主体奔向光明、聪明、有礼、有义等符合"道"的美好前程。

　　在孔子的弟子中，最重视反思的是曾子。曾子自己说："吾日三省吾身，为人谋而不忠乎，与朋友交而不信乎，传不习乎。"② 他每天对自己的为人、交友、学习等，多次反省。又说："君子思不出其位。"③ 曾子认为，反思要以人的"位"分作为对象、规范或原则，而这里的"位"可以是现实的社会地位或政治经济地位，则这时"礼"就成为评价现实自己的标准；这里的"位"也可以是现实的自己在"成人"过程中的地位，则"思不出其位"，就有要求人们用自己的本性或理想，批评自己现实的意思。新的历史时期社会实践中"不出其位"，则首先要"就位"，即立得住，不缺位，做到位，而后

时候，我们基本上就看明白了，何必在明白之前，要加上"考虑"这个环节呢？当然，我们在认识事物时，是要思考或考虑的。一旦加上"考虑"这个环节，就变成了"看——考虑——明白"的认识历程了。而在这个历程中，"考虑"就不能只是一般简单地考虑问题，而变成为逻辑思维或者反思了。

　　① 《论语·卫灵公》。

　　② 《论语·学而》。

　　③ 《论语·宪问》。

尽职尽责；人性修养中"不出其位"，则要明确人的"位"是什么，明白自己处于什么"位"。人的"位"，即人的位分，含人性高位、修养境位、社会分位，是三者的统一。人能尽到三位，做到三位统一，方可谓尽职尽责。

孔子的孙子子思，在《中庸》中也提出了"慎思"问题，他说：

> 诚者，天之道也；诚之者，人之道也。诚者不勉而中，不思而得，从容中道，圣人也。诚之者，择善而固执之者也。博学之，审问之，慎思之，明辨之，笃行之。有弗学，学之弗能弗措也；有弗问，问之弗知弗措也；有弗思，思之弗得弗措也；有弗辨，辨之弗明弗措也；有弗行，行之弗笃弗措也；人一能之己百之，人十能之己千之。果能此道矣，虽愚必明，虽柔必强。①

其中，"不思而得"中的"思"，"慎思之"中的"思"，都应指反思。《中庸》将"思"分为两个层面：一是圣人，他已经成为理想人格形象，他自然如此，现实人格与理想人格已经统一，其间无矛盾，所以，他作为现实的人也不需要反思自己的本性如何，他已经完全体现自己作为人的本性；二是我们一般人，需要慎重反思我们作为人的本性之所在，并将这种反思与"博学""审问""明辨""笃行"等修养环节结合起来，以"博学""审问"为基础，以"明辨""笃行"为目的。其中，"明辨"什么，"笃行"什么很关键。依照《中庸》看来，"明辨""笃行"的决不是一般认识，而应是有关人本性方面的道理。因为，这五个修养环节所指向的，成为圣人那样理想的人，也就是实现了自己本性的人。应该说，《中庸》已将人的反思能力做了进一步分析和规定，即将反思界定为人发现人的本性，实现自己理想的关键环节或方法了。

孟子是孔子的孙子子思的传人，他自己在学问上还"私淑"②孔子等人，

---

① 《礼记·中庸》第二十章。

② 《孟子·离娄下》。孟子自述说："予未得为孔子徒也，予私淑诸人也。"朱熹注解"私淑"说："私，犹窃也。淑，善也。李氏以为方言，是也。自孔子卒，至孟子游梁时，方百四十余年，而孟

所以，孟子论述人反思的能力，比起孔子、曾子、子思等人，更加具体、深刻而充分。请看以下一段材料：

> 公都子问曰："钧是人也，或为大人，或为小人，何也？"孟子曰："从其大体为大人，从其小体为小人。"曰："钧是人也，或从其大体，或从其小体，何也？"曰："耳目之官，不思于物，物交物，则引之而已矣。心之官则思则得之，不思得也。此天之所与我者，先立乎其大者，则其小者弗能夺也。此为大人而已矣。"①

孟子提出"心"有耳目之官所不具备的功能和作用，即"思"。"思"可以帮助人们超越耳目之官的限制，达到对于天赋本心或良知有所觉悟的高度。由于人的本心、良知或理、义等，为人所"固有"，并非人通过认识从外物中吸收或加入进来的外在之物，所以，对于本心等的觉悟，当然非耳目之官所能为力，而必须借助"心""思"完成。

而且"心"的这种"思"，也不是对于一般认识对象的想象、回忆、知

子已老。然则孟子之生，去孔子未百年也。故孟子言：予虽未得亲受业于孔子之门，然圣人之泽尚在，犹有能传其学者，故我得闻孔子之道于人，而私窃以善其身。盖推尊孔子而自谦之辞也。"（朱熹：《孟子集注》卷八，载《四书章句集注》，新编诸子集成第一辑，中华书局 1983 年版，第 295 页）后来，称未身入其门墙而心得其学问者为"私淑"。

① 《孟子·告子上》。朱熹注解说："大体，心也。小体，耳目之类也。官之为言司也。耳司听，目司视，各有所职而不能思，是以蔽于外物，则亦一物而已。又以外物交于此物，其引之而去不难矣。心则能思，而以思为职。凡事物之来，心得其职，则得其理，而物不能蔽；失其职，则不得其理，而物来蔽之。此三者，皆天之所与我者，而心为大。若能有以立之，则事无不思，而耳目之欲则不能夺之矣。此所以为大人也。"（朱熹：《孟子集注》卷一一，载《四书章句集注》，新编诸子集成第一辑，中华书局 1983 年版，第 335 页）孟子在这一段话中，应该是在讲天赋的人的能力问题。其中有感官的官觉能力，如耳目的感觉能力等，现在，我们引用康德的概念，可以把这个能力叫做感性能力。此外，有"心"的能力，还有心"思"的能力。朱熹在注解中，将孟子所说"心之官则思"中的"思"，理解为"凡事物之来，心得其职，则得其理，而物不能蔽"，悄悄运用了朱熹自己格物穷理的思想，来解释这一句话。但其中，"思"一词本身的意义，朱熹似乎没有注解清楚。我们认为，孟子在这里所说的"思"，与孔子所说的"思"相同，都是反思的意思。这也是孟子继承和发挥孔子思想的一个重要方面。

觉、分析、综合等，而主要是对于能"思"的"心"本身，对于人之所以为人的根据或原因，对于人之所以不同于禽兽的根据或原因，展开一种"思"，即"心"将人自己作为对象，自己"思"自己。孟子曾经说：

是故诚者，天之道也。思诚者，人之道也。①

按照理学家朱熹注解，"诚"指人的本性，而"思诚"则是人认识或觉悟自己本性，升华到本性高度的过程或方法。人对于自己本性的"思"，只能是反思。同时，孟子这一段话，与《中庸》"诚者天之道也，诚之者人之道也"的说法，在思路上、用语上几乎完全一致。这是孟子继承《中庸》思想的一个重要证据。

孟子不仅继承了《中庸》的思想，而且发展了《中庸》的思想，这种发展，在关于"思"的讨论上，也有突出表现。

首先，孟子极大地提高了"思"作为一种方法在整个孔孟儒学思想体系中的逻辑地位。如果两相比较，我们容易发现，孟子的"思诚"可以和《中庸》的"诚之"相对而言。而在《中庸》那里，"诚之"是人达到"诚"的人性修养过程和方法；在此修养过程和方法中，"慎思"只是其中一个环节。而孟子提出"思诚"，代替了《中庸》"诚之"的人性修养地位，明显地，是将"思"的地位大大提高了。将反思方法提高为人进展为真正理想的人之最高最根本方法，是孟子发展和超越《中庸》，甚至发展和超越孔子反思论的集中表现。

比如，孟子批评现实中许多人，认识上不知轻重，追求时本末倒置。他说："拱把之桐、梓，人苟欲生之，皆知所以养之者。至于身，而不知所以养之者。岂爱身不若桐、梓哉？弗思甚也！"②"弗思甚"，指不反思自己，恶

---

① 《孟子·离娄上》。理学家朱熹注解说："诚者，理之在我者皆实而无伪，天道之本然也。思诚者，欲此理之在我者皆实而无伪，人道之当然也。"（朱熹：《孟子集注》卷七，载《四书章句集注》，新编诸子集成本第一辑，中华书局1983年版，第282页）在朱熹看来，"诚"就是人的本性，而"思诚"也就是对于人本性的"思"。这种"思"，只能是一种反思。

② 《孟子·告子上》。

化到非常严重境地。孟子将"思"（反思）提到了人性修养非常重要的位置上来看。

其次，明确了"思"的对象就是"诚"，即人的本性。《中庸》讲"思"，只说"慎思之"。其中的"之"，作为"思"的对象，究竟是什么呢？根据上引《中庸》原文意思，我们或可推论出来。"思"的对象，应该和博学、审问以及明辨、笃行的对象相同，都是指"诚"，即人受之于天命的本性。但是，《中庸》毕竟没有用命题明确表示此意思。孟子提出"思诚"，恰恰完成了《中庸》所没有完成的工作。这是孟子反思方法论发展和超越《中庸》以及孔子的又一个表现。

那么，人反思自己作为人的本性，究竟包括哪些内容呢？孟子当时在理论概括上还说得不很清楚。现在，我们可以明确说，人反思自己的本性，包括要思考"心"为什么有超越耳目之官的能力，为什么"心"能够发现共同的"理""义"，思考人为什么（或何以可能）能追求真理，为什么（或何以可能）能行善去恶，为什么（或何以可能）能审美，为什么（或何以可能）能追求功利，为什么（或何以可能）能产生并追求、实现理想等等问题。这种"思"，事实上要在一般理性思维基础上进行，但它又超越了一般理性思维，成为一种理性思维对于理性思维自己的反思。这样反思的结果，在西方哲学中，有可能像黑格尔那样，发现辩证法及其主体——绝对精神，在中国儒家中，也有可能如孟子那样。在孟子那里，他通过这种"思"，发现了人真正的主体，即本心、良心、良知、理、义等人的真精神、真本性，亦即人的真性情，发现人应该做一个什么样的人才是理想的，才有意义与价值。

按照孟子的说法，诚者天道，思诚者人道。人性修养、文明教化指向的人生目标就是诚。人以诚待人，以诚做事，只靠真性情，不要花招或手腕，自可简约、单纯而快乐，不忧且不惧。这是因为诚便是天人合一的至高境界；人能到此境界，自能获得天时地利与人和。至诚如神，而且不诚无物；至诚可以动天地，泣鬼神。因为诚即人与道为一，道在人内心。人若心中有道，自可反身而诚，万物皆备于我。则此心为道心，此道为心道，知则良知，心则良心，意则公意，情则仁爱，凡此皆为真性情。

从《孟子》一书看，孟子还特别通过反思实例，具体描述了自我反思的具体过程；这一点，也是孟子发展和超越孔子和《中庸》思想的一个表现。请看如下具体事例。

> 孟子曰："君子所以异于人者，以其存心也。君子以仁存心，以礼存心。仁者爱人，有礼者敬人。爱人者人恒爱之，敬人者人恒敬之。有人于此，其待我以横逆，则君子必自反也：'我必不仁也，必无礼也，此物奚宜致哉？'其自反而仁矣，自反而有礼矣，其横逆由是也，君子必自反也：'我必不忠。'自反而忠矣。其横逆由是也，君子曰：'此亦妄人也已矣。如此，则与禽兽奚择哉？于禽兽又何难焉！'是故君子有终身之忧，无一朝之患也。乃所忧则有之：舜，人也；我，亦人也。舜为法于天下，可传于后世，我由未免为乡人也，是则可忧也。忧之如何？如舜而已矣。若夫君子所患，则亡矣。非仁无为也，非礼无行也。如有一朝之患，则君子不患矣。"[①]

这段材料中，"自反"一词，就是自己反思自己的另一说法。假设今有人对我粗暴无礼，怎么办呢？按照孟子的想法，我们先要反思自己对待人家是否仁爱有礼。反思结果，我们认为，我们对待他已经仁爱有礼了，但他仍然对我粗暴无礼，怎么办呢？孟子说，我们再反思一下，自己对待人家仁爱有礼是否尽心了呢？反思结果，我们认为，我们对待他仁爱有礼，已经尽心了，但他仍然对我粗暴无礼，怎么办呢？孟子说，这个人一定是一位"妄人"，与禽兽没有什么区别。而我们对待禽兽，何必计较得那么认真、那么细致呢！

在材料最后，孟子还提出，我们"自反"或反思，不应该将自己和"妄

---

① 《孟子·离娄下》。朱熹注解说："横逆，谓强暴不顺理也。※ 由，与犹同。……忠者，尽己之谓。'我必不忠'，恐所以爱敬人者有所不尽其心也。※ 奚择，何异也。'又何难焉'，言不足与之校也。※ 乡人，乡里之常人也。君子存心不苟，故无后忧。"（朱熹：《孟子集注》卷八，载《四书章句集注》，新编诸子集成本第一辑，中华书局 1983 年版，第 298 页）

人"们去比较，而是应该将自己和圣人，和理想的全人，如舜去比较。如果我们将自己和舜比较，就会发现，舜也是人，我们也是人，但舜的一言一行，足以"为法于天下"，让天下人，甚至后世的人效仿，而我们自己呢，可能还只是很普通的人，活了一辈子，没有留下让别人可以效法的东西。孟子说，这才是我们应该时刻忧虑的啊！那么，我们担心、忧虑的结果应该是什么呢？孟子说，向那些理想的全人们学习吧！学习他们的仁爱有礼，学习着，努力着，自己争取也做一个理想的全人。如此，我们就不会再有忧患、忧虑或忧愁了。因为，我们发现了人生的意义与价值，并为此而有滋有味地活着，怎么会不快乐呢！

由此可见，孟子将孔子的反思方法，进行了全面而深入的发展，使它成为孔孟之道成熟的标志性思想方法。

而且，孟子将"心"有"思"这个能力，也断定为是"天之所与我者"，用现在的话说，人的反思能力，也是天赋的，人人所本来固有的能力。这一断定，就使孟子的先验论，完全突破了伦理学的范围，而走入知识论领域。面对这一思想事实，如果我们还将孟子的本心、良心、良知、理等范畴，只理解为是道德本体或道德主体，那就未免有些狭隘，也不符合历史思想事实。与此相应，"先立乎其大者"的意义，不能说只是要求先树立道德的本体主体地位，其实，首先树立起认识的、审美的甚至趋利避害的本体主体地位，也是其应有之义。①

---

① 必须指出，将孔孟儒学思想，狭隘地限制为一种古典伦理学思想，而回避它们在认识论、美学、政治学、经济学等领域的理论意义，或者讲孔孟儒学在政治、经济、认识、审美、伦理等方面的意义，就是不讲它作为人学思想的意义，是不少学者对于孔孟儒学思想的基本看法。而且这种看法，也往往成为有些学者否定孔孟儒学思想具有现代积极价值的重要根据。事实上，这种限制性理解，不符合孔孟儒学思想的实际情况，所以也是没有道理的。比如，按照这种理解，讲孔孟儒学思想，似乎可以不讲其认识论思想、美学思想、政治思想、经济思想，而只讲或只主要讲伦理思想，这当然是比较狭隘的理解，自己限制了自己的眼界和范围，把孔孟儒学思想也由此讲死了。而将他们的思想讲死，对我们又有什么好处？除了将我们古人辛辛苦苦搭建起来的人的理想、人的理想人格、人生活的意义与价值等体系分解、支离、消解和摧毁，大概不会有其他什么意义了。学术史上确有学者好怀疑古圣先贤、非难社会主导理念，用以抒发作者的革命情怀，但作为学术研究，这样做却很不严谨，不值得效法。分解、批判儒学思想，体现了过去革命时代的思路，革命运

　　由上可见，孔孟之道对于主体非常重视，并不是偶然的。孔孟发现了人的主体性，对于人学的功劳，也是非常大的。认识自我，对于我们人类而言是最困难的一件事情。但它也是我们人类必须去面对，逃避不了的问题，同时又是人类设计自己最高生活所必须解决的问题。这个问题，从历史上看，它始终纠缠着人类的思想，从现实看，人类并没有能够运用经验科学成果解决好这个问题。这个问题，看来还将一直困扰着人类。所以，反思自我，回答"我是谁"的问题，是人类最普遍、最根本的问题之一。孔孟之道对于"思"的讨论，为解决这个问题提供了古代的解决模式，这个模式，完全可以成为我们今天反思自我的思想源泉之一。鉴于反思自我这个问题的困难程度和它的普遍性、根本性，孔孟的这个成绩，今天我们怎么表彰恐怕都不过分。

　　3. 关于主体与客体的关系

　　主体与客体的关系是一个过程，其中包含着至少两个阶段，一是主体发现客体，二是客体回到主体，实现主体与客体的统一。

　　发现主体的过程，也就是确立主体与客体关系的过程。根据孔孟儒学的思想倾向，这种关系，可以这样描述：主体是客体的逻辑根源，而客体则是主体的产物。这一句话怎么理解呢？是不是说主体从无到有地创造了客体呢？不是的。

　　在中国古代，追寻世界的根源，只有气学家才比较重视这个问题，理学家追寻的乃是世界的根据，而心学家追寻的则是世界的主体。根据、主体，都不是经验事实性的根源那样的感性实在。如果我们所谓的"哲学家"们不明乎此，还以所谓"根源"来理解理学家的"理"、心学家的"心"，那是一定要误解的。更有甚者，如果我们从这一误解出发，严词批评或责问理学家

动深入学术思想领域，自觉不自觉地让学术思想染上了革命色彩，对传统文化批判、否定十分厉害。现在，我们进入社会主义现代化建设的新时代，对于各种思想文化有非常广泛的需要。革命性的学术研究，不论是自觉的还是不自觉的，不论是隐性的还是明显的，当然也可以存在，但我们现在特别需要建设性的学术研究。只有用建设性的态度来看历史文化，才可能发现历史文化的真正价值，才会觉得历史文化的确有可爱之处。

的"理"、心学家的"心"何以能够产生出现实世界来？他们都已经去世了，当然不能站起来回答我们可爱的"哲学家"如此有力的提问。于是，这些"哲学家"们便自作聪明，断定理学家的"理"实在生不出气来，断定心学家们的"心"实在生不出物来，可见理学家们、心学家们的思维错误到了何等地步……如此，真就是先栽赃戴帽，然后断案定罪了。地下的理学家们、心学家们如若有知，岂不当场气昏过去，再死一回。

　　主体客体本就存在着，不存在谁创造了谁的问题。有些学者认为主体是客体的产物。如果放在主体与客体关系中来看，这个说法是不能成立的。我们可以说，主体是客观世界的产物，客体也是客观世界的产物。而这样说的话，实际上没有什么意义。因为这一点，谁都承认，根本不是问题。

　　辩证唯物主义认为，世界是物质的。我们人都生活在这样一个世界上。我们人类的言行活动，都受到周围环境的决定性影响。这些说法，无疑是正确的。但是，就我们具体某一个人而言，周围的物质世界都影响着他的言行活动，但他并不面对着整个物质世界；他面对的，或意识到的物质世界，只是整个物质世界的一小部分。这就是我们常常说的，每一个人都有他自己的生活世界。实际上，只有每一个人自己的生活世界，对于他来说才有意义。我们也许还可以说，实际上，直接制约和决定着某人生活的世界，并不就是整个物质世界，而只是整个物质世界的一小部分——某人自己的生活世界。这个道理，其实细想一下，就清楚了。正因为一个人的生活世界决定了他的一生，所以，每一个人的生活互相不同，从而决定了每一个人互相不同。人的生活世界的范围有大有小。生活世界范围大的人，他的生活丰富，质量较高，生活的历史水平也较高。而生活世界范围狭窄的人，他的生活就简单一些，质量低一些，生活的历史水平也低一些。人类历史的进步过程，就是人的生活世界范围逐步扩大，直到与整个物质世界相统一的过程。

　　现在，我们更具体地讨论一个人的生活世界，与这个人的关系。前面我们说过，生活世界决定了一个人的生活。现在我们也要注意到，一个人的生活世界，是他自己直接面对的世界，是他自己直接意识到的世界，而且这个世界，是他自己选择和努力的产物。什么意思呢？意思是说，每一个人的生活世界，实际上是以这个人为中心，以他的文明水平为半径，画出来的一个圆圈。他自己文明水平有高有低，则他画出的生活世界的圆圈也有大有小。这个圆圈完全是他自己画出来的；他画出来以后，就生活在这个生活世界的圆圈之中，受到这个圆圈的制约或决定。依靠他自己的努力，他完全可以再画出自己生活世界新圆圈，重新选择、认识、创造新的生活世界。比如，一个边远山区的孩子，他的生活世界，就是他生活的环境。在这种环境中可能是"日出而作，日入而息"，外面的精彩世界，与他没有什么关系，可谓理乱不知，黜陟不闻，"不知有汉，无论魏晋"。但是，当他考上了大学，进入大城市读书，则他的生活世界就变得更大，内容更丰富了。从主体论角度看，这位年轻人生活世界的变化，会认为，他的生活世界的改变，完全是他自己努力的结果。是他自己改变了甚至创造了他的生活世界。所以，他的生活世界，是他自己的产物。这是从通俗角度说。

在哲学上，西方哲学家对于这个问题，讨论很多。比如，贝克莱认为世界是人"感知"出来的，笛卡儿认为世界是"我思"的产物，康德认为世界是主体先验能力的产物，黑格尔认为世界是人的绝对精神辩证运动的产物，叔本华、尼采等则认为世界是人的意志活动的产物，胡塞尔则认为世界是人"意向"的产物，一些分析哲学家则认为世界是逻辑分析的产物，等等。比起来，孔孟及其后学不像他们那样分析地讲这个问题。

心学大家王阳明提出"意之所在便是物""心外无物""心物一体"等命题，表达的也是此意：世界是人的本心"看"（如看花），或听，或嗅，或触，或知觉，或分析，或综合，或实践创造等的产物，所以，"心外无物"。那么，在人没有用其本心来"看"（……）之时，世界存在还是不存在呢？他认为，由于我们当时没有面对着、没有意识到、没有认识到它存在还是不存在，世界对于主体而言归于"寂"，所以，我们不能说它存在还是不存在。如果你一定要说它存在着，那么，你的这个说法就是武断或独断。因为，你没有根据，胡说八道。那么，我一个人没有意识到，人家意识到有一个世界存在，我难道还不承认吗？我们可以回答说，如果人家意识到，而且你又知道人家正确地意识到这一点，那么，实际上也就相当于我自己意识到了这一点，我当然要承认。这里常常存在的一个误会，就是将主体"看"（……）等活动，看成是一个人的经验活动；这样理解，对于孔孟儒学思想而言，是错误的，不符合其实际思想情况。主体的"看"（……），决不是一个人的活动，不是一个人的经验活动，而是用他的本心——所有的人共同具有的本心来"看"（……），所以，其他人的"看"（……），与我的"看"（……），并没有本质的区别。这个说法强调的在于，当世界上所有人，不论古人今人，还是此人彼人，假设没有一个人"看"（……）到世界如何，而我说世界如何，则我的这一说，属于臆说，是武断或独断，不能成立。我们首先要意识到或"看"（……）到世界如何，我们才能认识到世界如何，从而我们才能表达之，言说世界如何。我们对于世界有所说，恰恰就是我们主体"创造"——就是"看"（……）出世界的过程。这个过程有先后次序，不能颠倒，也不能将此前的过程忽略不计。

主体"看"（……）出客体，是主体与客体关系的一个方面，其关系的另一个方面，是客体要向主体回归，最终实现主体的价值，同时也就实现了客体的价值。客体的价值，是由主体价值的实现而实现的，主体才是价值的源泉。

4.关于"主体——客体——主体"的逻辑形式

在主体与客体的关系历程中，有两个阶段、三个环节。

第一个"主体"是第一个环节，为正，指先验的逻辑主体。它内在于每一个现实人的人心，表现为人的"本心"或"良知"，成为现实人心的先验可能性、根据、主宰和理想，也内在于现实世界的万事万物，表现为事物的功能和作用——保持自己、扩展自己、实现自己的功能和作用，成为现实世界万事万物的先验可能性、根据、准则和归宿。在逻辑上说，这时，"客体"以可能的形式，潜在于"主体"之中，还没有现实出来。

"客体"是第二个环节，为反，是第一个环节的逻辑产物，指先验逻辑主体外化或"看"（……）出的世界。这时，"主体"则内在于"客体"之中，潜在地悄无声息地支配着"客体"，使"客体"按照"主体"的意愿而运动，实现"主体"的价值，从而成为真正的"客体"。第一个"——"符号，指"主体""看"（……）出"客体"过程的抽象形式。

而第二个"主体"，则是第一个"主体"真正具体的实现。这时，主体与客体现实地完全合一。第二个"——"符号，则表示主体与客体合一过程，是对这个过程抽象形式的概括。

在孔孟之道中，体现主客合一思路的例子很多。孟子的思路就是"人性本善的良知——'养心'以及实行'仁政'等——成为圣人"，这是主体与客体统一的典型思路。后来，王阳明将这个思路浓缩成为一个命题，叫做"致良知"。这个命题的逻辑意义，就是主体与客体统一的辩证历程。孔子是否也有主体与客体合一的思路呢？我们可以看看以下材料：

孔子自言"天生德于予"①，又说"人之生也直"②，这是讲人先天地有某种德性或仁德，而这是每一个人的真正主体。他又说："君子求诸己，小人求诸人。"③ 这实际上断定了人们修养的起点，断定了第一个主体。

孔子又说："人能弘道，非道弘人。"④"为仁由己，而由人乎哉？"⑤ 还说："仁远乎哉？我欲仁，斯仁至矣。"⑥ 更肯定说："我未见好仁者、恶不仁者。……有能一日用其力于仁矣乎？我未见力不足者。盖有之矣，我未之见也。"⑦"三军可夺帅也，匹夫不可夺志也。"⑧"当仁，不让于师。"⑨"譬如为山，未成一篑，止，吾止也。譬如平地，虽覆一篑，进，吾往也。"⑩ 这些，都是肯定在具体修养过程中，主体起着决定性作用。这实际上断定了客体，同时还断定了客体总是受主体的制约或决定。

孔子还说："吾十有五而志于学，三十而立，四十而不惑，五十而知天

---

① 《论语·述而》。
② 《论语·雍也》。
③ 《论语·卫灵公》。
④ 《论语·卫灵公》。
⑤ 《论语·颜渊》。
⑥ 《论语·述而》。
⑦ 《论语·里仁》。
⑧ 《论语·子罕》。
⑨ 《论语·卫灵公》。
⑩ 《论语·子罕》。

命，六十而耳顺，七十而从心所欲，不逾矩。"① 最后一句，讲的就是修养主体（"心欲"）与客体（"矩"）统一的主客合一的境界。

由此可见，主体与客体辩证统一，是孔孟之道的重要思路。

———————

① 《论语·为政》。

第三章　孔孟之道的基本精神

崔大华先生认为，在孔子以后的历史长河中，"孔子之学实际上经历了巨大的发展和变化，并且远远超越了一个单纯的学术派别，而是一种广泛的社会实践，一种生活方式，成了中国传统思想的主体，中国文化的主要特征"。① 这是因为：

> 儒学是一种国家意识形态性质的观念体系，且具有多种社会功能，所以在中国历史上，特别是在南宋以后，程朱理学强化了儒学的意识形态性质，在国家"教化"政策推动下，通过从科举考试国家颁布之经义，到民间载道之艺文、启蒙之读物的多种渠道，儒学浸润了士、农、工、商的各个社会群体，从而也渗透到作为一种文化结构的诸如制度、器物、风俗等各个层面上，并且在有决定意义的程度上塑造了它们的形态。在世界文化背景下，儒学凝聚成一种具有独特的、即有自己的特征和内涵的文化类型，一种生活方式。儒学在中国传统思想文化中的主体地位就是这样确立的。②

儒学的历史地位这样高，那么，符合儒学思想基本精神的儒者，是否理所当然就有很多呢？这是一个问题。也许，我们可以用孔孟的标准看这个问题。用孔孟的标准看，不符合儒家精神的"小人儒"确实有很多很多，但能

---

① 崔大华：《儒学引论》，人民出版社 2001 年版，第 4 页。

② 崔大华：《儒学引论》，人民出版社 2001 年版，"自序"第 3 页。

够完全做到符合儒家精神的"君子儒"，也许就少之又少了。换言之，不能说儒学在中国古代思想史中占主导地位，就认为中国古代就一定会有许许多多的真儒家，也不能说，中国古代凡是号称儒家的人，都符合孔孟的精神，都是真正的儒家。其实，按照孔孟的思想标准看，真正儒家是很难做的。或者说，一般人是做不成儒家的；这个做不成，还是因为大多数人比较现实一些，不愿意而不是不能做儒家那样的人；因为，他们没有真儒家的理想主义精神。在这种情况下，真儒家比较少，是很自然的。

但是，在中国古代，特别是在后期，孔孟儒学思想被专制统治者所利用和改造，在政治上又占了统治地位，使孔孟儒学思想演变成为主流社会政治意识形态。一般人如果不"做儒家"，在仕途上会一片黑暗，其功利损失就太大了。在这种情况下，大家为了追求功利目的而纷纷"自发成为"了儒家，怎么能保证其真儒家的纯洁性呢！自然鱼目混珠，泥沙俱下，其中许多冒牌货、假儒家、假道学，滥竽充数，兴风作浪，败坏了孔孟之道的名声。

这种情况，似乎是一个悖论：孔孟儒学思想占据了意识形态主导地位，但事实上并没有几个真正符合孔孟儒学精神的人存在。这其实也容易理解。政治意识形态由于与权力等功利因素相结合，是难以培养出真正学者的，是难以真正推动学术思想发展的。历史上的专制君主高悬功利的奖杯，以赏罚为裁判，提倡或压制某种学术思想，效果却适得其反，而其最终结果，往往是扼杀了学术思想应有的生命力。

那么，孔孟之道的基本精神，有哪些呢？孟子曾经说过这样一段话：

> 古之人，得志，泽加于民；不得志，修身见于世。穷则独善其身，达则兼善天下。①

这段话比较准确地展现了孔孟在做人上的精神状态。一个人努力学习和修养，争取成为真正的、理想的人。如果还能够从政，则为老百姓办实事，

---

① 《孟子·尽心上》。

谋福利（"泽加于民"），这是兼善天下；如果没有机会从政，则自己不断提高自己的修养（"独善其身"），并且以自己的修养成果影响世人（"修身见于世"）。

我们认为，仅仅从人学角度看，从人的生活实践活动看，孔孟之道的基本精神，应包括这样几点：1. 主张"天命之谓性"，坚信人性善；2. 在现实生活中，坚韧追求成为理想的人，建设理想的社会；3. 从努力的结果方面看，持尽人事而听天命的超然态度。上述孔孟之道的基本精神，在孔子和孟子的言论中，体现得非常充分。

第一节　孔子思想的精神

孔子人学思想的精神，可以概括为：立志──→学习以求道──→内则成为君子而外则有能力治理好国家。其他的问题，都从属于这个总的人生追求。

（一）志向

孔子非常重视一个人的立志。在他那里，所立的志向与他自己做人的本性、所承担的历史使命、所担负的天职等，是有关系的。他自己说："吾十有五而志于学"[1]，他的"学"，不是只学习一种或者几种职业技术，而是学"道"。所以，他的志向，就是"志于道"[2]。因为"道"能够给现实人的生活带来幸福，保障现实中的"老者安之，朋友信之，少者怀之"[3]。在他看来，一个人的志向，如果是真正的志向的话，即使面临威逼利诱或其他压力，也是不可动摇，不可更改的。他的名言是："三军可夺帅也，匹夫不可夺志也。"[4]

---

[1] 《论语·为政》。

[2] 《论语·述而》。

[3] 《论语·公冶长》。

[4] 《论语·子罕》。

（二）为学

那么，应该怎样才能实现一个人的志向呢？在孔子看来，就是学习，不断地学习。《论语》中的第一句话，就是："学而时习之，不亦说乎？有朋自远方来，不亦乐乎？人不知而不愠，不亦君子乎？"① 一个人不断学习，效法理想中的人物，而在实践中又有创造性收获，他当然对于学习会产生愉悦的情绪。学有所成，自然会有影响，志同道合的朋友，不远万里来访，交流学习心得，畅谈做人之道，互相都有新的启发或收获，这当然也是令人快乐无比的事情。自己学有所成，即使没有外人知道②，或者外人知道得不多、不准确，甚至有误会，自己也不必为此恼怒或生气，这就在修养上接近"君子"之风了。

在孔子看来，人们学习过程中，只管埋头学习，不问目的能否达到，自然会有收获。请看以下几段材料：

子曰："默而识之，学而不厌，诲人不倦，何有于我哉？"

子曰："若圣与仁，则吾岂敢？抑为之不厌，诲人不倦，则可谓云尔已矣。"

叶公问孔子于子路，子路不对。子曰："女奚不曰：'其为人也，发愤忘食，乐以忘忧，不知老之将至云尔。'"

子曰："盖有不知而作者，我无是也。多闻择其善者而从之，多见而识之，知之次也。"

子曰："我非生而知之者也，好古，敏以求之者也。"

子曰："三人行，必有我师焉。择其善者而从之，其不善者而改之。"③

子曰："不怨天，不尤人，下学而上达。知我者其天乎！"④

---

① 《论语·学而》。

② 这一点，几乎是不可能的。我们暂且承认有这种情况发生，在孔子看来，那也没有什么。学习是为了自己"成人"，又不是以让人知道为目的。

③ 以上皆见《论语·述而》。

④ 《论语·宪问》。

孔子自己评价自己，他只是不怨天尤人，只是学习，学习，再学习的人，是一个"学而不厌，诲人不倦""发愤忘食，乐以忘忧，不知老之将至"的人。孔子完全没有将自己打扮成为某种非人或超人。所以，孔子在中国历史上，始终是一位平常人、普通人都可以仿效学习的对象。

那么，学习什么？在孔子看来，就是学习"道"，这是他一贯的学习内容和宗旨。请看以下材料：

> 子曰："参乎！吾道一以贯之。"①
>
> 子曰："赐也，女以予为多学而识之者与？"对曰："然。非与？"曰："非也。予一以贯之。"②

（三）求"道"

孔子学习就是学"道"，而人生就是求"道"。他说："君子谋道不谋食。耕也，馁在其中矣；学也，禄在其中矣。君子忧道不忧贫。"③"谋道""忧道"，都是超越个人功利层次的追求。一个人能够确立、坚持这样远大的理想，非常不容易，但绝非不可能。孔子也是一个平凡普通的人，和我们这些俗人差不多。他能够如此，我们何以就不能如此呢！

现在看来，孔子之所以能够如此，和他理想主义人生态度有很大关系。《论语》载：

> 子路宿于石门。晨门曰："奚自？"子路曰："自孔氏。"曰："是知其不可而为之者与？"④

"道"或真理是无限的，一个人的人生却是有限的。以有限的人生去追

---

① 《论语·里仁》。

② 《论语·卫灵公》。

③ 《论语·卫灵公》。

④ 《论语·宪问》。

求那无限的"道"，是不可能完全追求到的。所以，求道的事业，在现实主义者那里，显然是一种"知其不可"的事情。因为大多数人"知其不可"，所以，大多数人也就不做如是想，只追求那能够追求得到的东西，过一种很现实平常的生活。也因此，他们成了人类当中的大多数。孔子则与众不同。他并不认为"道"不可求，也不认为有限的人生追求不到"道"。根据他的想法，如果"天"不让人追求到"道"，那么，"天"何必给人以"道"呢？他坚信，"天"给人以"道"，就是让人追求的。人们不去追求"道"，人和"鸟兽"就没有什么区别了。人们追求不到它，只能说明人自己没有付出足够努力，而不是"道"不可求。同时，孔子还认为，如果天下太平，"天下有道"①了，那么，自己不去追求"道"，也没有什么。但事实上，天下大乱，礼崩乐坏，所以，他不能不以天下为己任，去追求"道"。可见，孔子之求"道"，有一种为天下苍生着想的意思。

孔子的这些想法，包含了天人合一的思路在内，理想主义的色彩很重。

孔子所谓的"道"，是什么呢？也许可以用现在的话说，"道"就是真理。将追求真理作为自己生活的意义与价值之所在，孔子就为后来的中国人树立了崇高而光辉的榜样。

孔子说："人能弘道，非道弘人。"②这是肯定人在"道"面前的主体性。意思是说，人并不是只充当"道"或真理的奴仆，而是可以认识"道"，可以弘扬"道"，可以让"道"的价值在现实生活中实现出来的。

孔子又说："朝闻道，夕死可矣。"③他本人将自己的自然生命，完全奉献给求"道"的事业。甚至可以说，人自己的自然生命，只是在现实世界里实现"道"的工具。他说："志士仁人，无求生以害人，有杀生以成人。"④在孔子想来，他自己将生命奉献给"道"，并非只是主观上要如此，实际上是因为"道"乃是人的本性，将自己的自然生命奉献给"道"，乃是很自然的事情。

---

① 《论语·微子》。

② 《论语·卫灵公》。

③ 《论语·里仁》。

④ 《论语·卫灵公》。

同时，从天命的角度说，人将自己的自然生命奉献给"道"，也是天命要他如此。所以，他自己这样做，是符合天意的，如果有天意的话；也是符合自己作为一个人的本性的。一个人如果按照自己本性或天命的要求而行，现实世界中出现的种种障碍，都不能阻挡自己。在任何困难或压力下，自己都有来自于本性或天命的自信。所以，孔子说："道之将行也与？命也；道之将废也与？命也。公伯寮其如命何！"①

在孔子看来，人人都有求"道"的职责。他说："当仁，不让于师。"② 在求"道"过程中，也要像学习一样，不问收获，只管耕耘。他说："譬如为山，未成一篑，止，吾止也。譬如平地，虽覆一篑，进，吾往也。"③ 自己尽管付出努力，结果如何，那就是"天命"了。至于在求"道"的过程中，一些人经受不起艰苦的物质生活条件的考验，甚至还以条件的艰苦为耻辱，那也是求不到什么"道"的。④

（四）富贵观

孔子以学习、求道为人生价值与意义之所在，那么，他是否也想富贵呢？他作为平凡而普通的人，和我们并没有根本的区别。请看以下材料：

子曰："富而可求也，虽执鞭之士，吾亦为之。如不可求，从吾所好。"

子曰："饭疏食，饮水，曲肱而枕之，乐亦在其中矣。不义而富且贵，于我如浮云。"⑤

子曰："笃信好学，守死善道。……天下有道则见，无道则隐。邦有道，贫且贱焉，耻也；邦无道，富且贵焉，耻也。"⑥

子曰："富与贵，是人之所欲也；不以其道得之，不处也。贫

---

① 《论语·宪问》。

② 《论语·卫灵公》。

③ 《论语·子罕》。

④ 《论语·里仁》载："子曰：'士志于道，而耻恶衣恶食者，未足与议也。'"

⑤ 《论语·述而》。

⑥ 《论语·泰伯》。

与贱，是人之所恶也；不以其道得之，不去也。君子去仁，恶乎成
名？君子无终食之间违仁，造次必于是，颠沛必于是。"①

子适卫，冉有仆。子曰："庶矣哉！"冉有曰："既庶矣，又何加
焉？"曰："富之。"曰："既富矣，又何加焉？"曰："教之。"②

可见，孔子也是想求富贵的，和我们普通人没有什么区别。他和我们
的区别只在于：第一，看富贵能否可求。如不可求，那么，去追求自己感兴
趣的东西和自己爱好的东西。孔子的学生子夏曾经说："死生有命，富贵在
天。"③如果这也是孔子的意思，那么，孔子不将富贵长生作为自己的追求目
标，而一心一意追求"道"，也是有可能的。第二，求富贵，但在追求的方
法和结果上，都要符合道义。不符合道义的富贵，孔子决不去求。第三，如
果天下有道，一个人还是处于贫贱的境地，而没有享受到富贵，那么，这是
可耻的；而且，如果天下无道，这个人却富贵了，这也是可耻的。第四，对
当权者而言，为老百姓求富裕，是他的应尽职责。

总的看来，孔子并不反对追求富贵，他只是强调追求富贵要符合道义，
而且他特别提出统治者要为百姓求富裕。这些想法，我们认为即使在今天，
也是正确的，有现实意义。

（五）治国观

客观地看，孔子只是一位学者，并非掌权的政治家。但是，他对于治理
国家的一些看法，却值得后来的政治家们重视。请看以下几条材料：

子曰："为政以德，譬如北辰，居其所而众星共之。"

---

① 《论语·里仁》。

② 《论语·子路》。

③ 《论语·颜渊》。原文为："司马牛忧曰：'人皆有兄弟，我独无。'子夏曰：'商闻之矣：死生
有命，富贵在天。君子敬而无失，与人恭而有礼，四海之内，皆兄弟也。君子何患乎无兄弟也？'"
朱熹注解"商闻之矣"一句，说"盖闻之夫子"，即听老师孔子所说。（朱熹：《论语集注》卷六，载《四
书章句集注》，中华书局 1983 年版，第 134 页）朱熹的说法，恐怕是猜测。但孔子自己很可能将富
贵贫贱等归于天命，而不把它当作人生追求的目标。

子曰:"道之以政,齐之以刑,民免而无耻;道之以德,齐之以礼,有耻且格。"①

子贡问政。子曰:"足食,足兵,民信之矣。"子贡曰:"必不得已而去,于斯三者何先?"曰:"去兵。"子贡曰:"必不得已而去,于斯二者何先?"曰:"去食。自古皆有死,民无信不立。"

哀公问于有若曰:"年饥,用不足,如之何?"有若对曰:"盍彻乎?"曰:"二,吾犹不足,如之何其彻也?"对曰:"百姓足,君孰与不足?百姓不足,君孰与足?"

齐景公问政于孔子。孔子对曰:"君君,臣臣,父父,子子。"公曰:"善哉!信如君不君,臣不臣,父不父,子不子,虽有粟,吾得而食诸?"②

子适卫,冉有仆。子曰:"庶矣哉!"冉有曰:"既庶矣,又何加焉?"曰:"富之。"曰:"既富矣,又何加焉?"曰:"教之。"③

孔子治理国家的看法,涉及几个方面。

第一,统治者不能专任刑罚,应该以自己的综合修养为基础,用道德引导和感染百姓,用礼法规范百姓言行,使社会成为崇尚道义的稳定社会。这是"以德治国"的典型思想。孔子在这里提出了一个重要的思想,那就是:一个国家治理得好不好,关键看统治者,而不是看老百姓。在君主专制时代,君王控制了国家一切资源。让统治者起带头作用,孔子是抓住了根本的。具体说来,君主首先要有君主的样子,通过不断学习,提高自己的修养,力争做一个合格的、理想的君主,起到君主应该起到的作用。在君主的人格感召下,大臣、家庭成员等也纷纷尽到自己的责任,起到应有的积极作用。如果真能达到这一步,社会也就能够达到它应该达到的理想地步了。

第二,治理一个国家,有几个方面不可缺少,比如,老百姓有饭吃,有

---

① 以上材料见《论语·为政》。

② 以上材料皆见《论语·颜渊》。

③ 《论语·子路》。

军队保卫国土，统治者对于老百姓讲信义，而老百姓对于统治者有信心等。在孔子看来，后一点涉及民心归向，所以比前面两点还要重要。这是以德治国思想在君民关系上的表现，而民本——以老百姓为国家根本的思想自然包含在内。

第三，治理国家的步骤，可以分三个阶段。第一个阶段，实行德治，保障老百姓的正常生活，争取实现人口增长；第二个阶段，发展经济，使老百姓的生活富裕起来；第三个阶段，发展文化教育事业，提高老百姓的精神文明水平。这些措施，都是从老百姓角度，而不是站在统治者立场提出来的。所以，它在人类任何社会历史阶段，应该说都有启示性意义，都有积极作用。

第二节　孟子思想的精神

通过学习和生活实践，提高自己作为人的修养水平，在这一点上，孟子思想的精神，与孔子思想的精神是完全一致的。他们的区别在于，孟子还进一步为人这样努力提供了一套先验的理论根据、"养心"的修养方法，从而突出了孔孟之道的形而上学性质，也进一步突出了孔孟之道高昂的主体性。具体说来，孟子主张"先立乎其大者"，通过学习，提高自己，努力做"大人"，培养"浩然之气"，挺立起自己做人的主体地位。以此为基础，推广到政治领域，实行"仁政"这种人性政治或爱心政治。一般人只要能够本着自己的良知而言行，就能获得精神上的满足，至于在功利方面能否成功，那是上天决定的事情，非人力所能改变，这就是孟子的"立命"和"正命"观。

（一）为学"先立乎其大者"

学习，是孔孟之道最为重视的"成人"方法或途径。孟子关于学习的论述，更加突出了孔孟儒学作为人反思自己的人学特征。

孟子强调在学习和修养中首先要追求自我觉悟，先搞好自己的事情。

他说：

> 君子之守，修其身而天下平。人病舍其田而芸人之田，所求于
> 人者重，而所以自任者轻。①

自己那一亩三分地还没有耕种好，却老想着人家地里如何如何，这是世人通常的毛病；遇到问题，不是依靠自己努力去求得解决，而主要去求别人帮助，这也是世人做人成人不自信的毛病。这种毛病的根源，就在于自己没有真正"立"起来。自己立不起来，言行活动，没有自信，只能处处看别人，仿效别人，至于依靠他人，"求于人"，恐怕是不可避免的结果。所以，孔子说："古之学者为己，今之学者为人"②，孟子和孔子是一个想法，要求先搞好自己的事情，才有关心他人、关心社会的基础和能力。所以，孟子说："仁者如射，射者正己而后发，发而不中，不怨胜己者，反求诸己而已。"③ 在人际关系、人事关系方面，也是如此。孟子说："夫人必自侮，然后人侮之；家必自毁，而后人毁之；国必自伐，而后人伐之。《太甲》曰：'天作孽，犹可违。自作孽，不可活。'此之谓也。"④ 有些青年朋友，对于孔孟儒学思想有一个误会，认为他们不重视个体的人，甚至扼杀个性，这种认识是不符合孔孟思想事实的。

在孔孟看来，每一个人，作为个体的人，与其他个体的人，并不是像现实生活中表现出来的那样，都是尔虞我诈、你死我活的关系，而是有内在的一致性，有人之所以为人的共性的。孟子明确断定，每一个人，都"固有"⑤其仁德，而仁德，正是人之所以为人的原因。孟子说："仁也者，人也。合而言之，道也。"⑥ 这种仁德，孟子又称之为良知良能，断定它先验地存在于

---

① 《孟子·尽心下》。

② 《论语·宪问》。

③ 《孟子·公孙丑上》。

④ 《孟子·离娄上》。

⑤ 《孟子·告子上》。

⑥ 《孟子·尽心下》。

每一个人身上。他说："人之所不学而能者，其良能也。所不虑而知者，其良知也。孩提之童，无不知爱其亲也；及其长也，无不知敬其兄也。"①正因为它是人们所拥有的先验能力，所以，不论古今中西，我们人类，都有其共同的兴趣和爱好，有共同的价值标准，有共同的人生追求，那就是真、善、美等，孟子称之为"理""义"。他说：

> 口之于味也，有同嗜焉；耳之于声也，有同听焉；目之于色也，有同美焉。至于心，独无所同然乎？心之所同然者何也？谓理也，义也，圣人先得我心之同然耳。故理、义之悦我心，犹刍豢之悦我口。②

对这种人人所同具的共性和能力，孟子又把它称作人的"大者"。孟子说："此天之所予我者，先立乎其大者，则其小者弗能夺也。"③"大者"就是人的本性、真我，"小者"则指人非本性的认识、情感、意志活动，比如，个人与大众相反的功利欲望，违背社会情感的私人感情，超越人性需要的对于长生不老、富贵利达的贪求等，都可以看成是人之"小者"。一个人如果沉溺于"小者"中，不能自拔，没有超越精神，就可以看成是被"小者"所"夺"取占有了。怎么样才不会被"小者"所夺取占有呢？按孟子的意思，除非将自己的"大者"先树立起来，否则，在现实生活中，总是难免被"小者"所袭取占有。

孟子要求人们在学习和修养中，首先要"先立乎其大者"，那么，他所谓"大者"是什么呢？孟子说：

> 离娄之明，公输子之巧，不以规矩，不能成方员。师旷之聪，

① 《孟子·尽心上》。

② 《孟子·告子上》。

③ 《孟子·告子上》。

不以六律，不能正五音。尧舜之道，不以仁政，不能平治天下。①

可见，所谓"大者"，就是一个人之所以成为一个人的综合道理，实际上，在孟子那里，"大者"就是指人的本性或真我或主体。这种本性或真我或主体，孟子又称之为"良知""本心""良心"或"仁""理""义"等。它们表现在治理国家方面，就是"仁政"，表现在音乐艺术方面，就定型为"六律"之类的东西，表现在技术方面，就是像"规矩"这样的东西。只不过，由于社会政治的普遍性和重要性，孟子更多地强调了人性在政治方面的表现罢了。可见，人性在人类社会言行活动的各个方面都有表现，所以，无处不可以为学。但是，学习和修养，那也是有重点的，在孟子看来，这就是追求仁义。他说：

> 仁，人心也。义，人路也。舍其路而弗由，放其心而不知求，哀哉！人有鸡犬放，则知求之；有放心而不知求。学问之道无他，求其放心而已矣。②
>
> 君子深造之以道，欲其自得之也。自得之，则居之安。居之安，则资之深。资之深，则取之左右逢其原。故君子欲其自得之也。
>
> 博学而详说之，将以反说约也。③

"说约"，是说仁义，"求放心"，是求仁义，"自得"，也是得仁义。仁义

---

① 《孟子·离娄上》。

② 《孟子·告子上》。

③ 《孟子·离娄下》。朱熹注解说："造，诣也。深造之者，进而不已之意。道，则其进为之方也。资，犹藉也。左右，身之两旁，言至近而非一处也。逢，犹值也。原，本也，水之来处也。言君子务于深造而必以其道也，欲其有所持循，以俟夫默识心通，自然而得之于己也。自得于己，则所以处之者安固而不摇。处之安固，则所藉者深远而无尽。所藉者深，则日用之间，取之至近，无所往而不值其所资之本也。"他又注解后一句说："言所以博学于文而详说其理者，非欲以夸多而斗靡也；欲其融会贯通，有以反而说到至约之地耳。盖承上章之意而言，学非欲其徒博，而亦不可以径约也。"（朱熹：《孟子集注》卷八，载《四书章句集注》，新编诸子集成第一辑，中华书局1983年版，第292页）

本为每人固有的本性，如何还要"得"之？实际上是将自己固有的仁义本性实现于现实生产生活中，获得具体的体验而已。孔子讲学习的内容，范围还非常广泛，包括多识草木鸟兽之名之类纯知识的学习。到孟子那里，学习的内容，已经集中到人的本性上来。孟子的这一学习内容论，更加突显出孔孟儒学作为人反思自己的意义与价值的学问，具有与一般自然科学不同的特色。学者做这样的学问，目的何在呢？孟子说："古之人，得志，泽加于民；不得志，修身见于世。穷则独善其身，达则兼善天下。"① 目的就在于为现实的人们树立做人的楷模，引领着大家，认识自己，不断提高人们的综合素质，努力成为真正的文明人或者自由人。

（二）争做"大人"或"大丈夫"

为什么一个人必须"先立乎其大者"，不让"小者"所夺取占有呢？因为，在孟子看来，一个人如果被"小者"所夺取占有，则只能成就一个"小人"——人格境界低下，对社会影响很坏。而如果能"先立乎其大者"，则可以成就为"大人"或"大丈夫"。《孟子》一书中，有多条材料讲到"大人"或"大丈夫"，请允许我们随意举出几条。

> 孟子曰："非礼之礼，非义之义，大人弗为。"
> 孟子曰："大人者，不失其赤子之心者也。"②

这是从反面看"大人"。从反面看，则"大人"是没有失去"赤子之心"的人，也是不做"非礼之礼，非义之义"这种无礼无义事情的人。《孟子》还记载：

> 王子垫问曰："士何事？"孟子曰："尚志。"曰："何谓尚志？"曰："仁义而已矣。杀一无罪，非仁也。非其有而取之，非义也。居恶

---

① 《孟子·尽心上》。
② 《孟子·离娄下》。

在？仁是也。路恶在？义是也。居仁由义，大人之事备矣。"①

孟子曰："人之所以异于禽兽者几希，庶民去之，君子存之。舜明于庶物，察于人伦，由仁义行，非行仁义也。"

孟子曰："大人者，言不必行，行不必果，惟义所在。"②

孟子曰："有事君人者，事是君则为容悦者也。有安社稷臣者，以安社稷为悦者也。有天民者，达可行于天下而后行之者也。有大人者，正己而物正者也。"③

这是从正面看"大人"。从正面看，则"大人"只是按照仁义而言行的人，具体的礼仪规范倒是次要的，可以依据仁义标准而从权处理。按照仁义而言行，对于现实世界必然产生积极作用，引导和示范大家归于"正"；现实社会所有人如果都能按照自己本性，比如仁义，而言行，那么，这个现实社会就会让人满意一些。这可以说是"大人"正己而"正"社会了。一旦人类社会好起来了，人可以更加合理地认识、利用和改造自然，使自然也变得更加符合人的根本价值而美好起来。这可以说是"大人"正己而"正"自然。不用说，"大人"们之能够"正己而物正"，必然先"正"了自己的心，由此进一步"正"自己的身，"正"自己的言行活动。这可以说是"大人""正"心而"正"身。将这一过程合起来说，叫做"大人正己"。所以，"正己"既是"物正"的基础，它本身也包含了"物正"在内。由此可见，对于孟子的修养方法，我们决不能说它不重视现实世界，也不能说它忽视对于外物的认识、利

---

① 《孟子·尽心上》。

② 《孟子·离娄下》。

③ 《孟子·尽心上》。朱熹注解此章说："※（'容悦'）阿徇以为容，逢迎以为悦，此鄙夫之事、妾妇之道也。※ 言大臣之计安社稷，如小人之务悦其君，眷眷于此而不忘也。※ 民者，无位之称。以其全尽天理，乃天之民，故谓之天民。必其道可行于天下，然后行之。不然，则宁没世不见知而不悔，不肯小用其道以徇于人也。……※ 大人，德盛而上下化之，所谓'见龙在田，天下文明'者。此章盖言人品不同，略有四等。容悦佞臣不足言。安社稷则忠矣，然犹一国之士也。天民，则非一国之士矣，然犹有意也。无意无必，惟其所在而物无不化，惟圣者能之。"（朱熹：《孟子集注》卷一三，载《四书章句集注》，新编诸子集成第一辑，中华书局1983年版，第354页）

用和改造，因为这种说法完全不符合孟子的思想事实。

那么，"大人"有什么内在特征？在整个"天下"宇宙中，"大人"占什么地位、起什么作用呢？请看以下材料：

> 孟子曰："万物皆备于我矣。反身而诚，乐莫大焉。"①
>
> 景春曰："公孙衍、张仪岂不诚大丈夫哉？一怒而诸侯惧，安居而天下熄。"孟子曰："是焉得为大丈夫乎？子未学礼乎？丈夫之冠也，父命之。女子之嫁也，母命之，往送之门，戒之曰：'往之女家，必敬必戒，无违夫子。'以顺为正者，妾妇之道也。居天下之广居，立天下之正位，行天下之大道。得志，与民由之；不得志，独行其道。富贵不能淫，贫贱不能移，威武不能屈。此之谓大丈夫。"②

在现实世界中，像公孙衍、张仪之类的人并不多，非常有才干，德行差一点，叫做才胜于德。他们的能力，足以左右社会政治、经济、文化形势。在一般人看来，这样的人，就应该是"大丈夫"了。孟子却很瞧不起他们，说他们"以顺为正"；他们没有自己的独立人格，只知道看别人眼色行事，没有自己的独立意志，只知道顺从别人旨意。这样的作为，如果一定也要称之为"道"的话，也只能奉上一顶"妾妇之道"的帽子给他戴上。真正的大丈夫完全不是这样的人。

孟子说，大丈夫应该是"居天下之广居，立天下之正位，行天下之大道。得志，与民由之；不得志，独行其道。富贵不能淫，贫贱不能移，威武不能屈"。这是一个方面。另一个方面，则是"万物皆备于我矣。反身而诚，乐莫大焉"。这样的人，才是真正的"大丈夫"啊！"天下之广居"，指整个宇宙，比如本体，最小也应该是关涉全人类的东西，个人利益、民族国家利

---

① 《孟子·尽心上》。

② 《孟子·滕文公下》。

益，这些只能说是"狭居"；"天下之正位"①，指整个宇宙的最高准则，至少也应该是全人类所共同赞成和遵循的普遍性规范和制度，至于个人的风俗习惯，集体或民族国家的制度、章程等，不能更改，或者只是少数人在那里随意修改，而让大家无条件遵守，恐怕不能叫做"正位"；"天下之大道"，指宇宙真理，至少是人类共由的普遍真理，个人的生活方式、民族国家的特色等，恐怕只能称之为"小道"。总的说来，"大丈夫"应该是胸怀全宇宙、全人类，以宇宙规律、人类共性为准则，以宇宙真理、人类真理为真理，而且"乐莫大焉"，是世界上最快乐的人。而局限于一时一地，心胸浅狭，斤斤计较于具体制度的盲目迷信与遵从，完全不管真理的普遍性意义，只知道人为制造本部门、本单位、本民族、本国家等的狭隘"真理"，而一点体会不到人生快乐，这样的人，如果说是"大人"，那也只能是假"大人"。他们自己都会发自内心地厌恶这样的生活方式。

而且，孟子顺便指出，"大丈夫"具有自己独立的人格，"富贵不能淫，贫贱不能移，威武不能屈"。"大丈夫"经过学习和修养，培养起一种"浩然之气"，挺立起自己高昂的主体性，决不向非正义的权势力、财势力、名势力或者功利引诱等低头。如果一个人没有较高的素质，没有自信，缺乏一种真正的精神力量，当然是难以做到这一点的。

在孟子看来，通过学习和修养，培养出一种以"至大至刚"为特点的"浩然之气"②，并以这种精神力量为基础，人才可能体现出非凡的独立人格来。在孟子自己身上，"浩然之气"主要体现为两种精神：一是追求正义事业，如治理天下国家"舍我其谁"精神。孟子说："夫天未欲平治天下也，如欲平治天下，当今之世，舍我其谁也？"③又说："待文王而后兴者，凡民也。若夫豪杰之士，虽无文王犹兴。"④这样的志气、豪气与勇气，确实只有"豪杰

---

① 朱熹注解说："正位，礼也。"（朱熹：《孟子集注》卷六，载《四书章句集注》，新编诸子集成本第一辑，中华书局 1983 年版，第 266 页）"礼"就是一种规范或制度。

② 《孟子·公孙丑上》。

③ 《孟子·公孙丑下》。

④ 《孟子·尽心上》。

之士"才可能具备，非一般人所能有。二是面对权威、权势、恶势力、丑恶现象等，有一种正义凛然的大无畏精神。① 孟子说：

> 说大人则藐之，勿视其巍巍然。堂高数仞，榱题数尺，我得志弗为也。食前方丈，侍妾数百人，我得志弗为也。般乐饮酒，驱骋田猎，后车千乘，我得志弗为也。在彼者皆我所不为也，在我者皆古之制也，吾何畏彼哉？②

孟子在这里主张，因为各人的志向不同，彼此的长处有异，不必去羡慕或畏惧那些所谓假"大人"，甚至应该藐视那些富贵利禄之辈。自己立定自己的志向，坚持和发展自己，不断提高综合素质，我们也可以说出"吾何畏彼哉"的豪言来。孟子又说："古之贤王好善而忘势，古之贤士何独不然？乐其道而忘人之势，故王公不致敬尽礼，则不得亟见之。见且犹不得亟，而况得而臣之乎？"③ 孟子提出，国君对于贤能的人才，必须"学焉而后臣之"，就像商汤对待伊尹、齐桓公对待管仲那样。④ 孟子作为一介书生，能够向国君们提出这种要求，没有一点大丈夫气概，是不可能的。在现实中，一个人如果不具备孟子强调的那种"浩然之气"，没有孟子所说的那种精神，遇见当权者，遇见大款们，或者遇见所谓明星、名士们，通常都是迫不及待而

---

① 美籍华裔学者杜维明先生在 1995 年将这种大无畏精神，概括为"以德抗位"。（参见杜维明《一阳来复》，陈引驰编，上海文艺出版社 1997 年版，第 121—122 页）笔者觉得，这一概括中的"抗"字，似欠安。"抗"这个词，有以下对上，或平等对抗之义。孟子从真"大人"角度，看那些假"大人"，丝毫不存在以下对上，或平等对抗之义，反而应该说是"大人"观"小人"，以高俯低，"登泰山而小天下"，只可能"藐之"，根本就瞧不起他，哪里有与之相"抗"的闲情逸致。如真与之相"抗"，明显降低了自己"大人"的地位，白白浪费精神不说，又贬低了"德"本身的价值，反而抬高了那些假"大人"们的地位。"抗"是正面表述仁德之人与当权者的关系，而这种正面的关系确实很复杂，非三言两语所能道明，用一个字来表述，不容易准确表达出其意义，也是可以理解。笔者在这里，采取保守的或者偷懒的做法，只是反面地说，叫做"大无畏"精神，也未必能够道出其曲折深刻的含义来。

② 《孟子·尽心下》。

③ 《孟子·尽心上》。

④ 《孟子·公孙丑下》。

"亟见之"的。这样的人，在孟子看来，就是没有独立的人格，境界当然也就低了。

孟子这种大无畏气概，很可能受到了曾子的影响。孟子曾经引用曾子的话说：

> 晋、楚之富，不可及也。彼以其富，我以吾仁；彼以其爵，我以其义。吾何慊乎哉？①

曾子以自己的修养为基础，已经具备了一种"不慊"于富贵的气概。孟子受其影响，进一步发挥成为一种大丈夫气概或无所畏惧的精神，表明了儒学从曾子到孟子的发展线索。

（三）实行"仁政"

在中国古代政治史上，究竟有哪一位君主照着孔孟所说的政治主张去全面而具体地实行过呢？我们现在实在找不出来。董仲舒之后，历代君主只知道利用儒家思想中很表皮的礼教，来维护自己的政权，从来就没有真正地实行过孔孟儒学的根本主张。到20世纪，我们一些后人不察，却将封建专制制度的账计算到孔孟儒学的头上去，真是旷古未有的奇冤。我们在孔孟思想中，哪里找得到让老百姓完全听命于君主，而自己毫无自主的言论呢？一点也找不出。有鉴于此，我们应该赶快将那些20世纪栽赃到孔孟思想头上的莫须有罪名彻底除去，充分肯定其应有的历史地位和现实意义。

在孟子的思想中，人性或良知等，表现在治理国家的政治方面，就是"仁政"，表现在音乐艺术方面，就定型为"六律"之类的东西，表现在技术方面，就是像"规矩"这样的东西。只不过，由于政治的普遍性和重要性，孟子更多地强调了人性在政治方面的表现罢了。孟子说："诸侯之宝三：土地、人民、政事。"②但是，治理国家的关键，归根结底在于每一个个体的

---

① 《孟子·公孙丑下》。

② 《孟子·尽心下》。

人，用孟子的话说，在于"身"。孟子说："人有恒言，皆曰'天下国家'。天下之本在国，国之本在家，家之本在身。"① 每一个人自身修养好了，所谓天下国家也就自然容易治理。就像孔子说的："修己以敬""修己以安人""修己以安百姓"②。这是孔孟儒学对于治理天下国家的一个基本想法。这当然是长远的、理想主义的。

那么，为什么每个人自身修养上去了，国家就能治理好呢？按照孟子的想法，每一个人都自然有"不忍人之心"，即"仁心"或良心，统治者将其仁爱之心推广开来，就是实行"仁政"了。孟子说："人皆有不忍人之心。先王有不忍人之心，斯有不忍人之政。以不忍人之心，行不忍人之政，治天下可运于掌上。"③ 推而广之，如果每一个人在社会生活中，也将自己的爱心表现出来，实行开去，则整个人间充满了爱，即使生活水平可能差一点，人的尊严和价值也是可以实现的。

推广自己的良心或仁心于政治生活中，也可以说就是实行爱心政治或人性政治，这是有具体表现的。在孟子看来，用比喻的说法，统治者要像关爱自己的家人一样，关爱天下百姓，"老吾老，以及人之老；幼吾幼，以及人之幼"，或者统治者要"为民父母"，就像父母爱自己子女一样，"乐民之乐""忧民之忧"④，关爱老百姓的生活，维护老百姓的利益。这些实际上是很容易做到的事情，为什么历代统治者偏偏不能去推行，还要寻找借口，说什么"迂远阔于事情"呢？孟子则直截了当地指出，他们不这样做，是"不为也，非不能也"⑤。而几乎所有君主们都这样"不为"，确实让人怀疑他们自己人格境界恐怕真的并不高，以致私心太重，而眼界又太低。

那么，怎么样来提高一个国家中每一个人的综合修养水平呢？依照孔孟的看法，君主的带头作用，是非常关键的。君主带一个好头，百姓自然跟随

---

① 《孟子·离娄上》。
② 《论语·宪问》。
③ 《孟子·公孙丑上》。
④ 《孟子·梁惠王下》。
⑤ 《孟子·梁惠王上》。

而上①。如果君主自己好利，总是为自己小小私利考虑，从自己私利角度考虑怎么治理国家，老百姓也会跟着自己好利、自私去了。这样，一国之内，"上下交征利，而国危矣。"② 如果君主不是实行"仁政"，采取有关得力措施，给老百姓带来实惠，让老百姓得到实际利益；那么，老百姓对于这样的君主也不会有什么好感，这样的政权，就会失去民心，终究是维持不下去的。所以，孟子说："三代之所以得天下也以仁，其失天下也以不仁。国之所以废兴存亡者亦然。天子不仁，不保四海。诸侯不仁，不保社稷。卿大夫不仁，不保宗庙。士庶人不仁，不保四体。"③ 更有甚者，如果统治者将臣下和老百姓当作"草芥"那样，任意践踏蹂躏，那么，大臣们，还有老百姓也会把君主看成"寇仇"④，与之不共戴天。

而统治者实行"仁政"的基础，还是在于国君素质比较高。为了保证国君素质的提高，国君自己就必须不断加强学习，像孔孟所说的那样去学习，去办事，去实践，去追求成为理想的、全面发展的人，是非常重要的一个方面。

同时，为了确保君主素质得以提高，人文学者们给予君主以指导和帮助，是又一个非常必要的方面。孟子说："惟大人为能格君心之非。君仁，莫不仁。君义，莫不义。君正，莫不正。一正君而国定矣。"⑤ 这里的"大人"，就是在人的综合修养方面，成为其他人效法榜样的人。孟子认为，只有这样的人，才可能真正给君主以应有的帮助，也才能帮助君主把国家治理好。

孔孟儒学的德治或仁政思想，非常强调领导人要具有"仁"德，能够为下级和老百姓起到表率和示范作用，所以孟子提出要将有仁德的人，有较高

---

① 《论语》记载，"季康子问政于孔子，曰：'如杀无道，以就有道，何如？'孔子对曰：'子为政，焉用杀？子欲善而民善矣。君子之德风，小人之德草。草上之风，必偃。'"（《论语·颜渊》）

② 《孟子·梁惠王上》。

③ 《孟子·离娄上》。

④ 《孟子·离娄下》记载，孟子告齐宣王曰："君之视臣如手足，则臣视君如腹心。君之视臣如犬马，则臣视君如国人。君之视臣如土芥，则臣视君如寇仇。"

⑤ 《孟子·离娄上》。

人文修养的人提拔到领导岗位上来。孟子说："是以惟仁者宜在高位，不仁而在高位，是播其恶于众也。上无道揆也，下无法守也，朝不信道，工不信度，君子犯义，小人犯刑，国之所存者幸矣。"① 有仁德的人，可谓"得道者"，而"得道者多助，失道者寡助。寡助之至，亲戚畔之，多助之至，天下顺之"②。那些不仁的人，也可以叫做"失道者"，也就是那些人文修养不高，甚至就没有什么人文修养的人，他们或者有这样那样的专门才干，能够办某些具体的事；或者没有什么专门才干，但是能陪领导游玩娱乐，说话好听（"佞"），讨领导喜欢（"嬖"）。如果让前一种人处在领导岗位上，虽然也可能办了一些具体的小事情，但是，大事情却一件都办不来，真正的政治创造性的事情，更是看都看不懂；如果让后一种人做领导，什么事情也不办，但是能够保证不出事情，不出乱子，稳稳当当，平平安安，让领导们安心做官。在一切唯上的体制中，这样的人很有其生存、泛滥的环境。

在治国措施上，孟子认为，关键在实行"仁政"，"救民于水火之中"③。民本思想是仁政思想的组成部分。孟子说："民为贵，社稷次之，君为轻。"④而"仁政"的关键在"得民心"。孟子说："桀纣之失天下也，失其民也。失其民者，失其心也。得天下有道：得其民，斯得天下矣。得其民有道：得其心，斯得民矣。得其心有道：所欲与之聚之，所恶勿施尔也。民之归仁也，犹水之就下、兽之走圹也。"⑤ 强调重视普通百姓的利益，是"仁政"思想的固有内容。

（四）本着"良知"办事，终身欣然；"若夫成功，则天也"⑥

孟子指出，一个人如果能够本着自己的良知办事，则终身欣然。孟子认为，舜是远古的贤王，也是圣人。但在人性上说，每一个人都可以成为像舜那样理想的人，就看自己是否向着这个方向努力。舜究竟是怎样一个人呢？

----

① 《孟子·离娄上》。
② 《孟子·公孙丑下》。
③ 《孟子·滕文公下》。
④ 《孟子·尽心下》。
⑤ 《孟子·离娄上》。
⑥ 《孟子·梁惠王下》。

《孟子》一书记载：

> 孟子曰："舜之居深山之中，与木石居，与鹿豕游，其所以异于深山之野人者几希。及其闻一善言，见一善行，若决江河，沛然莫之能御也。"①
>
> 桃应问曰："舜为天子，皋陶为士，瞽瞍杀人，则如之何？"孟子曰："执之而已矣。""然则舜不禁与？"曰："夫舜恶得而禁之？夫有所受之也。""然则舜如之何？"曰："舜视弃天下，犹弃敝屣也。窃负而逃，遵海滨而处，终身訢然，乐而忘天下。"②

在孟子看来，舜这个人并没有其他与众不同的地方。他也就是能够见善则迁，日进不已。后面一条材料所记载的这件事情，究竟有无其事，很难断定。假设真有其事，舜的处理方式，很能体现出孟子的要求，即按照自己本心而行，则终身欣然，不会内疚或惭愧，为此甚至可以"忘天下"。从对于这件事情的描述可以看出，孟子自己的主体性意识是非常强烈的。而当主体性与现实社会条件相矛盾时，他选择的仍然是坚持自己的主体性，也就是我们通常所说的有个性。从这种个性出发，孟子还提出了人生快乐论。他说：

> 君子有三乐，而王天下不与存焉。父母俱存，兄弟无故，一乐也。仰不愧于天，俯不怍于人，二乐也。得天下英才而教育之，三乐也。君子有三乐，而王天下不与存焉。③

---

① 《孟子·尽心上》。

② 《孟子·尽心上》。究竟有没有这件事情，朱熹表示怀疑。朱熹说，桃应是孟子的弟子，他"设此问，以观圣贤用心之所极，非以为真有此事也。……此章言为士者但知有法，而不知天子父之为尊；为子者但知有父，而不知天下之为大。盖其所以为心者，莫非天理之极、人伦之至。学者察此而有得焉，则不待较计论量，而天下无难处之事矣。"（朱熹：《孟子集注》卷一三，载《四书章句集注》，新编诸子集成第一辑，中华书局1983年版，第359—360页）

③ 《孟子·尽心上》。

　　孟子所说的,是普通百姓或老师们所能够体会到的快乐。那为什么现实的普通百姓或老师们并没有体会到这种快乐呢? 按照孟子的想法,可能是因为我们更多地关心了像"王天下"之类的浅层次需要,而对于人的本性方面的反思不够,没有发现在"父母俱存,兄弟无故"等现象中宇宙生命、文化精神生命延续、传承的重要意义,如此也就很难体会到根于人本性的快乐了。

　　与此相关的,一件事情的成败,某种利益的得失,这些功利层面的需要,对于人的生活而言,当然是很重要的。但在孟子看来,这些功利东西的成败得失,可能更多的是命中注定的,不能说自己想怎样就一定能够怎样。正如孟子所说:"有不虞之誉,有求全之毁。"① 功利的成败得失,不是个人能够控制和主宰的。人除了追求功利的成功与获得之外,一方面不能把功利的成功与获得看得太重,看成自己的唯一;另一方面,特别应该努力追求超越功利层面的东西,特别是追求实现自己的内在价值。这种追求,在孟子看来,是人能够努力的方面,是只有人能够努力的方面,也是人之作为人所必须努力的方面。站在这个角度,孟子说:"祸福无不自己求之者。"② 不论是祸还是福,我们不能待在那里怨天尤人,怪罪环境或历史,而应该更多地反思来自于自己的原因,比如,自己努力不够等。但是,结果究竟如何,自己原先的计划能否实现,自己能不能最终成为一个理想的人,这也是天命决定的。孟子说:"求则得之,舍则失之,是求有益于得也,求在我者也。求之有道,得之有命,是求无益于得也,求在外者也。"③ 天命决定了的东西,人自己是很难改变的。那么,人在"命"面前难道就无能为力了吗? 孟子说,不是的。人还可以通过追求真理,追求实现人的本性,而"正命"或"立命"。请看以下材料:

　　孟子曰:"莫非命也,顺受其正。是故知命者不立乎岩墙之下。

---

① 《孟子·离娄上》。

② 《孟子·公孙丑上》。

③ 《孟子·尽心上》。

尽其道而死者，正命也。桎梏死者，非正命也。"

　　孟子曰："尽其心者，知其性也。知其性，则知天矣。存其心，养其性，所以事天也。夭寿不贰，修身以俟之，所以立命也。"①

　　天命是注定了的，但具体到每一个人身上，天命还需要有一个具体的"立"的过程。"立"，有建立、确立的意思。原来所有的命，乃是抽象的可能，还没有现实力量；人后天的努力，正在于将抽象可能变成具体的现实，依靠天赋的东西，确立人之为人的使命。在这个过程中，体现出人类超越自然物、禽兽等的较高价值来，从而，挺立起人之为人的尊严。"立命"也就是一种"正命"。反之，自己不努力，等着天命决定，事实上是把自己的人性"桎梏"起来，这是"非正命"。当然，还有一种傻子，有意去寻死，那就是不正常，该进医院了。

　　从"立命"或"正命"的角度说，在孟子看来，对于人而言，"仁"或人性，就是人的"天"，是人的天命。他说："斯仁者天也，顺天者存，逆天者亡。"又说："仁，人之安宅也。义，人之正路也。旷安宅而弗居，舍正路而弗由，哀哉！"② 以仁义道德作为安身立命之精神家园，而不以长生不老、富贵利达为之。这就是孔孟之道人文理性的信念观。

---

① 《孟子·尽心上》。

② 《孟子·离娄上》。

后　记

　　我们说，孔子、孟子的人学思想，具有一定的普遍性。这个说法，与马克思主义是否矛盾呢？这个问题，涉及民族文化与世界文化的关系，比较复杂。

　　对这个问题，我们在这里愿意引用中国现代著名美学家朱光潜的意见代为回答。1983年，朱光潜接受香港中文大学英文系博士郑树森的访问。郑问朱后期的美学思想有什么变化时，朱光潜回答说，马克思主义不但不否定人的因素，而且以人道主义为最高理想，自然科学和社会科学终于要成为"人学"，所以，他强调人的实践论，批评片面反映论，力闯人性论、人道主义、人情味、共同美感之类禁区。[①] 依朱光潜先生的意见，在马克思看来，人学是所有学术思想的核心内容和理想形态。朱光潜在20世纪后半期，详细研究了马克思的原著，发现当时中国一些学者受到苏联教科书的影响，否定人性和人的主体性，对马克思主义关于人的基本思想有不少误解甚至曲解。这一段历史，前辈学者是很清楚的。

　　朱光潜先生对马克思主义人学的意见，让我想起梁漱溟先生关于马克思主义与儒家思想的见解来。大约在1949年左右，梁漱溟先生对毛泽东说，马克思主义与孔子儒家的思想是相通的。初闻此说，我辈无知俗人不禁哑然失笑。今如将朱光潜先生对马克思主义的看法，和本书对孔、孟人学思想相比较，就会感到梁漱溟先生半个世纪之前所说的，其实蕴藏着深远道理和梁

---

　　① 朱光潜：《答郑树森博士的访问》，载《朱光潜全集》第十卷，安徽教育出版社1993年版，第649页。

先生自己对中西文化关系的深刻直觉。回想起梁在晚年被批斗的处境，不免有"英雄寂寞"之叹。好在孔子、孟子，以及后来的二程、朱熹等真儒家，生前无不有为人所不知，或误解，甚至嘲讽、教训、批判等情况，在人类历史长河中，梁漱溟、朱光潜等先生，便如孔、孟、程、朱般，其实并不真寂寞。

创造性地继承和发展民族新文化，需要有许许多多像梁漱溟、朱光潜等这样的思想家、科学家和文化工作者联合起来，共同努力，才可能完成；所以，这个任务，也是历史的、长期的，用"任重而道远"来形容，比较恰当。在建设新时代中国特色社会主义先进文化过程中，在促进中华优秀传统文化向着现代化方向的创造性转化过程中，肯定会遭遇到各种各样的困难。面对各种困难，我们重温一下孔子弟子曾子说过的一句话，也许是必要的。他说：

> 士不可以不弘毅，任重而道远。仁以为己任，不亦重乎？死而后已，不亦远乎？ ①

显然地，建设新时代中国特色社会主义先进文化的历史任务是"重"的，而我们建设的过程也是"远"的。在儒家看来，要完成这样重大的历史任务，对我们研究者而言，必须要有"仁"的修养，感受到真理的存在和威力，体验到宇宙、历史、人生等大化流行中，生生不已的精神生命的意义和价值，从而，具备一种"弘毅"的胸怀和意志。没有对于宇宙生命、历史生命、人的精神生命等的深切体验，是难以具备这种"弘毅"的素质的；如果不能具备"弘毅"的基本素质，我们建设新时代中国特色社会主义先进文化，也是不容易成功的。南宋理学家朱熹注解曾子的这一句说：

> 弘，宽广也。毅，强忍也。非弘不能胜其重，非毅无以致其远。 ②

主体的"弘毅"修养，是我们完成现实重大的、影响深远的历史任务之

---

① 《论语·泰伯》。

② 朱熹：《论语集注》卷四，载《四书章句集注》，新编诸子集成第一辑，中华书局1983年版，第104页

必要条件。朱熹的这个注解，将我们现实的人，与我们担当的历史任务之间的内在联系，做了非常准确而深刻的说明。这就意味着，如果我们不具备"弘毅"的素质，没有坚忍不拔的精神，没有对古代文化、外来文化的吸收和创造性转化、创新性发展，我们就不可能完成我们建设新时代中国特色社会主义先进文化的历史重任。反之，通过修养，我们自己不断学习，不断提高自己的素质，如果哪一天，我们具备了"弘毅"的素质，而且对于真理有深切的认识和体验，那么，我们建设新时代中国特色社会主义先进文化的光辉事业，就有了来自于主体的根本保证；而这时，我们自己的修养境界，离孔子等儒家所提倡的"君子"可能就不远了。

我们希望，《孔孟学述》一书，也能够在一个方面，即传统孔孟儒学的思想内容、思想方法、基本精神等方面，比较准确地勾勒和提炼出孔孟之道的根本点，为民族的、科学的大众的社会主义新文化的建设，提供一点传统思想材料，为中国特色社会主义先进文化的建设者们，提供一点有助于自己不断"弘毅"，成为理想的人的思想材料。如果能够达到这个目的，我们就很满足了。

这次修订，我们对标题、框架结构等内容进行了部分调整，对文字、标点符号等进行了梳理。敬请各位字学界同仁指正。

张茂泽谨记

2021 年 12 月 8 日

参考文献

一、工具书

1. 徐中舒主编：《汉语大字典》（缩印本），汉语大字典编辑委员会编，四川辞书出版社、湖北辞书出版社 1993 年版。
2. 《辞源》（合订本），商务印书馆 1988 年版。
3. 培根：《新工具》第一卷，许宝骙译，商务印书馆 1997 年版。

二、古籍原典

1. 《周易正义》，十三经注疏本，中华书局 1980 年版。
2. 《毛诗正义》，十三经注疏本，中华书局 1980 年版。
3. 《尚书正义》，十三经注疏本，中华书局 1980 年版。
4. 《周礼注疏》，十三经注疏本，中华书局 1980 年版。
5. 《礼记正义》，十三经注疏本，中华书局 1980 年版。
6. 高明：《帛书老子校注》，新编诸子集成第一辑，中华书局 1996 年版。
7. 郭象注，成玄英疏：《南华真经注疏》，道教典籍选刊，中华书局 1998 年版。
8. 王先谦：《荀子集解》，中华书局 1988 年版。
9. 司马迁：《史记》，二十五史本，上海古籍出版社、上海书店出版社 1995 年版。其他《后汉书》《三国志》《南齐书》《北史》《隋书》《旧唐书》《宋史》《元史》《明史》等正史著作，皆参见二十五史本，上海古籍出版社、上海书店出版社 1995 年版。
10. 章锡琛点校：《张载集》，中华书局 1978 年版。
11. 朱熹：《四书章句集注》，新编诸子集成本第一辑，中华书局 1983 年版。
12. 黎靖德编：《朱子语类》一，中华书局 1986 年版。
13. 吴光、钱明、董平、姚延福编校：《王阳明全集》（上），上海古籍出版社 1992 年版。
14. 王夫之：《老子衍》，载《船山全书》第十三册，岳麓书社 2011 年版。

15. 段玉裁：《说文解字注》，浙江古籍出版社 1998 年版。

16. 焦循：《孟子正义》，诸子集成本，上海书店出版社 1986 年版。

17. 康有为：《孟子微》，中华书局 1987 年版。

三、现当代学术著作

1. 胡适：《中国哲学史大纲》，上海古籍出版社 1998 年版。

2. 李学勤：《东周与秦代文明》，文物出版社 1984 年版。

3. 陈梦家：《殷墟卜辞综述》，中华书局 1988 年版。

4. 皮锡瑞：《经学通论》，载《皮锡瑞全集》第六册，中华书局 2015 年版。

5. 皮锡瑞：《经学历史》，载《皮锡瑞全集》第六册，中华书局 2015 年版。

6. 张岂之主编：《中国思想史》，西北大学出版社 1993 年版。

7. 王炳照、阎国华总主编：《中国教育思想通史》，湖南教育出版社 1994 年版。

8.《郭沫若全集·历史编》第二卷，人民出版社 1982 年版。

9. 钱穆：《先秦诸子系年》，商务印书馆 1932 年版。

10. 冯友兰：《中国哲学史》（上），华东师范大学出版社 2000 年版。

11.《周予同经学史论著选集》，上海人民出版社 1983 年版。

12. 王钧林：《中国儒学史·先秦卷》，广东教育出版社 1998 年版。

13. 冯友兰：《中国现代哲学史》，广东人民出版社 1999 年版。

14. 冯友兰：《中国哲学史新编》第五册，人民出版社 1988 年版。

15. 冯友兰：《中国哲学简史》，涂又光译，北京大学出版社 1985 年版。

16. 冯友兰：《新理学》，载《贞元六书》上，华东师范大学出版社 1996 年版。

17. 金岳霖：《金岳霖文集》四卷本，甘肃人民出版社 1995 年版。

18. 贺麟：《哲学与哲学史论文集》，商务印书馆 1990 年版。

19. 贺麟：《文化与人生》，商务印书馆 1988 年版。

20. 杨伯峻：《论语译注》，中华书局 1980 年版。

21. 侯外庐、赵纪彬、杜国庠：《中国思想通史》第一卷，人民出版社 1957 年版。

22. 张岂之：《儒学·理学·实学·新学》，陕西人民教育出版社 1994 年版。

23. 张岂之主编：《中国儒学思想史》，陕西人民出版社 1990 年版。

24. 朱光潜：《朱光潜全集》第十卷，安徽教育出版社 1993 年版。

25.《罗光全书》十七册，台湾学生书局 1996 年版。

26. 李泽厚：《中国思想史论》上册，安徽文艺出版社 1999 年版。

27.［美］杜维明：《一阳来复》，陈引驰编，上海文艺出版社 1997 年版。

28. 崔大华：《儒学引论》，人民出版社 2001 年版。

29. 瞿廷晋：《孟子思想的评析与探源》，上海人民出版社 1992 年版。

30. 张茂泽：《和而不同》，学习出版社 2014 年版。

31. 马中：《中国哲人的大思路》，陕西人民出版社 1993 年版。

四、学术论文

1. 张茂泽：《学术社会研究——思想史与社会史结合的桥梁》，《海南大学学报》（社科版）1999 年第 3 期。

2. 罗根泽：《战国前无私家著作说》，载罗根泽编著：《古史辨》四，上海古籍出版社 1982 年版。

3. 张茂泽：《孔子的人性论》，《长安大学学报》2013 年第 2 期。

4. 张茂泽：《"思"：孔孟人学的基本方法》，《湖南科技学院学报》2005 年第 9 期。

5. 张茂泽：《董仲舒的儒教思想》，《衡水学院学报》2019 年第 6 期。

6. 李学勤：《郭店楚简与儒家经籍》，载《中国哲学》第二十辑《郭店楚简研究》，辽宁教育出版社 1999 年版。

7. 庞朴：《古墓新知》，载《中国哲学》第二十辑《郭店楚简研究》，辽宁教育出版社 1999 年版。

8. 张茂泽：《〈性自命出〉篇心性论大不同于〈中庸〉说》，《人文杂志》2000 年第 3 期。

9. 李零：《郭店楚简校读记》，载《道家文化研究》第十七辑，生活·读书·新知三联书店 1999 年版。

10. 廖名春：《荆门郭店楚简与先秦儒学》，载《中国哲学》第二十辑《郭店楚简研究》，辽宁教育出版社 1999 年版。

11. 张茂泽：《思想史与学术史关系简论》，载《中国思想史论集》第一辑，广西师范大学出版社 2000 年版。

12. 张茂泽：《"心解"：张载的诠释学思想》（提纲），载葛荣晋、赵馥洁、赵吉惠主编：《张载关学与实学》，西安地图出版社 2000 年版。张茂泽：《"心解"：张载的儒家经典诠释学思想》，载［美］成中英主编：《本体与诠释》（三），上海社会科学院出版社 2003 年版。

13. 李煜萍：《少儿读经班复古还是创新》，《光明日报》2003 年 1 月 9 日。

责任编辑：赵圣涛

封面设计：胡欣欣

图书在版编目（CIP）数据

孔孟学述 / 张茂泽，郑熊 著 . — 北京：人民出版社，2022.6

ISBN 978 - 7 - 01 - 024592 - 8

I.①孔… II.①张…②郑… III.①儒学－研究 IV.① B222.05

中国版本图书馆 CIP 数据核字（2022）第 034674 号

.

孔孟学述
KONG MENG XUESHU

张茂泽 郑 熊 著

人民出版社 出版发行

（100706 北京市东城区隆福寺街 99 号）

中煤（北京）印务有限公司印刷 新华书店经销

2022 年 6 月第 1 版 2022 年 6 月北京第 1 次印刷

开本：710 毫米 × 1000 毫米 1/16 印张：29.75

字数：450 千字

ISBN 978 - 7 - 01 - 024592 - 8 定价：99.00 元

邮购地址 100706 北京市东城区隆福寺街 99 号

人民东方图书销售中心 电话（010）65250042 65289539